KB206893

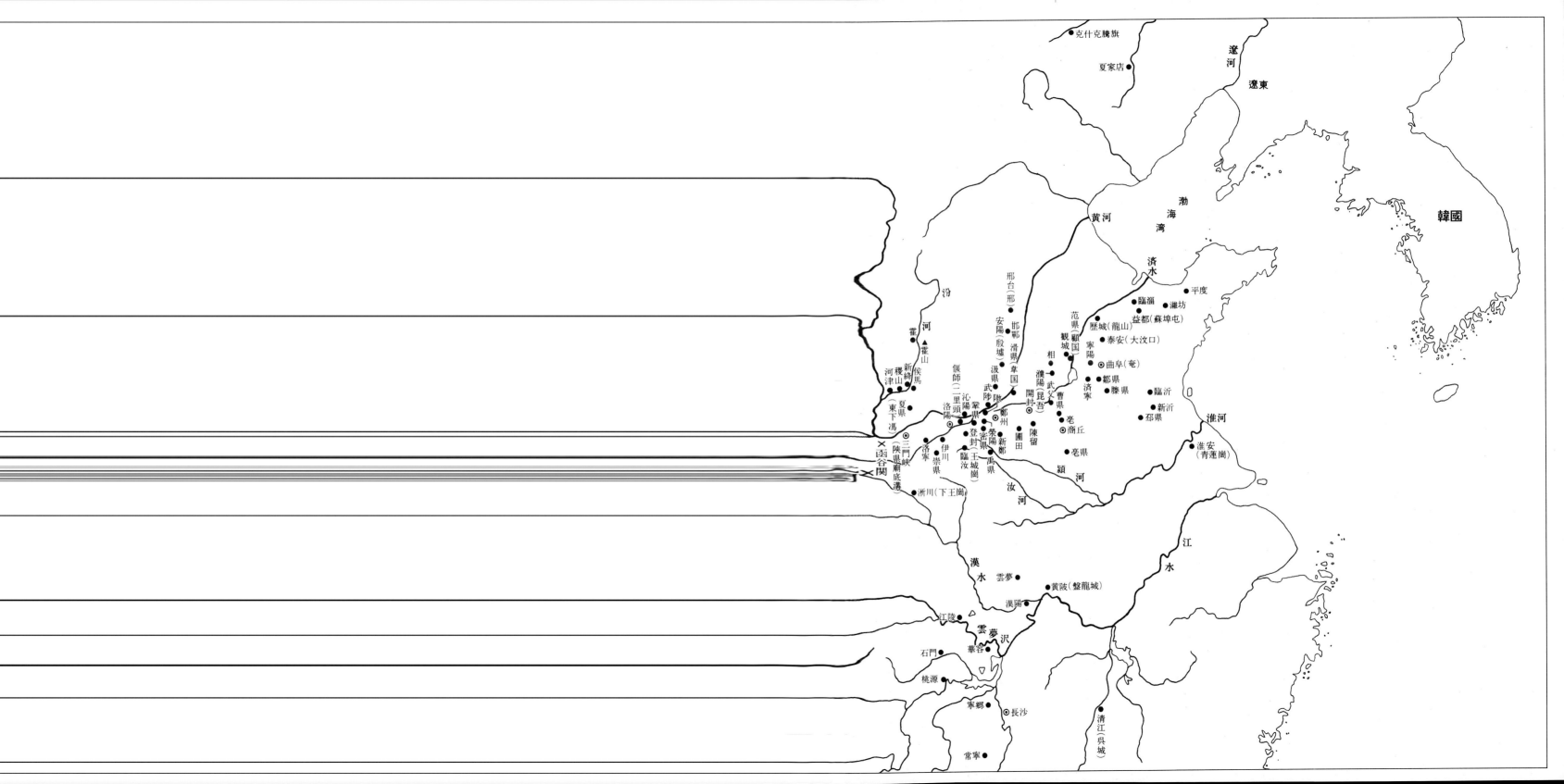

중국 청동기 시대

The Chinese Bronze Age

The Chinese Bronze Age

中國青銅時代, 張光直 著

Copyright ⓒ 1983, the heirs of the author

All Rights reserved.

Korean translation edition ⓒ 2013, The National Research Foundation of Korea All rights reserved.
Published by arrangement with the author's heirs, Massachusetts, USA
through by Bestun Korea Agency, Seoul, Korea.

이 책의 한국어 판권은 베스툰 코리아 에이전시를 통하여
저작권자인 저자 유족과 독점 계약한 (재)한국연구재단에 있습니다.
저작권법에 의해 한국 내에서 보호를 받는 저작물이므로
어떠한 형태로든 무단 전재와 무단 복제를 금합니다.

이 책은 (재)한국연구재단의 지원으로 학고방출판사에서 출간, 유통합니다.

한국연구재단 학술명저번역총서 동양편 *605*

중국 청동기 시대

The Chinese Bronze Age

| 저자 | 장광직(張光直, Kwang-chih Chang) |
| 역자 | 하영삼(河永三) |

學古房

■ 일러두기 ■

1. 번역은 장광직(張光直, Kwang-chih Chang, 1931~2001)의 『중국 청동기 시대[中國靑銅時代]』(臺北: 聯經出版事業公司, 1983)을 저본으로 하였으며, 필자가 쓴 영문 논문도 함께 참고하였다. 또 일본어 번역판인 고미나미 이치로(小南一郎)의 『중국 청동기 시대[中國靑銅時代]』(東京: 平凡社, 1989)와 『중국 청동기 시대[中國靑銅時代]』 제2집의 일본어 번역판인 『중국 고대문명의 형성[中國古代文明の形成]』(東京: 平凡社, 2000)도 참고하였다.

2. 한글세대가 읽을 수 있는 쉬운 한국어로 풀어쓰는 것을 원칙으로 하였다.

3. 한자의 사용을 가능한 자제하였으며, 필요한 때에만 한자를 괄호 속에 넣어 함께 적었다. 다만, 주석은 번거로움을 피하고자 한자를 직접 사용하였다.

4. 중국의 인명과 지명, 책 이름 등 고유명사는 시기에 관계없이 모두 한국 한자음으로 통일하여 표기하였으며, 중국을 제외한 일본과 서구의 인명 등 고유명사는 원음대로 표기함을 원칙으로 하였다.

5. 서명은 『 』, 편명이나 논문, 단편 글 등은 「 」, 인용문은 " ", 작은 인용문과 강조는 ' ', 중간점은 ·(3404), 줄임표는 …… 등을 사용하였다.

6. 전문 용어는 가능한 한글화 시켰으며, 어려운 용어는 한자나 영어를 함께 적어 이해를 도왔다.

7. 고전 번역은 『시경』은 김학주, 『산해경』은 정재서, 『초사』는 유성준, 『국어』 등은 임동석, 『예기』는 왕몽구(王夢鷗) 교수님의 번역을 주로 참조했다.

8. 중요한 개념이나 설명이 더 필요한 경우나 새로운 해석 등이 가능한 부분 등에 대해서는 그림 자료와 표를 보충하여 [보충 그림]과 [보충 표]로, 해설에 대해서는 (역주)로 처리하여 구분해 두었다.

9. 부록으로 Robert E. Murowchick(慕容傑) 등이 작성한 저술 목록집 "Bibliography of the Publications of Kwang-chih Chang張光直"을 첨부해 두었다.

　근년에 들어 청동기와 청동기 시대 문화 유적과 유물의 고고학적 발굴이 새로이 증가함에 따라 중국 청동기에 대한 국내외 학자들의 관심이 날로 높아졌다. 그래서 인문학이나 역사학에 조금이라도 관심 있는 사람이라면 청동기 시대의 특징과 역사적 전개에 큰 호기심을 가지게 되었다. 이러한 관심과 호기심이 늘어남에 따라 청동기와 청동기 시대에 대한 서적도 필요해졌다. 이 부분에 대한 전문서적이나 논문이 이미 많이 나왔지만, 중국 청동기 시대의 사회 문화와 미술 특징에 대해 비교적 새로운 자료에 근거해 일반적 성질의 중국어로 된 저술은 아직도 드물다. 이 책은 이러한 필요에 따라 만들어졌다.

　과거, '청동 시대'나 '청동기 시대'를 제목으로 삼은 책으로는 아마 중일(中日) 전쟁에서 승리하던 해(1945년) 중경(重慶)에서 발간한 곽말약(郭沫若, 1892~1978)의 『청동시대(青銅時代)』가 가장 대표적이라 할 것이다. 그렇지만, 이 책은 주로 고대의 학술사상에 대해 논의했다. 그래서 진정으로 청동기와 청동 문화를 논의하는데 필수적인 책은 용경(容庚, 1894~1983)의 『상주이기통고(商周彝器通考)』(『燕京學報』 專刊 제17호, 1941)와 곽보균(郭寶鈞, 1893~1971)의 『중국청동기시대(中國青銅器時代)』(1963)라 할 것이다. 전자는 중국 고대 청동 예기에 대해 가장 깊이 있게 논의한 책이다. 비록 이 책이 출판된 후 40년 동안 새로운 자료가 많이 증가하였고 연구 내용에서도 많은 진전이 있었지만 이러한 대규모의 종합적인 저작은 지금까지도 더 이상 나오지 않고 있다. 곽보균의 책은 새로운 고고 자료를 많이 이용해 고고학과 문헌 사료학을 결합하여 청동기 시대의 생활상을 비교적 종합적으로 서술했다. 진정으로 중국 청동기 시대를 연구하려는 독자라면 이 두 저작으로부터 입문해도 무방할 것이다.

이 책의 목적은 청동기 자체를 논의하는데 있는 것도 청동기 시대의 문화를 종합적으로 기술하는데 있는 것도 아니다. 주된 목적은 중국 청동기 시대의 문화와 사회에 관한 몇 가지 중요한 특징을 전체적으로 논의하는 데 있다. 필자는 청동기 시대의 사회와 문화 각 방면의 요소와 특징이 서로 간에 유기적으로 연계되어 있으며, 그들 간의 연계는 고정적이거나 기계적인 것이 아니라 항상 변화하며, 게다가 계층도 등급도 나누어져 있다고 믿고 있다. 청동기 시대의 각 방면을 연구하려면, 작게는 기물 하나하나와 그에 나타난 무늬로부터, 크게는 중국의 정치와 제도에 이르기까지, 언제나 이 두 방면 모두에서 동시에 시작해야만 한다. 왜냐하면, 하나는 청동기 자체의 성질에 관한 것이고, 다른 하나는 그것과 다른 방면과의 관계에 관한 것이기 때문이다. 이 책에서 선택한 논문은 주로 도시, 왕제(王制), 경제, 교역, 음식, 신화, 미술, 그리고 청동기 그 자체와 그에 표현된 장식 무늬 등에 대해 논의들이다. 필자는 이들의 개별적인 특징은 물론 그들 간의 관계에 대해서도 논의했다.

이러한 방면에 대한 초보적인 연구로부터 필자는 이미 중국 고대사에 관한 많은 새로운 문제를 발견해 냈다. 이 책이 청동기 시대를 논의한 것이기에 여기서는 직접적으로 관련된 몇몇 문제만 언급해보고자 한다. 고대 중국의 삼대(三代)는 기술 발전사적으로 볼 때 청동기 시대에 속한다는 것은 사실이다. 하지만, 청동기가 왜 이 시대에 들어 출현하게 되었는가? 출현한 이후 중국의 문화 사회사의 발전과 진화에 어떤 기능을 했는가? 청동기 시대 사회의 특징은 중국 역사에서 어떠한 지위를 지니는가? 세계의 다른 지역의 고대 문명과 비교해 볼 때 어떤 차이가 있는가? 소위 말하는 인류 사회 발전의 일반적인 법칙이 중국이라는 역사, 적어도 청동기 시대라는 역사적 실제 속에서 진일보한 실제 증거를 찾을 수 있는가? 중국 청동기 시대의 역사적 사실이 표현하는 인과관계가 인류사회 발전의 보편 법칙에 어떤 새로운 공헌을 했는가? 이러한 것은 상당히 큰 기본적인 성격의 문제들이기 때문에, 우리가 이러한 문제를 제기하는 것만으로도 충분할 것이다. 물론 이들에 대한 해결은 이후의 일이라 할 수 있지만, 이 책의 논의를 통해 이러한 문제의 어떤 부분에 조그만 계발적 기능이라도 할 수 있기를 바란다.

이 책의 또 다른 목적은 고대 중국 연구가 '전문적'인 것이 아니라 '통론적(general)'인 것임을 어떤 구체적 실례를 통해 증명할 수 있는지를 시험해 보는 데 있다. 소위 '본업'이라는 의식은 사람을 상당히 곤혹스럽게 만든다. 어떤 한 가지 사물이나 현상을 연구하려면 언제나 오랜 기간에 걸친 깊이 있는 훈련이 필요하다는 것은 분명한 사실이다. 하지만, 오늘날 말하는 '직업'의 구분은 언제나 역사의 우연적 전통에 의한 것이지 그것에 현실적 이유가 존재하는 것은 아니다. '중국 고대사'라는 이러한 제목은 언제나 사료의 성격에 따라 전문 영역이 나누어진다. 예컨대 어떤 사람은 고대문자를, 어떤 사람은 역사를, 어떤 사람은 미술을, 어떤 사람은 고고학을 전문적으로 연구한다. 고대문자를 연구하는 사람은 다시 갑골문(甲骨文)과 금문(金文) 연구자로 구분된다. 이렇게 해서 중국 고대사는 여러 갈래로 나뉘게 되었고, 그 결과 당시 사회 문화의 각 방면에 존재하던 유기적 연계는 찾아보기 어렵게 되었다. 이 책에 수록된 글은 역사를 위주로 하면서 전문적인 내용을 부수적으로 삼는 방식을 기본으로 하고 있다. 하지만, 필자 자신도 구식 전통 속에서 훈련된 '전문 인재'여서, 다양한 방면에서의 이해가 그다지 깊지 못하다. 그래서 이 책의 몇몇 논의는 여러 측면에서 오류가 있을 가능성도 크다. 하지만, 이는 구식 훈련 방식의 잘못이고 필자 개인의 문제이지, '통론적'이라는 이러한 목표 설정의 잘못은 아니다. 실제로 통론적인 작업을 하려면 필자 개인은 일반 지식의 훈련만 보아도 아직 너무나 모자란다. 더구나 철저하게 통론적인 것이 되려면 중국의 자료와 중국의 연구 성과를 세계의 다른 각지의 정황들과 비교해야만 한다. 그것은 중국의 정황이 전 세계 인류의 변화무상한 갖가지 정황 중의 하나이기 때문에 세계의 변화 국면을 이해하지 못하면 중국의 일상적인 국면도 이해할 수 없기 때문이다. 예컨대 상주(商周) 때의 왕제(王制)와 동물의 도상(圖象)을 이해하는 과정에서 우리는 비교 사회학과 민족학이 중국 고대사 연구에서 갖는 중요성을 이미 분명하게 보았다. 하지만, 비교 연구할 수 있는 것은 창해와 같이 넓고 헤아릴 수도 없이 많다. 중국의 학문을 이야기하면서 중국식의 훈련이 없다면 깊이 들어갔다고 할 수 없을 것이다. 하지만, 중국의 학문을 이야기하면서 세계적 시각을 가지지 못한다면 이 역시 우물 안 개구리가 되어 영원히 넓어질 수도 없을 뿐더러, 철저하게 이야기 할 수도 없을 것이다.

이 책이 그래도 이러한 몇몇 특색을 가진다면, 그것은 필자가 국외에서 오랫동안 일을 해왔고, 필자의 전공이 인류학이라는 배경 때문일 것이다. 인류학은 비교연구법을 중요시하며, 국외에서 중국의 학문을 한다는 것은 다소 실사구시(實事求是)적이면서 중국의 관습에 비교적 쉬 갇히지 않을 수 있기 때문이다. 다만, 이 책에서 취할 것이 있을 것인지, 용경과 곽말약의 두 저작과 같은 대단히 성실한 성과와 보완 작용을 할 수 있는지는 순전히 독자들이 판단할 일이다.

이 책에 수록된 논문은 모두 이미 발표된 것들이다. 가장 이른 것은 1962년의 것이고, 가장 최근의 것은 1981년의 것이다. 나머지는 이 20년의 동안 산발적으로 발표된 것들이다. 이번에 이 논문들은 한데 모으고 잘 정리하고 읽어보는 과정에서 상당히 놀랄만한 것을 발견했는데, 그것은 중국 청동기 시대라는 비교적 커다란 문제에 대한 필자의 관점이 이 20년 동안 진전은 있었을지언정 기본적으로 변화는 없었다는 점이다. 그중 몇 편은 원래 영어로 썼던 것인데, 이번에 이 책을 출판하기 위해 특별히 중국어로 옮겼다. 영어로 쓴 글은 그에 대한 독자가 있고, 그것의 작성법이 있기 때문에, 중국어로 옮긴 글을 보면서 다소 이상하다고 여길 수도 있을 것이다. 또 구조와 자료 선택에서도 다소 부적합하다고 느낄 수도 있을 것이다. 하지만, 원래의 모습을 보존하기 위해 별달리 고치지는 않았다.

이 책은 정덕곤(鄭德坤, 1907~2001) 선생과 임수진(林壽晉) 선생의 호의를 입어 홍콩 중문대학(中文大學)과 대만의 연경출판공사(聯經出版公司)에서 출판될 예정이다. 두 분께 감사를 드린다.

1981년 2월 23일
미국 매사추세츠 주 캠브리지에서

上

목
차

그림 목차

보충 그림 목차

표 목차

xiv

목
차

─────

그림 목차

보충 그림 목차

표 목차

왕해(王亥)와
이윤(伊尹)의 제삿날에
대해

원래 『中央硏究院民族學硏究所集刊』, 제35기, (1973), 111~127쪽에 실렸던 글이다.

1
왕해(王亥)와 이윤(伊尹)의
제삿날에 관한 자료

　10여 년 전에 필자는 「상나라 왕의 묘호에 관한 새로운 고찰[商王廟號新考]」이라는 논문을 쓴 적이 있는데[1], 계보(系譜) 상으로 분포한 상나라 왕의 묘호 현상에 근거해 새롭지만 그다지 성숙하지 않은 몇몇 견해를 제시한 적이 있다. 필자로 하여금 이 문제에 흥미를 느끼게 한 것은 왕(王)과 비(妣)의 계보에서 각종 묘호가 분포하는 규칙성이었다. 필자가 제시했던 새로운 주장을 정리해 보면, 기본적으로는 다음의 두 가지에 불과하다. (1) 10가지 천간(즉 甲, 乙, 丙, 丁, 戊, 己, 庚, 辛, 壬, 癸)을 사용해 이름을 짓던 습속은 이전의 학설처럼 태어난 날(혹은 죽은 날)에 근거해 이루어진 것이 아니라 사후의 묘주(廟主)의 분류에 관한 제도라는 것이다. 묘주의 분류는 살아 있는 사람의 사회적 신분과 지위를 반영한 것이다. 그래서 상나라 사람의 묘호는 상나라 왕제(王制)를 연구하는데 매우 중요한 열쇠로 삼을 수 있다. (2) 이러한 열쇠를 갖고서 은상 왕제에 관한 대문을 열어 보면, 왕실 내에 두 개의 중요한 집정 집단이 존재했음을 매우 분명하게 볼 수 있다. 그중 하나는

---

　1) 『中央研究院民族學研究所集刊』, 제15기(1963), 65~94쪽.

갑(甲)과 을(乙)로 된 묘호로 대표되는 집단이고, 다른 하나는 정(丁)이라는 묘호로 대표되는 집단인데, 이 두 그룹은 서로 돌아가면서 집정했다. 이상 두 가지의 기본적 새로운 견해는 오늘날의 처지에서 볼 때, 여전히 움직일 수 없는 가설이라 생각된다. 여기서는 매우 중요한 무게감 있는 증거로써 이 이론을 더 깊이 증명해 보고자 한다. 상나라 왕이 돌아가면서 집정하는 계승 순서를 해석하기 위해 필자는 다시 상 왕실의 내혼제(內婚制), 아버지 형제의 딸을 아내로 삼는 제도[娶姑父女], 조카에게 왕위를 전수하는 제도[王位傳甥] 등의 가능성을 제기했었다. 그러나 이는 새로 제시될 가설에서는 덜 중요한 부분이며, 앞서 기술한 현상을 해석하는 데 쓰일 하나의 가능 모델로만 역할을 할 것이다.

「새로운 고찰[新考]」이 발표된 다음, 이 논문은 이러한 문제에 관심 있는 학자들의 논의를 적잖게 끌어냈다.[2] 그중에서도 정숙(丁驌)과 유빈웅(劉斌雄, 1925~2004) 두 분께서는 더욱 주목할 만한 왕실의 새로운 그룹화에 관한 제도를 제시해 주었다. 그러나 그들의 새로운 주장은 상대사 연구에서 이론적인 자극만 주었을 뿐 아직 구체적 역사적 사실을 밝히는 역할을 하지는 못했다. 필자는 최근 십여 년 동안 이 문제에 대해 상당한 관심을 뒀고, 게다가 수시로 이에 관한 자료를 수집해 왔

---

2) 丁驌, 「論殷王妣謚法」, 『中央研究院民族學研究所集刊』, 제19기(1965), 71~79쪽; 「再論商王妣廟號的兩組說」, 위와 같음, 제21기(1966), 41~79쪽; 許悼雲, 「關於商王廟號新考一文的幾點意見」, 위와 같음, 제19기, 81~87쪽; 劉斌雄, 「殷商王室十分組制試論」, 위와 같음, 89~114쪽; 林衡立, 「評張光直商王廟號新考中的論證法」, 위와 같음, 115~119쪽; 許進雄, 「對張光直先生商王廟母新考的幾點意見」, 위와 같음, 121~137쪽; 楊希枚, 「聯名制與卜辭商王廟號問題」, 위와 같음, 제21기, 17~39쪽; 伊藤道治, 『古代殷王朝のなぞ』(1967, 東京角川書店); 林巳奈夫, 「殷周時代の圖象記號」, 『東方學報(京都)』, 第39冊, (1968年), 1~117쪽; 松丸道雄, 「殷周國家の構造」, 『岩波講座世界史』, 4, (1970년), 49~100쪽; 張光直, 「殷禮中的二分現象」, 『慶祝李濟先生七十歲論文集』, (1965), 353~370쪽 참조.

다. 이 글에서 필자는 이러한 자료를 기술하고, 은상 때의 왕제에 관한 문제를 다시 검토하여 이 문제에 대한 필자의 지금의 관점을 제시함으로써 강호 제현의 큰 가르침을 구하고자 한다.

새로 수집된 자료 중 가장 중요한 것은 이윤(伊尹)과 왕해(王亥)의 제삿날에 관한 것이다. 먼저 이 부분에서부터 이야기를 풀어보기로 하자.

일반적으로 상나라 역사를 이야기할 때, 10가지 천간을 사용해 이름을 짓는 상나라 사람들의 습속이 상갑미(上甲微) 때부터 시작되었다는 것은 모두가 다 아는 사실이다. "[상갑미-보을-보병-보정-시임-시계 등] 6세(世) 이전의 선조 중에서 무정(武丁) 때의 제사에 등장하는 사람으로는 기(夒), 토(土), 계(季), 왕해(王亥) 등이 있는데, 이들은 모두 천간을 이름으로 사용하지 않고 있다."[3] 물론 10가지 천간을 이름으로 삼았던 하(夏)나라 왕도 있다(예컨대 孔甲과 履癸가 그들이다). 그러나 그들과 상나라 선세(先世)와의 관계는 아직 아무도 뭐라고 말할 수가 없는 상태이다. 그래서 하나라왕의 묘호가 상나라 왕 묘호의 기원 문제 연구에 어떤 직접적인 기능을 하지는 못한다. 필자는 「새로운 고찰[新考]」 (이 책의 제7장)에서 이미 "10개로 된 천간으로 선왕(先王)과 선비(先妣)의 이름을 삼았던 것은 상나라 사람들의 일상생활에서 중요한 지위를 갖고 있던 천간(사실 이 역시 번호이다)을 빌려서 조묘나 묘주를 분류하던 제도이다."라는 견해를 제시한 바 있으며, 이 때문에 다음과 같은 두 가지 문제가 자연스레 제기될 수 있을 것이라 생각한다. 첫째, 기왕에 이러하다면 조묘나 묘주의 분류제도가 당연히 먼저이고, 천간을 이름으로 삼았던 것은 뒤의 일일 것이다. 그렇다면, 상나라 왕이 10가지 천간을 사용해 묘호의 이름을 삼기 이전, 즉 상갑(上甲) 이전에는

---

3) 董作賓, 「論商人以卜日爲名」, 『大陸雜誌』, 2卷3期, (1951), 6~10쪽; 8쪽.

316

상 왕실(혹은 公室)에 조묘나 묘주를 분류하던 제도가 존재하지 않았다는 말인가? 둘째는 상나라 왕이 천간으로 이름을 짓던 것을 종묘제도의 기초로 삼았다면 귀족이나 대신들(왕족 내부나 외부를 막론하고)이 비록 천간을 이름으로 삼지 않았지만 동일한 종묘제도는 갖고 있었던 것일까?

이 두 가지 문제에 대답할 수 있는 초보적인 방법은 갑골 복사에서 천간을 이름으로 사용한 왕(王)과 비(妣) 이외에 제사를 받았던 중요한 인물의 제삿날을 찾는 것이다. 우리 모두 상나라 왕의 이름이 갑(甲)이면 갑에 해당하는 날에 제사를 거행했고, 이름이 을(乙)이면 을에 해당하는 날에 제사를 거행했으며, 나머지도 이런 식으로 유추하면 된다는 사실을 잘 알고 있다. 만약 천간을 이름자로 삼지 않은 인물에 대한 제사가 어떤 특별한 날짜에 집중되어 거행되었다면, 그가 간지자를 이름으로 삼지는 않았지만, 천간을 이름으로 삼는 것으로 대표되는 묘주의 분류 체계에서 그가 일정한 지위를 갖고 있었다고 말할 수 있을 것이다. 어떤 사람의 제삿날이 항상 을(乙)에 해당하는 날에 있다면, 그는 순서가 을(乙)에 해당하고, 항상 정(丁)에 해당하는 날에 있다면 그는 순서가 (丁)에 해당하는 사람이었을 것이다. 갑골 복사나 역사 문헌에서 이러한 이름자가 등장하느냐의 여부가 묘주 분류체계에서 갖는 그의 지위에 영향을 주지는 않는다.

이러한 생각을 한 후 필자는 차차 이러한 자료를 복사에서 찾아 나갔다. 시마 쿠니오(島邦男, 1908~1980)의 『은허복사종류(殷墟卜辭綜類)』(1967, 東京, 大安書店)는 이러한 분류 연구에 커다란 편의를 제공해 주었다. 이 점에 대해서는 이 자리를 빌려 특별히 감사의 말씀을 드려야 할 것이다. 자료가 모이자 필자 자신도 상당히 놀라지 않을 수 없었는데, 그것은 그 인물의 제삿날에 과거에는 전혀 생각지 못했던 엄격한 규칙성이 존재하며, 이러한 일련의 제도는 한 차례 정련된 안배 과정을 거쳤음을 매우 분명하게 확인할 수 있었기 때문이다. 게다가 그 규칙성의 기본적 성질은 또 앞서 말했던 상 왕실의 두 분류법과 완전하게 맞아떨어지고 있었다. 바꾸어 말해서, 이것은 왕제에 대한 필자의 이해가 옳았다는 믿음을 더욱 강화해 주었다. 간단하게 말하자면, 제삿날을 연구한 결과는 다음의 다섯 가지로 요약된다. 첫째, 이윤(伊尹)의 제삿날은 정(丁)에 해당하는 날이었고, 둘째, 왕해(王亥)의 제삿날은 항상 신(辛)에 해당하는 날이었으며, 셋째, 기(夒)의 제삿날도 주로 신(辛)에 해당하는 날이었으며, 넷째, 고(羔)(즉 岳)의 제삿날도 대부분 신(辛)에 해당하는 날이었으며, 다섯째, 하(河)의 제삿날은 다소 복잡하게 분포되었다. 이렇게 본다면 하(河)는 선조가 아니었을 수도 있고, 아니면 하(河)라는 이름이 대표하는 신이 선조에 한정되지 않았을 수도 있다.[4]

먼저 왕해(王亥)에 대해서 말해 보기로 하자. 왕해의 제삿날은 상갑(上甲) 이전의 상나라 선공(先公) 중에서 유일하게 치열한 논의를 거쳤던 부분이다. 하지만, 논의가 시작된 동기는 도리어 10가지 천간과는 무관했고, 그의 이름에 해(亥)자가 들어 있었던 이유에서였다. 왕국유(王國維)는「은 복사에 보이는 '선공 선왕'에 대한 고찰[殷卜辭中所見先公先王考]」(1917년)에서 이렇게 말했다. "복사에서 왕해를 언급한 것은 총 9차례인데, 그중 제삿날이 표시된 것이 2차례였다. 제사는 모두 신해(辛亥)일에 거행되었는데, 이는 대을(大乙)의 제사를 을(乙)에 해당하는 날에 지냈고, 대갑(大甲)을 갑(甲)에 해당하는 날에 지냈던 것과 같은 예에 속한다. 이는 왕해가 상나라에서 12가지 지지를 이름으로 삼

---

4) 陳夢家, 『殷墟卜辭綜述』, (1956), 科學出版社, 343~344쪽의 '河'에 대한 논의를 참조.

던 시작이라는 점을 확실하게 말할 수 있으며, 이는 상갑미(上甲微)가 10가지 천간으로 이름을 삼던 것의 시작인 것과 같다." 왕국유의 이러한 설명은 믿을만한 것이 못 된다는 것을 우리는 잘 알고 있다. 호후선(胡厚宣, 1911~1995)은 왕해에 관한 어떤 글에서 "필자는 왕국유의 설은 그렇지가 않다고 생각한다. 본문에서 인용한 왕해의 제사에 관한 갑골 복사만 보더라도, 왕해는 신미(辛未), 갑술(甲戌), 신사(辛巳), 갑신(甲申), 병술(丙戌), 신묘(辛卯), 임진(壬辰), 을미(乙未), 계묘(癸卯), 을사(乙巳), 정사(丁巳), 신유(辛酉)일에 거행되어 모두가 해(亥)에 해당하는 날짜는 아니었음을 알 수 있다."[5]라고 했다. 그러나 호후선이 말했던 "왕해의 제사에 관한 갑골 복사"를 가져와 보면, 앞서 들었던 날짜가 대부분 점을 치렀던 날짜이지 반드시 제삿날이었던 것은 아님을 알 수 있다. 왕국유는 "복사에서 왕해에 대해 언급한 것이 총 9차례이고" 그중 "2차례만 제삿날이었다"는 것을 이미 인지해 내었다. 그러나 호후선은 이러한 자료조차 대충 얼버무린 채 모두 제삿날이라고 했으니, 이는 원숭이도 나무에서 떨어지기라도 한 듯한 실수가 아니라 할 수 없다.[6] 시마 쿠니오의 『종류(綜類)』에서 열거된 예와 이후 출판된 『은허문자병편(殷墟文字丙編)』의 기록[7]을 다시 더해 보면, 왕해의 제

---

5) 胡厚宣, 「甲骨文商族鳥圖騰的遺跡」, 『歷史論叢』 第1輯, 131~159쪽. (中華書局), 149쪽.

6) 편의상 점복을 거행한 날짜와 제사를 지낸 날짜가 다른 예를 하나 들어보면 다음과 같다. "庚戌卜, 貞: 口于且辛?(경술일에 점을 칩니다. 물어봅니다. 口를 '조신'께 올릴까요?)"(『甲骨文錄』 295); "庚戌卜, 王貞: 翌辛亥其又且辛?(경술일에 점을 칩니다. 왕께서 물어봅니다. 오는 신해일에 '유' 제사를 를 '조신'께 올릴까요?)"(同上, 297). 이는 모두 庚에 해당하는 날에 점복을 거행했지만, 다음 날(辛日)에 '祖辛'께 제사를 드린 일을 기록하였다. 그래서 제사를 드린 날짜가 辛에 해당하는 날이었지 庚에 해당하는 날은 아니었다.

7) 張秉權著, (1957~1972, 上中下3冊), 歷史語言研究所出版.

사에 관한 갑골 복사는 왕국유 시대에 제시됐던 9항목에서 이미 100항목 이상으로 늘어난다. 그중 제삿날이 기록된 것은 다음의 11가지이다.

(1) □□卜, 爭貞: 翌辛巳乎辛, 酒祭于(王)亥□?(『鐵』 114.3)
   (□□일에 점을 칩니다. '쟁'이 물어봅니다. 다가오는 '신사'일에 '필'을 불러서, '주' 제사와 '료' 제사를 (왕)해'에게 드리는데 □할까요?『철』114.3편)

(2) 貞: 보于王亥, 四十羊, 辛亥?(『前』4.8.3)
   (물어봅니다. '유' 제사를 '왕해'에게 드리는데, 양 40마리를 사용하고, '신해'일에 할까요?『전』4.8.3편)

(3) 甲辰卜, 殼貞: 來辛亥, 祭于王亥, 卅牛?(『後』上, 23.16)
   (갑신일에 점을 칩니다. '각'이 물어봅니다. 오는 '신해'일에 '료' 제사를 '왕해'에게 올리는데, 소 30마리를 쓸까요?『후』상, 23.16편)

(4) 翌辛亥酒王亥, 九羌?(『林』1.9.1.『卜辭通纂』317釋: 貞子漁보从. □翌辛亥酒□王亥, 九羌?)
   (다가오는 '신해'일에 '주' 제사를 '왕해'께 드리는데, '강'족 9명을 쓸까요?)(『림』1.9.1편.)(『복사통찬』제317편에서는 이렇게 해석했다. "물어봅니다. '자어'를 따라가게 할까요? □ 다가오는 '신해'일에 '주' 제사와 □를 '왕해'에게 올리는데, '강'족 9명을 쓸까요?)

(5) 翌辛卯祭于王亥, 三牛?(『零』18)
   (다가오는 '신묘'일에 '료' 제사를 '왕해'에게 올리는데, 소 3마리를 쓸까요?)(『령』18편)

(6) 來辛酉酒王亥?(『萃』76)
   (오는 '신유'일에 '주'제사를 '왕해'에게 드릴까요?(『췌』76편))

(7) 己巳卜, 殼……貞: 酒王亥? 翌辛亥보于王亥, 四十牛?(『丙』117)
   (기사일에 점을 칩니다. '각'이……물어봅니다. '주' 제사를 '왕해'에게 드릴까요? 다가오는 '신해'일에 '유' 제사를 '왕해'에게 드리는데, 소 40마리를 쓸까요?)(『병』117편)

(8) 貞: 翌辛未酒祭于王亥?(『藤井』1)

(물어봅니다. 다가오는 '신미'일에 '주'제사와 '료' 제사를 '왕해'에게
드릴까요?)(『등정(藤井)』1편)

  (9) 甲戌酒王亥?(『丙』116)

    (갑술일에 '주' 제사를 '왕해'에게 드릴까요?)(『병』116편)

  (10) 甲午貞: 乙未酒高祖亥, ☒, 大乙, 羌五牛三, 祖乙, 羌☒, 小乙, 羌
三牛二, 父丁, 羌五牛三, 亡☒?(『南明』477, 『卜後』B2459)

    (갑오일에 물어봅니다. 을미일에 '주' 제사를 '고조해'에게 드리고,
☒, '대을'께 '강'족 3명과 소 3마리를 쓰고, '조을'께 '강'족 ☒ 쓰
고, '소을'께 '강'족 3명과 소 2마리를 쓰고, '부정'께 '강'족 5명과 소
3마리를 쓰면, ☒ 가 없을까요?)(『남명』477편, 『복후』B2459편)

  (11) 癸巳貞: 于乙未酒高祖亥, 凹卯于☒?(『南明』478; 『卜後』B2466)

    (계사일에 물어봅니다. '을미'일에 '주' 제사를 '고조해'에게 올리는
데, '요' 제사와 '묘' 제사를 ☒ 에게 드릴까요?)(『남명』478편; 『복
후』B2466편)

이 중에서 (1)~(8)까지의 세삿날은 모두 신(辛)에 해당하는 날이다.
나머지 셋 중 하나는 갑(甲)에 해당하는 날이고 둘은 을(乙)에 해당하
는 날이다. 신(辛)에 해당하지 않는 이 세 가지 중 하나는 무정(武丁)
때의 것이고(8), 하나는 무을(武乙) 때의 것이고(9), 나머지 하나는 무을
(武乙)과 문무정(文武丁) 때의 것이다(11). 그래서 제삿날이 일치하지
않는 것에 대해서는 시대의 변화라는 부분으로 설명할 수밖에 없다.
그러나 11가지 예 중에서 8가지가 신(辛)에 해당하는 날이니, 이름이
갑이면 갑에 해당하는 날에 제사를 지내고, 이름이 을이면 을에 해당
하는 날에 제사지낸다는 일반적인 규칙과 비교해도 그다지 멀리 떨어
져 있지는 않다. 그러나 주홍상(周鴻翔)(『商殷帝王本紀』, 1958, 香港,
44쪽)이 "복사를 보면, 갑(甲)이라는 이름을 가진 왕을 갑에 해당하는
날에 제사 지내지 않고, 을이라는 이름을 가진 왕을 을에 해당하는 날

에 지내지 않은 예도 매우 많다."라고 하였는데, 이는 갑골학자들도 원
칙적으로 동의한 내용이다. 게다가 이러한 현상은 구파의 복사에서 더
욱 심하게 나타난다. 앞에서 인용한 (10)에서 '을미'일에 '부정(즉 康丁)
을 여러 명의 을[諸乙]과 함께 제사를 모신 것이 한 예가 될 것이다.
『갑』841편에서 "갑신일에 '주' 제사를 '소정'께 드릴까요?(甲申酒小丁?)"
라고 한 것도 또 다른 한 예가 될 것이다. 기왕에 갑골 복사라는 것이
선조에게 가능 여부를 여쭌 것일진대 대부분 상황에서는 그 답이 긍정
적이었을 것임은 당연하다. 그러나 어떤 때에는 종종 해당 문제에 대
한 가부의 결정에 여지를 남겨두기도 했다. 그래서 앞에서 든 11가지
예에 근거해 보면, "신(辛)에 해당하는 날에 왕해(王亥)에게 제사를 드
렸다"라는 법칙은 성립될 수 있을 것이다.[8] 그리고 성탕(成湯)을 고조
을(高祖乙)로 불렀던 예에 따르면, 왕해(王亥)도 고조신(高祖辛)이라 부
를 수 있을 것이다.

'고조신(高祖辛)'이라는 이 허구적인 이름은 곧장 역사상으로 분명히
존재했던 이름인 '고신씨(高辛氏)', 즉 상나라 시조인 제곡(帝嚳)의 씨
명(氏名)을 연상하게 해 줄 것이다. 제곡(帝嚳)도 '신(辛)'이 아니던가?
복사에서 기(夒)(즉 帝嚳)에 대한 제사 중 날짜가 기록된 예는 다음의
4가지가 있다.

  (1) 甲寅貞: 辛亥酒彬于夒, 三牛?(『南明』 481; 『卜後』 B2429)
      (갑인일에 물어봅니다. 신해일에 '주' 제사와 '료' 제사를 '기'에게
      드리는데, 소 3마리를 쓸까요? 『남명』 481편; 『복후』 B2429편)
  (2) 己巳卜, 其求夒, 叀辛酉?(『南明』 483; 『卜後』 B2171)

---

8) 王亥의 祭日에 辛이 많다는 이러한 관점은 伊藤道治 先生(「藤井有鄰館所藏
   甲骨文字」, 『東方學報』[京都, 第42冊, [1971], 67쪽)이 일찍이 제시한 바 있다,
   그러나 그의 해석은 본문의 내용과 꼭 같은 것은 아니다.

(기사일에 점을 칩니다. '기'에게 도움을 구하고, 신유일에 할까요?
『남명』 483편; 『복후』 B2171편)

(3) 貞: 翌辛卯, 燎, 求雨燎? 燎雨.(『佚存』 519)

(물어봅니다. 다가오는 신묘일에 비를 내려달라고 '기'에게 기도할
까요? 비가 내렸다. 『일존』 519편)

(4) 丙午卜, 旅貞: 翌丁未, 燎, 燎告又叀口?(『續存』 2.599)

(병오일에 점을 칩니다. '려'가 물어봅니다. 다가오는 정미일에 '기'에
게 '료' 제사와 '고' 제사와 '유' 제사를 드리는데 口?『속존』 2.599편)

이상의 4가지 예에서 세 조항이 '신(辛)'에 해당하는 날이지 않은가!
이렇게 볼 때, 제곡(帝嚳)을 고신씨(高辛氏)라 불렀던 것도 나름의 이
유가 있었던 것이다. 그러나 맞아떨어지는 것이 여기에 머무는 것만이
아니다. 고(羔)(즉 岳)의 제삿날에 대한 기록도 총 6조항이 있다.

(1) 燎于羔☒夕羊, 翌辛亥, 酒, 宰?(『庫方』 714)

('료'제사를 '고'에게 ☒ 밤에 양을 올릴까요? 다가오는 신해일에
'주' 제사를 드리는데 희생용 양을 쓸까요?)(『고방』 714편)

(2) 貞: 勿叀辛未酒羔? 貞: 叀辛未酒(羔)?(『萃』 34)

(물어봅니다. 신미일에 '주' 제사를 '고'에게 올리지 말까요? 물어봅
니다. 신미일에 '주' 제사를 ('고'에게) 올릴까요?(『췌』 34편)

(3) 己酉貞: 辛亥其燎于羔? 一宰, 卯一牛? 雨. (『掇』 1.411)

(기유일에 물어봅니다. 신해일에 '료' 제사를 '고'에게 드릴까요? 희
생용 양 1마리와 배를 가른 소 1마리를 쓸까요? 비가 내렸다.)(『철』
1.411편)

(4) 癸亥卜, 貞: 翌辛未酒羔, 三小宰, 卯三牛?(『續存』 2.49)

(계해일에 점을 칩니다. 물어봅니다. 다가오는 신미일에 '주' 제사
를 '고'에게 드리는데, 작은 희생용 양 3마리와 배를 가른 소 3마리
를 쓸까요?)(『속존』 2.49편)

(5) 癸丑卜, 行貞: ☒ ……

甲寅酒于羔?(『續存』1.395)

(계축일에 점을 칩니다. '행'이 물어봅니다. ☒ ……

갑인일에 '주' 제사를 '고'에게 드릴까요?)(『속존』1.395편)

(6) 甲辰卜. 乙巳其祭于羔, 大牢? 小雨.(『粹』26)

(갑진일에 점을 칩니다. 을사일에 '료' 제사를 '고'에게 드리는데, 큰 희생용 소를 쓸까요? 적은 비가 내렸다.)(『수』26편)

　이 6가지 예 중에서 신(辛)에 해당하는 날이 4항목이나 되지 않는가! 기(夒)와 고(羔)와 왕해(王亥) 이외에도 상나라 왕의 선공(先公)의 먼 선조에는 다른 이름도 많이 포함되어 있는데, 모두 상나라 왕의 제사를 받았다.[9] 그러나 그들에 대해서는 아직 많은 정리 작업이 필요하다. 복사에 근거한 상나라 역사 연구는 상갑(上甲) 이전 부분에서 가장 힘을 쏟을 부분이 많이 남아 있다. 단순히 제삿날[祭日]만 가지고 이야기해 본다면, 무정(武丁)과 무을(武乙)·문무정(文武丁) 때에는 고신씨(高辛氏)로부터 고조(高祖) 왕해(王亥)에 이르기까지는 선조에 대한 제사가 줄곧 신(辛)에 해당하는 날에 이루어졌다. 바꾸어 말해서 이 시기에는 아직 10가지의 천간으로써 이름을 삼던 습속이 존재하지 않았다. 그 대신에 조묘(祖廟)나 묘주(廟主)를 분류하는 제도는 존재했으며, 신(辛)이라 불리던 것의 지위가 시종 최고로 존중받았었다.

　이와 같은 방법으로 이윤(伊尹)을 살피게 되면, 이윤이 비록 역사적으로는 10가지 천간으로 이름을 삼지는 않았지만, 그의 제삿날에 관한 규칙도 도리어 상나라 왕(王)이나 비(妣)와 같은 묘호 체계 속에 포함된다는 것을 알 수 있게 된다. 복사에는 그의 제삿날에 관한 자료도 남

---

9) 陳夢家, 『殷墟卜辭綜述』, 333~361쪽, 吳其昌, 「殷墟卜辭所見公先先王三續存」, 『燕京學報』 제14기(1933), 1~58쪽.

아 있는데, 황윤(黃尹)(武丁 시대)에 관한 것이 2항목, 이윤(伊尹)이나
윤(伊)(武乙, 文武丁 시대)에 관한 것이 3항목 보인다.

    (1) (丁)卯勿酒黃尹?(『鐵』242.4)

        (정)묘일에 '주' 제사를 '황윤'에게 드리지 말까요?(『철』242.4편)

    (2) 貞: 來丁酉业于黃尹?(『簠』人18)

        물어봅니다. 오는 정유일에 '유' 제사를 '황윤'에게 드릴까요?(『보』
        인18편)

    (3) 甲子卜. 又于伊尹, 丁卯?(『珠』638)

        갑자일에 점을 칩니다. '유' 제사를 '이윤'에게 드릴까요, 정묘일에
        드릴까요?(『주』638편)

    (4) 乙巳囗. 伊尹☒于丁未☒ ?(『甲』564)

        을사일에 囗. '이윤'이 ☒를 정미일에 ☒?(『갑』564편)

    (5) ☒于伊, 叀, 丁酉?(『南明』503, 『卜後』B2512)

        ☒를 '윤'에게 드리는데, 정유일에 할까요?(『남명』503편, 『복후』
        B2512편)

    이상의 복사는 그 숫자가 얼마 되지는 않지만 그 의미는 매우 분명
해, 은상 왕제에 관한 새로운 가설에 결정적인 증거를 제공해 준다. 만
약 앞으로 새로운 복사가 발견된다면 이윤에 관한 제사 날짜는 십중팔
구 정(丁)에 해당할 것이라 필자는 믿는다. 앞에서도 말했다시피 소수
의 복사는 부정적인 답을 이끌어낼 수도 있을 것이다. 그래서 필자는
독자들과 감히 내기 도박을 할 수는 없지만, 만약 정(丁)에 해당하지
않는 날에 이윤에게 제사를 드린 갑골 편이 나온다면 나는 왕의영(王
懿榮, 1845~1900) 선생의 뒤를 따라 이 갑골 편을 약으로 달여 먹고 말
겠다는 약속을 드린다. 그러나 왕제에 대한 필자의 가설이 성립한다면
이윤의 제삿날은 정(丁)에 해당하는 날이 아니면 아니 된다. 마치 동작

빈(董作賓)이 5시기의 제사계보[祀典]를 배열하면서 빠진 부분이 있을 때에는 그것을 대담하게 보충해 넣었듯, 같은 이유로 필자도 여기서 감히 이렇게 예측한다.

　제삿날에 관한 이러한 자료는 묘호(廟號)와 왕제(王制)의 연구에 어떤 새로운 시사점을 던져 줄 것인가? 이제 머리를 돌려 묘호와 왕제에 대한 새로운 관점에 대해 간단하게 다시 기술해 보고자 한다.

2

상나라 사람들은
왜 10가지 천간으로 이름을 지었을까?

필자는 「새로운 고찰」에서 10가지 천간이 상나라 왕과 왕비의 세계
(世系) 속에서 분포하는 규칙성에 근거해 그것이 생일이라는 이전 학
설을 반대하였으며, 동시에 묘호의 분류가 생전 신분의 분류를 대표한
다는 견해를 제시했다. 정숙(丁驌)은 '개(開)'방(方)(Chi−square)적인 측
정[즉 수학에서 제곱근을 구하는 계산법−역주]을 이용하고 통계학적인 방법을 통
해 상나라 왕(王)과 비(妣)의 세계 속에 존재하는 묘호 분포의 규칙성
이 우연한 현상이 아님을 밝혔다. 필자는 여기에다 청동기에 존재하는
10가지 천간을 이용한 이름에 관한 자료도 묘호가 생일이라는 설에 대
한 유력한 반대 증거가 된다는 사실을 제시하고자 한다.

몇몇 친구들과 필자가 함께 조사한 명문이 있는 4천여 점의 은주 시
대 청동기 도록 중[10] '10가지 천간[干]'(甲, 乙……)이나 "10가지 천간을
사용한 친족 명칭[親干]"(父甲, 母乙……)이 든 명문은 모두 1,295점이
었다. 『고고도(考古圖)』와 『박고도(博古圖)』 이후로 금문 연구자는 모

---

10) 張光直, 「商周青銅器器形裝飾花紋與銘文綜合研究初步報告」, 『中央研究院民
族學研究所集刊』, 제30기(1972), 239~315쪽. 張光直, 李光周, 李卉, 張充和,
「商周青銅器與銘文的綜合研究」, 『中央研究院歷史語言研究所專刊』 제62종(1973).

두 상나라 왕의 이름을 예로 가져와 금문의 '부갑(父甲)'을 '갑'에 해당하는 날에 태어난 어떤 아버지, 즉 한 개인의 묘호로 해석해 왔다. 이러한 견해에 근거하면 이 1,295점의 청동기는 1,295점의 청동기를 만들었던 사람의 죽은 친족을 말한다. 그러나 그룹으로 된 어떤 청동기는 같은 사람에게 준 것이기 때문에 그것이 1,295명의 개인을 대표하지는 않는다. 하지만, 숫자상으로 일부 차이가 난다 하더라도 10가지 천간의 비율 상에서 일어나는 영향은 같아야 마땅할 것이다. 이 1,295점의 청동기에 존재하는 10가지 간지자의 분포는 다음과 같다[그림_5a]:

갑(甲): 30점
을(乙): 274점
병(丙): 21점
정(丁): 270점
무(戊): 55점
기(己): 178점
경(庚): 41점
신(辛): 209점
임(壬): 14점
계(癸): 203점

이러한 분포 정황은 그것이 생일을 대표한다는 설로서는 해석할 수 없다. 1천여 점의 이러한 청동기는 수록자의 통계에 의하면, 상나라 때의 것이 1,102점, 서주 때의 것이 191점, 시기가 불명확한 것이 2점이다. 서주 때의 191점 중 대략 성왕과 강왕 이후의 것으로 확정할 수 있는 것이 19점이다. 이 1천여 점의 청동기 중 상나라 중기부터 주나라 초기에 이르는 4백여 년간의 명문을 가진 청동기가 상당한 비율을 차지할 것이다. 앞으로 새로운 발견이 이루어진다면 그중 10가지 천간의 분포도 마찬가지의 비율로 상대하여 증가하게 될 것이라 믿지 않을 이유가 없다고 생각한다. 10가지 천간자 중 5가지가 1,134점으로 전체의 86%를 차지하고 있다. 다수를 차지하는 5개 날짜 즉 을(乙), 정(丁), 기(己), 신(辛), 해(癸)는 마침 짝수에 해당하는 날짜이다. 당시 사람들은 어떻게 해서 이 5개의 날짜에 집중해서 태어날 수 있단 말인가? 상식적으로 말하자면 10일[旬]이나 1주일 중 어느 날에 태어나는가 하는 것은 보통 그 기회가 균등해야 한다. 필자는 최근 예일대학 부속 병원 (Yale—New Haven Memorial Hospital)의 산부인과에서 1973년의 출생기록을 찾게 되었는데, 요일별 통계는 다음과 같다.[그림_5b]

월요일	534
화요일	591
수요일	577
목요일	658
금요일	551
토요일	583
일요일	502
계	3,996[11]

　위에서 보이는 것처럼 목요일이 특별히 많고 일요일이 조금 적은 것을 제외하면, 매일(일 년 전체의 통계) 출생 숫자가 500~600명 사이에 분포함을 볼 수 있다. 이것이 비록 한 병원의 일 년간의 기록이고 일주일 내의 요일별 차이가 약간 있긴 하지만 이러한 자료는 우리의 상식적 판단과 들어맞는다. 그러나 앞서 보았던 청동기에 존재하는 10개 간지자의 분포는 이와는 다르다.

---

11) (역주) 원문에서는 3,995로 되었으나, 3,996의 오류이기에 고쳤다.

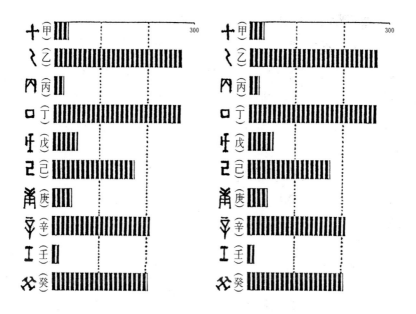

그림_5a : 1,295점의 청동기에 보이는 10가지 천간의 분포

그림_5b : 예일대학 부속병원의 1973년 신생아 요일별 출생 통계표

　따라서 금문 속의 10가지 천간의 분포 상황이 열흘 동안에 분포한 생일이 될 수 없다고 주장한다 해도 대다수의 독자는 이를 긍정하리라 생각한다. 만약 그것이 생일이 아니라면 다른 우연적 요소(예컨대 죽은 날)에 귀속시키는 것도 마찬가지로 부정될 수 있을 것이다.

　이들이 기왕에 우연적인 것이 아니라면 그것의 규칙성은 무엇에 근거해 이루어졌던 것일까? 사람이 죽은 후 갑이나 을이라는 말로 시호를 불렀는데, 초주(譙周, 201?~270)의 설명(『史記索隱』에서 인용한 『古史考』)에 의하면, "죽어서 묘주를 부를 때 '갑'이라 했고(死稱廟主曰甲)", "또 '을'이라 했다(曰乙)"라고 했다. '묘호(廟號)'라는 두 글자는 이렇게 해서 탄생했던 것이다. 여기에서 '호(號)'는 대체로 '자호(字號)'라고 할 때의 '호(號)'를 말하지만, 사실은 '번호[號碼]'라고 할 때의 '호(號)'라고 하는 것이 더 원래 뜻에 가까울 것이다. 가묘(家廟)나 종묘(宗廟)에 아마도 갑호(甲號)의 주인[主] 내지는 그 그룹의 주인이 있었을 것이고, 을호(乙號)의 주인 내지는 그 그룹의 주인도 존재했을 것이다. 사람이 죽으면, 갑호(甲號)나 을호(乙號)의 주인에다 이름자를 하나 더하거나 갑호나 을호의 위치 내에다 다시 새로운 주인을 더했을 것이다. 이러한 개별적 주인은 아마도 세대와 성별에 근거해 다시 조주(祖主), 비주(妣主), 부주(父主), 모주(母主), 형주(兄主) 등의 형식으로 세분되었을 것이다. 부친이 죽고 나면 그의 새로운 신주는 종묘에서 아버지 항렬의 갑호(甲號)(혹은 다른 번호)의 위치로 옮겨진다. "죽은 다음 사자는 묘주의 이름으로 부른다(死稱廟主)"고 한다면 바로 부갑(父甲)이라는 이름이 만들어진다. 그러나 갑과 을 등은 모두 합친다 하더라도 10개에 그치는데도, 이 10개의 번호를 사용하게 된 것은 아마도 제사의 편의 때문이었을 것이다. 그렇지만, 종묘에 모셔진 사람은 분명히 10명 이상이었다. 그래서 '부갑(父甲)'이라는 이름은 한편으로는 개인적인 호칭일 수도 있고, 다른 한편으로는 '신주 그룹[主群]'을 지칭한 것일 수도 있다. 그러나 개인적인 호칭은 사실 후자에서 나온 것이다. 예컨대, 중국 전체에서 장(張)씨라는 성은 수천만 명이 되는데도 사람들은 필자를 여전히 라오쟝[老張, 장씨]이라 부르는 것과 같다. 그래서 필자는 금문에 보이는 부갑(父甲)이나 모을(母乙) 등의 호칭이 소수나 후기 단계에 들어 개인을 지칭한 것을 제외하면, 대부분이 종묘에서 청동기를 사용하기 위해 배속시킨 지위를 나타내는 부호의 하나로 사용되었으리라 생각한다. 예를 들어, 내가 청동기 세트를 제작하여 장씨 종묘에다 넣어두고 거기에다 글을 새겨 둠으로써 청동기들이 우리 갑(甲) 그룹 아버지 항렬의 선조께 제사를 지낼 때 사용하는 것이지, 전 구성원 모

두에게 사용할 공동의 청동기가 아니라는 사실을 밝혀두는 것과 같은
이치라 하겠다.

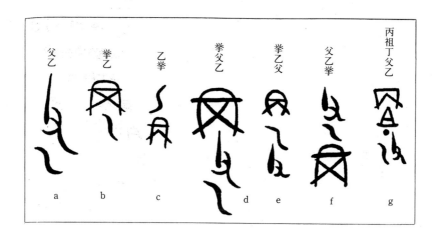

그림_6 : 청동기에 새겨진 기호 형식의 문자(『삼대길금문존』에서 인용함)

필자의 이러한 견해는 "당연히 그랬으리라 생각하는" 것일 뿐 아니
라 몇 가지 중요한 근거도 갖고 있다. 상주 때의 금문은 번체[繁文]와
간체[簡文]라는 입장에서 대체로 다음의 두 가지로 구분된다. 즉 간체
는 기호라 부를 수 있지만, 번체는 어떤 내용의 기술이라 부를 수 있을
것이다. 전자는 단지 명사에 한정되며 이러한 명사가 동사, 접속사, 전
치사 등과 결합한 모습은 출현하지 않는다. [그림_6]은 『삼대길금문존
(三代吉金文存)』에서 손가는 대로 뽑아본 7가지 예이다. 앞의 6가지 예
(a~f)는 거(舉), 부(父), 을(乙)의 세 글자가 서로 다른 방식으로 결합한
모습이다. 거(舉)와 을(乙)은 모두 단독으로 출현하기도 하지만 [그림
_6]에는 수록되지 않았다. [그림_6]에서 부을(父乙), 거을(舉己), 을거(乙
舉), 거부을(舉父乙), 거을부(舉乙父), 부을거(父乙舉) 등의 몇 가지 형

332

식이 모두 사용되었는데, 이는 이 세 글자가 아마도 '거족(舉族)의 부을(父乙)'이라는 어떤 사람을 지칭하는 것이 아니라 이 세 글자-족휘(族徽)+세차(世次)+간지 명칭[干號]-를 사용해 이 기물이 어느 종묘에서, 그리고 그 종묘에서 제사를 지낼 때의 사용범위를 나타내는 데 사용되었을 것이다. [그림_6] (g)의 첫 글자는 거(舉)자가 아니라 병(丙)자일 것이다. 그러나 중요한 부분은 그다음의 '조정부을(祖丁父乙)'이라는 네 글자인데, 이는 어떤 특정 청동기가 2대에 걸쳐 사용되었거나 2대에 걸쳐 존속되었을 가능성을 나타내 주는데, 2대의 간지 명칭[干號]만 달랐을 뿐이다.(保定에서 출토된 「商三戈」에서는 祖, 父, 兄에 이르는 3대의 간지 이름이 같아 위에서 말한 것과는 차이를 보인다. 또 우리가 본 자료 중에서 父甲이나 母乙 등의 명문을 새긴 청동 무기 중에는 이러한 경우가 전혀 보이지 않는다. 그것은 아마도 무기라는 것이 묘제의 제단에 "짝을 맞추어 준비해 두는" 그런 성질의 것이 아니었기 때문일 것이다. 단지 이 두 가지 사실만 보아도 「商三戈」의 명문은 위각일 것이라는 혐의가 보인다.)

　기물에다 기호를 적어 소유권, 사용권, 사용위치나 다른 기능 등의 표지로 삼던 것은 중국 고대 기물의 오랜 전통이었다. 최근 신석기 때의 도기에서 획을 새긴 부호가 적잖게 발견되었는데[그림_7][12], 학자들은 이에 근거해 중국문자의 기원에 관한 새로운 관점을 제시하기도 했다.[13] 이러한 부호는 대부분 어떤 표지로서 기능을 하고 있는데, 그중

12) 石興邦等, 『西安半坡』, (1963년); 李濟等, 『城子崖』, (1934, 中央研究院歷史語言研究所); K. C. Chang et al., *Fengpitou, Tapenkeng, and the Prehistory of Taiwan*, Yale University Publications in Anhtropology No. 73, 1969.
13) 唐蘭, 「在甲骨金文所見的一種已經遺失的中國古代文字」, 『考古學報』, 1957(2), 33~36쪽; 李孝定, 「從幾種史前和有史早期陶文的觀察蠡測中國文字的起源」, 『南洋大學學報』, 3(1969), 1~28쪽; 郭沫若, 「古代文字之辨證法的發展」, 『考古

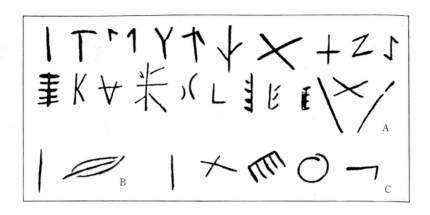

그림_7 : 신석기 시대의 도기에 새겨진 부호(예시)
(A는 西安 半坡, B는 歷城 城子崖, C는 高雄 鳳鼻頭 유적)

1부터 10에 이르는 여러 숫자는 찾아볼 수 있지만 간지자는 보이지 않는다. 물론 숫자로 해독되는 칠(七)은 갑(甲)자일 가능성도 있으며, 둥근 원은 정(丁)자로 해독할 수도 있다. 그러나 엄격하게 말해서 여기서 천간 부호 전체를 찾아볼 수는 없다. 신석기 시대의 도기는 산 사람들이 사용하던 기물이지 묘당(廟堂)에서 사용하던 제기가 아니었기 때문이다. 따라서 청동기에 사용된 갑·을 등과 같은 10가지 천간자는 10가지의 천간자를 사용해 이름을 삼던 것이 제의와 관련된 제도였음을 분명하게 보여주고 있다.

사람이 죽은 후 그 인물에 대한 제의 상의 분류는 무엇에 근거했을까? 생일에 근거했다고 하는 것은 분명히 가장 간단한 방법일 것이다. 예컨대 갑에 해당하는 날에 태어나면 죽은 다음 갑이라는 신쥐[甲主]로 분류되고, 갑에 해당하는 날에 제사를 지내며 갑을 이름으로 삼는 식

學報』1972(1), 1~13쪽; 鄭德坤,「中國上古數名的演變及其應用」,『香港中文大學學誌』1(1973), 41~58쪽; Ping-ti Ho, *The Birth of China*(The University of Chicago and the Chinese Unversity of Hong Kong Presses, in press)

이다. 그러나 이러한 가설은 10가지 천간자가 상나라 왕의 세계에서 분포하는 규칙성을 설명해주지 못한다. 그래서 여기서 할 수 있는 유일한 가정은 죽은 후 그가 종묘에서 어떤 번호에 귀속되는가 하는 것은 그가 살았던 당시의 신분적 지위에 따라 결정되었을 것이라는 것이다. 만약 이러한 해석이 묘호 분포의 규칙성을 분명하게 해석해 줄 수 있다면 이러한 해석은 신빙성이 매우 커진다. 이에 대해서는 다음 글에서 다시 논하기로 한다.

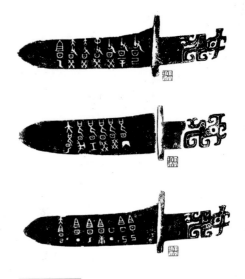

보충 그림_21 : 보정(保定)에서 출토된 "상나라 때의 「구과(句戈)」 3점 「육부과(六父戈)」로도 불린다.

그렇다면, 죽은 후의 묘호 체계와 같거나 비슷한 가치를 갖는 살았을 당시의 신분 지위에 대한 분류 체계는 무엇이며 무엇이라 부를 것인가? 묘호는 10개밖에 없다. 그렇다면, 생전의 신분 지위 단위도 10가지로 나뉘었던 것인가? 이러한 문제에 대해 필자는 어떤 해답도 갖고 있지는 않으며, 단지 몇몇 생각을 제시할 수 있을 뿐이다. 살아 있을 당시의 이러한 분류도 아마 죽은 다음에 제사로 옮겨가고 10일의 날짜 주기[旬]와 맞추어야 하는 필요에 의해 10개의 그룹으로 나누었을 것이며, 나누어진 10개 그룹의 명칭도 갑이나 을 등을 사용해 불렀을 것이다. 다만, 이러한 호칭을 개인의 신상이나 일상생활 속에 사용하지는 않았는데, 그것이 "죽은 후의 호칭"이지 "살았던 당시의 호칭"은 아니었기 때문이다. 이러한 구상에 대한 몇몇 증거는 다음 절에서 다시 논의

하기로 하고 여기서는 미루어 둔다. 필자는 또 고대사회에서의 '성(姓)'
에 대한 관념도 이러한 동성 종족 내에서의 비교적 작은 구분을 포함
할 것으로 생각한다. 『좌전』(襄公 25년, 기원전 548년)에 이러한 이야
기가 실려 있다.

> '제'나라 '당공'의 아내는 '동곽언'의 누이였다. '동곽언'은 '최무자'(즉 崔
> 杼)의 가신으로 있었다. '당공'이 죽자 '동곽언'은 '최무자'를 수레에 모
> 시고 가서 조문했다. 그때 '최무자'가 '당공'의 아내의 미색에 취한 나머
> 지 그녀를 아내로 취하고자 했다. 그러자 '동곽언'이 말했다. "부부는
> 성이 달라야 합니다. 그런데 당신은 [齊 定公의 후손으로] 정(丁)에 해
> 당하는 곳에서 나왔고, 저 사람은 제나라 환공(桓)의 후손으로 같은 성
> 이니 불가합니다."
> (齊棠公之妻, 東郭偃之姊也. 東郭偃臣崔武子. 棠公死, 偃御武子以吊焉.
> 見棠妻而美之, 使偃取之. 偃曰: 男女辨姓. 今君出自丁, 臣出自桓. 不
> 可.)

동곽언이 결혼에 대해 "불가합니다"라고 한 이유가 지금의 처지에서
보면 매우 이상하다. 두 사람의 성이 모두 강(姜)일진대 "부부는 성이
달라야 합니다"라고 할 것 같으면 "당신도 성이 강이고, 저도 성이 강
입니다."라고 하여 뿌리쳐버리면 될 것을, 정(丁)에 해당하는 곳에서
나왔고 또 환공(桓公)의 후손이니 하는 것은 또 무엇과 연관이 있단 말
인가? 제공(齊公)의 가보를 찾아보면 원래 정공 여급(丁公呂伋)으로부
터 환공(桓公)까지는 알려진 것이 없어 중간의 9세(世)가 비어 있다. 그
래서 정공과 환공은 동일한 소목(昭穆)에 속한다. 동곽언은 당신과 저
희는 동일한 소목에 속하니, "부부는 성이 달라야 한다"라는 원칙에 위
반되므로, 불가하다고 했던 것으로 보인다. 이렇게 되면 '성'도 세차에
서의 소목 그룹, 즉 묘호의 계통을 포함하는 것이 된다. 이는 상 왕실

이 족내혼을 했기에 그 족외혼을 나타내는 단위인 '성'도 묘호의 그룹에 포함된다는 것을 말한 것일까? 이렇게 되면, 상나라 사람들이 10가지 천간으로 종묘 내에서의 세계를 자세히 구분했던 원인의 하나가 되는데, 바로 혼인의 계통을 통제하려는 방편이었던 것일까? 그리고 주나라 초기 이후로는 왕실의 족내혼이 줄어들었다. 즉 왕족과 공족 내의 성족(姓族)도 족외혼의 단위가 되었는데, 이것이 주나라 초기 이후 『좌전』으로 볼 때는 성(姓)에 관한 옛날의 의미와 소목이라는 옛날 제도가 여전히 존재하지만, 10가지 천간을 사용해 이름을 짓던 제도가 점차 쇠락하게 되었던 원인이 아닐까? 그러나 이러한 문제는 모두 더 깊은 논의가 되어야 할 부분들이다.

3

은상(殷商)의 왕제를 다시 논함

상나라 왕의 세계(世系)는 묘호(廟號)와 묘호 간의 관계를 표현해 주는 가장 훌륭한 자료이다. 그래서 묘호로부터 볼 때 상나라 때의 가장 중요한 제도는 왕과 왕의 관계, 즉 왕의 계승제도라 하겠다. 필자가 「새로운 고찰[新考]」에서 추론했던 왕제는 지금의 처지에서 볼 때도 여전히 기본적인 부분에서 수정이 필요치는 않지만, 세세한 부분에서는 몇몇 다른 견해를 제시할 수 있다. 필자가 느끼기에도, 「새로운 고찰」을 집필할 당시만 해도 새로운 환경 속에서 탐색해야 했던 때라 완전하지 못한 부분도 있었으리라 생각한다. 그래서 가능한 한 완벽함을 추구하여 처음부터 끝까지 한 점의 잘못도 존재하지 않는 어떤 제도를 설계하고자 했으며, 이렇게 구상한 제도가 사회학적으로 통용될 수 있고 또 모든 자료를 완전하게 해석할 수 있게 하고자 했었다. 그러나 이러한 목표는 당시에도 달성하지 못했고 지금도 이루지 못했는데, 이는 앞으로도 그럴 것이다. 그래서 정숙(丁驌)의 다음과 같은 말은 훌륭하다. "[장광직의 말처럼] 상나라 왕의 세대 간 승계법칙에는 분명히 어떤 실마리가 존재한다. 물론 이러한 법칙은 인간사의 영향을 받아 좌우되었을 것이다. 형제간의 자리다툼, 자식 계승이 아닌 동생 계승, 혹은 세상의 변화, 천재, 인재, 심지어는 계승할 아들이 없는 등등, 이 모두를 가능성 속에 포함해야 할 것이다. 이 때문에 위로는 성탕(成湯)으로

338

부터 아래로는 제신(帝辛)에 이르기까지 모두가 이러한 법칙을 그대로 지켰던 것은 아니다."[14] 그래서 우리가 자연스레 자료에 근거해 하나의 법칙을 만들어 낼 것이지만, 이 법칙에다 몇몇 활동의 여지를 남겨 두는 것도 무방할 것이다.

케임브리지 대학 인류학 교수인 구디(Jack Goody, 1919~)는 현대와 민족사(民族史) 시대에서 왕권사회의 승계제도를 비교하여, 그것을 다음의 네 가지 기본 유형으로 나눈 적이 있다[그림_8][15]. (1) 남성계 가족제, 즉 부자 계승으로, 아들이 없을 때 동생에게 계승하는 제도, (2) 쌍계(雙系) 가족제로, 현대의 영국 황실처럼 아들에게로 계승하는 것을 위주로 하며, 아들이 없으면 딸에게 계승한다. (3) 귀족제, 즉 혈통이 다른 두 개 이상의 귀족 집단 모두에게 왕이 되어 집정할 수 있는 자격을 주는 경우이다. (4) 왕족제, 즉 왕위가 유일한 혈연 집단[血緣族群] 내부에서만 계승되는 경우이다. 귀족제와 왕족제에서 자주 보이는 계승제도는 소위 '윤번 계승제'(Circulating succession)라는 것이다. 귀족제 아래에서는 몇 개의 귀족이 돌아가면서 집정하기 때문에 피차간에 규칙적인 (족외혼) 혼인 관계가 만들어지게 된다. 왕족제 아래에서는 왕족 내의 각 그룹이 돌아가면서 집정하기 때문에 각 그룹 간에 족내혼의 관계가 존재하게 된다. 구디(Goody) 교수는 이러한 '윤번 계승제'에 대해 논의하면서 다음의 것들을 특별히 강조한 바 있다. 첫째, 윤번의 방식은 결코 기계적이거나 완전히 자동적인 것은 아니며, 항상 인간사의 영향이나 방해를 받아 변화가 일어난다. 둘째, 이러한 제도 하에서의 계승 그룹은 항상 둘로 나누어지는[二分] 경향이 있다. 즉 한쪽의 우

14) 丁驌,「再論殷王妣諡法」,『中央研究院民族學研究所集刊』19, 71쪽.
15) Jack Goody(ed.), *Succession to High Office*(Cambridge University Press, 1966), p.26.

두머리가 왕이 될 때, 다른 한쪽의 우두머리는 그의 보좌가 된다.

이러한 일반적인 분류로 상나라 때의 제도를 판단해 볼 때, 우리는 윤번 계승제의 가능성을 발견하게 되며, 그것이 왕족제라는 것도 알 수 있게 된다. 우리 같은 역사학자들은 역사란 진전하지 후퇴하는 것이 아니라는 사실을 잘 알고 있다. 진한(秦漢) 이후로 중국 황제들의 왕위계승 방식은 줄곧 남성계 가족제을 위주로 해 왔는데, 소위 "천하를 한 집안으로 삼다(家天下)"라는 것이 그것이다. 우리가 머리를 돌려 상나라의 제도를 살필 때 이전 학자들의 선입견 때문에 상 왕조도 같은 제도였어야만 옳고 정상적이라 생각한다. 하지만, 진한 때의 황제 제도가 상주 때의 왕제로부터 변화해 온 것이지, 상주 때의 왕제가 진한 때의 황제제도로부터 변화한 것은 아니다. 상나라 때의 제도를 논의할 때 가장 좋은 태도는 선입견을 품지 않고 실제 사료를 최종 근거로 삼는 것이다. 게다가 비교학적인 관점을 채택해야만 자질구레한 단편적인 자료들을 하나로 합칠 수 있으며, 그런 것을 합친 유용한 청사진을 근거로 삼을 수 있다. 「새로운 고찰[新考]」을 비판한 사람 중 한두 사람은 필자를 두고 사료를 민족학 이론에 갖다 붙인 것에 지나지 않는다고 하기도 한다. 그러나 이러한 비판은 오해이다. 민족학적 모델은 어떤 이론이라 할 수가 없으며, 단지 일부 비교 연구의 청사진으로서 사료 연구에 참고 자료를 제공할 뿐이다. 상나라 역사를 연구하는 동료가 객관적인 정신을 갖고 있고, 또 상나라 역사와 제도가 이미 더는 연구가 필요 없을 정도로 분명하게 해결되었다고 생각하지 않는다면, 민족학적으로 '윤번 계승제'와 같은 이러한 것을 기술한 몇몇 문헌이 상나라 제도 연구에서 커다란 시사점을 던져 줄 수 있다는 점을 분명하게 발견하게 될 것이다. 특히 동남아와 대양주의 일부 왕국이 고대중국의 민족 문화와 어떤 친척 관계에 놓인 것이 아님에도 그들의 왕제는 특별하게 참고할만한 가치가 있다.[16] 굴릭(J. M. Gullick)의 저술에서 말레이시아 서부의 왕국에 몇 개의 단위 간에 차례로 돌아가면서 계승하는 제도가 있다고 했는데, 이를 읽으면 곳곳이 마치 상나라의 역사인 것처럼 착각하게 한다! 상나라 제도의 연구에서 민족학적인 필드 조사는 불가능하지만 이러한 조사 보고서는 도리어 우리에게 커다란 시사점을 안겨다 준다.

16) F. L. S. Bell, "A Functional Interpretation of Inheritance and Succession in Central Polynesia", *Oceania* 3(1932), pp.167~206; J. M. Gullick, *Indigenous Political Systems of Western Malaya*, L. S. E. Monographs on Social Anthropology, No.17(1958); A. M. Hocart, "Chieftainship and the sister's son in the Pacific", *American Anthropologyist* 17(1915), pp.631~646; Robert W. Williamson, *The Social and Political Systems of Central Polynesia*, (Cambridge University Press, 1924); Jack Goody(ed.), *Succession to High Office*(Cambridge University Press, 1966).

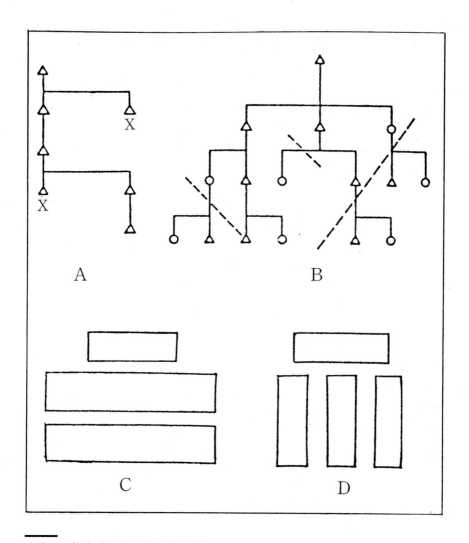

그림_8 : 왕위 계승제의 네 가지 유형

A. 부계(父系) 가족제.

B. 쌍계(雙系) 가족제.

C. 왕족제. 위쪽의 작은 네모는 세습 왕조를 대표하며, 몇 개의 그룹으로 나누어 집정한다. 아래쪽의 긴 네모는 왕족 이외의 공족(公族)을 뜻한다.

D. 귀족제. 각각의 네모는 모두 단일계의 친족군을 대표하며, 모두가 왕이 될 자격을 가진다.

X는 후손이 없는 경우를. 점선은 왕위계승이 단절되었음을 나타낸다.

　　필자가 추론하는 은상의 왕제는 다음과 같은 6가지 법칙으로 귀납할
수 있다([그림_8]을 보라).

　　(1) 상나라 때의 정권은 자성(子姓)이라는 한 왕족에 의해 장악되었다.
　　　　왕족 속에서 왕위와 관련된 구성원은 제의(祭儀) 상으로 갑, 을, 병,
　　　　정, 무, 기, 경, 신, 임, 해 등의 10가지 천간에 의한 그룹으로 구분
　　　　되었는데, 이를 임시로 '천간 그룹'이라 부르기로 한다. '천간 그룹'
　　　　은 제의에 관한 그룹이었지만, 정치단위이기도 했으며, 게다가 왕
　　　　족 내에서의 외혼 단위이기도 했다. 이러한 10가지 그룹 간의 지위
　　　　는 절대 평등하지 않았다. 즉 정치적 힘이 큰 집단도, 인구가 많은
　　　　집단도, 혹은 종교적 지위가 높은 집단도 있었는데, 그중 갑, 을, 병
　　　　의 세 그룹이 가장 높은 그룹이었다.
　　(2) 10가지 천간으로 된 그룹은 내부적으로 서로 결합하여 두 그룹으로
　　　　나뉘었는데, 이를 A그룹과 B그룹으로 부른다(중국어로 쓸 때에는
　　　　보통 甲組니 乙組 등으로 쓰는데, 여기서만은 적어도 甲이나 乙로
　　　　부르기에는 적절하지가 않다. 昭組와 穆組는 周나라 사람들의 명칭
　　　　이지만 이를 빌려 쓸 수도 있을 것이다. 그러나 어느 것이 昭 그룹
　　　　이고 어느 것이 穆 그룹인지를 아직 판단하기는 쉽지 않다. 이에
　　　　대해서는 「새로운 고찰[新考]」의 昭穆制에 관한 논의를 참조하기
　　　　바란다). 갑(甲) 그룹과 을(乙) 그룹은 분명히 A그룹에 속하며, 정
　　　　(丁) 그룹은 분명히 B그룹에 속했는데, 각기 해당 정치세력의 핵심
　　　　이었다. 나머지 그룹 중 병(丙)은 B그룹에 속하고, 무(戊)와 기(己)
　　　　는 A그룹에 속하며, 임(壬)과 계(癸)는 B그룹에 속할 수 있다. 경
　　　　(庚)과 신(辛)은 어떤 때에는 범위를 벗어나 A그룹나 B그룹 이상 혹
　　　　은 그 외의 다른 단위에 속할 수도 있다. 그러나 신(辛)은 대부분
　　　　상황에서 B그룹과 진퇴를 함께 하고 있다.
　　(3) 왕위 계승법칙이 가장 엄격하게 집행되었던 것은 두 가지밖에 없
　　　　다. 하나는 같지 않은 천간 그룹 내에서 왕위가 전해진 경우이다.
　　　　두 번째는 왕위가 같은 그룹(A나 B그룹) 내에 머무를 경우, 새로운

왕은 반드시 이전 왕과 같은 항렬, 즉 형제 항렬이어야 하며, 만약 다른 그룹으로 들어갔을 때는 반드시 항렬이 한 단계 낮은 그룹에서 계승해야 한다는 것이었다. 바꾸어 말해서 동생에게 전해질 때에는 같은 그룹 내에서, 아들에게 전해질 때는 다른 그룹에서 이루어진다는 것이다. 경(庚)과 신(辛)이 A그룹에 속하거나 B그룹에 속한다손 치더라도 세차와 그룹의 원칙은 준수해야 했다.

(4) 국왕의 정권 장악은 정식 혹은 비정식의 대신(大臣) 회의의 협조로 이루어졌다. 대신 중에서 수상(首相)이나 그다음 등급의 우두머리는 항상 왕과는 다른 그룹(王이 A그룹이면 B그룹이고, 왕이 B그룹이면 A그룹이다)의 장로나 우두머리가 맡게 된다. 왕위를 잇는 계승자는 대개 왕이 살아 있을 때 선택 결정된다. 그러나 왕이 죽은 다음 새로운 왕이 생겨날 가능성도 있다. 다음 왕을 선택하는 기준은 먼저 계승 자격이 있는지와 얼마나 자격을 갖추었는지를 보며, 그다음으로 이러한 사람의 능력과 세력이 어떤지를 본다(다음의 항목을 참조). 이 과정에서 유혈 혹은 무혈의 정변과 투쟁이 있을 수도 있다. 왕권이 다음 왕으로 전해질 때, 수상 자신은 세차와 소목의 관계가 모두 들어맞지 않아 수상의 직위를 계승할 자격은 없지만 그를 계승할 사람을 선택하는 데 매우 큰 힘을 발휘할 수 있다. 수상의 처지에서 볼 때, 다음 세대로 이어지는 것이 같은 세대로 이어지는 것보다 낫다. 왜냐하면, 다음 세대로 이어져야만 왕위가 수상이 속한 같은 그룹으로 올 수 있으며, 자신의 아들에게로 전해질 가능성도 있기 때문이다.

(5) 왕족 내의 남자가 만약 다음에서 기술한 조건에 맞으면 계승자의 자격을 가질 수 있다. 즉 건강과 지적 능력이 왕위를 계승할 수 있을 때(왕이란 정치, 군사, 종교적 지도자이지 단순히 권한을 누리는 일만 할 수는 없기 때문이다), 적합한 세차에 속할 때(같은 그룹의 왕과 같은 항렬이거나 다른 그룹의 왕보다 한 단계 낮은 항렬일 때), 현재 왕의 천간 그룹에 속하지 않을 때, 그의 어머니가 왕족 출신일 때 등이 그렇다. 만약 이러한 조건을 가진 사람이 둘 이상일 때에는 서로 경쟁을 벌이게 되는데, 각자의 군사력, 정치세력,

체력과 지적 능력, 어머니의 지위 등이 모두 성패를 결정하는 요소
가 될 수 있다.

(6) 왕족의 내혼제에서, 그 10가지 천간 그룹도 외혼 단위이다. 몇몇 천
간 그룹은 몇몇 다른 천간 그룹의 이상적인 배우 대상이 될 거라고
생각될 수도 있다. 그러나 필자가 보기에는 이 10가지 그룹이 연쇄
적으로 엄밀한 혼인 그룹을 형성하거나, 혹은 왕권의 A그룹과 B그
룹과 맞아떨어지는 A와 B 두 그룹 이외의 외혼 단위를 찾을 가능성
은 찾을 수 없어 보인다.(劉斌雄의 10가지 혼인 그룹과 丁驌의 王妣
두 그룹 설은 모두 일리가 있다.[17] 그러나 결점도 있다. 유빈웅의
구분법은 지나치게 복잡하고 기계적이어서 인구가 적은 왕실이라
는 그런 그룹 내에서는 시행되기 어려웠을 것이다. 정숙은 단지 두
그룹으로만 나누고 두 그룹 내의 각각의 천간 그룹 간의 관계만을
고려했을 뿐, 특히 다른 세차 간의 문제에 대해서는 언급이 없다.
廟號에서 드러난 정보에 의하면, 王制의 연구가 위주이고, 혼인제
도는 다음이었다.) 왕자의 신분과 왕위 계승의 기회는 아마도 많은
부분에서 어머니의 천간 그룹의 지위에 의해 결정되었을 것이다.
복사의 신파 제사계보[祀典]에서 소위 "선비에 대한 특제(先妣特祭)"
라는 현상에 대해 대부분 학자는 이것이 선비(先妣)가 제사 계보에
편입될 수 있느냐의 여부는 왕위를 이은 아들이 있느냐의 여부, 즉
소위 "어미의 지위는 아들에 의해 결정된다(母以子貴)"는 점에 동의
하고 있다.[18] 그러나 아들도 어머니에 따라 귀천이 결정될 수 있
다. 『사기・은본기』에서 "제을의 맏아들은 미자계인데, 계의 어미
가 천한 출신이었던 바람에 왕위를 잇지 못했다.(帝乙長子曰微子
啓. 啓母賤, 不得嗣.)"라고 했었다.

---

17) 劉斌雄, 「殷商王室十分組制試論」, 『民族學研究所集刊』 19(1965), 89~114쪽;
   丁驌, 「再論商王妣廟號的兩組說」, 위와 같음(1966), 41~79쪽.
18) 郭沫若, 『卜辭通纂』, (1993, 東京, 文求堂), 60쪽; 許進雄, 「對張光直先生的商
   王廟號新考的幾點意見」, 『民族學研究所集刊』19, 127쪽.

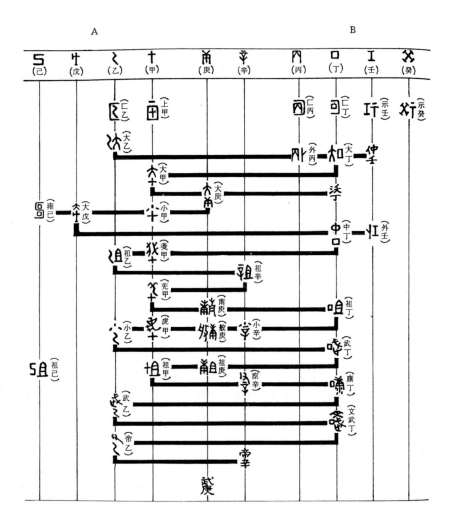

그림_9 : 상나라 왕위 계승법칙 추측도

가는 직선은 천간 그룹 내의 승계관계를 나타내고, 굵은 선은 왕위의 전승을 나타낸다. 전갑(戔甲)
과 강갑(羌甲) 두 세대는 「새로운 고찰[新考]」에 근거해 수정했다.(戔甲에 관해서는 陳夢家의 「甲骨
斷代學甲篇」, 『燕京學報』, 40(1951), 14쪽, 許進雄, 「對張光直先生的「商王廟號新考」的幾點意見」, 『民
族學集刊』, 19(1965), 123쪽을 참조하라. 羌甲의 새로운 증거에 대해서는 張秉權, 『殷墟文字丙篇』,
460~462쪽의 논의를 참조하라.

「새로운 고찰[新考]」에서 필자는 아버지 쪽의 교차 사촌혼 제도[交表婚制]가 두 그룹으로 나뉘어 번갈아 가면서 집정하는 구체적 방식에 대해 논의했었다. 필자는 여전히 이러한 제도가 상나라의 가장 중요한 혼인 방식의 하나였다고 생각한다.

(6)에서 말한 '천간 그룹' 간의 혼인관계에 대해서, 『상서』에서의 매우 작은 오래된 문제 하나가 이 문제에 대해 매우 중요한 의미를 띠고 있기 때문에 여기서 다시 제기해도 무방할 것으로 생각한다. 「고요모(皐陶謨)」[19]에 대우(大禹)가 한 다음과 같은 말이 보인다. "[요 임금의 아들인] '단주'처럼 제멋대로 놀지 마십시오. 아무것도 하지 않고 놀기만 좋아하고, 밤낮없이 오만하고 포악한 짓만을 하며, 물이 없는 곳에다 배를 띄우고 떼를 지어 집에서 음탕하게 놀아, 그 후손이 끊기고 말았던 것입니다. 저는 이런 것을 훈계로 삼아, '도산'씨를 아내로 맞았는데, 이는 '신'이 '임'을, '계'가 '갑'을 아내로 취했던 것과 같습니다.[20] 아들 '계'가 엉엉 울었어도, 나는 그를 아들로서 귀여워해 줄 틈도 없이 흙일만 했던 것입니다.(無若丹朱傲, 惟慢遊是好, 敖虐是作, 罔晝夜頟頟, 罔水行舟, 朋淫于家, 用殄厥世. 予創若時, 娶于塗山, 辛壬癸甲, 啟呱呱而泣, 予弗子, 惟荒度土功.)" 이 단락은 이해하기가 쉽지 않다. 특히 '신임계갑(辛壬癸甲)'라는 네 글자에 대해서는 지금껏 훌륭한 풀이가 나오지 않고 있다. 『위공전(僞孔傳)』에서는 우(禹)가 신일(辛日)에 도산씨(塗山氏)와 결혼했고, 집에 3일간만 머물고 갑일(甲日)에 집을 떠나 공적인 일을 했으며, 이로부터 그의 치수에 대한 노력을 엿볼 수 있다고 풀이했다. 후대의 학자들이 더는 훌륭한 해석을 해내지 못했기에 단지

---

19) (역주) 「益稷」의 오류이다. 이하 마찬가지이다.
20) (역주) 이 부분은 전통적으로 "도산씨와 '신', '임', '계', '갑'을 아내로 취했습니다."로 해석해 왔지만, 저자의 견해를 따라 위와 같이 옮겼다.

이 해석을 따를 수밖에 없었다. 그러나 앞서 말했던 10가지 천간 중 몇몇 천간 그룹은 이상적인 배우자였지만 어떤 그룹은 그렇지 않다고 말했었다. 이러한 관점에서 이 문장을 본다면 '신임계갑(辛壬癸甲)'이라는 네 글자는 다음처럼 해석할 수도 있을 것이다. 즉 우는 자신의 행위가 요 임금의 아들인 단주(丹朱)와 비교해서 어떤 부분에서 더 정통파에 속하는지, 어떻게 더 노력했는지를 기술했던 것이다. 단주(丹朱)는 "떼를 지어 집에서 음탕하게 놀았지만(朋淫于家)", 우(禹)는 도산씨와 결혼했는데, 도산씨는 명문 집안 출신의 적당한 배우자로서, "신이 임과 결혼한(辛娶壬)" 것이나 "계가 갑과 결혼한(癸娶甲)" 것과 같은 경우라는 것이다. 『시경·진풍(陳風)·형문(衡門)』에서 "장가를 드는데, 어찌 제나라 강씨네 딸이어야만 할까? 장가를 드는데, 어찌 송나라 자씨네 딸이어야만 할까?(豈其取妻, 必齊之姜? 豈其取妻, 必宋之子?)"라고 노래했는데, 이와 어감이 비슷하다. 주나라 공실에서 족외혼은 일상적인 일이었고, 아내를 들이는 이상적인 형태는 희(姬)성이 강(姜)성이나 자(子)성이나 고(姑)성과 결혼하는 것이었다.(『左傳』 宣公 3년에서 "희성과 길성이 짝이 되면 그 자손은 반드시 흥성한다.(姬姞耦, 其子孫必蕃.)"라고 했다.) 그리고 하나라와 상나라 왕족의 족내혼이라는 정황 아래에서는 신(辛)성이 임(壬)성과 결혼하거나. 계(癸)성이 갑(甲)성과 결혼하거나, 혹은 대우(大禹)가 도산씨와 결혼하는 것이 이상적인 것이었다. 당시에는 묘호 제도가 없었기에 대우와 도산씨의 묘호가 어떠했는지는 알 길이 없다. 그러나 「고요모」에서 열거한 배우자 선택법에 의하면, 이는 상나라 왕의 배우자 배합과 맞아떨어진다. 상나라 왕 중에는 단지 하나의 계(癸)(즉 示癸)가 들어간 단 한 명의 왕만 있었는데, 그의 배우자는 예측대로 비갑(妣甲)이었다! 또 4명의 신(辛) 즉 조신(祖辛), 소신(小辛), 늠신(廩辛), 제신(帝辛)이라는 왕이 있었다. 을(乙)과 신(辛)

의 제사 계보로 볼 수 있는 왕비의 명칭을 보면, 직계인 조신(祖辛)에 게만 배우자가 있었는데, 비갑(妣甲), 비경(妣庚), 비임(妣壬)의 세 명의 배우자가 있었다. 임(壬)은 비록 조신(祖辛)의 주요한 배우자가 아니었 지만, 그 배우자의 하나였던 것은 분명하다. 이렇게 하면 "'도산'씨를 아내로 맞았는데, 이는 '신'이 '임'을, '계'가 '갑'을 아내로 취했던 것과 같습니다.(娶于塗山, 辛壬癸甲.)"라는 이 문구의 의미가 통하게 된다.

이렇게 되면, 갑, 을, 병, 정 등과 같은 10가지 간지도 살아있는 사람 의 분류에 대한 호칭이 된다. 다만, 그것은 개인의 이름이었지만, 살아 있을 때에는 묘호로 사용하지 않았고 죽은 뒤에서야 비로소 사용했을 뿐이다.

다시 앞 절의 [그림_5a]에서 청동기상에 분포하는 10가지 간지를 보 면, 을(乙), 정(丁), 기(己), 신(辛), 계(癸)에 해당하는 5가지 천간이 훨 씬 많아 다수를 차지하고 있다. 이것이 바로 이 5가지 천간에 해당하는 남자가 다른 5가지 천간즉 갑, 병, 무, 경, 임에 해당하는 여자와 자주 결혼 했던 이유가 아닐까? 만약 임(壬)이 신(辛)과 결혼하고, 갑(甲)이 계(癸) 와 결혼한다면, 「고요모」에서 든 예처럼 병(丙)이 을(乙)과 결혼하고, 무(戊)가 정(丁)과 결혼하고, 경(庚)이 기(己)와 결혼하여, 유빈웅(劉賓 雄)이 들었던 10개의 혼인 그룹이 되지 않는가? 앞에서 필자는 유빈웅 의 학설이 왕실 내에서는 시행되기에 부적합하다고 했었다. 그러나 이 를 인구가 많은 전체 귀족으로 확대하고, 게다가 이러한 배합이 이상 적인 것일 뿐 필연적인 것으로 보지만 않는다면, 「고요모」와 청동기 상에 분포하는 10가지 천간의 분포 정황으로 볼 때, 그 가능성은 존재 한다 하겠다. 그러나 이러한 해석이 일으키는 문제가 아직도 많이 남 아 있기에, 앞으로 더 깊이 연구되어야 할 것이다.

보충 그림_22 : 「爨공수(爨公盨)」 명문

2002년 홍콩의 골동품 시장에서 발견되었으며, 대우(大禹)의 치수(治水)와 덕정(德政)에 관한 기록
이 실렸는데, 대우에 관한 이야기가 서주 중기 때 이미 널리 알려졌음을 알 수 있다.

4

이윤(伊尹)과 왕해(王亥)를 다시 논함

    묘호와 왕제에 대한 해설로부터 다시 이윤과 왕해의 제삿날에 관한 문제를 되돌아가 보면, 제삿날에 대한 이러한 자료가 매우 중요한 의미가 있다는 것을 재빨리 알아차릴 수 있을 것이다. 먼저 이윤에 대해서 설명해 보자.

    대을(大乙)로부터 대갑(大甲)에 이르는 이 기간의 왕위계승 과정은 이전 사료에서는 매우 복잡하게 나타나고 있다.[21] 앞서 말한 왕제의 법칙에 근거하면, 상나라 개국 때의 이 기간의 역사적 사실에 대해 완전히 새로운 견해를 채택할 수 있다. 즉 상나라가 건국되면서 탕(湯)이 왕이 되었는데 그는 A그룹의 우두머리로 집정했다. 이윤(伊尹)은 아마도 B그룹의 우두머리로서 탕(湯)을 보좌했을 것이다. 이런 식의 안배는 탕이 살아있던 시절에는 별다른 풍파를 일으키지 않았다. 그러나 탕이 죽자 A와 B 두 그룹 간에는 서로 아귀다툼을 하는 자리싸움이 벌어졌을 것이다. 앞서 말한 법칙에 의하면, 탕이 죽은 후 태자인 태정(太丁)이 왕위를 이어야 했는데, 그대로라면 이윤이 속한 B그룹에 왕위가 넘어가야만 했다. 그러나 태정(太丁)이 먼저 죽는 바람에 탕이 죽은 다음 이윤은 B그룹의 외병(外丙)과 중임(仲壬)을 임금으로 내세웠고

---

21) 陳夢家, 「甲骨斷代學·甲篇」, 『燕京學報』 제40기(1951), 22~25쪽.

이들이 연이어 6년 동안 왕위에 있었다. 중임이 죽은 다음 이윤은 왕위를 A그룹의 대갑(大甲)에게 되돌려 주었는데, 이는 부득이한 조처였을 것이다. 그 후 이윤이 대갑을 추방했다거나 대갑이 이윤을 살해했다는 전설(『紀年』)은 아마도 이 중간 과정에서 이윤을 중심으로 A와 B 두 그룹 간에 일어난 권력투쟁에 관한 이야기를 반영한 것일 것이다. 이윤은 B그룹의 영웅이었지만, 그렇다고 A그룹의 영웅이 아닌 것도 아니었다. 전국시대 때 있었던 이윤의 출신 성분에 대한 귀천의 두 가지 설은 바로 이러한 데서 근원 했을 것이다. 이윤이 죽은 다음 그를 장사지낸 사람은 바로 옥정(沃丁)이었고, 그의 제사를 모셨던 사람도 바로 무정(武丁)과 문무정(文武丁)이었다. 정확하게 맞아떨어지는 이러한 과정은 이미 '실마리'의 수준을 훨씬 넘는다.

이윤의 제삿날이 정(丁)에 해당하는 날이었다는 사실의 발견은 이러한 새로운 해석을 가능성의 단계로부터 역사적 사실의 단계로 높이는 결정적인 증거라 할 수 있다. 지금부터 상나라 역사 연구자들은 이를 근거로 삼아야 할 것이다.

이어서 왕해(王亥)에 대해 다시 이야기해 보자.

상갑(上甲) 이전의 상나라 역사 중 어느 정도가 신화이고 어느 정도가 역사인지는 아직 구분하기가 쉽지 않다. 신파(新派)의 제사계보[祀典]가 상갑부터 시작되는 것으로 볼 때, "은나라의 선대는 대체로 상갑 이후부터 역사 시기에 진입하였으며, 상갑 이전은 신화 전설시대라 할 수 있다."라는 이러한 견해는 매우 일리가 있다고 생각된다.[22] 그러나 신구 사료 속에서 몇몇 선조는 특수하게 중요했던 것처럼 보인다. 갑

---

22) 『卜辭通纂』, 362쪽.

골 복사에서 고조(高祖)라 불렸던 사람은 고조 기(高祖夔), 고조 왕해 (高祖王亥), 고조 을(高祖乙) 셋뿐이었다.[23] 기(夔)는 시조였고, 을(乙) 은 성탕(成湯)이었기 때문에 그들이 가졌던 특수한 지위에 대해서는 의심의 여지가 없다. 그러나 왕해(王亥)는 무슨 이유로 그렇게 중요했 던 것일까? 『초사·천문(天問)』에서는 천지개벽시대부터 그 당시까지 에 대해 묻고 있는데, 상 왕조에 대한 언급은 매우 짧은 일부에 한정되 고 있다. 이 짧디짧은 이 부분에서 언급된 인물이라면 필시 상나라 역 사에서 매우 중요한 결정적 인물이었을 것인데, 그에는 간적(簡狄), 곡 (嚳), 계(季), 해(該), 항(恒), 혼미(昏微), 성탕(成湯), 유신(有莘)씨와 소 신(小臣) 등이 포함되어 있다. 이들을 갑골 복사와 「은본기」에 등장하 는 이름으로 바꾸어 보면, 부부 사이인 기(夔)(즉 嚳)와 간적(簡狄), 그 리고 계(季)(즉 冥), 왕해(王亥)(즉 該와 振), 왕항(王恒), 상갑미(上甲微) 에 이르는 삼대, 그리고 성탕(成湯)과 이윤(伊尹)이 된다. 계와 왕해와 왕항은 어떤 중요성을 지녔기에 다른 사람들과 비길 수 있었던 것일 까? 그리고 『예기·제법(祭法)』에서 "은나라 사람들은 곡(嚳)에게 체 (禘) 제사를 드리고 명(冥)에게 교(郊) 제사를 드렸으며, 설(契)을 조상 으로 삼고 탕(湯)을 종주로 삼았다."라고 했다. 『국어·노어(魯語)』에 서도 "상나라 사람들은 순(舜)에게 체(禘) 제사를 드렸고 설(契)을 조상 으로 삼았으며, 명(冥)에게 교(郊) 제사를 드리고 탕(湯)을 종주로 삼았 다."라고 했다. 명(冥)을 또 무슨 이유로 이렇게 중시했던 것일까?

　이러한 문제를 종합해 보면, 계(季)로부터 상갑(上甲)에 이르는 삼대 가 상나라 역사에서 매우 중요한 결정적 시기였음을 쉽게 알 수 있다. 무슨 이유로 그런지는 몇 가지 다른 대답이 나올 수 있을 것이다. 적잖

---

23) 胡厚宣, 「甲骨文商族鳥圖騰的遺跡」, 150~151쪽, '高祖河'에 관한 주(4)를 보라.

은 상나라 역사학자들이 최근 왕해에 대해 연구했는데[24], 이 시기 역사의 중요성에 대한 그들의 설명은 모두 "왕해가 소 길들이는 법을 처음 만들었다(壬亥作服牛)"라는, 즉 왕해가 상나라의 문화적 영웅이라는 전설에 집중되어 있다. 이러한 견해는 꼭 맞는다고 할 수도 없지만 그렇다고 틀렸다고도 할 수 없을 것 같다. 소가 상나라의 종교(갑골 복사의 제사, 고고 유적)와 경제(『상서・酒誥』의 "肇牽車牛遠服賈.")에서 갖는 중요성을 볼 때, 왕해가 소를 길들여 농경에 사용하게 하였던 공적은 "은나라의 왕이 비단을 만들고 우리를 만들었으며, 소를 길들여 농사에 이용했고, 이로써 백성에게 이롭게 하였으니 천하 사람들이 귀의했다.(殷人之王, 立帛牢, 服牛馬, 以爲民利而天下化之.)"라고 한『관자・중경무(輕重戊)』의 말과 같은 것이어서, 상 민족을 야만으로부터 문명의 상태로 들여놓은 영웅적 인물이라 할 수 있다. 그러나 안타깝게도 왕항(王恒)에 대한 사료는 너무나도 적다. 시마 쿠니오(島邦男)의 『종류(綜類)』에도 11조항(479쪽)만 실려 있고, 게다가 제삿날이 기록된 것은 하나도 없다. 그러나 갑골 복사에서 항(恒)자는 어떤 경우 큰 활[弓] 속에 그려진 모습을 한 때도 있다. 이것은 왕항(王恒)이 곡궁(曲弓)을 사용했던 상나라 사람들과 전설상으로 관계된 것인지도 모르겠다. 아니면 전설에서의 예(羿)와도 관계가 있을지도 모른다. 이러한 것들은 필자가 매우 알고 싶어 하는 궁금한 문제이지만 단번에 답이 나올 수 있는 것은 아닐 것이다.

---

24) 王國維, 「殷卜辭中所見先公先王考及續考」(1917); 內藤虎次郎, 「王亥亥, 續王亥」, 원래는 『藝文』(1916!1921)에 실렸고, 『內藤湖南全集』 卷7, (1970), 469~500쪽에 실렸다; 顧頡剛, 「周易卦爻辭中的故事」, 『燕京學報』6(1930), 971~975쪽; 吳其昌, 「卜辭所見殷先公先三續考」, 『燕京學報』, 14(1933), 1~58쪽; 陳夢家, 「商代的神話與巫術」, 『燕京學報』, 20(1936); 胡厚宣, 「甲骨立商族鳥圖騰的遺跡」.

    문화를 발명했다는 공헌을 제외하고도, 왕해와 왕항 형제가 상나라 왕제에 관한 역사에서 결정적으로 중요한 전환점이 되었다는 의미를 가질 수 있을 것인가? 이 또한 필자가 궁금해하는 문제이다. 오기창(吳其昌, 1904~1944)은 「천문」에서 말한 "어떻게 '순' 임금이 아우 상(象)을 바르게 고치어 좋은 일을 만들어, 후사를 잇고 오래 제후가 되었는가? (何變化以作詐, 而後嗣逢長?)"라는 이 물음에 근거해 상갑(上甲)이 왕해의 아들이 아니라 왕항의 아들일 것이라고 여겼다.[25] 「천문」에는 이 물음 바로 앞에 "어지러운 아우가 음행을 하여, 그 형을 해치려 하였도다.(眩弟並淫, 危害厥兄.)"라는 두 문장이 있다. 이 문장의 의미를 분명하게 알 수는 없지만 왕해와 왕항 형제가 투쟁을 벌였던 일을 그린 것으로 보인다.

    이 글의 시작 부분에서 제곡(帝嚳)으로부터 왕해(王亥)에 이르는 선공(先公)의 먼 선조는 신(辛)을 제삿날로 삼는 것이 일상적이었다고 했다. 신(辛)은 B그룹에 가깝다. A그룹의 집정은 상갑(上甲)에서부터 시작되어 성탕(成湯)에 이르러 완성된다. 만약 왕항이 상갑의 선조라면 계(季), 왕해(王亥)와 왕항(王恒), 상갑(上甲)에 이르는 삼대(三代)는 상나라 역사에서 커다란 전환점을 포함하고 있다. 즉 신(辛)이나 B그룹을 우두머리로 삼던 제도가 A와 B 두 그룹이 돌아가면서 계승하는 제도로 변화했던 것이다. 이러한 이유로 왕해와 왕항 형제가 「천문」에서 제곡(帝嚳)과 성탕(成湯)과 함께 나란히 출현할 자격이 있었던 것이다. 이는 어떻게 해서 무정(武丁)과 무을(武乙)·문무정(文武丁)의 복사에서 왕해에 대한 제사는 많지만 왕항에 대한 제사가 적은지를 해석 가능하게 해 주기도 한다. 이 시기의 역사와 탕(湯)이 걸(桀)을 치던 시기

---

25) 吳其昌, 「卜辭所見殷先公先王三續考」, 45쪽.

를 비롯해 하나라와 상나라 역사가 겹치는 문제에 대해서도 자세히 연
구해볼 만한 가치가 있다. 필자는 이러한 생각은 충분히 하나의 가설
이 될 만하다 생각한다. 앞으로 갑골 복사에서 왕항에 관한 제삿날이
갑(甲)이나 을(乙) 두 날이거나 혹은 심지어 무(戊)나 기(己) 두 날짜임
을 찾기만 한다면 이에 대한 초보적인 실증을 이룰 수 있을 것이다.

(1974년 3월 4일)

은나라 예제(殷禮)에
보이는 이분 현상

원래 『慶祝李濟先生七十歲論文集』(臺北, 淸華學報社, 1967), 353~370쪽에 실린 글이다.

1

소둔(小屯)과 서북강(西北岡)으로부터

　　은나라의 예제[殷禮]에 관한 문헌은 일찍이 공자(孔子) 때부터 이미 "찾아보기 힘들었다(不足徵)". 그러나 공자가 죽은 지 2천여 년이 지나서 은나라 때의 사료가 갑자기 대량으로 출토되었다. 그중에서도 가장 중요한 것은 안양(安陽)의 갑골 복사와 안양과 그 이외의 많은 지역에서 발굴된 은나라 때의 유물과 유적들이다. 1960년 출판된 정덕곤(鄭德坤, 1907~2001)의『상나라 때의 중국[商代中國]』[1]은 최근 반세기 동안 이루어진 은상 문물제도에 대한 새로운 자료와 연구에 관한 상징성을 가지는 대표작이다. 물론 큰 부분에서, 그리고 길게 본다면 은나라 예제의 연구는 이제 막 시작된 것에 불과하겠지만, 지금 가진 자료만으로도 이미 은나라의 여러 가지 세밀한 제도의 연구에 깊이 있는 연구는 가능하다.

　　은나라 예제 속의 이분 현상은 깊이 있게 연구할 만한 세밀한 주제 중의 하나이다. 이러한 현상을 필자가 처음 제기한 것은 아니다. 동작빈(董作賓, 1895~1963)은 일찍이『은력보(殷曆譜)』[2]에서 안양의 은나라 예제에 신구 두 계파가 존재한다는 가설을 내놓았다. 그는 구파는 보수파였지만 신파는 혁신파였으며, 반경(盤庚) 이후로 이 두 계파의

---

1) *Archaeology in China*, Volume 2. *Shang China*(Cambridge, Heffer & Sons, 1960)
2)『中央硏究院歷史語言硏究所專刊』, (四川南溪李莊, 1947).

정치 세력은 기복을 반복하면서 돌아가며 집정했다고 했다. 스웨덴의 칼그렌(高本漢, Klas Bernhard Johannes Karlgren, 1889~1978)은 은나라 때의 청동기를 연구하면서 은주 때의 청동기 미술을 고전식(古典式), 중기 주나라 형식[中周式], 회식(淮式) 등의 세 시기로 나누었다. 그중에서 고전식은 은나라 때에 시작되어 서주 초기에 마무리되었는데, 칼그렌은 이를 다시 A·B·C의 세 그룹으로 나누었다. A그룹의 장식무늬는 같은 기물에서도 B그룹의 장식 무늬와 잘 결합하지 않지만, C그룹의 장식 무늬와는 잘 결합한다. B그룹은 A그룹과는 상호 배척 관계에 있었으나 C그룹과는 병존할 수 있었다. 그래서 은나라 청동기 무늬도 이분의 추세, 즉 A·B그룹과 중립적인 C그룹의 두 가지로 나뉜다고 했다. 칼그렌은 A와 B 그룹이 서로 나누어지게 된 원인이 주로 기원 연대의 차이에 있다고 했지만, 은나라 사회의 그룹 분화와도 관련이 있을 것으로 생각했다.[3] 그러나 동작빈과 칼그렌의 견해는 은나라 예제 연구자들에게 받아들여지지 않았으며, 은나라 문명 연구자들은 언제나 은나라 예제가 단순하고 화해된 한 가지 모습이라 여겨왔다.

이러한 문제에 대한 필자의 관심은 수년 전 은나라 때의 신화와 미술에 대한 연구에서부터 시작되었다. 필자는 동작빈과 칼그렌이 발견한 은나라 예제의 이분 현상이 그 자체로도 성립 가능할 뿐만 아니라 그것은 고립된 현상이 아니며, 또 이분화라는 제도는 아마도 은나라 사회를 연구하는데 결정적으로 중요한 문제라는 사실을 점차 심각하게 깨닫게 되었다. 필자의 이러한 생각을 해석하기 위해, 먼저 안양 소둔과 서북강(西北岡)의 고고 유적지에서 발견된 몇몇 심상치 않은 현상부터 이야기를 풀어보고자 한다.

---

3) Bernhard Karlgren, "New Studies of Chinese Bronze", *Bulletin of the Meseum of Far Eastern Antiquities*, No. 9(1937, Stockholm) pp.1~117.

보충 그림_23 : 하남성 안양 은허(殷墟) 유적지(1)

보충 그림_24 : 하남성 안양 은허(殷墟) 유적지(2)

중앙연구원 역사언어연구소 고고팀에서 진행한 1928년부터 1937년까지의 하남성 안양 은허에 대한 발굴 경과와 거기서 수집된 수많은 풍부한 자료들, 그리고 그들 자료의 중요성에 대해서는 이미 다 잘 아는 부분이다. 그러나 안양에서 발굴된 자료가 어느 정도나 중요한지는, 나 자신의 경우, 소둔의 도기[4], 소둔의 건축물 유적지[5], 그리고 서북강 제1001호 대묘의 발굴 보고[6]가 출판되고서야 그 구체적인 부분을 절실히 깨달을 수 있었다. 이제(李濟, 1896~1979)는 거기의 대묘에 대한 발굴 보고서 서문에서 이렇게 말했다. 안양의 자료를 발표하지 않자니 그렇고, 발표하자니 최고의 보고서를 써야만 했다. 이런 방법 외에는 달리 다른 길은 없었다. 우리는 이러한 결정에 대해서 감사해야만 할 것이다. 지금까지 출판된 정식 보고서는 자료가 풍부하고 기술이 매우 상세해 고고 발굴 보고자들의 모범이 되었을 뿐 아니라 독자들로 하여금 스스로 충분히 연구에 이용할 수 있게 해 주었기 때문이다. 이러한 보고서의 출판은 안양의 은나라 수도의 분포에 대한 과거의 가설, 즉 소둔은 은 왕실의 궁전[宮寢]과 선조의 사당[祖廟]이 있던 곳이며, 환수(洹水) 언덕 맞은편의 소둔 서북쪽 약 3킬로미터 되는 곳에 있는 후가장(侯家莊) 서북강(西北岡)이 주요한 왕릉 구역이라는 사실을 한층 더 견실하게 증명해 주었다.

소둔의 건축유적(묘지를 위주로 했을 때)은 갑(甲)·을(乙)·병(丙)의 세 구역으로 나뉘는데, 이들은 북쪽으로부터 남쪽으로 일직선을 이

---

4) 李濟, 『小屯陶器』, 上輯, 『中央研究院歷史語言研究所中固考古報告集』, (1956, 臺北).
5) 石璋如, 『小屯建築遺存』, 『中央研究院歷史語言研究所中國考古報告集』, (1959, 臺北).
6) 梁思永, 高去尋, 『1001號大墓』, 『中央研究院歷史語言研究所中國考古報告集』, (1962, 臺北).

루며 배열되었다. 갑 구역이 가장 북쪽에, 을 구역이 그 중간에, 병 구역이 서남쪽 모퉁이에 있었다. 석장여(石璋如, 1902~2004)의 연구에 의하면, 소둔 유적지는 세 구역으로 나뉘는데, 그것은 대체로 시간적 순서를 반영하여, 갑 구역이 가장 이르고, 을 구역이 그다음이며, 병 구역이 가장 늦다고 했다. 그러나 그는 또 이 세 구역의 성격도 달라, 갑 구역은 궁전[宮寢]이고, 을 구역은 선조의 사당[祖廟]이며, 병 구역은 종교적 성격의 건축 군이라고 생각했다. 그중에서 을 구역의 기초 터는 무더기로 된 복잡한 묘장과 관련되었으며, 그 무덤들은 건축물의 기초 터를 닦는 과정에서 각종 종교의식에 의해 순장된 사람들의 무덤으로, 서북강에 있는 큰 무덤과 작은 무덤 간의 관계와 유사하며, 또 을 구역은 선조 사당의 기초 터가 있던 곳이라고 본 것 등은 매우 일리가 있어 보인다. 이 구역에서는 이미 21곳의 기초 터가 발굴되었다. 그러나 발굴 구역의 동남쪽에도 몇몇 기초 터가 있었겠지만 환수(洹水)에 의해 파묻혔을 가능성이 있다. 기초 터의 이러한 배열은 주로 남북 방향에다 동서의 두 열로 배열되었고, 황토를 다진 북쪽의 기단을 기점으로 삼고 있다. 이러한 배치는 천자가 조정에 있을 때, 북쪽에 앉아 남쪽을 향하고, 조정의 신하들은 북쪽으로부터 남쪽으로 두 줄로 배열해 앉던 중국의 전통적인 양식과 매우 닮았다. 그러나 소둔의 을(乙) 구역은 앞에서 말했던 것처럼 바로 종묘 구역이었지 은나라 왕이 정치하던 곳은 아니다. 은나라 왕의 종묘가 어떤 이유로 남북의 두 줄로 배열되었던 것일까? 이는 도리어 주나라 후기와 한나라 때 기록된 주나라 때의 소목제(昭穆制)에 의한 종묘의 배열과 매우 비슷하다. 그렇다면, 은나라 사람들에게도 소목제가 있었던 것일까?

서북강의 왕릉 구역에서 우리는 또 이와 유사한 문제와 정면으로 마주치게 된다. 고거심(高去尋, 1909~1991)의 보고에 의하면, "묘지는 동

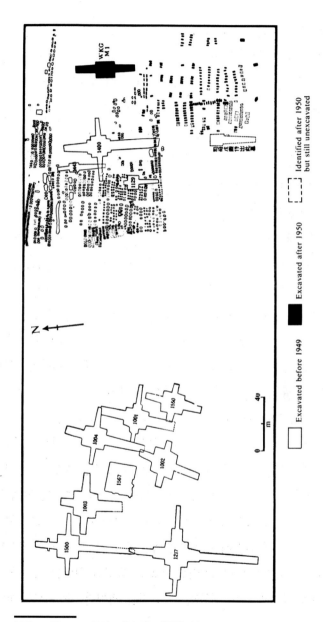

보충 그림_25 : 은허 서북강(西北岡) 왕릉 구역의 무덤 분포도.
Kwang-chih Chang, *The Archaeology of Ancient China*, p.326.

서의 두 구역으로 나뉘었고, 두 구역 사이에는 약 100미터 정도의 공간
이 있다. 고고 발굴팀은 이미 묘지 서쪽 구역의 동쪽, 서쪽, 북쪽 가장
자리는 찾았지만, 남쪽 가장자리는 아직 찾지 못했다. 그러나 서쪽 구
역의 남쪽 끝으로는 더는 큰 무덤은 존재하지 않는다는 것만은 상당히
정확하게 추측할 수 있다. 동쪽 구역의 면적은 약 15,000제곱미터에 이
르며, 동쪽과 북쪽 끝 부분의 가장자리도 찾아냈다. 우리의 추측에 의
하면, 이미 발굴이 이루어진 동쪽 구역은 단지 서북 모퉁이 부분에 지
나지 않는데 이는 전체 면적의 4분의 1에 해당한다.……1950년 과학원
의 고고연구소에서 다시 시작한 안양의 발굴 과정에서 소위 무관촌(武
官村) 지구에서 큰 무덤[大墓] 1기와 작은 무덤[小墓] 26기를 발굴했다.
사실 무관촌의 묘장은 여전히 서북강 동쪽 구역의 범위에 속하며, 큰
무덤은 우리가 1936년 동쪽 구역의 동북쪽 모퉁이에서 발굴한 두 줄로
배열된 작은 무덤의 남쪽으로부터 불과 수 미터밖에 떨어지지 않았다."[7]
결론적으로 말해서 중일전쟁 전 서북강의 발굴에서 은나라 때의 무덤
1,232기가 발굴되었는데, 그에 포함된 10기의 큰 무덤 중 서쪽 구역에
7기, 동쪽 구역에 3기가 있었다. 10기의 큰 무덤은 모두 남쪽을 향해
있었고, 곽실(槨室)은 장방형이나 아(亞)자형으로 되었으며, 각기 2개
혹은 4개의 묘도(墓道)를 갖고 있다. 묘도가 2개인 경우 모두 남북으로
만 되었고 동서로 된 것은 없으며, 묘도가 4개인 경우는 남쪽으로 난
묘도가 가장 길고 그다음이 북쪽에 난 묘도였다. 여기에다 무관촌의
큰 무덤 1기를 더하면 서북강의 큰 무덤은 총 11기가 되는데, 7기가 서
쪽에, 4기가 동쪽에 있다. 이러한 분포는 특정한 의미를 나타내주고 있
는데, 아마 다음과 같이 질문할 수도 있을 것이다. 즉 대묘의 남북방향

---

7) 高去尋,「安陽殷代皇室墓地」,『國立臺灣大學考古人類學刊』第12, 13合期(1959),
   1~2쪽.

및 11기의 대묘를 동서 두 그룹으로 나눈 것은 소둔의 종묘 분포와 의미상으로 비슷하지 않은가? 석장여는 소둔의 종묘 건축과 서북강의 왕릉 건축이 서로 관련되었다고 생각했다. 하지만, 그는 서북강에다 한 사람의 왕을 묻었을 때, 소둔의 을(乙) 구역에다 새로운 사당을 하나 세웠는지 아니면 을 구역 기존의 종묘에다 그의 신주를 모셨는지는 확언하지 않았다. 어쨌든 간에 소둔과 서북강의 종묘와 능묘가 분포상으로 상당히 유사하다는 것만은 분명하다. 그러나 서북강의 대묘가 어떻게 해서 서쪽에는 7기가 있는데, 동쪽에는 4기만 있게 된 것일까?

이러한 문제에 대답하려면 고고학적 자료에만 기대어서는 매우 부족하다. 그래서 우선 문헌자료에 보이는 은나라 예제의 이분 현상을 잠시 살펴보고 그런 다음 다시 머리를 돌려 서북강 유적지 분포가 갖는 의미에 대해 검토해 볼 것이다.

2

은왕 세계(世系)에서의 소목제

소목제(昭穆制)는 주나라 사람들의 제도이다. 소목제가 어떠한 것이
었는지는 오늘날 상세하게 알 수 없지만, 다음과 같은 몇 가지 특징에
대해서는 대부분 인정하고 있다. 첫째, 믿을만한 주나라 때의 문헌 기
록에 의하면, 소목제가 서주 초기 때 성행했다는 것은 확실하고, 초기
이후로는 적어도 중국의 일부 지역에서 통용되었다는 점이다. 둘째, 소
목제는 세대 간에 윤번제로 돌아가면서 소(昭)와 목(穆)으로 이름 붙인
다는 것을 골간으로 하고 있기 때문에, 어떤 사람이 소(昭) 세대나 목
(穆) 세대에 속하게 되면 영원히 그 소속은 변하지 않는다는 점이다.
예컨대 왕계(王季)는 소(昭)에 속했고, 문왕(文王)은 목(穆)에 속했으며,
무왕(武王)은 소(昭)에 속했고, 성왕(成王)은 목(穆)에 속했다. 바꾸어
말하면, 종족의 구성원을 소(昭)와 목(穆)의 두 큰 그룹으로 나누고, 할
아버지와 손자는 같은 그룹에, 아비와 아들은 다른 그룹에 속하도록
했다. 셋째, 소목제는 종법(宗法) 제도와 관련 있다는 점이다. 만약 백
세(世)가 되어도 옮겨지지 않는 대종(大宗)이라면 그 소목의 세차는 영
원히 변하지 않을 것이다. 그러나 소종(小宗)은 대종으로부터 분리되
어 나와 만들어지는 법, 그렇다면 소종을 세운 자는 태조(太祖)라 불리
게 되며, 그의 아들은 소(昭) 세대의 시작이 되고, 그의 손자는 목(穆)
세대의 시작이 된다. 넷째, 소목제는 선조 사당[祖廟]의 배열과 관련 있

다는 점이다. 태조의 사당이 중간에 자리하여, 북쪽에 앉아 남쪽을 바
라보는데, 그 남쪽에 자리한 조묘는 두 줄로 나뉘어 "왼쪽에 소(昭), 오
른쪽에 목(穆)"이 배열된다. 바꾸어 말해서, 소(昭) 세대 선조의 사당이
왼쪽 즉 동쪽에 배열되며, 목(穆) 세대 선조의 사당은 오른쪽 즉 서쪽
에 배열된다. 소(昭)와 목(穆)의 두 줄로 세워진 사당의 숫자는 해당 종
족의 정치적 지위에 따라 달라졌다. 이러한 소목 제도의 배후에 어떤
정치 사회적 혹은 종교적 배경이나 원인이 있었는지를 명확하게 찾아
볼 수 있는 문헌은 아직 없다. 근대 학자들의 연구에 의하면, 그것이
혼인 제도와 관련 있을 것이라 여기기도 하는데[8], 이에 대해서는 뒤에
서 다시 상세히 논의하게 될 것이다.

　그러면 상나라 사람들에게도 소목제가 있었을까? 이 문제에 대해서
우리는 단지 역사적으로 정확한 기록이 남은 것이 없다고만 대답할 수
있을 것이다. 그러나 이현백(李玄伯, 1895~1974)은 일찍이 이렇게 말한
적이 있다. "소목(昭穆)이라는 이 두 글자는 아직 갑골문에서 보이지
않는다. 상나라 사람들은 계급이 나누어지지 않았거나 아니면 계급은
나누어졌지만, 소목이 아닌 다른 명칭을 사용했을 수도 있다. 만약 계
급의 분화를 원시 사회에 보이는 일반적인 현상이라고 한다면 후자의
가설처럼 그랬을 가능성이 크다."[9] 필자는 최근 「상나라 왕의 묘호에
대한 새로운 고찰[商王廟號新考]」[10]이라는 글에서 상나라 왕의 세계에
보이는 왕의 묘호 분포가 소목 제도의 증거가 될 수 있다는 가설을 제

8) 예컨대 Macel Granet, "Categories matrimoniales et reations de proximité dans la
　Chine ancienne", *Annales Sociologiques*, ser. B, fasc. 1~3(1939, Paris); 李宗侗,
　『中國古代社會史』, (中華文化出版事業委員會, 臺北, 1954); 凌純聲, 「中國祖廟
　之起源」, 『中央研究院民族學研究所集刊』, 第7期, (1959, 臺北), 141~184쪽.
9) 李宗侗, 앞에서 인용한 『中國古代社會史』, 上冊, 10쪽.
10) 『中央研究院民族學研究所集刊』, 第15期, (1963, 臺北), 65~94쪽.

시한 바 있다. 이 가설은 이 글에서 논의하고자 하는 문제에 결정적으로 중요한 부분이므로 요약해서 다시 한 번 기술해도 무방하리라 생각한다.

역사 기록 및 갑골 복사에 대한 근인들의 연구에 의하면, 상나라 왕의 세계는 신화적 성격의 초기 단계를 제외하면 다음과 같다.

상갑(上甲) - 보을(匚乙) - 보병(匚丙) - 보정(匚丁) - 시임(示壬) - 시계(示癸) - 대을(大乙) - 대정(大丁) · 외병(外丙) · 중임(仲壬)(병렬된 이름은 동일 세대의 왕으로, 형제간이다) - 대갑(大甲) - 옥정(沃丁) · 대경(大庚) - 소갑(小甲) · 대무(大戊) · 옹기(雍己) - 중정(仲丁) · 외임(外壬) · 전갑(戔甲) - 조신(祖辛) · 강갑(羌甲) - 조정(祖丁) · 남경(南庚) - 호갑(虎甲) · 반경(盤庚)(安陽으로 천도함) · 소신(小辛) · 소을(小乙) - 무정(武丁) - 조경(祖庚) · 조갑(祖甲) - 늠신(廩辛) · 강정(康丁) - 무을(武乙) - 문무정(文武丁) - 제을(帝乙) - 제신(帝辛)

이러한 점에서 여기서 상나라 왕의 이름에 관한 상식을 복습해보아도 무방할 것이다. 즉 상나라 왕은 살아 있을 때에는 개인 이름[私名]을 갖고 있었고, 죽은 다음에는 시호(諡號)를 가졌는데, 시호는 상갑(上甲) 때부터 시작해 갑(甲)부터 신(辛)에 이르는 10가지 천간자 중 하나를 사용했다. 선조의 제삿날은 1순(旬) 즉 10일 중에서 시호에 따라 결정되었다. 그래서 갑이라는 시호를 가진 왕은 갑에 해당하는 날에, 을이라는 이름을 가진 왕은 을에 해당하는 날에 제사를 지냈다. 같은 천간자를 이름으로 사용한 왕이 둘 이상 될 때에는, 후대의 기록을 보면 상갑(上甲)이나 대갑(大甲)이나 소갑(小甲)처럼 종종 이름 앞에다 구별할 수 있는 글자를 하나 더 보탰다. 10가지 천간자가 원래 숫자의 기능으로 출발하였던바, 일목요연하게 보일 수 있도록 오늘날의 아라비아 숫자를 사용하여 위에서 인용한 상나라의 세계를 표시해 보면 다음과 같다.

1−2−3−4−9−10−2−4, 3, 9−1−4, 7−1, 5, 6−4, 9, 1−2−9, 1
−4, 7−1, 7, 8, 2−4−7, 1−8, 4−2−4−2−8

이 표는 분명히 매우 흥미 있는 정보를 제공해 주고 있다. 과거의 해석에 의하면, 상나라 사람들의 시호는 그의 생일에 근거해 '갑'에 해당하는 날에 태어나면 죽은 후 '갑'이라 불렸으며 '갑'에 해당하는 날에 제사를 지냈으며, 나머지도 같은 방식으로 유추해 나가면 된다고 보았다. 그러나 위의 표를 자세히 점검해 보면, 이러한 '생일'이라는 설은 다음과 같은 치명적인 약점을 갖고 있음을 알 수 있게 된다. 첫째, 10가지 천간 중 상나라 왕의 시호는 '갑'·'을'·'정'에 해당하는 3일을 위주로 하고 있어, 우연한 요소에 의해 결정되는 '생일'은 아닌 것으로 보인다. 둘째, 이 세계를 처음부터 끝까지 살펴보면 '갑'·'을'과 '정'이 한 세대를 걸러서 나타나는 경향을 보이고 있다. 즉 제1대에서 '갑'이나 '을'이면 제2대에서는 '정'이고, 제3대에서는 다시 '갑'이나 '을'로 돌아가고, 제4대에서는 다시 '정'으로 돌아가는 식이다. 셋째, 동일 세대의 여러 왕의 이름 중에서 '갑'·'을'과 '정'은 서로 배척관계에 있다. 다시 말해 형제 관계에 있는 왕 중에 '갑'과 '을'의 이름이 있으면 '정'으로 이름 붙인 자는 없다는 말이다. 물론 위에서 말한 (2)와 (3)에는 예외도 존재하는데, 이에 대해서는 앞의 글에서 상세하게 논의했으므로 여기서는 더는 기술하지 않는다. 결론적으로 말해서, 세계 속의 묘호 배열로부터 상나라 왕을 다음의 다섯 그룹으로 나눌 수 있다.

(1) '갑'·'을'
(2) '정'

(3) '갑'·'을'과는 결합하지만 '정'과는 결합하지 않는 그룹(동일 세대 혹
   은 한 세대를 건너뜀): '무'·'기'

(4) 오직 '정'과 결합하는 그룹: '병'·'임'·'계'

(5) '갑'·'을'·'정'과 서로 자유롭게 결합하는 그룹: '경'·'신'

　이상의 다섯 그룹은 다시 세 개의 그룹으로 나눌 수 있는데, 을 그룹
(갑·을·무·기), 정 그룹(병·정·임·계), 그리고 제3그룹 혹은 중립
파(경·신)가 그것이다. 만약 우리의 가정대로 상나라 왕의 묘호가 생
일에 의한 것이 아니라 살아 있을 때와 죽은 후 소속된 사회적 집단에
대한 호칭의 일종이라고 한다면, 위의 분석처럼 상나라 왕실은 두 개
의 큰 그룹으로 나뉘고, 이 두 그룹은 돌아가면서 집정을 했던 것이 된
다. 이러한 제도—임시로 '을정제(乙丁制)'라고 부르기로 하자—는 주
나라 때의 소목제와 일부 밀접하게 근접한 부분이 있음이 매우 분명하
다. 필자는 이 두 가지 명칭이 실제로는 동일한 제도를 대표하는 것으
로 생각한다.

　'을정제'를 어떻게 해석할 것인가 하는 것은 또 다른 문제이다. 원시
사회에 대해 관심이 있는 학자라면 이러한 '을정제'는 쌍계제(雙系制,
double descent) 혹은 모계 반부족제(母系半部族制, matrimoiety)로써 설
명할 수 있다는 사실을 떠올리게 될 것이다. 다시 말해, 이러한 견해에
의하면, 상나라 왕의 시호가 그의 어머니나 아내가 속한 친족군의 분
류에 의해 결정된다는 것이다. 실제로, 이러한 해석은 바로 근인 그라
네(Marcel Granet, 1884~1940)와 이현백(李玄伯)의 소목제에 대한 해석
이기도 하다. 그들의 해석으로 상나라의 '을정제'를 살펴보면, 그들의
해석에는 대단히 큰 맹점이 하나 있는데, 그것은 바로 은나라 왕 배우
자의 묘호가 이러한 제도와 맞아떨어지지 않는다는 점이다. 제사 계보
에 보이는 소위 상나라 왕의 법정 배우자에는 묘호가 기록된 경우도

많다. 상나라 왕의 묘호가 그 어머니의 묘호와 일치하는 경우는 매우
적으며, 그의 법정 배우자와 일치하는 경우는 영원히 존재하지 않을
것이다. 실제로 법정 배우자의 묘호에는 근본적으로 '을'과 '정'의 두 가
지 일명(日名)이 존재하지 않는다. 그래서 우리는 상나라 왕의 묘호가
사회 그룹이나 친족 그룹의 어떤 분류를 대표하는 것이라면 그 배우자
의 묘호는 상나라 왕의 계통에 속하지 이와 반대되는 정황 즉 배우자
의 그룹에 의해 상나라 왕의 묘호가 정해지는 것은 아니라는 결론을
낼 수밖에 없다.

필자는 다음과 같은 가설을 가지고서 상나라의 '을정제'에 대해 초보
적인 해석을 해 보고자 한다. 상나라 때의 자성(子姓) 왕족에는 적어도
10개의 종족이 있었거나 그 종족이 10개의 그룹으로 나누어졌을 것이
다. 그중에서 '을'과 '정'을 묘호로 삼는 두 종족의 정치적 지위가 가장
높았으며, 정치적 힘도 가장 강력했다. 나머지 여러 종족 중 '갑', '무',
'기'의 세 지파는 '을'과 가까웠기 때문에 '을' 그룹이라 통칭하고, '병' ·
'임' · '계'의 세 지파는 '정'과 가까웠기 때문에 '정' 그룹이라 통칭한다.
'경'과 '신' 두 지파는 '중립파'라 부를 수 있을 것이다(갑이나 을과 같은
호칭은 자연히 제의 상의 종족 분류를 대표할 뿐이며, 각각의 종족은
다른 전문적인 이름을 갖고 있었을 것이다). '을' 종족에 속하는 한 남
자가 왕이 되었을 때, 혼인과 정치 간의 관계를 고려하여 '을 왕'은 대
부분 '정' 종족의 여성을 정식 배우자로 취할 수가 없다. 왕의 친자의
친모는 반드시 정치적 지위가 다소 낮은 다른 종족의 지파에서 와야
했는데, 이렇게 되면 왕 친자의 정치적 지위는 이 때문에 감소하게 된
다. 그러나 '정' 종족과 '을 왕'이 같은 세대에 속하는 형제라면 이러한
정치적 고려가 필요 없고, '을' 종족의 여성을 부인으로 취할 수 있고,
거기서 난 아들은 그리하여 을과 정 두 종족의 지파를 부모로 삼기 때

374

문에, 그 지위는 '을 왕'의 친자보다 더 높아지게 된다. '을 왕'이 죽은
후 왕위를 계승하게 되는 자는 '을 왕'의 친자가 아니라 '정' 종족에 속
하는 '을 왕'의 외종질[外甥]이 된다. '정 왕'이 세워지고 나서 다시 앞에
서 말한 과정을 반복하게 되며, 왕위를 계승하는 왕은 다시 '을' 종족에
서 나오게 된다. 이러한 왕위 계승법의 규칙성은 어떤 경우에는 갖가
지 원인에 의해 파괴되기도 하고, 이 때문에 불규칙한 현상이 발생하
게 된다. 그러나 '을'과 '정' 두 그룹의 분리는 줄곧 유지되었다(동일 세
대면 동일 그룹이고, 다른 세대면 그룹이 바뀐다). 개략적으로 말해서,
상나라 왕의 세계로부터 다음과 같은 몇 가지 사실을 확인할 수 있다.
(1) 상나라의 왕위는 왕실에서의 정치적 역량이 가장 강한 두 종족(을
정 그룹 및 그들의 '붕당'에 의한 종족) 간에 교차로 진행되었다. (2) 왕
실의 혼인은 부계 내혼제(父系內婚制)와 부계 교차사촌혼제[父方交表
婚制]였다. (3) 왕위의 전승은 이대(二代) 내에서 외삼촌[舅]에게서 조카
[甥]로 전해졌으며, 삼대 내에서는 할아비[祖]에게서 손자[孫]로 전해졌
다. 이러한 왕위 계승제는 언뜻 보기에는 매우 이상한 특수한 현상으
로 보이나, 사실은 이러한 세 가지 현상은 민족지에서 모두 쉽게 찾아
볼 수 있는 것들이다. 이러한 해석만이 문헌에 기록된 갖가지 현상을
한결같이 설명할 수 있는 유일한 가설이 된다. 이러한 체계와 가장 비
슷한 민족학상의 예는 폴리네시아 서부의 엘리스 섬(Ellice Islands)의
푸나푸티(Funafuti) 인들에게서 찾아볼 수 있다.[11]

---

11) Robert W. Williamson, *The Social and Political Systems of Central Polynesia*(Cambridge University Press, 1924), Vol. 1, pp. 378~379. 또 티베트 Khasa 지역의 지도자 계승법에도 유사한 제도가 있다고 하는데, 상세한 연구가 필요하다.

푸나푸티(Funafuti) 사람들은……돌아가면서 왕위를 계승하는 제도가 있는데……튜너(Turner) 씨의 보고에 의하면, 왕위는 지도자적 지위를 가진 네다섯 가족 중에서 돌아가면서 맡는다. 왕이 죽은 후 그 자리를 계승하는 왕은 차례가 된 집의 가족 중에서 선출된다. 어떤 사람이 헤드레이(Hedley)에게 다음과 같은 사실을 알려 주었다. 섬에서는 일찍이 어떤 정부제도가 성행했었는데, 거기에는 왕 한 사람과 그다음 등급의 지도자가 포함되었다. 왕이 죽으면 그다음 등급의 지도자가 왕의 자리를 이었고, 왕의 아들은 다시 그다음 등급의 지도자가 되었다. 소라스(Sollas)도 이전에 두 계파의 왕족이 있었는데 왕이 죽은 다음 그 자리를 계승하는 자는 통상 다른 한 왕족에서 선출되었다고 했다.……
기존의 역사 자료도 이러한 특이한 이중 계승제도가……결코 보편적인 것은 아니지만, 사료 속에서 이러한 제도를 상당히 많이 볼 수 있다는 것을 증명해 주는데, 특히 두 왕족에 한정되어 돌아가면서 왕을 맡을 때는 더욱 그러했다. 이러한 정황하에서는 당시 왕정을 맡지 않았던 지파가 정치적으로 매우 높은 지위를 가져야 했으며, 그들 구성원은 아마도 "그다음 등급의 지도자"라는 자리를 맡았을 가능성이 매우 크다. 그래서 티로투(Tilotu)는 A그룹에 속할 가능성이 매우 크고, 그다음 등급에 해당하는 지도자인 파오트(Paot)는 B그룹에 속할 가능성이 매우 크다. B그룹의 파오라우(Paolau)가 왕위를 계승할 때면 A그룹의 티코투(Tikotu)의 자녀가 그의 보좌역이 되었다.

상나라의 제도와 비슷한 왕위 계승제가 폴리네시아에 존재한다는 것 그 자체가 주목할 만한 일이다. 폴리네시아인은 고대 사회에서 중국인들과 역사적으로 밀접한 관계가 있으며, 그래서 그들의 정치 종교적 제도가 중국의 고대 제도와 비슷한 경우가 자주 발견된다고 알려졌다.[12] 그러나 안타깝게도 앞선 자료의 출처인 윌리암손(Williamson)의 책은 자료의 신빙성이 매우 높다고 평가된 것은 아니며, 게다가 엘리

---

12) 凌純聲의 『民族所集刊』에 실린 최근의 여러 논문을 참조하라.

스 섬(Ellice Islands)의 거주민들도 최근 들어 서양화가 철저하게 이루어지는 바람에 앞서 말한 학설을 더 깊이 탐색하고 실증하는 것 그 자체가 이제는 불가능한 사치스런 바람이 되어버렸다.

앞서 인용한 글은 우리로 하여금 소위 '구신(舊臣)'이 상나라 때의 복사와 역사 문헌에서 가졌던 중요성을 떠올리게 해 준다. 예컨대 이윤(伊尹)은 대을(大乙) 때의 중신이었는데, 갑골 복사에 나타난 그에 대한 성대한 제사 의식으로 볼 때, 그의 지위는 선왕들과 비슷할 정도로 높았다. 이윤은 대을 임금 때의 버금 자리에 있던 우두머리, 아니면 왕족 중의 '정' 그룹에 해당하는 우두머리였을지도 모를 일이다. 고전에 실려 있는 '대갑'을 축출한 이윤의 이야기와 무정 시대의 갑골 복사에서 이윤에 대한 제사가 성대했던 사실은 모두 깊이 있게 생각해볼 가치가 있는 사료들이다.

갑골 복사와 고대 문헌에는 또 다른 이름이 많이 등장하는 소위 '선공(先公)'들은 10가지 천간자로 시호를 삼지 않았기 때문에, 이러한 이름 속에 '을'과 '정' 두 그룹의 선조가 포함되었는지, 아니면 그중 한 계열만 포함되는지는 알 길이 없다. 이와 관련된 것으로 또 하(夏)나라 때의 세계(世系)도 있다. 고대사 전설에서 하나라는 상나라 이전에 존재했다고 한다. 그러나 '대을'이 걸(桀)과 동시대를 살았다면 상나라의 '선공'은 사실 하나라의 제왕들과 시간상으로 평행을 이룬다. 『사기·하본기(夏本紀)』에서 하나라의 세계에 대해 다음과 같이 기술했다.

황제(黃帝) - 창의(昌意) - 전욱(顓頊) - 곤(鯀) - 우(禹) - 계(啓) - 태강(太康), 중강(仲康) - 상(相) - 소강(少康) - 여(予)(帝寧) - 괴(槐) - 망(芒) - 설(泄) - 불항(不降)·경(扃) - 공갑(孔甲)·근(厪)(胤甲) - 고(皐) - 발(發) - 이계(履癸)

양군실(楊君實)은 여기서 말한 강(康)은 아마도 경(庚)이고 제녕(帝寧)은 아마도 제정(帝丁)일 것이라고 했다.[13] 만약 그렇다면 하나라 왕에게서도 10개의 간지자로 이름을 지은 사람이 6명이나 되고, 여기에는 '갑'·'정'·'경'·'계'의 네 가지의 간지가 포함되었다. 상나라 왕이 한 세대를 걸러 같은 천간자를 사용했다는 원칙을 적용해보면, '갑'과 '경'이 같은 그룹에 속하고, '정'과 '계'가 또 하나의 같은 그룹에 속한다. '갑'과 '정'이 대립하고, '정'과 '계'가 같은 그룹에 속하는 것은 모두 상나라 때의 제도와 같다. 그밖에 또 하나 흥미로운 현상은 탕(湯)이 걸(桀)을 멸망시킬 때가 바로 '을' 그룹이 '정' 그룹으로부터 왕위를 물려받았을 때였다는 점이다. 다시 말해 하나라와 상나라 간에는 왕조가 바뀐 것이기도 했지만 '정'과 '을' 그룹의 교체도 겸하고 있다는 사실이다. 물론 이러한 사실의 진실적 의미가 일시에 해결될 것은 아니라 하겠다.

그러나 이상의 문제보다 훨씬 더 중요한 것은 바로 상나라 때의 '을정제'와 주나라 때의 소목 제도가 유사하다는 것이다. 여기서는 분량을 줄이고자 앞서 발표한 논문의 이 문제에 관한 기술을 그대로 인용하고자 한다.[14]

> 소목(昭穆)과 을정제(乙丁制)가 유사하다는 것은 (앞의 글에서도) 예를 들었지만, 다음과 같은 몇 가지를 더 보충할 수 있다.
> 첫째, 주나라 사람들이 아직 10가지 천간을 이름으로 많이 사용했다는 사실은 금문에서도 자주 보인다(吳其昌, 『金文世族譜』). 이 때문에 천간을 묘호로 사용한 것은 은나라나 주나라나 마찬가지였다. 상나라 사람들에게서 묘호가 갖는 앞서 기술한 의미처럼 주나라 사람들에게도 비슷한 의미가 있었을 것이다.

---

13) 楊君實, 「康庚與夏諱」, 『大陸雜誌』, 第20卷 第3期.
14) 앞서 인용한 「商王廟號新考」, 92~93쪽.

378

둘째, 몇몇 주나라 때의 계보에서 천간을 사용한 묘호가 출현하는 세대의 순서가 상나라 때와 같다는 점이다. 목왕(穆王) 때의 2점의 「녹궤(彔簋)」를 보면, 한 점에서는 "훌륭하신 할아버지 '신공'을 위해 보배로운 청동기를 만들었다(用作文且辛公寶鼎簋)"라고 했고, 다른 한 점에서는 "훌륭하신 아버지 '을공'을 위해 보배로운 청동기를 만들었다(用作文考乙公寶尊簋)"라고 했다. 이는 할아버지의 이름이 신(辛)이고, 아버지의 이름이 을(乙)이었음을 보여주는데, 이는 은나라 왕의 세계에서 세대상의 순서가 을(乙)과 신(辛)의 순으로 된 것과 같다(예컨대 帝乙과 帝辛). 『사기 · 제세가(齊世家)』에서 태공자(太公子)를 정공(丁公)이라 했고, 정공(丁公)의 아들을 을공(乙公)이라 했고, 을공(乙公)의 아들을 계공(癸公)이라 했는데, 여기서 다음의 두 가지에 특별히 주목할만하다. (1) 묘호에 사용된 10가지 천간이 세대(世代) 속에서 출현하는 순서는 바로 정(丁)－을(乙)－계(癸)(丁그룹, 夏와 商도 모두 같다)의 순서로 되어 은나라 왕과 같다는 점이다. (2) 만약 태공(太公)이 태조(太祖)라면 그의 아들은 소(昭)에 해당하는 세대로 정공(丁公)이라 이름 붙였고, 정공(丁公)의 아들은 목(穆)에 해당하는 세대로 을공(乙公)이라 이름 붙였다.……또 『사기 · 송세가(宋世家)』에서는 제을(帝乙)의 다음 세대가 미자개(微子開)와 미중(微仲)인데 그들은 당연히 정(丁) 세대, 즉 제신(帝辛)의 세대에 속했을 것이고, 미중(微仲)의 아들인 송공(宋公)은 당연히 을(乙)의 세대에 속했을 것이다. 송공(宋公)의 아들은 또 당연히 정(丁) 세대에 해당했기 때문에, 그의 아들 이름이 확실히 정공(丁公)으로 되었던 것이다. 송(宋)나라와 은나라의 제도가 같았다는 것은 특이하지 않지만, 제(齊)나라와 은나라가 같았다는 것은 주목할만하다.

셋째, 송(宋)과 제(齊)나라만 은나라 사람들과 비슷했던 것이 아니라 종주(宗周)도 예외가 아니었다는 점이다. 은나라 제도에서는 갑(甲)에 해당하는 날에는 갑(甲)에게, 을(乙)에 해당하는 날에는 을(乙)에게 제사를 올렸다는 것은 이미 앞에서 분명하게 설명한 바 있다. 서주 때 선조께 '체' 제사를 어떻게 드렸는지는 갑골 복사가 없어 증명할 수 없지만, 제사의 역사는 그래도 찾아볼 만한 자료가 적지 않다. 아래에서 든

몇 가지 예는 아마도 의미가 없긴 않을 것이다. [예 생략] 이는 서주 및 동주 초기 왕공(王公)이 선조에 대한 제사 날짜는 일정했던 것처럼 보이는데, 을(乙)과 정(丁) 두 날짜가 많고, 을(乙)에 해당하는 날에는 목세(穆世)에 속하는 선조에게, 정(丁)에 해당하는 날에는 소세(昭世)에 속하는 선조에게 제사를 드린 것 같다.

여기서 우리는 안양 서북강(西北岡)의 큰 무덤의 분포를 다시 한 번 생각해볼 필요가 있다. 앞의 글에서 이미 말했듯이 서북강에 있는 은나라 왕의 능묘는 동서의 두 구역으로 나뉘는데, 왼쪽이 소(昭)에 해당하고 오른쪽이 목(穆)에 해당한다는 규칙에 근거해보면, 동쪽 구역은 소(昭)에 해당하고 서쪽 구역은 목(穆)에 해당한다. 소(昭) 구역에 속하는 큰 무덤 4기가 있고, 목(穆) 구역에 속하는 큰 무덤 7기가 있다. 모두 알고 있다시피, 안양은 반경 때 천도했던 도읍으로, 반경부터 제신때까지 거기에 머물렀으며, 총 12명의 왕이 있었다. 스스로 몸을 태워 죽었다는 제신을 제외한 나머지 11명의 왕을 '을정제'의 세차에 근거해 두 그룹으로 나누어 보면 다음과 같다.

> 정(丁) 그룹(혹은 昭 그룹): 4명의 왕(武丁, 廩辛, 康丁, 文武丁)
> 을(乙) 그룹(혹은 穆 그룹): 7명의 왕(盤庚, 小辛, 小乙, 祖庚, 祖甲, 武乙, 帝乙)

이렇게 볼 때 서북강의 대묘를 은나라 왕과 대비시켜 보았을 때, 공교롭게도 다음의 두 가지가 일치함을 발견하게 된다. (1) 왕도 11명이고 대묘도 11기이다. (2) 11명의 왕 중에서 '정'(즉 昭) 그룹에 속하는 왕이 4명, '을'(즉 穆) 그룹에 속하는 왕이 7명이지 않은가? 11기의 대묘 중에서 동쪽[昭]에 있는 것이 4기이고, 서쪽[穆]에 있는 것이 7기이다.

380

이러한 교묘한 일치는 언뜻 보기에는 천지가 경동할 만한 장면이지만 이를 확정된 결론의 증거로 삼을 수는 없다. 왜냐하면, 서북강의 묘지에 대한 동쪽 구역의 발굴이 아직 끝나지 않은 상태여서 땅속에서 대묘가 발굴될 가능성이 아직 남아 있는지에 대한 여부를 알 수 없기 때문이다.

이제(李濟, 1896~1979)는 지층과 형태학적 연구로부터 서북강 서쪽 구역의 HPKM 1001호 대묘가 서쪽 구역에서 시기가 가장 이른 무덤이라고 했다.[15] 만약 이러한 견해가 믿을 수 있고, 앞에서 말한 가설에 근거한다면, 이 큰 무덤은 반경(盤庚) 자신의 무덤이 아니고 무엇이겠는가! 이러한 결론이 만약 성립될 수 있다면, 안양에서 처음 세워졌을 때의 은나라 문명에 대한 인식에 대해서 약간의 새로운 평가를 하지 않을 수 없을 것이며, 동시에 HPKM 1001호 큰 무덤보다 시기가 앞서는 소둔 구역의 기초 터에 대해서도 새롭게 해석을 하지 않을 수 없게 된다.

---

15) 李濟, 「從笋形演變所看見的小屯遺址與後家莊墓葬的時代關係」, 『中央研究院歷史語言研究所集刊』, 第29本(1958, 臺北).

3

복사에서의 '신파'와 '구파'

앞에서 든 자료와 논의에 따르면 은나라 왕실은 두 가지 큰 그룹으로 나뉘었고, 이들이 돌아가면서 집정했다는 사실은 거의 증명이 된 것 같다. 고대 문명의 경우, 종종 왕실이 발전을 선도했으며 그 발전을 지속하는 주된 힘이었다. 그래서 앞의 문제에 이어서 제기하고자 하는 문제는 바로 은나라 문명 내부에 이분 현상이 존재했는가 하는 것이다. 바꾸어 말해서, 은나라 문명 내부에 존재했던 이분 현상은 앞에서 말한 가설에 대해 유력한 증거의 하나로 삼을 수 있을 것이다. 필자 개인 생각으로는 은나라 예제에 생각했던 대로 약간의 이분 현상이 존재했었으며, 이러한 이분 현상에는 왕실의 이분제와 매우 분명하게 연계된 것도 일부 있겠지만, 나머지는 그 연계성이 이처럼 명확하지는 않았다고 생각한다. 여기서는 잠시 갑골 복사에서 말하는 소위 '신구파'에 대한 이야기부터 시작해 보자.

동작빈(董作賓)이 갑골 복사에 대한 시기구분 연구에 이어서 다시 신파와 구파가 구별된다는 주장을 내세웠다는 것은 은나라 역사 연구자라면 누구나 아는 사실이다. 그에 의하면, 반경이 은으로 천도한 이후부터 제신에 이르러 멸망하기까지 273년간 왕실의 예제는 신파(혹은 혁신파)와 구파(혹은 보수파)로 나누어졌다. 이 두 파의 복사의 차이는 역법(曆法)에서만 보이는 것이 아니라 예제 전체를 통틀어 드러나고

있다. 273년간의 은나라의 정치사는 이러한 신파와 구파 정치세력의
출현과 소멸의 순환적 역사라 할 수 있다. 대체로 말해서 다음의 4시기
로 구분할 수 있다.[16]

> 제1기: 고대 예제를 따르던 시기로, 반경(盤庚), 소신(小辛), 소을(小乙),
> 무정(武丁), 조경(祖庚)이 여기에 포함된다.
> 제2기: 새로운 예제가 만들어진 시기로, 조갑(祖甲), 늠신(廩辛)·강정
> (康丁)이 여기에 포함된다.
> 제3기: 옛날의 예제를 복구한 시기로, 무을(武乙)과 문무정(文武丁)이
> 여기에 포함된다.
> 제4기: 새로운 예제가 다시 시행되던 시기로, 제을(帝乙)과 제신(帝辛)
> 이 여기에 포함된다.

동작빈은 많은 논문을 통해 제사 계보[祀典], 역법(曆法), 문체(文體),
점복 내용[卜事]에서의 갑골 복사의 시기별 차이를 들추어냈고 이를 통
해 신구파에 대한 학설을 증명했다. 그 상세한 증거를 여기서 다 열거
할 필요는 없겠지만, 갑골 복사에 존재하는 문물제도상의 두 계파의
대립을 비롯해 각 왕의 복사가 서로 다른 계파에 속한다는 주장 등은
모두 받아들일 수 있으리라 생각한다. 그러나 동작빈의 견해에 대해
모든 갑골학자가 일치된 동의를 보이지는 않는데, 그것은 주로 '문무정'
시대 복사의 인정 문제에 집중되어 있다. 많은 학자가 동작빈이 '문무
정' 시대로 귀속시킨 복사가 사실은 '무정' 때의 것이라 주장하고 있
다.[17] 만약 그 주장이 사실이라면 동작빈의 제3기 '복고설'은 지지할
증거가 적어지고 만다. 이것은 복사 전문 연구가들이 판단할 문제로,

---

16) 「殷禮中的舊派與新派」, 『大陸雜誌』 第6卷第3期(1953).
17) 陳夢家, 『殷墟卜辭綜述』(1957); 貝塚茂樹, 伊藤道治, 「殷代卜辭斷代法の再檢
   討-董氏文武丁時代卜辭を中心として」, 『東方學報(京都)』, 23冊(1953).

필자는 여기에 끼어들 자격이 없는 사람이다. 지금 우리 눈앞에 놓인 문제는 복사에 보이는 두 그룹의 예제가 앞서 말한 두 그룹으로 나뉜 상나라 왕의 두 그룹과 직접적으로 연계되었는가의 문제이다. 앞서 들었던 「상나라 왕의 묘호에 대한 새로운 고찰」이라는 글에서 이미 필자는 소위 구파의 복사는 아마도 '정' 그룹을 대표하는 예제이고, 소위 신파는 '을' 그룹의 예제를 대표할 것이라는 가설을 세운 바 있다. 필자의 생각에, 지금은 아마도 이러한 긍정적 연계를 만들 수 없을 때일는지도 모른다. 그러나 다음과 같은 몇 가지 현상의 존재에 대해서는 동의할 수 있으리라 생각한다.

첫째, 안양에서 출토된 각 시기의 복사는 피차간에 분명한 차이와 변화를 보이는데, 작은 차이는 생략하고 큰 차이만 종합한다면 대체로 두 그룹으로 나눌 수 있다는 점이다.

둘째, '정' 세대에 속하는 안양 시대의 첫 번째 왕인 무정(武丁) 때의 복사가 매우 많은데, 거기서 보이는 예제는 상당히 분명하다는 점이다. 무정 이후에 왕위를 이은 조경(祖庚)은 재위 기간이 7년 정도에 지나지 않았는데, 그때의 예제가 어떠했는지는 복사의 숫자가 적기 때문에 상당히 모호하다. 그러나 '조경'의 다음 임금인 조갑(祖甲)에게 이르러서는 '무정'의 예제에 상당히 분명한 변화가 일어났음은 의심의 여지가 없다. '무정' 때 제사를 드렸던 일부 선조나 신들이 '조갑' 때에 이르러더는 나타나지 않는다. 그리고 '조갑' 때의 제사 일정에 관한 전체적인 규모 - 소위 제사계보[祀典]라는 것 - 도 무정 때에는 볼 수 없었던 것이다. '제사 계보'는 조갑(祖甲) 이후의 복사에서는 그 흔적이 분명하지 않지만, 제을(帝乙) 때의 복사에서는 다시 새롭게 나타난다. 바꾸어 말해서, 예제의 변화는 물론 혁신과 복고의 출현과 소실이 순환하여 일어났다고 하지 못할 것도 아니며, 또 '을정제'의 그룹 분화와 상당한 관계가 있다 해도 아니 될 것도 없다. 문제는 '정' 세대의 모든 왕의 복사에서는 '무정파'의 예제가 나타나고, '을' 세대의 왕에게서는 '조갑'의 경향을 보인 복사가 나타나느냐의 문제이다. 오늘날 갑골학자들의 연구에 의하면, '을' 그룹과 '정' 그룹 간의 예제 상의 교체는 어떤 추세일 뿐, 반드시 그렇게 되었던 것은 아니라고 한다. 그러나 갑골 학자들이 앞에서 제기한 가설에 근거해 신구 사료를 다시 한 번 검토해 보길 필자는 희망한다.

셋째, 동작빈이 이미 제시한 소위 신구파의 예제의 대립 현상을 제외한 약간의 다른 자료도 이러한 관점을 이용하고, '을'과 '정' 두 계파의 왕이 얼마나 다른 정도의 예제를 어느 정도 운용했는지를 살펴볼 필요도 있다. 필자는 이 자리에서 곧바로 정인(貞人)에 대한 진일보한 연구 방법을 세울 것을 건의하고자 한다. '정인'에 대한 연구는 동작빈의 「시기구분 연구 예[斷代研究例]」 이후로 이미 많은 자료가 축적되었지만, 기존의 연구는 대부분 연대학에 관심이 집중되어 있다. 옛말에 "왕이 바뀌면 그 아래의 신하도 바뀐다(一朝天子一朝臣)"라는 말이 있다. 만약 상나라 왕이 서로 다른 두 계파에서 왔다면 서로 다른 계파의 왕실 조정도 서로 다른 계파의 관리들에 의해 구성되었으리라 생각하는 것은 자연스런 일일 것이다. 최근 이루어진 '정인' 자료에 대한 초보적인 연구 결과에 의하면[18], 형제 간(혹은 가끔 조손 간도 있음)에는 같은 이름을 사용한 정인이 상당수 존재하지만, 이어지는 왕이 부자 관계일 경우의 정인 집단은 완전히 다른 경향을 보인다. 필자의 생각에 이러한 문제를 비롯해 정인과 관리들과 왕세(王世) 교체와의 관계에 대해서는 더 깊이 연구할 가치가 있다고 생각한다.

---

18) 陳夢家, 앞에서 인용한 『綜述』; 饒宗頤, 『殷代貞卜人物通考』(香港大學出版社, 1959).

4

은나라 청동기 장식 예술에서의
두 계파

　　상주 시대 청동기 무늬의 연구에서 스웨덴의 칼그렌이 이룬 공헌은
더 상세히 소개할 필요가 없을 것이다. 칼그렌은 은주 청동기의 장식
예술을 고전식, 중기 주나라 형식[中周式], 회식(淮式)의 셋으로 구분했
다. 그중에서 고전식의 시대는 은나라(다시 말해 상나라의 안양 시대)
와 서주 초기에 해당한다.[19] 1937년의 『중국 청동기의 새로운 연구[中
國銅器的新硏究]』에서 칼그렌은 여기서 한 걸음 더 나아가 고전식의
장식 주제를 A, B, C의 세 그룹으로 세분했다. 이 논문에서 그는 중국
내외에 산재한 총 1,294점에 이르는 고전식 청동기를 수집했었다. 이
1,294점의 청동기에서 A, B, C 세 그룹의 무늬는 다음처럼 분포했다.
즉 "그중 517점의 기물에서는 A그룹의 무늬가 하나 있거나 여럿 있고
(C그룹과 결합하거나 단독으로 출현한 경우) B그룹의 무늬는 출현하지
않았으며, 549점의 기물에서는 B그룹의 무늬가 하나 있거나 여럿 있고
(C 그룹과 결합하거나 단독으로 출현한 경우) A그룹의 무늬는 없었다.
단지 14점의 기물에서만 A와 B 두 그룹의 무늬가 동시에 출현했다."

---

19) Bernhard Karlgren, "Yin and Chou in Chinese bronze", *Bulletin of the Museum
　　of Far Eastern Antiquities*, No. 8(1936, Stockholm).

386

그리고 "A그룹도 없고 B그룹도 없이 C그룹 무늬만 존재하는 기물도 214점이나 되었다".20) 그래서 은나라 때의 청동기 예술 무늬는 A와 B 의 두 계파로 크게 나뉘는데, 두 계파의 무늬가 같은 기물에서 동시에 서로 출현하지는 않는 것이 원칙이지만, 중립적인 제3그룹 즉 C그룹과 는 결합할 수 있다고 칼그렌은 결론 내렸다. 칼그렌은 또 1937년 이후 출현한 새로운 자료들에 대해서도 계속 연구해, 자신의 기존 연구 결 과에 대해 약간의 지엽적인 보충을 하기도 했다.21) 그의 분류 표준은 요약하면 다음과 같다.

(1) 소위 고전식의 일반적 특징은 다음과 같다. "전체 동물계로부터 가 져온 일련의 장식 주제. 서로 독립된 형상이 하나의 중심 형상을 둘러싼 채 대칭으로 배열된 일종의 고정된 배치, 아가리 둘레[頸帶] 를 장식한 하나의 불변하는 규칙, 그리고 두 계파 무늬에 속하는 일련의 여러 그룹의 '중립적인 성질'의 장식적 특징".

(2) A그룹에 속하는 특징으로는 다음의 것들이 있다. 도철 얼굴[饕餮 面], 몸체가 그려진 도철[有體饕餮], 소 머리를 한 도철[牛首饕餮], 매미 무늬[蟬紋], 곧은 몸통을 한 용[直體寵], 독립 무늬[單元文飾]. B그룹에 속하는 특징으로는 다음의 것들이 있다. 몸통이 해체된 도철[分解饕餮], 삼 층으로 된 동물 띠[三層獸帶], 꼬리가 잘린 새 [斷尾鳥], 눈을 가진 소용돌이 무늬 띠[帶眼回紋帶], 대각선을 가진 눈을 가진 띠 무늬[帶對角線的有眼帶], 두루마리 띠[圈帶], 초승달 모양을 띤 사각형[帶新月形的方塊], 복합형의 비늘무늬[複合菱紋], 스파이크 무늬[乳釘紋, spikes], 산이 연속된 무늬[連鎖山紋], 수직으

20) Karlgren, 앞에서 인용한 "New Studies", p.72, p.75.
21) Bernhard Karlgren, "Marginalia on some bronze albums", *Bulletin of the Museum of Far Eastern Antiquities*, No. 31(1959); "Marginalia on some bronze albums II", Ibid., No. 32(1960), pp.321~324; "Some characteristics of the Yin art", Ibid., No. 34(1961), pp.1~28.

로 된 갈비 무늬[直肋紋, vertical ribs].

중립적인 C그룹에 속하는 특징으로는 다음의 것들이 있다. 변형된 도철[變形饕餮], 용처럼 생긴 도철[龍化饕餮], 각종 용 무늬[各種龍紋](有體龍, 帶喙龍, 帶顎龍, 回首龍, 有羽龍, 有翼龍, S字形 龍, 變形龍 등), 새[鳥], 뱀[蛇], 소용돌이 무늬[渦紋], 눈을 가진 삼각형 무늬[帶眼三角紋], 소용돌이 무늬[回紋](雲雷紋 포함)

(3) A와 B 두 그룹 무늬의 대립도 그 기물 형태와 상당한 연관성을 가진다.

이 두 그룹의 무늬의 대립 현상에 대한 칼그렌의 해석은 두 가지 측면(즉 고고학과 사회학) 모두를 동시에 처리한 것이라 하겠다. 그는 A그룹의 무늬를 '오리지널 형식[原生式]', B그룹의 무늬를 '파생식[次生式]'이라 불렀으며, 내원 상으로 후자가 전자보다 늦게 나왔다고 믿었다. 칼그렌의 관점에 의하면, 안양 시대에 이르면 A와 B형식이 이미 모두 존재하며, 이 둘은 안양 시대의 청동기에서 병행하는 관계에 있었다. 그러나 안양 시기 말에 이르면 B그룹의 성분이 늘어나는 반면 A그룹의 성분은 줄어들게 되는데, 이 또한 A그룹의 무늬를 가진 청동기를 진정한 주나라 초기의 것으로 확정하기 어려운 이유이기도 하다. 그러나 다른 한편으로 칼그렌은 또 B그룹 무늬의 탄생을 비롯해 A와 B 두 그룹의 무늬가 안양 시대에 병존했던 현상에 대해 다음과 같이 사회학적인 해석을 덧붙였다.

매우 합리적으로, 우리는 다음과 같이 추론할 수 있을 것이다. 한 금속 제조기술자의 가족 속에서, 아버지가 그것을 신성한 유산으로 여기면서 아들에게 물려주는 공방 속에서, 청동기의 형태와 무늬의 특징이 언제나 선조의 종묘에서 사용될 새로운 기물을 만들 때의 성실하고 경건한 신성불가침의 규범으로 여겨져야만 한다는 법은 없다. 그래서 새

로운 무늬(B그룹의 무늬)의 창조는 아마도 새롭게 성립된, 기존의 대립
하던 청동기 기술자 가족에 대한 성취였을 것이며, 그 창조의 기초는 A
계파였지만, 그 작품은 A 계파와는 완전히 달랐던 것이다. 이러한 오래
된 가족의 우두머리는 여전히 초기 때의 무늬 형태를 몇 세대에 걸쳐
계속해서 만들어 내었을 것이며……이후 새로 들어온 신진 금속 주조
기술자와 병존했을 것이라는 것은 쉽게 상상할 수 있을 것이다. 또 한
계파의 청동기 수공업이 한 귀족 그룹을 위해 이루어졌다면, 다른 한
계파는 그와 경쟁 관계에 있는 다른 그룹의 귀족을 위해 만들어졌을
것이라는 사실도 함께 상상할 수 있을 것이다.[22]

   칼그렌의 분석과 연구는 적잖은 부분에서 비판을 받을 곳이 있다.
사실 그의 학설에 반대하는 사람도 매우 많다. 우리는 여기서 그가 가
진 연구 방법상 가장 큰 약점 몇 가지를 들어 보고자 한다. 첫째, 칼그
렌의 연구는 자연히 그가 사용한 자료의 한계에 영향을 받을 수밖에
없었다. 그의 자료는 대부분 최근 몇 년간 골동 시장에서의 선택되거
나 도태된 결과물로, 출토 지점에 대한 기록도 없을뿐더러 시대와 지
역의 내원도 뒤섞여 매우 복잡하다. 둘째, A와 B 두 계파의 무늬의 연
대학에 대한 칼그렌의 해석－A가 B보다 시기적으로 앞선다－은 전체
적으로 단순한 진화론적 관점에 근거하고 있다는 점이다. 그러나 이
글의 목적이 칼그렌 연구의 단점을 비판하는 데 있는 것은 아니다. 필
자는 A와 B 두 계파로 나눈 그의 견해는 그가 사용했던 자료의 범위
속에서는 성립할 수 있다고 생각한다. 이와 동시에 A와 B 두 계파에
대한 그의 사회학적 해석도 앞에서 말한 가설의 관점에서 볼 때, 분명
히 참신한 의미를 지닌다 하겠다. 그러나 안타깝게도 이 방면에서의
그의 해석은 자료상에서의 근거가 전혀 없고, 게다가 이러한 관점도

---

22) Karlgren, 앞에서 인용한 "New Studies", pp.91~92.

후학들(그에 대한 신도와 그에 대한 반대파를 모두 포함하여)에 의해 대체로 무시되었다.

만약 우리의 목적이 은나라 청동기 미술의 이분 제도가 갖는 사회학적 의의를 검토하는 것에 있다면 우리의 방법이 칼그렌의 연구 범위에 한정되어서는 아니 될 것이다. 바꾸어 말해서, A와 B 두 계파의 무늬가 기물 상에 존재하는 개별적 분포 연구만으로는 부족하며, 여기서 한 걸음 더 나아가 이 두 계파의 무늬가 전체 기물 군에서 어떻게 분포하는지를 연구하지 않으면 아니 된다. 미술 무늬를 계파로 분류할 때의 사회적 요소는 분명히 매우 복잡하다. 그리고 A와 B 두 그룹의 무늬가 서로 다른 청동기 군에 분포하는 의미도 그렇게 단순하지만은 않을 것이다. 칼그렌은 이 두 계파의 무늬가 든 청동기는 아마도 서로 다른 청동 공예 기술자 가족에 따라 만들어졌을 것이라고 했다. 이러한 견해가 성립할 수 있는지는 차라리 청동 제작 공방 유적지에서 나온 청동 거푸집에 새겨진 무늬를 전반적으로 검토해야만 판단을 내릴 수 있을 것이다. 은나라 때의 청동 공예 공방 유적지는 많이 발견되었지만, 이러한 분석은 아직 시도된 적이 없다. 한 걸음 더 나아가, 같은 무덤 속의 청동기 무늬가 만약 모두 같은 계파의 것에 속한다면, 이 계파의 무늬는 묘주나 그 가족이 매우 좋아했던 무늬였을 것임이 분명하다. 이러한 부류의 연구는 전혀 어렵지 않다. 그러나 이는 반드시 은나라 유적지의 발굴보고서에서 관련 자료를 기술한 다음이라야만 가능한 부분이다.

이야기가 여기까지 된 이상 다음의 문제에 대해 질문을 던지지 않을 수 없다. 은나라 청동기 장식 미술의 이분 현상이 이 글에서 제기한 상나라 왕의 그룹 분화 현상을 비롯해 그 당시 예제의 이분 현상과 서로 대응 관계에 있는가? 이 문제가 섭렵하는 문제는 매우 광범위하다 하겠다. 왜냐하면, 미술에서의 이분 현상이 갖는 확실한 의미를 비롯해

은나라 내부에서의 그것의 변천 과정을 고려해야 할 뿐 아니라, 청동
예기에 대한 칼그렌의 연구 결과가 은나라 미술의 개별 영역의 문제에
도 적용될 수 있는가를 고려해야 하기 때문이다. 지금까지의 자료에
근거하면, 은나라 예제의 이분 현상이 은나라 문물제도의 갖가지 현상
에서 일관되게 나타나는 것 같다고 할 수밖에 없다. 왜냐하면, 은나라
예제의 A와 B 두 그룹의 무늬의 대립은 개별 기물에 나타날 뿐 아니라
그룹화된 기물의 조합에서도 나타나고 있기 때문이다.

현대 고고학적 방법으로 발굴해 낸 은나라 청동기 군 중에서 지금까
지 이용 가능한 상세한 보고서가 작성된 것은 안양 후가장 서북강의
1001호 대묘 뿐이다. 이 무덤에서 발견된 장식 및 다른 미술품은 숫자
가 대단히 많아 옥석 조각, 채색 토기, 상감한 목기 흔적, 무늬를 새긴
골각기, 백도를 비롯해 청동으로 된 예기, 악기, 병기, 거마기 등이 포
함되어 있다. 칼그렌의 분류에 의하면 1001호 대묘에서 출토된 청동
용기는 다음과 같다.

> HPKM1133:4, 둥근 정[圓鼎](앞에서 인용한 서북강 1001호 대묘 보고서
>   pl.241:1; pl.245:1): 서쪽 묘도의 순장된 사람 무덤; 장식 무늬는
>   C그룹에 속하지만, 혹 B와 C 두 그룹 사이에 속한다고 할 수도
>   있다.
> HPKM1133:3, 둥근 정[圓鼎](pl.242:2; pl.245:2): 대부분 목곽의 순장된 사
>   람 무덤에서 나왔으며, 장식 무늬의 그룹은 위와 같다.
> 3:1622 및 HPKM1133:2, 역정(鬲鼎)(pl.242:3; pl.245:3): 여러 조각의 파
>   편으로 되었으며, 대부분 서쪽 묘도에서 나왔다. C그룹 무늬에
>   속한다.
> R1068, 작(爵)(pl.242:4; pl.246:2): 서쪽 묘도에서 나왔으며, B그룹 무늬
>   에 속한다.
> R11001, 작(爵)(pl.243:1; pl.246:1): 파편 대부분이 목곽 위에서 나왔으

며, B그룹 무늬에 속한다.

R11002, 작(爵)(pl.243:2; pl.245:4): 번장갱(飜葬坑·어지럽혀진 구덩이, disturbed pit)에서 나왔으며, B그룹 무늬에 속한다.

R1030, 고(觚)(pl.243:3; pl.246:3): 서쪽 묘도에서 나왔으며, B그룹 무늬에 속한다.

R11003, 고(觚)(pl.243:4): 번장갱(飜葬坑)에서 나왔으며, C그룹 무늬에 속한다.

R11004, 고(觚)(pl.244:1): 대부분 목곽 위에서 나왔으며, C그룹 무늬에 속한다.

R11021, 뇌(罍)(pl.244:2; pl.246:4): 대부분 목곽 위에서 나왔으며, B그룹 무늬에 속한다.

R11028, 정 조각[鼎片](pl.253:2; pl.257.2): 번장갱(飜葬坑)에서 나왔으며, B그룹 무늬에 속한다.

부스러기 조각(pl.253~255): 모두 번장갱((飜葬坑)에서 나왔으며, 장식 무늬로는 스파이크 무늬[乳釘紋, spikes], 복합 마름모꼴 무늬 [複合菱紋]를 비롯해 구름 번개 무늬화 한 도철[雲雷紋化之饕餮] 등이 있는데, 모두 B그룹에 속한다.

위에서 말한 청동 용기는 모두 큰 무덤의 각 부분에 있던 사람을 순장한 묘에서 출토되었으며, 그 장식 무늬는 칼그렌이 말한 소위 B그룹이나 C 그룹에 속한다. 가장 자주 보이는 무늬는 구름 번개 무늬화 한 도철 무늬로 구성된 아가리 부분의 띠무늬로 칼그렌이 말한 변형된 도철 무늬와 분해된 도철 무늬의 두 종류가 포함된다. 나머지 B 그룹의 특징, 예컨대 권대 무늬[圈帶紋], 스파이크 무늬[乳釘紋], 복합 마름모꼴 무늬[複合菱紋], 세 갈래로 된 짐승 띠무늬[三道獸帶]도 이 무덤에서 자주 보인다. 그러나 A그룹의 특징적인 무늬는 이 무덤의 보고서에는 하나도 보이지 않는다.[23] 하지만, 다른 한편으로 이 무덤의 청동 용기 이외의 다른 기물, 예컨대 조각이 된 골판 및 청동 병기 등에서는 전형적인 A그룹의 특징을 보여, 사실적인 도철 무늬 및 소머리 모양을 한 도철 무늬 등이 나타난다. 이러한 현상, 즉 청동기와 청동기 이외 기물의 장식 무늬가 분류상에서 다르게 나타난다는 사실은 분명히 매우 중요한 의미가 있다. 그러나 단지 칼그렌의 분류에 한정해서 말한다면, 현재로서는 용기 이외의 기물에 대해서 같은 방식의 분석을 진행할 수가 없다.

이제(李濟, 1896~1979)의 보고서에 의하면, 청동기가 출토된 소둔 유적지의 무덤은 10기가 있고, 총 76점이 출토되었다.[24] 소둔의 묘장에 대한 상세한 보고서는 아직 발표되지 않았지만, 우리가 사용할 수 있는 자료는 그래도 6기가 있는데, 여기서 출토된 청동기를 칼그렌 방식으로 분류하면 다음과 같다.

(1) 을(乙) 7호 기단 부근의 3기 묘:

M188: 편(瓱·질그릇)(앞에서 인용한 이제의 보고서 그림_11:6), B그룹 무늬에 속한다. 부(瓿·단지)(Fig. 146), B그룹 무늬에 속한다. 정 (鼎·세 발 솥)(pl. 9:4), B그룹 무늬에 속한다. 가(斝)(pl. 12:2), C 그룹 무늬에 속한다.

M232: 고(觚)(pl. 5:10), B그룹 무늬에 속한다. 부(瓿)(pl. 6:1; pl.7:4), B

---

23) 서북강 M1001호 무덤은 옛날부터 도굴되어, 질이 좋은 훌륭한 청동기 대부분은 이미 일찍이 중국 내외의 소장가들 손에 들어갔다. 이러한 유물은 그 기록이 자연히 불명확하여, 이들이 1001호 묘에서 나왔는지, 아니면 묘의 어느 부위에서 나왔는지 등에 대한 것을 알 방법이 없다. 앞에서 인용한 梁思永, 高去尋, 『1001大墓報告』 3쪽에서 梅原末治, 『安陽殷墟遺寶』(京都: 小林, 1940) 도판 44~46에 실린 3점의 청동 盉는 1001호 대묘에서 도굴된 것이라 했다. 이 3점의 청동 盉의 장식 무늬는 모두 전형적인 A계파에 속하여, 梁思永과 高去尋의 보고서에서 말한 청동 용기와 차이를 보인다. 그러나 이 3점의 기물이 분명히 1001호 대묘에서 도굴된 것인지를 알 방법이 없으며, 1001호 대묘에서 나왔다 하더라도 어느 부위에서 나온 것인지를 알 방법은 더더욱 없다. 그래서 본문의 논의에서는 제쳐놓을 수밖에 없었다.

24) 李濟, 「記小屯出土的青銅器」 上篇, 『中國考古學報』 第3期(1948, 南京).

그룹 무늬에 속한다. 부(瓿)(Fig. 15b), C그룹이나 B그룹 무늬에
속한다. 작(爵)(pl.16:4) 및 2점의 가(斝)(pl. 11:2, pl. 13:2, 3), C그
룹 무늬에 속하는 것처럼 보인다.

M238: 뇌(罍)(pl. 1:2; Fig. 17b), A그룹이나 C그룹 무늬에 속한다. 고
(觚)(pl. 5:4), 전형적인 B그룹 무늬에 속한다. 다른 2점의 고
(觚)(pl. 5:11, 12), C그룹 무늬에 속한다. 2점의 방이(方彝)(pl.
19:1, 2), A그룹 무늬에 속한다. 원유(圓卣)(pl. 8: 2), A그룹 무늬
에 속하는 것처럼 보인다. 호(壺)(Fig. 13:6), A그룹 무늬에 속하
는 것처럼 보인다. 작(爵)(pl. 16:5), C그룹 무늬에 속한다. 사족
가(四足斝 · 다리가 넷 달린 斝)(pl. 18:4), C그룹 무늬에 속한다.

(2) 병(丙)1 기단 부근의 3기 묘:

M331: 2점의 준(尊)(pl. 3:1, 22; pl.7:3; Fig. 9:b), C그룹 무늬에 속한다.
고(觚)(pl. 5:6), B그룹 무늬에 속한다. 고(觚)(pl. 5:2), C그룹 무늬
에 속한다. 방유(方卣 · 네모꼴 유)(pl. 8:1), A그룹 무늬에 속한다.
부(瓿)(pl. 6:2), C그룹 무늬에 속한다. 정(鼎)(pl. 9:2), C그룹 무늬
에 속한다. 2점의 가(斝)(pl. 12:1, pl. 13:5), A그룹 무늬에 속한다.
언(甗 · 시루)(pl. 18:2), B그룹 무늬에 속하는 것처럼 보인다. 사족
가(四足斝)(pl. 18:3), A그룹 무늬에 속하는 것처럼 보인다.

M333: 고(觚)(pl. 5:8), C그룹 무늬에 속한다. 부(瓿)(pl. 7:2), A그룹 무
늬에 속하는 것처럼 보인다. 다른 1점의 부(瓿)(pl. 7:5), C그룹
무늬에 속하는 것처럼 보인다. 정(鼎)(pl. p:3), B그룹 무늬에 속
한다. 작(爵)(pl. 16:3), B그룹 무늬에 속한다. 가(斝)(pl. 12:4), B
그룹 무늬에 속한다.

M388: 부(瓿)(pl. 3:3; pl. 7:1), B그룹 무늬에 속한다. 작(爵)(pl. 15:1), B
그룹 무늬에 속한다. 가(斝)(pl. 13:1), B그룹 무늬에 속한다.

위의 분석 결과에 의하면, 이미 공표된 서북강과 소둔의 자료만을
갖고 볼 때, 같은 무덤에서 출토된 청동기의 장식 무늬는 A그룹이나 B

394

그룹에 속하는 경향을 보인다고 할 수 있다. 이에 근거하면, 앞서 들었던 무덤 군을 다음의 두 부류로 나눌 수 있다. (1) A그룹의 무늬를 위주로 하는 것으로, 소둔 M238과 M331이 여기에 속한다. (2) B그룹 무늬를 위주로 하는 것으로, 서북강의 M1001과 소둔의 M288, M232, M333, M388 등이 여기에 속한다.(중립파인 C그룹의 무늬는 여러 무덤에서 함께 나타나고 있다.)

이러한 현상의 역사적 의미는 더 많은 자료가 출토되거나 출판된 이후에야 더욱 분명해질 것이다. 하지만, 지금이라도 다음과 같은 것은 추측할 수 있다.

(1) 전적으로 안양 시대의 것만 갖고 말한다면, A와 B 두 그룹 무늬의 연대 순서는 아직 증명할만한 충분한 자료가 확보되지 않았다. 그러나 어떻든 간에 A그룹의 무늬는 점차 B그룹에 의해 대체되었다는 칼그렌의 견해는 성립될 수 없다. 지층과 뼈로 만든 비녀[骨笄] 및 백도(白陶)의 무늬 형태에 대한 이제(李濟)의 연구에 의하면, 서북강 서쪽 구역에 있는 7기의 큰 무덤 중에서 HPKM 1001호 묘가 시기적으로 가장 빠른데 그곳의 청동기 무늬는 B그룹을 위주로 하고 있다. 소둔의 6기의 묘장을 이제(李濟)의 형태학적 연구[25]에 따라 연대순으로 나열하면 다음과 같다. M188, M232, M388이 가장 이르고, M331이 그다음이고, M333이 그다음이며, M238이 가장 늦다.(그러나 M238도 M331보다 조금 이를 수도 있다). 이러한 무덤 중에서 M188, M232, M238은 어쩌면 소둔 유적의 '을(乙) 7' 기초 터와 관련이 있을 수도 있으며, M331, M333, M388는 어쩌면 '병(丙)' 기초 터와 관련이 있을 수도 있다. 석장여(石璋如)는 을(乙) 구역의 기초 터가 일반적으로 병(丙) 구역보다 이르다고 했지만, 이제(李濟)는 '을(乙) 7' 기초 터와 서북강의 1001호 큰 무덤을 대체로 동시기의

---

25) 위의 주와 같음, 표 13.

것이라고 보았다. 그래서 형태학에 따라 배열한 이제의 소둔 묘장에 대한 연대적 순서는 층위학적인 관점에서도 지지를 받고 있다. 앞에서도 언급했다시피, A그룹의 무늬는 비교적 늦은 시기의 M238과 M331에서도 자주 나타나지만, B그룹의 무늬는 도리어 비교적 이른 시기의 M188, M232, M238에서 보인다. 이러한 사실로부터 각 무덤에서의 A와 B그룹의 무늬 분포가 연대학으로 해석될 수 있는 것이 아니라는 결론을 얻게 된다.

(2) 위에서 논의한 현상은 단지 청동 용기에만 적용할 수 있다. 마찬가지의 분석을 다른 미술품에도 적용할 수 있는지, 그리고 그 결과는 어떠할지는 앞으로의 연구를 기다려야 할 것이다. 그러나 지금이라도 분명하게 알 수 있는 것은, HPKM 1001호 큰 무덤에서 나온 청동 병기와 돌, 옥, 골각기, 목기 등의 예술품과 청동 용기의 스타일이 분류상으로 꼭 맞아떨어질 필요는 없으며, 소둔 청동 용기 중 A그룹 무늬는 네모꼴 기물에 자주 보인다는 점이다. 이것은 어쩌면 무늬의 분류가 확실히 제조 공예술의 분업과 관련되었음을 보여줄 수도 있다.

(3) 가장 중요한 것은 위의 글에서 논의한 청동 용기가 모두 순장갱(殉葬坑)에서 나왔다는 점이다. 대묘의 목곽 안쪽에 은나라 왕과 함께 묻힌 청동기가 어떠했는지는 아직 논의할 자료를 갖고 있지 못하다. 그래서 현재의 자료에 보이는 미술 무늬 상의 이분 현상을 앞에서 논의한 왕실 자체의 이분 현상과 직접적으로 연계할 수 있는지는 지금으로서는 결정할 수 없는 문제이다.

안양 이외에도, 상나라 혹은 상나라의 것으로 추정할 수 있는 청동기는 화북(華北)과 화남(華南)의 많은 유적지에서 출토되었다. 그러나 다음에 열거하는 여러 유적지에 관한 자료는 분석용으로만 제공할 수 있을 뿐이다.

(1) 하남성 북쪽 휘현(輝縣)의 유리각(琉璃閣): 여러 기의 묘장에서 청

396

동 작(爵), 가(斝), 고(觚) 등이 출토되었는데, 그 시기는 소둔의
M333에 상당한다. 장식 무늬의 주요한 특징으로는 다음의 두 가지
가 있다. 변형 및 번개 무늬화 한 도철(饕餮) 및 권대 무늬[圈帶紋]
는 모두 칼그렌이 말한 B그룹에 속한다. 그러나 A그룹의 특징은 한
곳에서도 나타나지 않는다.26)

(2) 하남성 맹현(孟縣) 간계(澗溪): 1기의 묘에서 2점의 청동 작(爵)과 1
점의 고(觚)가 출토되었는데, 그 장식 무늬의 특징은 (1)과 같다.27)

(3) 산서성 석루(石樓) 이랑파(二郞坡): 여러 점의 기물이 출토되었으나
출토 지점은 알려지지 않았다. 확인할 수 있는 장식 무늬는 하나같
이 B그룹에 속한다(스파이크 무늬[乳釘紋, spikes], 권대 무늬[圈帶
紋], 대각선으로 된 권대 무늬[圈帶紋]).28)

(4) 호남성 녕향(寧鄕) 황재(黃材): 여러 점의 기물이 출토되었으나 출
토 지점은 알려지지 않았다. 확인할 수 있는 장식 무늬는 하나같이
A그룹에 속한다(사실적인 饕餮 무늬, 소머리 모양의 饕餮 무늬).29)

(5) 사천성 팽현(彭縣)의 죽와가(竹瓦街): 뇌(罍)를 비롯해 치(觶)가 출
토되었는데, A그룹의 사실적 도철 무늬가 들었다.30)

하나같이 A그룹에 속하거나 하나같이 B그룹에 속한다는 이러한 현
상은 매우 주목할 만한 가치가 있다. 이로부터, 위의 글에서 관찰했던
안양의 자료, 즉 A와 B그룹 무늬의 분포는 개별 기물 상에서 의미가
있을뿐더러 그룹을 형성한 기물 군에서도 의미가 있다는 것이 부분적
으로 실증되고 유력하게 보강되었음을 알 수 있다. 우리는 갑골 복사로
부터 은나라 왕이 일찍이 왕실의 친척을 지방의 후백(侯伯)으로 분봉
했던 제도가 있었음을 알 수 있는데31), 위에서 든 다섯 지역은 모두 왕

26) 郭寶鈞, 夏鼐等, 『輝縣發掘報告』, (1956).
27) 劉笑春, 「河南孟縣澗溪遺址發掘」, 『考古』, (1961)(1), 33~39쪽.
28) 「山西石樓二石坡出土的商周銅器」, 『文物參考資料』,(1958)(1), 36쪽.
29) 高至喜, 「湖南寧鄕黃材的商代銅器和遺址」, 『考古』, (1963)(12), 646~648쪽.
30) 王嘉祐, 「記四川彭縣竹瓦街出土的青銅器」, 『文物』, (1961)(11), 28~3l쪽.

도가 아닌 제후들의 지역일 수밖에 없다. 이러한 지역에 왕실의 이분
화된 두 계파에 의해 통치되던 후백(侯伯)이 존재했을 가능성은 없는
가? 여기에 지리적 요소(예컨대 화북과 화남의 차이)는 존재하지 않는
가? 이러한 문제에 대한 해답은 앞으로의 연구를 기다릴 수밖에 없다.

---

31) 胡厚宣, 「殷代封建制度考」, 『甲骨學商史論叢』, 初集(濟南, 1944).

5
결론

(1) 위의 분석으로 볼 때, 은나라 예제에 이분 현상이 존재했다는 것은 의심의 여지가 없다. 상나라 왕의 세계를 분석해 볼 때, 은나라 예제에서의 이분 현상은 왕실이 내부적으로 소(昭)와 목(穆)의 두 그룹으로 분화한 것과 매우 밀접하게 관련된 것 같다.

(2) 이분제는 세계 각지의 고대문명과 원시 민족에서도 자주 보이는 현상인데, 그 발생 원인은 극히 복잡하다. 중국 고대사만 가지고 이야기한다면, 은(殷) 이전의 고대사 전설에서도 이분 현상이 매우 보편적으로 존재한다. 이 글의 결론은 은나라 예제 중의 몇몇 현상에 한정된다. 그래서 이를 중국 고대사의 다른 시대와 다른 지역의 예에다 적용시킬 수 있는지는 본문에서 해결해야 할 범위를 벗어난다.

(3) 은나라 예제에서의 이분 현상은 은나라 사람들의 관념상의 이원 현상, 심지어 고대 중국인의 일반적인 이원적 개념과 분명히 상당한 관계를 맺고 있다. 그러나 본문의 논의는 예제에 한정되어 있기 때문에 이의 철학적 사상에 대해서는 논의하지 않았다.

(4) 본문에서 논의한 부산물의 하나라면 중국 고대사의 연구가 고고학, 역사학, 사회학, 인류학 등 여러 분야의 학자들이 나누어 공동으로 연구하지 않으면 아니 되며, 단지 어떤 학과 하나만의 관점으로서는 위에서 말한 현상을 해석할 방법은 없다는 사실을 알게 된 것이다.

고대중국의
음식과 식기

이 글은 다음과 같은 제목으로 최초로 출판되었다.
"Food and Vessels in China", Transactions of the New York Academy of Sciences, series II, vol. 35,
no.6(1973), pp.495~520.

인류학적으로 가치 있는 요리 기술의 연구가 프랑스 인류학자에 의해 진지하게 수행되었다는 것은 결코 우연이 아니다.[1] 세계에서 요리 예술을 인류학적으로 주목할만한 가치가 있는 곳은 프랑스를 제외하면 바로 중국이며, 중국의 요리에 대해서도 연구할 때가 되었다.[2] 이러한 방면의 연구는 요리의 역사로부터 시작해도 무방하겠지만, "중국인들이 언제부터 요리하기 시작했으며, 특유의 음식을 먹게 되었는가?"와 같은 질문을 하게 된 것은 단순한 호기심에서 비롯된 것은 아니다.

필자가 고대 중국의 음식 방식에 대해 연구하기 시작한 것은 많은 부분이 자의에 의한 것이 아니었다. 상주(商周) 청동 기물을 연구하는 과정에서[3], 이러한 기물을 이해하려면 이러한 기물에 사용되었던 식음료를 먼저 이해해야만 한다는 사실을 점차 알게 되었다. 상주 때의 고고 연구에서 청동과 도기로 만든 용기가 가장 많고 그것들이 가장 기본적인 자료이다. 그러나 일반적으로 말해서 그것에 대한 지금까지의 연구는 그것의 형식이나 장식무늬를 비롯해 명문에 집중되었으며, 그것을 통해 고대 중국인의 역사와 장식 예술을 밝히고, 그 유물들이 있던 고고 유적지의 연대를 밝히고자 했을 뿐이다. 이러한 연구는 필요하고 게다가 매우 중요하다. 그러나 도기와 청동기는 고대의 기술과 연대학을 연구하는 도구일 뿐 아니라 동시에 음식, 음료 혹은 술을 담는 기구이기도 하다. 물론 어떤 것은 의식에 사용하던 용기이기도 하

1) 예컨대 다음의 것들이 있다. Claude Lévi-Strauss, "Le tringle culinaire", *L'Arc(Aix-en-Provence)*, 26(1965), pp.19~29; Lévi-Strauss, *Mythologiques II et III*(Paris: Plon, 1966, 1968); Younne Verdier, "Pour une ethnologie culinaire", *L'Homme* 9(1969), pp.49~57.

2) E. N. Anderson, Jr., "Réflexions sur la cuisin", *L'Homme* 10(1970), pp.122~124.

3) 張光直, 「商周靑銅器器形裝飾花紋與銘文綜合硏究初步報告」, 『中央硏究院民族學硏究所集刊』, 제30기(1972), 253~330쪽.

402

다. 그러나 그것들이 의식에 사용되었다 하더라도 의식에서의 기능은 음식과 관련된 것에 있었다. 결론적으로 말해서, 청동 기물과 도기를 연구하려면 중국의 음식 습관을 먼저 연구해야만 하고, 이러한 연구가 이루어질 때 기물 자체도 더욱 유용한 자료가 될 수 있다.

그러나 음식 관련 연구에서 다룰 수 있는 자료는 기물 외에도 많다. 출토된 유물의 전체 집합체는 그것들이 지하에서 출토될 때의 정황과 매우 분명하게 관련되어 있다. 예컨대 용기는 종종 무덤 속에서 세트를 이루어 출토된다. 그리고 각종 유형의 결합은 매우 중요한 의미가 있을 수 있다. 이외에도 동주 때의 청동기 장식 무늬도 향연, 음식, 요리 장면을 담고 있으며, 이러한 무늬는 당시의 생활상을 연구하는 자료가 된다.4) 문헌 사료에는 더 많은 유용한 자료가 실려 있다. 상나라 때의 요리, 음식, 의식에 관한 몇몇 갑골 문자도 이러한 내용을 반영해 주고 있다[그림_10]. 그와 유사한 글자가 상주 때의 금문에도 보인다. 게다가 이러한 금문은 우연하게 의식에서 사용된 음식을 보여주기도 한다. 그러나 가장 풍부하고 유용한 자료는 아무래도 이 두 왕조에 걸친 문헌 사료일 것이다. 『시경』과 『초사』에서 향연과 음식물의 생산과정에 대한 생생한 묘사를 발견할 수 있으며, 음식물과 음료, 주류는 『논어』, 『맹자』, 『묵자』 등의 수많은 심오한 '설교'에서도 중요하게 등장한다. 그러나 이러한 방면에서 그 어떤 자료도 '삼례(三禮)'(즉 『주례』, 『의례』, 『예기』)와 비교할 수는 없다. 근엄한 이러한 경전 속에서는 페이지마다 제사에 사용된 음식물과 술의 종류 및 수량에 대해 언급하

---

4) 林巳奈夫, 「戰國時代の畫像文」, 『考古學雜誌』 47: 190~212쪽, 264~292쪽; 48: 1~22쪽, (1961~1962); 馬承源, 「漫談戰國靑銅器上的畫像」, 『文物』 1961(10), 26~29쪽; Charles D. Weber, *Chinese Pictorial Bronze Vessels of the Late Chou Period*(Ascona: Artibus Asiae, 1968).

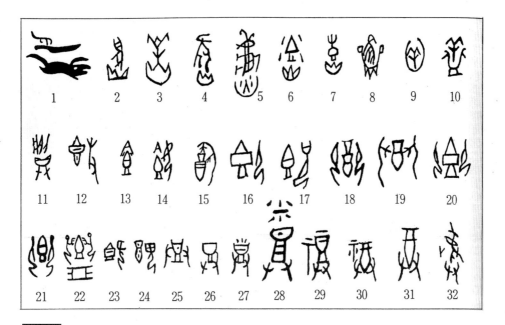

그림_10 : 상나라 복사에서 음식과 제사 음식과 관련된 글자들
1. 도재(屠宰); 2~9. 요리[烹調]; 10~23. 다양한 상황에서 음식을 제공하는 모습; 32. 제사용 음식
(l, 11, 21, 22, 25, 28은 『金文編』에서, 2, 3, 7, 9, 10, 23은 『續甲骨文編』에서, 나머지는 『甲骨文編』에서 가져왔다.)

고 있다.

　필자는 고대 중국의 문헌 속에서 현대 중국인들이 만날 때마다 하는 안부 인사라 할 "식사하셨어요?(您吃過了沒有?)"라는 말을 찾지 못했다. 현대 중국인들과 마찬가지로 고대 중국인들에게도 밥 먹는 일이 중요했을 것이다. 『논어・위령공(衛靈公)』에서 위령공이 공자(孔子, 551~479 B.C)에게 군사 전략에 관해 물어보자, 공자는 "제기를 배치하는 일에 대해서는 일찍이 들어본 적이 있으나, 군사 배치에 관한 일은 배운 적이 없습니다.(俎豆之事, 則嘗聞之矣, 軍旅之事, 未之學也.)"라고 대답한 것이 실렸다. 사실 중국에서 사대부 계급의 중요한 자질 중의 하나가 음식과 주류와 관련된 지식과 기술이었다. 『사기』와 『묵자』의 견해에 따르면 상나라 탕(湯)의 재상이었던 이윤(伊尹)은 원래 요리사였다. 이러한 자료에 의하면 이윤이 탕 임금의 인정을 받았던 것은 그가 가진 요리 기술에서부터 시작되었다 할 수 있다.

왕궁에서 주방의 중요성은 『주례』에 기록된 인원의 명부로부터 충분히 알아볼 수 있다. 제왕의 거주 지역을 책임지는 약 4천 명의 인원 중 2,200여 명, 즉 60% 이상이 음식을 관리하는 인원이었다. 여기에는 162명의 선부(膳夫), 70명의 포인(庖人), 128명의 내옹(內饔), 128명의 외옹(外饔), 62명의 사인(事人), 335명의 전사(甸師), 62명의 수인(獸人), 344명의 어인(歔人), 24명의 별인(鼈人), 28명의 렵인(臘人), 110명의 주정(酒正), 340명의 주인(酒人), 170명의 장인(漿人), 94명의 능인(凌人), 31명의 변인(籩人), 61명의 해인(醢人), 62명의 혜인(醯人), 52명의 염인(鹽人)이 포함되었다(『주례』 卷1 「天官塚宰」). 이렇게 많은 전문 인력이 필요했던 것은 단지 군주의 미각을 만족하게 해 주기 위한 것만은 아니었다. 먹는 행위 또한 대단히 중요한 일이었다. 『의례(儀禮)』에서 보듯, 음식은 제사와 결코 분리해서 생각될 수 없었다. 『예기』에는 각종 상황에 적합한 음식물과 올바른 식사 예절에 대한 참고 자료로 가득 차 있으며, 중국 역사상 최초로 몇몇 중국 음식의 요리법에 대한 기록도 포함하고 있다. 물론 '삼례'의 대부분이 한나라 때에 만들어진 것이긴 하지만, 이러한 책에서 표현한 음식물과 음료 및 주류의 중요성은 한나라 때에만 적용된 것이 아니라 주나라 때에도 마찬가지였을 것이다. 주나라 때의 『좌전』과 『묵자』에서는 분명히 요리에 사용되는 정(鼎)을 국가의 최고 상징으로 사용하고 있다. 그래서 필자는 고대 중국인들이 세계에서 음식에 가장 공을 들였던 민족이라 매우 자신 있게 말하고 싶다. 게다가 그라네(Marcel Granet, 1884~1940)도 이야기했듯,

"의심할 여지없이, 이러한 방면에서 중국은 그 어떤 문명보다 위대한 창의성을 발휘했다."[5]

어떤 이는 중국의 요리를 좋아하지만 어떤 사람은 좋아하지 않는데, 이는 주관적인 습속과 맛의 문제이다. 그러나 서로 다른 문명권의 민족들이 음식에서 이룬 창조성과 공을 들인 정도를 측정하려면 객관적인 기준이 필요하다. 어느 민족이 음식에 대해 특별한 공을 들였던가? 중국인들은 그중의 하나인가? 우리는 다른 민족에 비해 중국민족이 음식에 공을 들었다는 정도를 어떻게 측정할 것인가? 이를 위하여 우리는 다음과 같은 기준을 따를 것이다. 즉 양적인 것, 구조적인 것, 상징적인 것, 심리적인 것 등이 그것이다.

(1) 먼저, 양적인 것은 음식 그 자체를 측정하는 가장 직접적 척도로서 요리에 얼마나 많은 공을 들였는지를 보여준다. 한 민족이 요리할 수 있는 음식의 숫자도 아마 그들이 들였던 노력 정도를 나타내주는 직접적인 지표가 될 것이다. 그러나 요리 각각의 복잡한 정도도 당연히 매우 중요한 문제가 될 수 있을 것이다. 요리에 공을 들이면 들일수록 이에 필요한 시간은 늘어날 것이다. 요리에 들이는 시간이 많은 민족일수록 음식을 중시했던 민족일 가능성이 크다.

전체 수입에서 차지하는 식비의 비율 역시 측정 기준이 될 수 있다. 이는 문화 간의 비교이지 동일 문화 내에서의 서로 다른 가정이나 다른 계층 간의 비교는 아니다. 예컨대 오늘날 중국인이 미국인보다 수입 대비 식비의 비율이 훨씬 더 높다는 것은 잘 알려진 사실이다. 즉 중국인이 미국인보다는 음식에 공을 더 들인다고 할 수 있다. 물론 이것이 해당 민족의 빈부와 관련되어 있다는 사실은 잘 알고 있다. 어느

5) *Daily Life in China on the Eve of the Mongol Invasion 1250~1276*(Palo Alto: Stanford University Press, 1962), p.135.

민족이나 음식에서 섭취하는 영양분의 정도는 세계적으로 다 비슷하므로, 식비에는 상한선이 존재하기 마련이다. 가난한 민족은 부유한 민족보다 식량을 구하고 음식을 먹으려고 상대적으로 훨씬 더 많은 에너지와 시간을 쓰기 때문에 두 민족의 문화 구성을 비교하면, 이것이 유의미한 차이를 구성한다. 게다가 섭취할 수 있는 음식의 절대적 최대치는 존재하지만, 한 민족이 음식물을 원하는 수량에는 한도가 존재하지 않는다. 따라서 두 민족의 경제적 정도가 비슷하다고 해도, 식비가 차지하는 비율은 크게 차이가 날 수 있다.

(2) 둘째, 구조적인 면에서, 서로 다른 문화가 서로 다른 상황이나 서로 다른 사회 혹은 의식(儀式)이라는 환경에서 얼마나 많은 종류의 음식을 사용하는가 하는 문제이다. 어떤 민족은 소수의 몇 가지 음식물만으로 수많은 갖가지 상황에 사용하지만, 다른 어떤 민족은 많은 종류를 사용할 수 있다. 다양한 음식과 주류와 결합한 그릇, 신앙, 금기, 예절 등도 중요하다. 이 모든 것은 해당 문화의 음식과 음식 관련 행동과 기물을 지칭하는 명칭 체계를 연구하면 밝혀질 수 있다. 음식이나 음식과 관련된 행동이나 기물을 지칭하는 명칭이 많으면 많을수록, 그리고 이러한 명칭 체계가 위계적으로 배열되면 될수록, 음식에 훨씬 더 많이 몰두한 민족이라고 할 수 있다.

(3) 세 번째 기준은 상징적인 것이다. 음식은 종종 정보를 전달하는 매개로 사용되기 때문에, 우리는 어떤 방법을 동원해 그것이 서로 다른 민족 간에 어떻게 사용되는지의 정도를 단정할 수 있다. 왜냐하면, 의례는 상징 행위 중에서 가장 정교한 형식 중의 하나이고, 음식물이 의례에서 사용되는 정도와 그것을 중시하는 정황도 이 방면에 훌륭한 지표를 제공해 주기 때문이다. 여기서 명칭 체계가 관련성이 높다는 점은 프레이크(Charles Frake)의 민속 분류법에 근거해보아도 알 수 있

다. 즉 "특수한 현상에 대한 정보를 소통하는 데 필요한 구체적 사회상
황이 많으면 많을수록, 그 현상을 범주화하기 위해 여러 단계에 걸쳐
서 대조하는 횟수도 많아진다."[6]

(4) 네 번째 기준은 심리적인 것이다. 한 민족이 그들의 일상생활에
서 얼마나 많이 먹을 것을 생각하는가? 조금 더 정확하게 서술하자면,
죽음에 대한 기대가 장기적으로 개인의 행위를 규정하는 강력한 요소
로 기능을 하는 것과 같은 방식으로, 먹는 것에 대한 기대가 단기적으
로, 어느 정도까지 개인의 행위를 규정하는 요인이 되는가? 하는 문제
이다. 퍼스(Firth)의 말에 따르면, 폴리네시아의 티고피 인(Tikopia)들은
"밥 한 끼 먹는 것이 하루 일상사 중의 중요한 일이며, 이 식사는 일하
는 사이 잠깐 먹는 그런 식사가 아니라 식사 그 자체가 목표이다."[7] 심
리적으로 음식이라는 것에 전적으로 주목한 또 다른 예는 임어당(林語
堂, 1895~1976)의 다음과 같은 말이다. "음식이라는 것은 열심히 상상
하고, 토론하고, 먹고, 그런 다음 다시 평가하지 않고서는 진정하게 즐
겼다고 할 수 없다.……우리가 어떤 특별한 음식을 먹기 훨씬 전부터,
우리는 그것에 대한 상념에 잠기게 되고, 그것이 머릿속에서 빙빙 돌
아서 가장 친한 친구와 함께 즐기는 은밀한 쾌락처럼 기대하게 된다.
그리고 초청장 속에 특별히 그 음식이 나온다고 적는다."[8] 임어당이
가장 흠모했던 중국의 미식가는 바로 250년 전의 이어(李漁, 1611~
1680)(李笠翁)였다. 이어는 게[蟹] 요리를 좋아하여, 『입옹우집(笠翁偶

6) Charles Franke, "The diagnosis of disease among the Subanun of Mindanao", *American Anthropologist* 63(1961), pp.113~132.
7) Raymond Firth, *Primitive Polynesian Economy* (London: George Routeledge and Sons, 1939), p.38.
8) Yutang Lin, *My Country and My People* (New York: Jhon Day, 1935), pp.338~340.

408

集)』에 다음과 같은 말은 남겼다. "해오(蟹螯)에 관한 한, 내 정신은 그것에 중독되고, 나의 입은 그 맛을 즐긴다. 내 평생 단 하루도 그 맛을 잊을 수가 없다. 그 즐김과 그 달콤함, 그리고 잊을 수 없는 맛은 그 어떤 말로도 형용할 수가 없다."

이것은 중국인들이 세계에서 음식에 가장 공을 들이는 민족의 하나라는 문제로 다시 돌아가게 한다. 필자가 아직 앞서 들었던 이런 기준으로 현대의 중국 민족을 재단해 본 적은 없지만, 만약 이렇게 할 수 있다면 분명히 많은 수확을 얻을 수 있을 것이라 믿는다. 고대의 중국 민족에 대해서는 아래에서 상세히 논의하겠지만, 매우 자연스런 한 가지 문제에 대해 먼저 질문을 하고자 한다. 즉 한 민족이나 한 문화에서 음식에 전적으로 주목하는 것과 주목하지 않는 것이 어떤 중요성을 띠는가? 이에 대한 답은 다음과 같을 것이라 믿는다. 즉 이것이 서로 다른 문화나 민족을 비교하는 중심 주제이라는 것이다. 단지 문화와 민족을 함께 가져와 비교하기만 하면 음식에 대한 그들의 특징은 이해될 것이다. 그러나 중요한 한 측면에서, 이러한 점은 요리에 각 문화의 차이점이 존재하며, 그 차이점은 요리 방법보다 훨씬 더 심각하다는 것을 설명해 준다. 최근 여러 책에서 레비 스트로스(Lévi-Strauss, 1908~2009)는 음식, 요리, 식탁에서의 예절, 사람들의 이러한 방면에서의 몇몇 관념 등을 통해 '인성'의 보편적 표현을 세우고자 노력했다. 그러나 음식, 마실 것, 식탁에서의 예절, 그리고 사람들의 그것에 대한 개념들은 그들 문화 속에서 가장 첨예한 몇몇 상징 부호이므로, 그것들을 이해하려면 먼저 그것들의 독특함이 어디에 있는지를 비롯해 그것들이 독특한 문화 상징 부호로 기능을 하는 방식을 이해해야만 할 것이다. 이러한 면에서 볼 때, 중국인들이 음식과 마실 것에 대해 전문적으로 주목했다는 이러한 사실은 바로 중국인 자신들의 가장 훌륭한 설명이라 할 것이다. 과거 적잖은 사람들이 중국 요리의 자본은 바로 중국의 빈곤함이라 보았다. 그라네(Marcel Granet)는 중국 요리의 창의성이 뛰어난 원인은 바로 "영양이 불량하고, 가뭄과 홍수와 기근" 등에 있다고 했다. 왜냐하면, 이러한 현상은 중국인들로 하여금 "식용할 수 있는 모든 종류의 채소나 벌레나 동물의 내장 등을 진지하게 사용하게 하였기 때문이다."[9] 이것은 맞는 말일 수도 있을 것이다. 그러나 빈곤과 이로부터 생겨난 자원에 대한 철저한 탐색이 요리의 창의성을 만들어내는 데 유리한 조건이 될 수 없으며, 그것의 원인이라고는 절대 말할 수 없다. 그렇지 않다면 전 세계의 빈곤 국가들이 모두 요리의 달인이 돼야 했지 않겠는가? 중국인들이 이러한 방면에서 가진 창의성은 아마도 음식과 요리가 중국의 생활 방식 속에서 중요한 위치를 차지했기 때문에 그랬을 것이다.

우리는 여기서 다시 고대 중국으로 돌아가 음식과 요리가 상주(商周) 문화에서 어떻게 독특하게 표현되었는지를 살펴보고자 한다. 아래의 논의에서는 사용 가능한 자료에 한해서만 간단하게 요약하고자 한다.[10]

---

9) 위의 주(5)와 같음.

10) 이전 학자의 연구는, 林乃桑, 「中國古的烹調與飲食」, 『北京大學學報(人文科學)』, 1957(2), 59~144쪽; 篠田統, 「古代シナにわける割烹」, 『東方學報(京都)』 30卷, 253~274쪽.

1

음식 재료

    문헌상으로 볼 때, 음식물의 재료는 전체적으로 곡류, 채소류, 과실류, 육류, 조류, 생선류, 조개류 및 기타 등으로 구분할 수 있다. 부류마다 각기 그것을 부르는 전문적인 글자가 존재할 뿐 아니라 각 부류 안의 범위에서도 화(禾)나 초(艸)나 목(木) 등과 같은 동일 부수를 공동으로 사용하기도 한다.

    곡류 음식물을 보면[11], 고대 중국인에게는 몇 종류의 조(Setsria italica, Panicum miliaceum, Panicum miliaceum glutinosa), 쌀(Oryza sativa), 보리 등이 있었다. 채소류를 보면, 이혜림(李惠林)은 다음과 같은 몇 가지 중요한 종류를 나열하고 있는데, 외[瓜](Cucumis melo), 박[瓠](Lagenaria siceraria), 토란[芋](Colocasia esculenta), 해바라기[葵](Malva verticillata), 배추[蕪菁](Brassica rapa), 마늘[蒜](Allium sativum), 염교[薤](Allium bakeri), 파[蔥](Allium tistulosum), 부추[韭](Allium ramosum), 들깨[荏](Perilla frustescens), 여뀌[蓼](Polygonum hydropiper), 생강[薑](Zingiber officirale) 등이 있다.[12] 이혜림(李惠林)의 이 목록은 주로 5세

---

11) Ping—ti Ho, "The Loess and the Origin of Chinese Agricultiue", *American Historical Review* 75(1969), pp.1~36.

12) Hui—lin Li, "The Vegetables of Ancient China", *Economic Botany* 23(1969), pp.253~260.

기와 6세기 초의 중요한 서적에서 뽑은 것들이다. 주나라 때의 문헌으로 볼 때, 대[竹]와 개채(芥菜)도 매우 두드러지며, 대두도 매우 중요한 양식이었음에 의심의 여지가 없다. 그보다는 덜 중요한 위치에 있던 채소류와 야생초는 그 종류가 헤아릴 수 없을 정도로 많다. 저명한 식물학자 바시로프(Nikolai. I. Vaxilov, 1887~1943)는 일찍이 이렇게 지적한 바 있다. "중국은 특산 종류가 풍부하다는 점에서, 또 재배식물의 잠재적 종속의 정도에서도 모든 식물 형식의 기원의 중심에서 특별나게 두드러진다. 게다가 중국의 각종 식물류는 일반적으로 극히 다양한 아류 및 유전 형식에 의해 대표된다.……우리가 더욱 진일보하게 재배된 작물 이외에 중국에서 식물로 사용하는 야생식물의 다양한 목록도 포함한다면, 우리는 수억 명의 인구가 중국이라는 대지에서 어떻게 생존해 왔는지를 더욱 쉽게 이해할 수 있게 될 것이다."[13]

과실나무 중에서 다음에 열거한 종류는 주나라 때의 문헌에서도 자주 등장한다. 배[梨], 산사(山楂), 살구[杏], 매실[梅], 오얏[李], 복숭[桃], 감[柿], 밤[栗], 대추[棗], 개암[榛], 구기자[杞], 화홍(花紅), 앵도(櫻桃) 등이다. 주나라 때의 문헌에서 가장 자주 보이는 식용 동물로는 소[牛], 돼지[豬], 젖떼기 전의 어린 돼지[乳豬], 양(羊), 개[犬](이상은 가축에 속함), 멧돼지[野豬], 토끼[兎], 곰[熊], 큰사슴[麋], 사슴[鹿], 노루[麕](이상은 야생 동물에 속함) 등이 있다. 또 주나라 때의 문헌에 자주 보이는 가

---

13) N. I. Vavlov, "The Origin, Variation, immunity and breeding of cultivated plants", *Chronica Botanica* 13(1949/50), Nos. 1~6. 고대 야생식물의 채집 식용에 대해서는 『시경·召南·采蘋』을 예로 들 수 있다. "개구리밥 뜯으러, 남쪽 시냇가로 가세. 마름 풀 뜯으러, 저 길가 도랑물로 가세. 어디에 담을까? 바구니에 담고요. 어디에다 삶을까? 가마솥에다 삶지요. 그것을 담아서, 종묘 사당에다 놓고요. 누구가 주관하리? 제나라 임금의 막내딸일세.(于以采蘋, 南澗之濱. 于以采藻, 于彼行潦. 于以盛之, 維筐及筥. 于以湘之, 維錡及釜. 于以奠之, 宗室牖下. 誰其尸之, 有齊季女.)"

금과 야생 날짐승으로는 닭[鷄], 추계(雛鷄), 거위[鵝], 메추라기[鶉], 저고(鷓鴣), 꿩[雉], 참새[雀], 도요새[鷸] 등이 있다. 물고기류는 종류가 대단히 많은데, 잉어[鯉]류가 다수를 차지한다. 나머지 수생 동물로는 거북[龜]과 자라[鱉]와 각종 조개류 등이 포함된다. 벌[蜂], 매미[蟬], 달팽이[蝸牛], 나방[蛾], 개구리[蛙] 등도 기록되어 있다. 조미료로는 각종 향료를 포함하여 계피[木桂]와 고추[椒] 등이 포함되었다. 그 외, 요리용품으로는 소금[鹽](岩鹽이나 池鹽이었을 것으로 보이며, 여러 모양으로 제작되었다), 짐승 기름[獸油](뿔이 있는 짐승과 뿔이 없는 짐승의 두 부류로 구분된), 메주[豉], 식초[醋] 등이 있다.

2

조리 방법

현대의 한 중국요리 책에는 20가지의 조리 방법이 열거되어 있는데, 삶기[煮], 찌기[蒸], 직화로 굽기[烤], 홍소(紅燒), 찜[清燉], 염제[鹵], 볶음 [炒], 튀김[炸], 굽기[煎], 무침[拌], 지적지적하게 끓이기[淋], 급하게 튀기기[速炸], 데치기[涮], 차게 무침[冷拌], 빨리 굽기[快煎], 절임[醃], 소금에 절이기[鹽醃], 오랫동안 절여놓기[漬], 우려내기, 말리기[灑乾], 훈제[熏] 등이 그것이다.[14] 주나라 때의 문헌에서 이러한 방법도 일부 보인다. 그러나 가장 주요한 방법은 삶기[煮], 찌기[蒸], 직화로 굽기[烤], 뭉근하게 졸이기[燉], 절이기[醃], 말리기[灑乾] 등이었다. 현재의 요리 기술 중에 가장 중요한 방법은 볶음[炒]이지만 당시에는 존재하지 않았다.

중국 요리의 특징은 요리법 이외에도 요리 전에 원재료를 준비하는 방법 및 각종 원료를 결합하여 다른 요리와 섞는 방식이다. 임어당이 말한 것처럼 "전체 중국 요리 예술은 배합에 의존하는 예술이다."[15] 개별 요리는 서로 다른 맛과 원재료의 결합에 따라 설계된다. 이것은 단순한 맛을 가진 중국의 요리가 애초부터 존재하지 않았다는 말은 아니

---

14) Buwei Yang Chao, *How to Cook and Eat in Chinese* (New York: Vintage Books, 1972), p.39.

15) 위의 주(8)과 같음. 또 Hsiang Ju Lin and Tsuifeng Lin, *Chinese Gastronomy*(New York: Hasting House, 1969), p.12, p.23, p.30.

다. 단지 중국 요리의 전체 변화과정으로 볼 때, 그것은 성분을 분쇄하고 나서 각종 맛을 함께 모으는 이러한 방식을 특징으로 삼고 있다는 말이다. 이러한 점에서 볼 때, 주나라 때의 조리법은 조금의 에누리도 없는 진정한 중국의 요리법이었다. 주나라 때의 문헌에서는 요리를 '거펑[割烹·잘라서 요리하다]'이라는 말로 표현했는데, 즉 절단한 다음 섞어서 요리하는 과정임을 말한다. 그리고 가장 중요한 요리의 하나는 바로 '국[羹]' 즉 일종의 고기 탕이나 고깃국인데, 맛의 조화를 특징으로 하고 있다. 이는 『좌전』 소공(昭公) 20년(522 B.C.)[16]에서 안자(晏子)가 제나라 제후(齊侯)에게 한 말에서 분명하게 나타나 있다.

> 제나라 경공이 사냥에서 돌아왔을 때, 안자(晏子)가 천대(遄臺·산동성 임치현 동쪽)에서 그를 모시고 있었는데, 자유(子猶·즉 梁丘據)가 급히 수레를 몰고 와 진현했다. 그러자 경공께서 말씀하셨다. "오직 양구거만이 나와 마음이 맞소이다!" 그러자 안자가 반박했다. "양구거 또한 군주의 비위를 맞추는[同] 사람일 뿐일진대 그가 어떻게 군주와 마음이 맞는[和] 사람이겠습니까?" 경공이 말했다. "마음이 맞는 것[和]과 마음을 맞추는 것[同]이 다른가?" 안자가 대답했다. "다릅니다. 마음이 맞는 것[和]은 국을 만드는 것과 같습니다. 물[水], 불[火], 식초[醯], 식혜[醢], 소금[鹽], 매실[梅] 등으로 생선이나 고기를 조리할 때는 먼저 땔감을 이용해 끓입니다. 주방장[宰夫]이 간을 맞추면서, 양념으로 맛을 조화시킵니다. 만약 맛이 부족한 듯하면, 양념을 더하고 지나치면 덜어냅니다. 이에 윗사람이 그 국을 먹으면 마음이 평온해집니다. 임금과 신하 간에도 마찬가지입니다. 임금이 옳다고 하여도 그렇지 않은 것이 있을 때에는 신하가 그것을 지적해 옳게 만들며, 임금이 옳지 않다고 할지라도 그중 옳은 것이 있으면 신하가 그것을 지적해 옳지 않은 것을 제거하는 것입니다. 이렇게 함으로써 정사는 공평해지고 예를 벗어

---

16) (역주) 원문에서는 "520 B.C."로 되었으나 "522 B.C."의 오류이므로 고쳤다.

나지 않게 되며, 백성은 다투고자 하는 마음이 없어지는 것입니다. 그래서 『시경』에서 '간이 잘 맞는 국이 있어, 맛의 조화를 이루었다네. 국을 올리니 신령이 내려와 아무런 지적도 하지 않고, 아래 윗사람은 다투지 않네.(亦有和羹, 旣戒旣平. 鬷嘏無言, 時靡有爭.)'라고 노래했던 것입니다. 선왕께서 다섯 가지 맛과 다섯 가지 소리를 조화롭게 하셨던 것은 사람의 마음을 평정시켜, 훌륭한 정치를 완성하려던 것이었습니다.

(齊侯至自田, 晏子侍于遄臺, 子猶馳而造焉. 公曰, "唯據與我和夫!" 晏子對曰, "據亦同也, 焉得爲和?" 公曰, "和與同異乎?" 對曰, "異. 和如羹焉, 水, 火, 醯, 醢, 鹽, 梅, 以烹魚肉, 燀之以薪, 宰夫和之, 齊之以味, 濟其不及, 以洩其過. 君子食之, 以平其心. 君臣亦然. 君所謂可而有否焉, 臣獻其否以成其可; 君所謂否而有可焉, 臣獻其可以去其否, 是以政平而不干, 民無爭心. 故詩曰, '亦有和羹, 旣戒旣平. 鬷嘏無言, 時靡有爭.' 先王之濟五味, 和五聲也, 以平其心, 成其政也.)

그러나 임상여(林湘如)와 임취봉(林翠峰)(모두 음역음)은 일찍이 "고대중국의 요리 예술은 중국만의 특수한 것은 아니었다"라고 했는데, 왜냐하면 그들도 "각종 맛의 조화가 매우 뛰어난 정도에 이르렀다"는 사실을 인정하긴 했지만[17], "당시에는 아직 '볶음[炒]'이나 '데치기[涮]' 혹은 다른 비교적 고급 요리 기술을 대표할 수 있는 글자가 존재하지 않았기" 때문이다. 당시의 요리 방법은 한정적이었고, 게다가 그런 방법은 전 세계에 모두 분포되었다. 개별적인 요리 방식은 순전히 방법으로 구분하는 것이 아니라 만들어진 제품의 맛에 의해 결정되며, 그리고 각종 성분의 특징적 성질의 사용에 따라야만 도달할 수 있다.

---

17) 위의 Lin and Lin과 같음.

3
요리 종류

　고대 중국에서 요리법에 따라 만든 요리는 오늘날의 중국과 마찬가지로 가장 간단한 것으로부터 가장 복잡한 것까지 모두 수백 종 내지는 수천 종은 될 것이다. 문헌 자료의 특성상 우리가 아는 요리 대부분은 의식에서 사용되었거나 상류층 인사들이 연회에서 즐기는 데 사용된 것들이다. 예컨대 간단한 채소 요리 방법은 잘 알려지지 않았다. 그러나 간단하든 아니면 복잡하든 많은 요리는 매우 공들여서 만들어야만 하며, 게다가 그것은 생활에서 가장 진귀하게 즐겨야 할 대상이었다. 이러한 점을 사실적으로 가장 생동적이며 가장 설득력 있게 그린 것은 『초사』에 실린 두 편의 초혼(招魂)에 관한 시일 것이다. 그것은 정미한 요리로써 이미 죽은 사람의 영혼을 유혹해 돌아오게 하는 시이다. 『초사·초혼(招魂)』에서 이렇게 노래했다.

혼혜귀래(魂兮歸來),	혼이여 돌아오시라,
하원위사(何遠爲些).	어찌 먼 곳으로 가려 하는가.
실가수종(室家遂宗),	온 집안 사람 모두가 그대를 존경하고,
식다방사(食多方些).	먹을 것도 갖가지 장만할 것이오.
도자착맥(稻粢穱麥),	흰쌀, 피, 조생종 보리에,
나황량사(挐黃粱些).	누른 기장을 섞어 밥을 할 것이오.
대고함산(大苦鹹酸),	메주, 소금, 식초,

신감행사(辛甘行些).　　그리고 신 것, 단 것이 모두 어우러질 것이오.

비우지건(肥牛之腱),　　살진 소의 힘줄 살,

노약방사(臑若芳些).　　뭉근하게 익혀 향기로운 맛을 낼 것이로다.

화산약고(和酸若苦),　　식초와 쓴 즙을 타서,

진오갱사(陳吳羹些).　　오나라 국처럼 맛있는 국을 진열해 놓을 것이
　　　　　　　　　　　　로다.

이별포고(胹鱉炮羔),　　삶은 자라와 구운 양고기에는,

유자장사(有柘漿些).　　설탕물이 곁들여 있을 것이로다.

곡산전부(鵠酸臇鳧),　　신맛 나는 고니고기, 즙이 적은 오리고기며,

전홍창사(煎鴻鶬些).　　지진 기러기고기, 왜가리고기까지 장만 되어
　　　　　　　　　　　　있을 것이다.

노계확휴(露雞臛蠵),　　들에 사는 토종 닭고기, 푹 삶은 큰 거북고기는,

여이불상사(厲而不爽些).　매콤하나 씹을수록 맛이 날 것이라.

거여밀이(粔籹蜜餌),　　유밀과 꿀 엿에다,

유장황사(有餦餭些).　　마른 엿까지 있을 것이로다.

요장밀작(瑤漿蜜勺),　　옥처럼 하얀 미음이며 꿀로 만든 단술이,

실우상사(實羽觴些).　　참새가 날개를 벌린 모양의 술잔에 가득 채워
　　　　　　　　　　　　져 있을 것이로다.

좌조동음(挫糟凍飲),　　술 지게미를 눌러 걸러낸 술에 얼음 띄워 마시면,

내청량사(酎淸涼些).　　그 순수한 술은 맑고도 시원할 것이로다.

화작기진(華酌既陳),　　화려한 술 기구는 이미 진열되었고,

유경장사(有瓊漿些).　　여기에 옥처럼 하얀 술까지 마련되어 있도다.[18]

또 다른 시인 「대초(大招)」에서 영혼을 유혹하여 돌아오게 꼬드기는
데 바친 요리와 음료는 다음과 같다.

---

18) (역주) 류성준(편저), 『초사』, 128쪽의 번역문과 傅錫壬(譯) 『新譯楚辭讀本』
　　(臺北: 三民書局, 1991), 161~167쪽 주석과 번역을 참조했다.

418

오곡육인(五穀六仞),　　오곡이 여섯 길이나 되고,
설고량지(設菰粱只).　　줄 풀과 고량이 마련되어 있고,
정노영망(鼎臑盈望),　　솥에는 익은 물건이 가득하고,
화치방지(和致芳只).　　게다가 향기로운 맛으로 조리되어 있도다.
내창합곡(內鶬鴿鵠),　　살찐 왜가리, 집비둘기,
매시갱지(眛豺羹只).　　고니에 이리 고깃국으로 맛을 들였도다.
혼호귀래(魂乎歸徠),　　혼백이여 돌아오시어,
자소상지(恣所嘗只).　　느긋하게 맛을 보시오소서.
선휴감계(鮮蠵甘雞),　　신선한 큰 거북과 맛좋은 닭에,
화초락지(和楚酪只).　　초나라의 우유를 곁들이고,
해돈고구(醢豚苦狗),　　소금에 절인 돼지와 쌉쌀한 개고기에,
회저순지(膾苴蓴只),　　암삼과 순 나물을 잘게 썰어 넣고,
오산호루(吳酸蒿蔞),　　오나라의 식초로 무친 고사리는,
불첨박지(不沾薄只).　　꼬들꼬들 하도다.
혼호귀래(魂乎歸徠),　　혼백이여 돌아오시어,
자소택지(恣所擇只).　　마음대로 골라보시오.
자괄승부(炙鴰丞鳧),　　구운 왜가리와 찐 오리에,
점순진지(粘鶉陳只).　　메추리 탕을 지져 놓았으며,
전분확작(煎鰿臛雀),　　튀긴 붕어와 고운 참새 국을,
거상존지(遽爽存只).　　서둘러서 올리리라.
혼호귀래(魂乎歸徠),　　혼백이여 돌아오시어,
여이선지(麗以先只).　　아름다운 음식을 먼저 맛보소서.
사주병숙(四酎並孰),　　네 번 거른 술이 익었으니,
불삽익지(不澀嗌只).　　목구멍을 답답하게 하지 않을 것이며,
청형동음(淸馨凍飮),　　맑고 향기로운 술을,
불철역지(不歠役只).　　끊임없이 마시소서.
오례백얼(吳醴白蘗),　　오나라의 단술과 쌀누룩에,
화초력지(和楚瀝只).　　초나라의 청주를 곁들였으니,
혼호귀래(魂乎歸徠),　　혼백이여 돌아오소서,
불거척지(不遽惕只).　　다급함도 두려워마소서.[19]

___
19) (역주) 류성준 편저, 『초사』, 117쪽의 번역문을 참조했다.

초나라 사람들의 요리 스타일은 화북 지역과 다소 달랐을 수도 있다. 그러나 『초사』에 묘사된 것처럼 사람의 군침을 돌게 하는 이런 요리들은 대개 기본적으로 당시의 북방 요리, 예컨대 『예기』라는 다소 늦은 시기의 문헌에 기록된 것과 유사하다. 북방에서 육류나 어류는 의식이나 연회에서 사용되는 중요한 요리였다. 육류는 어떤 때에는 날것으로 먹기도 했고, 어떤 때에는 통째로 구워먹기도 했다. 그러나 통상적으로는 말리거나 삶거나 소금에 절이는 식으로 만들었다. "말릴 때"는 고기를 네모 조각이나 길게 잘라 생강이나 육계(肉桂) 등과 같은 조미료를 바른 다음 말리거나 불에 쬐어 말렸다. "익힐 때"는 고기를 다음 세 가지 유형으로 자른다. 뼈와 함께 조각이나 덩어리로 자르거나, 얇게 썰거나, 아니면 갈아놓는다. 그다음에 삶거나[煮], 뭉근하게 졸이거나[燉], 찌거나[蒸], 굽는다[烤熟]. 이 과정에서 다른 성분을 차차로 더하게 된다. 만약 추가하는 성분의 양이 적다면, 그것은 조미를 위한 것일 뿐이며, 그 요리는 고기 요리가 된다. 만약 고기의 양과 거의 같은 양의 성분이 추가된다면, 그것은 '맛의 조화'를 위한 것인데, 요리 방식이 삶거나[煮] 뭉근하게 졸이는 것[燉]이라면 그 요리는 국[羹]이 된다. 마지막으로, 고기는 '절이거나' 고기로 '젓갈'을 담을 수도 있다. 생고기와 익힌 고기 모두를 원재료로 사용할 수 있다. 그러나 그것을 만드는 절차에 대해서는 다음과 같은 기록만이 남아 있다. "뼈를 발라낸 젓갈이나, 뼈째로 젓갈을 담으려면, 먼저 고기를 말려서 잘라야 한다. 그다음 곰팡이가 핀 수수, 소금, 좋은 술과 섞어서, 단지에 넣어둔다. 그 후 백일이 지나면 젓갈이 만들어진다.(醢(肉醬)者必先膊乾其肉, 乃後莝之, 雜以粱麴及鹽, 漬以美酒, 塗置瓶中, 百日則成矣.)"(鄭玄 주석의 『周禮·天官』 '醢人'). 젓갈은 종종 뜨거운 요리나 국의 주요한 성분의 하나로 사용되었다. 젓갈과 같은 절임은 끓이거나 말리는 것과 달리 전

420

설 속에 등장하는 사람 고기를 먹는 방식의 하나이기도 한데, 『사기·
은본기』에서는 "아홉 제후를 소금에 절였다(醢九侯)"라고 했고, 『예기·
단궁(檀弓)』에서는 자로(子路)를 "소금에 절였다(醢矣)"라고 했다.
　『예기·내칙(內則)』에는 고대 요리에 관한 몇몇 묘사와 계보가 기
록되어 있는데, 이를 인용하여 그 대강을 엿보고자 한다.

　　밥[飯]에는 수수[黍], 기장[稷], 쌀[稻], 조[粱], 흰 수수[白黍], 노란 조[黃粱]
　　등 6가지가 있는데, 각각 익기 전에 거둔 것[稰]과 익고 나서 거둔 것
　　[穛]이 있다. 반찬[膳]에는 쇠고깃국[膷], 양 고깃국[臐], 돼지 고깃국[膮
　　醢]의 세 가지 국에다 구운 쇠고기[牛炙]를 더하여 네 가지를 첫 번째
　　줄에 배열한다. 젓갈[醢], 저민 소고기[牛胾], 육장[醢], 육회[牛膾] 등 네
　　가지를 두 번째 줄에 배열한다. 구운 양고기[羊炙], 저민 양고기[羊胾],
　　육장[醢], 구운 돼지고기[豕炙] 등 네 가지를 세 번째 줄에 배열한다. 육
　　장[醢], 저민 돼지고기[豕胾], 겨자 육장[芥醬], 생선회[魚膾] 등 네 가지를
　　네 번째 줄에 배열한다. [이것이 하대부의 예에 규정된 내용이다]. 여기
　　에다 꿩고기[雉], 토끼고기[兔], 메추리고기[鶉], 세 가락 메추리고기[鷃]
　　등 네 가지가 더해지면 모두 20가지가 된다. [이는 상대부의 예에 해당
　　한다.](飯: 黍, 稷, 稻, 粱, 白黍, 黃粱, 稰, 穛. 膳: 膷, 臐, 膮醢, 牛炙. 醢,
　　牛胾, 醢, 牛膾. 羊炙, 羊胾, 醢, 豕炙. 醢, 豕胾, 芥醬, 魚膾. 雉, 兔, 鶉,
　　鷃.)[20]

　　마실 것[飲]도 여럿이 있는데, 술[醴]에는 각각 거른 것과 거르지 않은
　　것이 있다. 그래서 쌀 술[稻醴]에는 거른 것[淸]과 거르지 않은 것[糟]이
　　있고, 수수 술[黍醴]에도 거른 것[淸]과 거르지 않은 것[糟]이 있고, 조
　　술[粱醴]에도 거른 것[淸]과 거르지 않은 것[糟]이 있으며, 혹은 죽을 쑤
　　어 술을 대체하는 수도 있고, 혹은 기장 죽으로 대체하는 때도 있고,

─────────
20) (역주) 번역은 주로 王夢鷗 역주, 『禮記今註今譯』(臺灣商務印書館, 1990, 수
　　정 4판)에 근거함.

그 외에도 멀건 죽[漿]이나 물[水]이나 매실 장[醴]이나 차가운 죽[濫] 등
이 있다.(飲, 重醴, 稻醴淸糟, 黍醴淸糟, 粱醴淸糟. 或以酏爲醴. 黍酏,
漿, 水, 醴, 濫.)

술[酒]에는 청주[淸]와 백주[白]가 있다.(酒, 淸, 白.)

광주리에 담아 진상하는 것[羞]에는 볶은 쌀[糗], 떡[餌], 미숫가루[粉], 찰
떡[酏] 등이 있다.(糗, 餌, 粉, 酏.)

잔치 음식[食]에는 달팽이 육장[蝸醢]을, 줄로 지은 밥[苽食]에는 꿩고기
국[雉羹]을, 보리밥[麥食]에는 말린 고기로 만든 국[脯羹]과 닭고기 국[雞
羹]을 내놓는다. 거른 쌀로 지은 밥[折稌]에는 개고기 국[犬羹]과 토끼
국[兎羹]을 쓴다. 모두 간을 맞추어 죽을 쓰되 여뀌는 넣지 않는다. 돼
지를 삶을 때[濡豚]는 쓴 나물로 싸고 여뀌 나물을 속에 채운다. 닭을
익힐 때[濡雞]는 해장(醢醬)을 쓰고 여뀌 나물로 속을 채운다. 생선을
익힐 때[濡魚]는 난장(卵醬)을 쓰고 여뀌 나물을 속에 채운다. 자라를
익힐 때[濡鼈]는 해장(醢醬)을 쓰고 여뀌 나물을 속에 채운다. 생강과
계수나무 등을 두드려 넣어 만든 말린 고기[腶修]는 개미 알로 만든 장
[蚳醢]을 쓰고, 말린 고기로 국을 끓일 때[脯羹]는 토끼고기로 만든 장
[兎醢]을 쓰며, 토막 낸 사슴 고기[麋膚]에는 생선으로 만든 장[魚醢]을
쓴다. 생선회[魚膾]에는 겨자 장[芥醬]을 쓴다. 사슴 육회[麋腥]에는 해장
[醢醬]을 쓴다. 말린 복숭아 절임[桃諸]과 매실 절임[梅諸]에는 새알처럼
생긴 큰 소금[卵鹽]을 쓴다.(食: 蝸醢而苽食, 雉羹; 麥食, 脯羹, 雞羹; 折
稌, 犬羹, 兎羹; 和糝不蓼. 濡豚, 包苦實蓼; 濡雞, 醢醬實蓼; 濡魚, 卵醬
實蓼; 濡鼈, 醢醬實蓼. 腶修, 蚳醢; 脯羹, 兎醢; 麋膚, 魚醢; 魚膾, 芥醬;
麋腥, 醢醬. 桃諸, 梅諸, 卵鹽.)

이상의 기록 중 순전히 노인을 위해 만든 요리만 해도 8가지인데, 다
음과 같다.

(1) 순오(淳熬): "순오는 젓갈을 쪄서 육도 밥 위에 얹고, 여기에 기름을
쳐서 먹는데, 이를 '순오'라 한다.(淳熬煎醢, 加于陸稻上, 沃之以膏,
曰淳熬.)"

(2) 순모(淳母): "순오는 젓갈을 쪄서 기장 밥 위에 얹고, 여기에 기름을
쳐서 먹는데, 이를 '순모'라 한다.(淳母煎醢, 加于黍食上, 沃之以膏,
曰淳母.)"

(3) 포(炮): "돼지 새끼나 양의 수놈을 잡아서 배를 가르고 내장을 꺼내
고서 대추를 그 뱃속에 채우고 갈대를 엮어서 이것으로 싸고 여기
에 진흙을 발라서 굽는다. 진흙이 다 마르면 흙을 떼고, 손을 씻고
서 먼저 그 껍질을 벗긴다. 쌀가루를 반죽하여 죽을 쑤어서 돼지고
기에 입히고서 기름에 익힌다. 기름은 반드시 돼지나 양가 잠길 정
도가 되어야 한다. 다시 큰 솥에 물을 끓이고, 돼지나 양 포를 넣은
작은 솥을 큰 솥에다 담그는데, 큰 솥의 끓는 물이 작은 솥 안으로
들어가지 않도록 해야 한다. 사흘 밤 사흘 낮을 불이 꺼지지 않게
해야 한다. 그러고 나서 식초와 젓갈로 가미한다.(取豚若將, 刲之刳
之, 實棗於其腹中, 編萑以苴之, 塗之以謹塗. 炮之, 塗皆乾, 擘之, 濯
手以摩之, 去其皽, 爲稻粉, 糔溲之以爲酏, 以付豚. 煎諸膏, 膏必滅
之. 鉅鑊湯, 以小鼎, 薌脯於其中, 使其湯毋滅鼎, 三日三夜毋絶火, 而
后調之以醯醢.)"

(4) 도진(擣珍): "소, 양, 큰 사슴, 사슴, 고라니 고기를 사용한다. 고기
는 반드시 등심으로 하고, 고기의 분량은 모두 소고기와 같도록 한
다. 앞뒤를 두들겨 심줄을 제거하고, 익힌 다음 속 가죽을 벗겨서
그 고기를 부드럽게 한다.(取牛羊麋鹿麇之肉, 必脄, 每物與牛若一,
捶反側之, 去其餌, 孰, 出之, 去其皽, 柔其肉.)"

(5) 지(漬): "소고기로 만들되, 반드시 갓 잡을 것을 사용해야 한다. 얇
게 썰어서 반드시 힘줄을 제거해야 하고, 이것을 좋은 술에 하루
밤낮을 담가둔 다음, 젓갈과 식초와 매실즙을 섞어서 먹는다.(取牛
肉, 必新殺者, 薄切之, 必絶其理, 湛諸美酒, 期朝而食之, 以醢若醯
醷.)"

(6) 오(熬): "소고기를 짓찧어서 그 가죽을 제거한다. 갈대를 엮어서 그

위에 펴고, 계피와 생강을 가루로 만들어 그 위에 뿌리고, 또 소금
도 뿌린다. 그리고 이것을 말려서 먹는다. 양고기도 마찬가지 방법
으로 한다. 큰 사슴 고기도, 사슴 고기도, 고라니 고기도 마찬가지
이다. 젖은 고기로 만들 때에는 물에 불려서 젓갈을 섞어서 익힌다.
말린 고기로 만들려면 짓찧어서 먹는다.(捶之, 去其皽, 編萑, 布牛
肉焉. 屑桂與薑, 以酒諸上而鹽之, 乾而食之. 施羊亦如之. 施麋, 施
鹿, 施麕, 皆如牛羊. 欲濡肉, 則釋而煎之以醢, 欲乾肉, 則捶而食之.)"

(7) 삼(糝): "소, 양, 돼지의 고기를 가지고 만드는데, 각각 삼분의 일씩
똑같은 분량으로 한다. 이것을 잘게 썰고, 쌀가루와 잘 섞는데, 쌀
가루와 고기의 비율을 이대 일이 되도록 하여 단자를 만들고, 구워
서 먹는다.(取牛羊豕之肉, 三如一, 小切之, 與稻米, 稻米二, 肉一, 合
以爲餌, 煎之.)"

(8) 간료(肝膋): "개의 간 하나를 가져다가 바깥을 싸고, 짐승의 뱃가죽
안쪽에 있는 기름[膋]에 흠뻑 담가서 굽는다. 그 기름에는 여뀌 나
물을 섞지 않는다. 쌀가루를 가져다가 반죽을 하고 이리의 가슴에
있는 지방을 잘게 썰어서 쌀가루와 섞어서 죽으로 만든다.(取狗肝
一, 幪之, 以其膋濡炙之, 擧燋, 其膋不蓼. 取稻米, 擧糔溲之, 小切狼
臅膏, 以與稻米爲酏.)"

4
음식 기구

음식제도에서 가상으로 추정한 기능에 따라 만들어진 중국 청동기의 고고학적 분류는 모두 잘 알고 있다. 그러나 그 어떤 분류 체계도 상주 사람들의 음식에 관한 실제 연구 위에서 이루어진 것이 아니라는 사실도 잘 알고 있다. 과거의 청동 기물의 분류 및 문헌에 보이는 각종 원료에 따라 지어진 음식 기물의 명칭 중, 음식 기구를 분류해 보면 다음과 같다.[그림_11]

(1) 음식 그릇

1. 취사도구: 정(鼎), 역(鬲), 언(甗), 증(甑), 부(釜), 확(鑊), 부뚜막[竈]. 이 몇 가지 취사도구는 청동과 흙으로 된 것 두 종류가 보이는데, 부뚜막[竈]은 흙으로 된 것만 발견되었다. 정(鼎), 역(鬲), 확(鑊)은 대체로 삶거나[煮] 졸이는데[燉] 사용되었고, 언(甗)과 증(甑)과 부(釜)는 음식을 찌는데[蒸] 사용되었다.

2. 보존과 저장 용기: 이는 음식을 저장했던 옹관(甕罐)의 고고 발견과 절임[醃]에 관련된 문헌 기록을 추론하여 만든 기물 분류이다. 청동기 중 이러한 용도로 사용되었다고 추정할만한 것은 없지만, 일부는 술[酒]이나 물[水]을 저장하는데도 사용되었을 것으로 보인다(아래를 보라). 그러나 어쨌든 간에 이러한 부류의 기물은 주로

도기로 만들어졌다.

3. 담는 그릇: 이러한 부류의 기물은 다시 다음의 네 가지로 분류할
   수 있는데, 젓가락[箸筴], 국자[勺子], 곡식을 담는 음식 그릇, 고기
   나 채소를 담는 그릇 등이 그것이다. 앞의 두 종류는 상주 때에
   사용되었다는 것(물론 손이 젓가락보다 꼭 적게 사용되었으리라
   는 법은 없다) 외에는 직접적으로 설명된 것은 없다. 밥이나 반찬
   을 담는 기물의 모습과 재료는 매우 복잡하다. 전자(즉 밥을 담는
   그릇) 즉 궤(簋), 수(盨), 보(簠), 돈(敦) 등은 청동기, 도기, 짠 광
   주리 등이 이용되었으며, 후자(즉 반찬을 담는 그릇) 예즉 두(豆),
   변(籩), 도매[俎] 등은 대부분 도기나 목기 및 짠 광주리 등으로 만
   들어졌다.

그중에서도 두(豆)는 고기를 담는 가장 중요한 기물이라 할 수 있는
데, 상나라 때에는 청동으로 된 것을 사용한 적이 없다.[21] 또 다른 한
가지 견해에 의하면, 청동으로 제작된 음식 담는 그릇은 주로 곡류의
양식을 담았지 반찬을 담은 경우는 드물다. 이는 매우 중요한 구별 점
인데, 아래에서 다시 상세히 논의하게 될 것이다.

(2) 음용 기구[飲具]

1. 물이나 술 저장 그릇: 청동기나 도기나 목기 등이 있다.
2. 술잔[飲酒具]: 청동기나 조롱박[瓠]이나 칠기(漆器), 도기(陶器) 등
   이 있다.
3. 물이나 술 담는(떠는) 기구: 청동기나 목기나 조롱박으로 만든 것
   들이 있다.

---

21) 石璋如, 「殷代的豆」, 『中央硏究院歷史語言硏究所集刊』 第39本(1969), 51~82쪽.

5
연회와 식사

영양학적으로 볼 때, 식물의 원료가 일단 요리로 만들어지면 그릇에 담아 먹을 수 있게 제공되고, 음식물이 뱃속으로 들어가면, 음식의 문제는 일단락된다. 그러나 음식이라는 것이 생활에서의 중요한 초점의 하나인 사람의 관점에서는, 혼자 먹는 것은 배고픔을 해결해주는 외에는 다른 기능이 없겠지만, 함께 식사하는 것과 그 행동 패턴, 그리고 행동 패턴 뒤에 숨어 있는 근거가 대단히 중요하다. 음식은 생명의 연장을 위해 먹는 것이긴 하지만, 음식물은 주어진 것이나 공유하는 것이라기보다는 차라리 즐기는 것이라고 하는 편이 나을 것이다. 이러한 감정은 『시경·소아(小雅)·머리의 고깔[頍弁]』에서 그 일면을 찾아볼 수 있다.

유규자변(有頍者弁),	머리의 의젓한 고깔은,
실유이하(實維伊何)?	무엇 때문에 썼는가?
이주기지(爾酒既旨),	맛 좋은 술 있고,
이효기가(爾殽既嘉).	안주 좋은 이 자리.
기이이인(豈伊異人),	어찌 남남이 있고,
형제비타(兄弟匪他).	골육 형제 따로 있겠소.

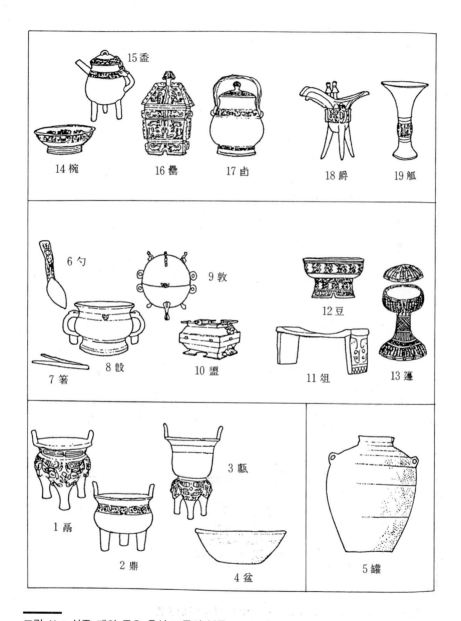

그림_11 : 상주 때의 주요 음식 그릇의 분류

1~4는 취사도구, 5는 저장 그릇, 6~13은 음식을 담는 그릇, 14~19는 마실 것에 관한 그릇이다.

428

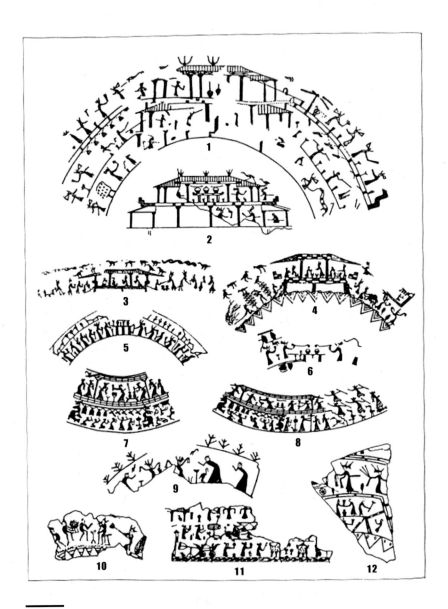

그림_12 : 동주 시대 청동기 무늬에 반영된 제사 연회(宴會)

Charles D. Weber, *Chinese Pictorial Bronze Vessels of the Late Chou Period*(Ascona: Artibus Asiae, 1968).

또 『시경 · 소아(小雅) · 벌목(伐木)』에서도 이러한 정서를 찾아볼 수 있다.

벌목우판(伐木于阪),	언덕 숲에서 나무를 베거늘,
시주유연(釃酒有衍),	걸러 온 술 맛 좋으며,
변두유천(籩豆有踐),	음식 가지런히 차려 놓으니,
형제무원(兄弟無遠),	형제들 모두 다 모였네.
민지실덕(民之失德),	백성이 화합하지 못함은,
건후이건(乾餱以愆).	음식이 변변찮은 탓이네.

다른 시에서도 주연(酒宴)에서의 기분과 풍성한 술안주에 대해 묘사한 바 있다[그림_12]. 이러한 측면에서 위에서 크릴(H. G. Creel, 1905~1995)이 고대 중국에 대해 연구하면서 음식을 "생활 속의 향유"라고 한 것은 틀리지 않았음을 알 수 있다.[22] 그러나 다른 한편으로 주나라 때의 한 시인이 선조를 모시는 향연에 대해 "술잔 들어 주거니 받거니, 예의가 모두 법도를 따르니, 웃으며 담소함도 때에 알맞네.(獻酬交錯, 禮儀卒度, 笑語卒獲."(『詩經 · 小雅 · 楚茨』)라고 묘사한 것처럼, 음식은 엄격한 규칙이 지배하는 매우 엄숙한 사회 활동이기도 했다.

먼저 음식을 올릴 때의 배치에 대해 살펴보자. 중국에서 탁자와 의자 위에다 밥을 놓았던 것은 비교적 늦은 시기의 일이어서, 대체로 북송(960~1126)보다 빠르지는 않다.[23] 상주 때에는 상류층 남자들은 개별적으로 식사했으며, 각각은 자기의 식사자리에 꿇어앉았고, 옆에는 키가 작은 탁자를 놓아 작은 상이나 기대는 용도로 사용했다[그림_13].[24]

---

22) H. G. Creel, *The Birth of China*(New York: F. Ungar, 1937), p.323.

23) 尙秉和, 『歷代社會風俗習慣考』, 1938, 119쪽.

24) 『시경 · 大雅 · 行葦』에서는 음식을 들이는 순서에 대해 이렇게 묘사했다. "정다운 우리 형제 온 집안들이, 모두 모두 한몸인 듯 모였으니, 자리 깔고 안석

430

그림_13 : 한나라 벽돌에 보이는 연회 장면
(Wilma Fairbank에서 인용)

받쳐, 어떤 이는 탁자를 놓네. 술잔 주고받으며, 손에게 술 권하고 또 잔 앞에
다 받네. 갖가지 절인 고기 권하며, 구운 고기 구운 간도 있네. 맛 좋은 순대
안주 있으며, 노래하고 북 치며 모두 즐기네.(戚戚兄弟, 莫遠具爾, 或肆之筵,
或授之几. 肆筵設席, 授几有緝御. 或獻或酢, 洗爵奠斝. 醓醢以薦, 或燔或炙.
嘉殽脾臄, 或歌或咢.)” 또 『대아·公劉』에서는 이렇게 노래했다. “두터우신
공류께서, 경 땅에 기거하시니, 많은 신하가 따라왔는데, 안석 벌려 놓고 잔
치 베푸니, 모두 잔치에 나와 안석에 기대어 앉네.(篤公劉, 于京斯依. 蹌蹌濟
濟, 俾筵俾几. 旣登乃依.)”

 각각의 앞이나 옆에는 세트를 이룬 식기가 놓였고, 식사할 음식물과 음료가 담겼다. 곡류의 음식물과 고기와 채소가 포함된 요리와 음료수나 술이 포함된다는 한 번 식사나 한 끼 식사에 대한 정의는 매우 흥미롭다. 이 부분에 대에서는 아래에서 다시 논의하게 될 것이다. 각각은 한 끼 식사에 네 그릇의 밥을 먹었다(『詩經 · 秦風 · 權輿』 '每食四簋'). 그러나 요리의 숫자는 지위와 나이에 따라 달랐다. 『예기』에 의하면, "천자의 두(豆)는 26개, 제공(諸公)은 16개, 제후는 12개, 상대부는 8개, 하대부는 6개이다.(天子之豆二十有六, 諸公十有六, 諸候十有二, 上大夫八, 下大夫六.)"(「禮器」)라고 했으며, 또 "60살이 된 사람에게는 3개의 두(豆), 70살이 된 사람에게는 4개, 80살이 된 사람에게는 5개, 90살이 된 사람에게는 6개이다.(六十者三豆, 七十者四豆, 八十者五豆, 九十者六豆.)"(「鄕飮酒義」)라고 했다.

 식사 도구와 요리는 다음에서 기술한 것처럼 개인 옆으로 배열되었다. "뼈가 든 고기[殽]는 왼쪽에 놓고, 살만 든 고기는 오른쪽에 놓는다. 밥은 손님의 왼쪽에 놓고, 국은 오른쪽에 놓는다. 회와 구이는 바깥쪽에 놓고, 식초와 장은 안쪽으로 놓는다. 삶은 파[蔥㵸]는 끝 부분에 놓고, 술과 미음은 오른쪽에 놓는다. 이에 더하여 포(脯)와 수(脩)를 놓는다면, 두터운 부분은 왼쪽으로 놓고, 가장자리 끝 부분을 오른쪽으로 놓는다.(左殽右截, 食居人之左, 羹居人之右. 膾炙處外, 醯醬處內, 蔥㵸處末, 酒漿處右. 以脯脩置者, 左胸右末.)"(『禮記 · 曲禮』上)라고 했다. 또 "손님의 술잔은 왼쪽에 놓고, 마실 것은 오른쪽에 놓는다. 개작(介爵), 초작(酢爵), 찬작(饌爵)은 모두 오른쪽에 놓는다. 기름에 지진 생선[濡魚]을 제상에 올릴 때에는 꼬리가 앞으로 가게 한다. 겨울에는 배 부분을 오른쪽으로, 여름에는 등이 오른쪽으로 향하게 한다.……양념

[齊]은 오른손으로 들고 조미를 할 대상은 왼손에 든다.……광주리에 담아 올리는 제수 중 머리가 있는 것은 입 부분을 앞으로 향하게 하고, 먹기 전에 희생의 귀를 제사지낸다. 존자는 술 붓는 자의 왼쪽의 것을 상준으로 삼는다. 준과 호는 그 코를 앞으로 가게 한다.(客爵居左, 其飮居右; 介爵, 酢爵, 僎爵皆居右. 羞濡魚者進尾; 冬右腴, 夏右鰭.……凡齊(調味品), 執之以右, 居之於左.……羞首者, 進喙祭耳. 尊者, 以酌者之左爲上尊. 尊壺者面其鼻.”(『禮記·少儀』, 『管子·弟子職』을 참조)라고도 했다. 한 가지 덧붙이자면, “아이가 스스로 식사할 수 있다면, 오른손을 사용하게 가르쳐라.(子能食食, 敎右手.)”(『禮記·內則』)라고 했다는 점이다.

마지막으로 한 가지 언급하고 싶은 것은 식사할 때 반드시 일정한 규칙을 준수했다는 점이다. 『예기·곡례(曲禮)』와 「소의(少儀)」에서 규정한 몇몇 규칙 중 가장 드러나는 것들은 다음과 같다.

(1) “손님의 지위가 만일 주인보다 낮을 때에는 밥을 받고 일어나서 사양한다. 그러면 주인은 일어나서 손님에게 사양하고, 그렇게 한 뒤에 손님이 자리에 앉는다.(客若降等, 執食興辭. 主人興, 辭於客, 然後客坐.)”

(2) “주인이 손님을 인도하여 식사하기 전에 제사를 지낸다. 제사에는 처음 만든 요리를 먼저 진상하는데, 뼈가 있는 고기[殽]의 순서대로 두루 제사를 지낸다.(主人迎客祭, 祭食, 祭所先進, 殽之序, 徧祭之.)”

(3) “손님이 밥을 세 입 먹은 다음 주인은 손님을 인도하여 순수한 고기 음식[胾]을 먹인다. 그런 다음 순서대로 음식을 먹고 마지막으로 뼈가 있는 고기[殽]를 먹는다.(三飯, 主人延客食胾, 然後辯殽.)”

(4) “주인이 아직 고루 먹지 않았으면 손님은 입을 가시지 않는다.(主人未辯, 客不虛口.)”

(5) "어른을 모시고 밥을 먹을 때 주인이 친히 음식을 대접하면, 절을 하고 먹는다. 주인이 친히 대접하는 것이 아닐 때에는 절하지 않고 먹는다.(侍食於長者, 主人親饋, 則拜而食, 主人不親饋, 則不拜而食.)"

(6) "잔치에서 군자를 모시고 식사할 때에는, 먼저 맛을 보고 군자가 다 먹고 나서 먹기를 그만둔다.……입을 크게 벌리지 않고 빨리 먹는다. 음식을 여러 번 씹으며 입을 가지고 시늉하지 않는다.(燕侍食於君子, 則先飯而後已.……小飯而亟之. 數噍, 毋爲口容.)"

(7) "남과 함께 먹을 때에는 배부르도록 먹지 아니하며, 남과 함께 식사할 때에는 손을 문지르지 않는다.(共食不飽, 共飯不澤手.)"

(8) "밥을 뭉치지 말 것이며, 함부로 많이 떠서 먹어서는 아니 되며, 물 마시듯이 들이마시지 않아야 한다. 혀를 차면서 먹지 말 것이며, 뼈를 깨물지 말 것이며, 생선이나 고기를 먹다가 도로 내려놓지 말아야 한다. 뼈를 개에게 던져 주어서는 아니 되며, 기어코 먹으려 하지 말아야 한다. 밥을 헤젓지 말 것이며, 기장밥을 젓가락으로 먹어서는 아니 된다. 국을 국물만 먹어서는 아니 되며, 국에 간을 맞추어서는 아니 된다. 이를 쑤시지 말아야 하며, 젓국을 마셔서는 아니 된다.(毋摶飯, 毋放飯, 毋流歠, 毋咤食, 毋齧骨, 毋反魚肉, 毋投與狗骨, 毋固獲, 毋揚飯, 飯黍毋以箸, 毋嚃羹, 毋絮羹, 毋刺齒, 毋歠醢.)"

(9) "손님이 국에 간을 맞추면, 주인은 음식이 잘못되었다고 사과하며, 손님이 젓국을 마시면, 주인은 맛있게 만들지 못했다고 사과해야 한다.(客絮羹, 主人辭不能亨. 客歠醢, 主人辭以寠.)"

(10) "젖은 고기는 이빨로 끊지만, 마른고기는 이빨로 끊지 아니하며, 구운 고기는 한입에 먹지 말아야 한다.(濡肉齒決, 乾肉不齒決. 毋嘬炙.)"

(11) "다 먹었으면 손님은 스스로 앞으로 나아가 무릎을 꿇고서 밥그릇과 반찬 그릇을 거두어서 일하는 자에게 건네준다. 주인은 일어나서 손님에게 인사하고, 그런 다음 손님이 앉는다.(卒食, 客自前跪. 徹飯齊, 以授相者. 主人興, 辭於客, 然後客坐.)"

434

위에서 말한 이러한 식사 때의 규칙은 서주 후기 때의 상류층 남성들의 습관을 대표한다. 당시 사람들이 이러한 규칙을 엄격하게 준수했는지, 그러한 규칙의 시행 범위가 화북 지역 이외의 지역 그리고 상류층 계급 이외에까지 미쳤는지, 또 상나라나 초기 주나라 때의 사람들도 이와 유사한 습관이 있었는지는 알 수 없다.『시경』에 표현된 수많은 묘사로부터 볼 때, 그 당시의 식사와 연회 모습은『예기』에서 말한 것보다 더욱 활발하고 힘이 있었으며 그처럼 그렇게 구속되지는 않았다. 공자가 "거친 음식을 먹고 물만 마시며, 팔을 괴어 베개를 삼아도, 즐거움이 그 속에 있느니라.(飯疏食飮水, 曲肱而枕之, 樂亦在其中矣.)" (『논어·述而』)라고 통쾌하게 선언했을 때, 그는 분명히 최소한도의 한 끼 식사만 말했지 그러한 규칙과 습관은 전혀 없었던 것처럼 보인다. 그러나 여전히 한 끼 식사는 거르지 않았다.

그러나 다른 측면에서 볼 때, 공자가 단지 말로만 그렇게 주장했을지도 모르는 일이다(왜냐하면『논어·향당(鄕黨)』에 의하면 공자는 음식에 매우 까다로워 모시기가 불편했다고 했기 때문이다[25]). 빈궁한 사람들은 거지처럼 그렇게 먹었던 것일까? 그들은 자기 자신들 사이에서는 자기들만의 규칙들이 있었던 것일까? 아마도 분명히 있었을 것이다. 그러나 현존하는 기록으로는 찾을 수가 없다.

---

25) "밥은 정결함을 싫어하지 않으시며, 회는 가는 것을 싫어하지 아니하시더라. 쉰밥과 썩은 고기는 먹지 아니하시며, 색이 변한 것은 먹지 아니하시며, 냄새가 나쁜 것은 먹지 아니하시고, 익지 않은 것은 먹지 아니하시고, 익지 않은 것은 먹지 아니하시고, 때가 아니면 먹지 아니하시더라. 바르게 자라지 않은 것은 먹지 아니하시며, 간이 맞지 아니한 것도 먹지 않으셨고, 고기가 많아도 주식보다 많이 먹지 않으셨다.……시중에서 산 술이나 육포는 먹지 않으셨고, 생강 먹기를 그치지 아니하셨으며 많이 먹지 않으시더라.(食不厭精, 膾不厭細. 食饐而餲, 魚餒而肉敗, 不食. 色惡, 不食. 臭惡, 不食. 失飪, 不食. 不時, 不食. 割不正, 不食. 不得其醬, 不食. 肉雖多, 不使勝食氣.……沽酒市脯不食. 不撤薑食, 不多食.)"

6

음식에 대한 관념

더글라스(Mary Douglas, 1921~2007)의 말처럼[26] 고대 중국의 식사제도나 음식 습관에 소위 준칙(code)이라는 것이 존재하는가? 고대 중국 문명의 본질은 고대 중국인들 자신이 먹거나 손님을 접대할 때 준칙이라는 형식으로 표현하였던가? 필자의 생각에, 이를 반드시 '준칙'이라 부를 필요는 없지만, 아래의 표와 같은 이러한 질서 체계는 만들 수 있을 것으로 생각한다.

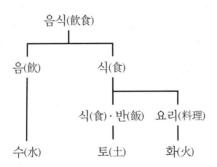

음식(飮食)
음(飮)　　　식(食)
　　　　식(食)·반(飯)　요리(料理)
수(水)　　　토(土)　　　화(火)

26) Mary Douglas, "Deciphering a meal", *Daedalus*(Winter, 1971), pp.61~81.

436

'음식(飮食)'이라고 할 때의 '식(食)'은 다시 협의의 '식(食)', 즉 밥이나 곡물로 만든 음식과 고기나 채소로 된 반찬(현대어에서의 요리)의 대립으로 분명하게 나눌 수 있다. 필자의 의견으로 볼 때, 음식과 관련된 단어를 비롯해 이와 관련된 신앙과 규칙이라는 일련의 체계는 중국 음식 방식의 구조상의 본질로, 주나라 후기부터 지금까지 줄곧 변화하지 않았다.

고대 문헌에서 음식물만 뽑아 열거할 때, 이러한 '마실 것[飮]'과 '먹을 것[食]' 사이의 대립과 '먹을 것[食]' 내에서의 '밥[飯]'과 '반찬[菜]' 간의 대립이 비로소 표현되게 된다. 다음에서 이러한 명확한 예를 들어보자.

현명하구나, '안회'여. 한 대그릇의 밥을 먹고 한 표주박의 물을 마시며 누추한 거리에서 산다면 다른 사람은 그 괴로움을 참을 수 없을 텐데, '안회'는 그것을 즐거워하는 태도를 바꾸지 않는구나.(賢哉回也. 一簞食, 一瓢飮, 在陋巷, 人不堪其憂, 回也不改其樂.) (『論語 · 雍也』)

제 나라에 큰 기근이 들자 '검오'가 밥을 지어 길가에 두었다……'검오'는 왼손에 밥을, 오른손에 마실 것을 들고서, "여보세요, 와서 드세요!" 라고 말했다.(齊大饑, 黔敖爲食於路,……黔敖左奉食, 右執飮, 曰, "嗟! 來食.")(『禮記 · 檀弓』下)

공자가 말씀하셨다. 거친 밥을 먹고 물만 마시며, 팔을 괴어 베개를 삼아도, 즐거움이 그 속에 있느니라.(子曰: 飯疏食飮水, 曲肱而枕之, 樂亦在其中矣.)(『論語 · 述而』)

만 대의 병거를 가진 나라가 만 대의 병거를 가진 나라를 정벌하였는데, 바구니에 밥을 담고 병에 술을 담아 왕의 군대를 맞아들였다.(以萬乘之國, 伐萬乘之國, 簞食壺漿. 以迎王師.)(『孟子 · 梁惠王』下)

　이러한 문장으로부터 최저한도의 한 끼 식사에는 적어도 몇몇 곡물류의 음식(조를 위주로 하였음)과 몇몇 물 종류가 포함되었음을 분명하게 볼 수 있다. 그러나 식사의 규모로부터 거슬러 올라가, 사대부 심지어 왕의 식사까지 찾아 올라간다면 '먹을 것'과 '마실 것' 이외에도 제삼의 범주 즉 '안주'가 존재하였음을 알게 된다. 『예기・내칙(內則)』 중에는 '먹을 것[食]'과 '마실 것[飮]' 사이에 '요리[膳]'라는 항목이 더해졌는데, 그 아래에는 생선과 고기로 만든 20여 종의 요리가 열거되어 있다. 『주례・천관(天官)』에는 '선부(膳夫)'라는 직관이 있는데, 천자의 "먹을 것[食], 마실 것[飮], 요리[膳羞]"를 전문적으로 관리하는 직책이었으며, 마지막 항목 즉 '요리[膳羞]'는 각종 반찬을 전문적으로 지칭하는 말이다. 그래서 '먹을 것[食]'이라는 이 범주 속에는 다시 협의의 '먹을 것'(즉 곡류로 된 음식물)과 반찬이라는 대립이 존재하게 된다. 반찬 속에는 일상적으로 육류가 포함되기 때문에 이러한 대비는, "국[羹]과 밥[食]은 제후로부터 서인에 이르기까지 등차가 없다(羹, 食, 自諸侯以下至於庶人無等)"(『禮記・內則』), "대그릇의 밥과 나무 그릇의 국(簞食豆羹)"(『맹자・告子』 및 「盡心」). '나무 그릇의 밥과 콩잎으로 쑨 국('豆飯藿羹)"(『戰國策・韓策』)에서처럼 때에 따라서 '밥[食]'과 '국[羹]'의 대비 형식이 채택될 수도 있다.

　중국식의 식사 속에 밥과 반찬의 대립은 지금도 중요한 체계로 존재한다. 예컨대, 조원임(趙元任, 1892~1982)의 부인 양보위(楊步偉, 1889~1981) 여사는 자신의 『중화식보(中華食譜)』에서 이렇게 주장했다.[27]

---

27) Buwei Yang Chao, *op. cit.*, p.3.

438

어느 곳에나 존재하는 중요한 개념은 '밥'과 '반찬' 간의 대비이다. 대다수의 빈궁한 사람들은 주로 쌀밥(먹을 수만 있다면) 혹은 다른 곡류 식물을 주식으로 하되 반찬은 적게 먹는다. 반찬은 단지 밥을 보조하는 기능일 뿐이다.……그러나 부잣집의 아이라 하더라도 그들이 밥을 많이 먹겠다고 하면 칭찬을 받는다. 이는 중국 식사에서 밥과 반찬의 대비를 분명하게 표현해 주는 대목이다. 만약 면이나 '만터우'(소가 들지 않은 찐빵 - 역주)를 먹는다면 그것들은 밥, 즉 곡물류 음식물로 간주된다.(在各處都有的一個重要的觀念是飯與菜之間的對照. 多半盼窮人主要吃米(如果吃得到的話)或其他谷類食物爲主食, 雨吃柴吃得很少. 菜只是配飯的.……但即使是富家的小孩, 如果他們忖多吃飯也是, 被稱贊的. 還都把中國饗食中飯和菜的對立表示得很清楚. 如果吃的是面條或饅頭, 它們還是當作飯的, 即各類好物.)

이상의 언급을 2천 년 전에 공자가 말했던 "고기가 아무리 많아도, 밥 먹을 생각이 나지 않을 정도로는 먹지 않았다(肉雖多, 不使勝食氣.)"(『논어·鄕黨』)라는 말과 비교해 보면, 우리는 다음과 같이 가정할 수 있다. 즉 공자와 양(楊) 여사의 필치 하에서의 중국 아이들(혹은 그들의 부모들)은 곡류 음식물(澱粉質로 된 주식도 최저한도의 기본적인 절대적으로 필요한 중요한 음식물이다)과 반찬(밥을 먹을 때 밥을 더 잘 즐길 수 있도록 하기 위한 보충 음식)을 매우 분명하게 구분해야 했고, 게다가 반찬을 누리겠다는 그들의 유혹을 억제하도록 해야 했던 매우 강력한 이유가 있었다.

밥과 반찬 간의 대립은 아마도 곡류 음식물과 불을 사용해 요리한 음식물(고기를 위주로 한) 간의 구별을 중요한 차이로 보았던 것 같다. 『예기·왕제(王制)』에서는 중국을 둘러싼 변방의 '이민족'을 다음과 같이 구분했다.

이민족은 중국 오방(五方)의 백성을 말하는데, 모두 개성을 갖고 있어 변화할 수 없었다. 동방의 이민족을 이(夷)라 하는데, 그들은 머리칼을 늘어트리고 문신을 했으며, 익히지 않은 음식을 먹기도 했다. 남방의 이민족을 만(蠻)이라 하는데, 그들은 이마에 문신을 새겼으며 두 발을 안쪽으로 교차해서 걸으며, 익히지 않은 음식을 먹기도 했다. 서방의 이민족을 융(戎)이라 하는데, 그들은 머리칼을 늘어뜨리고 짐승 가죽을 걸치며, 곡물로 된 음식을 먹지 않는 자도 있다. 북방의 이민족을 적(狄)이라 하는데, 그들은 새털이나 짐승의 가죽으로 옷을 해 입으며 동굴에 기거했으며, 곡물로 된 음식을 먹지 않는 자도 있다.(中國戎夷, 五方之民, 皆有性也, 不可推移. 東方曰夷, 被髮文身, 有不火食者矣. 南方曰蠻, 雕題交趾, 有不火食者矣. 西方曰戎, 被髮衣皮, 有不粒食者矣. 北方曰狄, 衣羽毛穴居, 有不粒食者矣.)

이처럼 고기를 먹을 때 불에 익히지 않거나, 곡류 음식물을 먹지 않을 때, 이 모두를 화하(華夏) 민족이 아닌 것으로 보았으며, 이것이 바로 둘의 차이로 인식했음을 분명하게 알 수 있다. 그러나 곡류로 된 음식을 먹는 사람이 꼭 익힌 고기를 먹지 않으란 법은 없고, 익힌 고기를 먹는 사람이 꼭 날알로 된 곡식을 먹지 않으란 법이 없다. 이 두 가지 사람들은 모두 완전한 화하 민족과는 다른 사람들이다. 화하 민족의 정의는 알곡으로 된 음식을 먹고 또 익힌 고기를 먹는 사람들을 지칭한다. 알곡으로 된 음식과 익힌 고기(반찬의 주요 성분)는 중국의 음식 계보에서 대립하는 두 가지 범주임이 분명해졌다.

그러나 전체 체계 속에서 고기는 분명히 부차적인 존재이다. 최저한도의 생활에서 보자면 이는 반드시 갖추어야 하는 것은 아닌 사치품이었다. 반찬이 부차적이라는 것은 '식(食)'이라는 이 글자가 넓은 의미에서의 밥과 좁은 의미에서의 알곡 음식물이라는 두 가지 의미가 있다는 사실을 비롯해 주나라 때의 상례(喪禮)로부터도 이러한 사실을 알 수

440

있다. 『예기·상대기(喪大記)』에서 이렇게 말했다. "장사가 끝나면, 상주는 거친 음식만 먹고 물만 마시며, 채소나 과일은 먹지 않는다.……일 년 후의 연(練) 제사가 끝나면 채소와 과일을 먹고, 다시 일 년 후의 상(祥) 제사가 끝나면 고기를 먹는다.(既葬, 主人疏食水飲, 不食菜果. ……練而食菜果, 祥而食肉.)" 이러한 말은 "거친 음식[疏食]과 물을 마시는 것[水飲]"이 기본적인 음식이며, 이러한 기본을 넘어서면 첫 번째로 채소와 과일을 먹고, 그다음으로 고기를 먹었음을 보여 준다. 고기를 먹을 수 있게 되었을 때는 먼저 마른고기를 먹고 그다음으로 생고기를 먹었다(『禮記·喪大禮』, 「聞傳」).

이상의 언급으로 볼 때, 음식에 대한 고대 중국의 두 가지 개념을 다음과 같이 확정해 낼 수 있다. 하나는 음식물이라는 이러한 큰 범주 내에는 밥과 반찬이라는 두 가지의 작은 범주가 대립하고 있다는 것이며, 다른 하나는 밥과 반찬 중에서 밥이 반찬보다 더 고급이며, 더욱 기본적이라는 것이다. 이와 동시에 주나라 때의 문헌에서 제의의 기원에 대한 논의가 다양한데, 그중 하나는 곡물류 음식을 둘러싸고 있으며, 다른 하나는 불에 익힌 음식을 중심으로 하고 있다는 것을 알 수 있다. 앞에서 인용한 『시경·대아(大雅)·생민(生民)』에서는 이렇게 노래했다.

궐초생민(厥初生民), 처음 백성을 낳으신 분은,
시유강원(時維姜嫄). 다름 아닌 '강원'이란 분이니라.
생민여하(生民如何), 어떻게 백성을 낳았소?
극인극사(克禋克祀), 정결히 제사 지내사,
이불무자(以弗無子). 자식 없는 징조 쫓으시고,
이제무민(履帝武敏), 하느님의 발자취 엄지발가락 밟으시고 하늘의 복을 받으사,
흠유개유지(歆攸介攸止), 쉬어 머무르셨네.

재진재숙(載震載夙), 　곧 아기 배고 신중히 하사,
재생재육(載生載育), 　아기 낳아 기르셨으니,
시유후직(時維后稷). 　이분이 바로 '후직'이셨네.

탄미궐월(誕彌厥月), 　드디어 정해진 열 달이 차자,
선생여달(先生如達). 　초산에도 양을 낳듯 순산이니,
불탁불부(不坼不副), 　째지지도 터지지도 않으시고,
무치무해(無菑無害). 　재난도 해도 없으셨네.
이혁궐령(以赫厥靈), 　그 영험함 밝으셨으니,
상제불녕(上帝不寧), 　상제께서 크게 편히 하신걸세.
불강인사(不康禋祀), 　정결한 제사에 크게 즐거워하사,
거연생자(居然生子). 　의연히 아들 낳게 하신걸세.

탄치지애항(誕寘之隘巷), 　아기를 좁은 골목에 버렸으나,
우양비자지(牛羊腓字之). 　소와 양도 감싸 보호하여 주며,
탄치지평림(誕寘之平林), 　넓은 숲 속에 버렸으나,
회벌평림(會伐平林). 　넓은 숲의 나무를 다 베어냈으며,
탄치지한빙(誕寘之寒冰), 　찬 얼음 위에 버렸으나,
조복익지(鳥覆翼之). 　새가 품어 깔아 주었네.
조내거의(鳥乃去矣), 　새가 날아가자,
후직고의(后稷呱矣). 　'후직'께서 우시니,

실담실우(實覃實訏), 　소리가 길고 커서,
궐성재로(厥聲載路). 　한길까지 들였다네.
탄실포복(誕實匍匐), 　그리고 기어다니게 되자,
극기극억(克岐克嶷), 　지각 있고 영리했으며,
이취구식(以就口食). 　스스로 찾아 음식을 잡숫게 되자,
예지임숙(蓺之荏菽), 　콩을 심는 장난을 하시니,
임숙패패(荏菽旆旆), 　콩은 너풀너풀 자랐으며,

화역수수(禾役穟穟),　　벼도 탐스럽게 잘도 패었고,

마맥몽몽(麻麥幪幪),　　삼과 보리도 잘도 되었으며,

과질봉봉(瓜瓞唪唪).　　오이 넝쿨도 탐스레 자랐네.

탄후직지색(誕后稷之穡),　'후직'의 농사지음은,

유상지도(有相之道).　　하늘의 도움이 있었도다.

불궐풍초(茀厥豐草),　　무성한 풀을 젖히고,

종지황무(種之黃茂).　　좋은 곡식 종자를 뿌리었더니,

실방실포(實方實苞),　　종자는 점차 익어가,

실종실포(實種實褎),　　쭉쭉 자랐으며,

실발실수(實發實秀),　　이삭 패어 여물게 되었고,

실견실호(實堅實好),　　줄기 굳게 잘 자랐으며,

실영실율(實穎實栗).　　이삭 고개 숙이고 여무니,

즉유태가실(卽有邰家室).　'태'나라에서 집안을 거느리게 되셨네.

탄강가종(誕降嘉種),　　하늘이 좋은 종자 주셨으니,

유거유비(維秬維秠),　　검은 기장과 메기장

유미유기(維穈維芑).　　붉은 차조 흰 차조여라.

항지거비(恒之秬秠),　　검은 기장과 메기장 두루 심어,

시확시무(是穫是畝).　　거두어 밭에 쌓아두었네.

항지미기(恒之穈芑),　　검은 차조과 흰 차조 두루 심어,

시임시부(是任是負).　　어깨에 메고 등에 지고,

이귀조사(以歸肇祀).　　돌아와 제사 지냈느니라.

탄아사여하(誕我祀如何).　제사는 어떻게 지내셨나?

혹용혹유(或舂或揄),　　방아를 찧어서 덩어리로 뭉쳐서,

혹파혹유(或簸或蹂).　　방아를 찧어서 덩어리로 뭉쳐서,

석지수수(釋之叟叟),　　물을 부어 푹 담가서,

증지부부(烝之浮浮).　　솥에 넣어 찌고 익히어,

재모재유(載謀載惟),　　날을 받고 몸과 마음을 삼가 정결히 하여,

취소제지(取蕭祭脂),　　쑥을 기름에 섞어 태우며,

취저이발(取羝以軷).　　숫양으로 길의 신께 제사 드리고,

재번재열(載燔載烈),　　굽고 더러는 부쳐내어,

이흥사세(以興嗣歲).　　새해와 명절을 맞이하셨네.

앙성우두(卬盛于豆),　　제기에 제물 가득 담은,

우두우등(于豆于登).　　접시 대접이 있네.

기향시승(其香始升),　　그 향기 하늘까지 오르고,

상제거흠(上帝居歆).　　하나님 즐겨 드시네.

호취단시(胡臭亶時).　　향기 드높고 정성 되니,

후직조사(后稷肇祀),　　'후직'께서 제사지내는 걸세.

서무죄회(庶無罪悔),　　아무런 죄 허물없이,

이흘우금(以迄于今).　　대대로 지금까지 이르러셨네.

이 시에서 고기가 언급되긴 했지만, 후직(后稷)이라는 이름으로부터 그가 곡식을 뜻하는 직(稷)[28]을 이름으로 삼고 있음을 볼 수 있으며, 그가 창조한 제사가 바로 곡류 음식물을 위주로 하고 있음을 알 수 있다. 이외에도 제사의 기원에 관한 이야기가 『예기・예운(禮運)』에도 보이는데, 제사와 익힌 고기의 관계를 중심 주제로 삼고 있다. 「예운(禮運)」의 일부 관념에 대해 학자들은 오랫동안 이것이 도가(道家) 사상일 것으로 의심해 왔는데[29], 다음에 인용할 이 이야기는 앞서 인용

---

28) (역주) 稷은 고대 한자에서 𥡥(金文) 稷(簡牘文) 稷 (說文小篆) 등으로 썼으며, 禾가 의미부고 畟이 소리부인 형성구조인데, 옛날부터 중국에서 전통적으로 재배되어 오던 대표적 농작물[禾]의 하나인 기장이나 수수를 말한다. 稷이 대표적 농작물임으로써 자연스레 사람들의 숭배 대상이 되었을 것이고, 이후 오곡의 대표로 인식되었음은 물론 后稷처럼 온갖 곡식을 관장하는 신으로 지위가 격상되기도 했다. 后稷은 '곡식을 관장하는[稷] 신[后]'이라는 뜻이다.

29) 高明, 『禮學新探』(香港中文大學, 1963), 38~41쪽.

한 것(주 왕실 전통의)보다 더 민간에 가까운 전설이다.

대체로 예의 시초는 음식에서부터 시작되었다. 옛날에는 기장을 굽고 돼지를 찢어 [돌에다 구워] 먹었으며, 손으로 웅덩이 물을 움켜 마셨으며, 갈대로 북채를 만들고 흙으로 북을 만들었어도, 오히려 귀신에게 공경스런 마음을 바칠 수가 있었다. 사람이 죽으면, 지붕에 올라가서 하늘을 보고 불러 말하길, "오오! 누구누구야 돌아오라!" 했다. 그러고 나서 생쌀로 밥을 하고, 부들에 고기를 싸서 영혼에 바친다. 이 때문에 하늘을 바라보고 영혼을 부르며, 시신을 땅에 감추는 것이다. 몸의 혼백은 아래로 내려가고, 지혜의 기운은 위로 올라가는 것이다. 이 때문에 죽은 자는 북쪽으로 머리를 두고, 산 사람은 남쪽을 향한다. 이 모두가 그 처음을 쫓는 것이다.(夫禮之初, 始諸飮食. 其燔黍捭豚, 汗尊而抔飮, 蕢桴而土鼓, 猶若可以致其敬於鬼神, 及其死也, 升屋而號, 告曰, "皐某復." 然後飯腥而苴孰, 故天望而地藏也, 體魄則降, 知氣在上, 故死者北首. 生者南鄉. 皆從其初.)

옛날 선왕들은 궁실이 없었다. 겨울에는 판 굴에서 거처하고 여름에는 쌓아 올린 둥지에서 살았다. 아직 불이 없는 때여서 초목의 열매와 조수의 고기를 먹고, 그 피를 마셨으며, 그 털을 씹기도 했다. 또 삼이나 실이 없었기에 그 깃털과 가죽으로 몸을 덮었다.(昔者先王未有宮室, 冬則居營窟, 夏則居橧巢. 未有火化, 食草木之實, 鳥獸之肉, 飮其血, 茹其毛. 未有麻絲, 衣其羽皮.)

이후 성인이 나타나고 나서 불을 이용하게 되었으며, 쇠를 녹여 용기를 만들고, 흙을 뭉쳐서 대사, 궁실, 창과 문 등을 만들었다. 음식은 흙으로 싸서 굽기도 하고, 직불로 굽기도 하고, 솥에 넣어 삶기도 하고, 불 속에 넣어 굽기도 했으며, 단술과 식초도 만들었으며, 삼과 실을 다스려 베를 짜기도 했다. 이러한 것들로 산사람을 보양하고 죽을 사람을 보냈으며, 귀신과 상제도 섬겼다. 이러한 것들은 모두 성인 나타나

불의 이용을 가르쳤던 예법을 좇은 것이었다.(後聖有作, 然後修火之利.
范金, 合土, 以爲臺榭宮室牖戶, 以炮, 以燔, 以亨, 以炙, 以爲醴酪. 治其
麻絲以爲布帛. 以養生送死, 以事鬼神上帝, 皆從其朔.)

그런 때문에 [제사를 드릴 때에는] 현주를 방에 진설하고, 단술과 조금
맑은 탁주는 방의 문 옆에다 구고, 청주는 당(堂)에다 놓고, 막 빚은 청
주는 당의 아래에다 둔다. 제사에 사용할 희생을 진설하고, 제기와 도
마 등을 갖추고, 또 금, 슬, 관, 경, 종, 고 등 악기를 늘어놓고, 신에게
알릴 축사와 주인에게 축복할 말을 작성하며, 이것으로써 천신과 선조
신을 강림하게 한다. 이러한 제사를 통해 군신 간의 명분을 바르게 하
고, 부자간의 감정을 돈독하게 하며, 형제간에 화합하게 한다. 이것으
로써 상하의 관계를 가지런히 하여, 부부가 각자 맡은 임무를 다하게
한다. 이것을 두고 하늘이 내린 복을 받는다고 한다.(故玄酒在室, 醴醆
在戶, 粢醍在堂, 澄酒在下, 陳其犠牲, 備其鼎俎, 列其琴瑟管磬鍾鼓, 修
其祝嘏, 以降上神與其先祖. 以正君臣, 以篤父子, 以睦兄弟, 以齊上下,
夫婦有所. 是謂承天之祐.)

축사와 각종 제사의 이름을 짓고, 현주로 제사지내며, 그 피와 털을 바
치며, 그 제기에 고기를 담아 올리고, 그 뼈 붙은 고기를 익혀서 올리
고, 그 부들자리를 펴고 거친 베로 덮는다. 그 흰 비단으로 만든 제복
을 입고 청주와 막 빚은 청주를 드린다. 그 굽고 찐 고기를 올리고, 주
인과 부인이 교대로 잔을 올려 조상의 혼백을 기쁘게 한다. 이것을 '합
전'(막연하게 어두운 세계에서 신과 사람이 회합하는 것)이라고 한다.
(作其祝號, 玄酒以祭. 薦其血毛, 腥其俎, 孰其殽, 與其越席, 疏布以冪,
衣其澣帛, 醴醆以獻, 薦其燔炙. 君與夫人交獻, 以嘉魂魄. 是謂合奠.)

그리고 나서 물러 나와 각종 고기를 합쳐서 삶고, 삶은 다음 개, 돼지,
소, 양의 등급에 따라 그 보, 궤, 변, 두, 형, 갱 등에 나누어 담고, 축관
이 효손으로 하여금 조상신에게 고하게 하고, 조상신은 자비로운 말로

축복을 내린다. 이것을 '큰 길상'이라 하며, 이것이 바로 예의 원만한 완성이다.(然後退而合亨, 體其犬豕牛羊, 實其簠簋籩豆鉶羹, 祝以孝告, 嘏以慈告, 是謂大祥. 此禮之大成也.)

이상의 이러한 두 가지 이야기(「生民」과 「禮運」)는 각기 밥과 반찬이 대립했던 측면에 대해 언급하고 있다. 어떻게 해서 이렇게 대립했던 것일까? 어떻게 해서 밥과 반찬에 대해 각각 독립된 이야기를 더해 강조하게 되었던 것일까? 우리는 아마도 두 개의 서로 다른(계급적 혹은 민족적) 전통의 혼합이라는 견해로 중국 음식제도에 나타난 이러한 기본적인 대립을 설명할 수 있을 것이다. 그래서 우리는 이 두 가지 중에서 '형님'[밥]이 도리어 최근에 이르러 이루어진 새로운 발명이며, 그것이 또 화하 지역과 이민족 지역을 구분하는 잣대로 사용되었음에 주목해야 할 것이다. 그러나 이러한 문제를 비롯해 앞서 인용한 제사의 기원에 관한 두 가지 이야기에 대한 상세한 분석은 아직 더욱 자세하고 깊은 연구가 이루어져야만 할 것이다. 필자의 생각에 음식 기구와 고고학적인 문제에서 이에 관한 한 가닥 서광을 발견할 수 있다고 생각하므로 이제 다시 거기로 되돌아가야만 할 것으로 생각한다.

필자는 위의 글에서 상주 때의 청동기와 도기는 반드시 당시의 음식 습관이라는 배경 아래에서 연구되어야 할 것이라고 주장한 바 있다. 여기서 우리는 초보적인 문제 하나를 제기한 이후 다시 다음의 문제를 물어보아도 무방할 것이다. 즉 고고학적으로 음식 기물에 대해 어떤 새로운 견해가 있는가?

필자의 생각에, 이에 관한 가장 중요한 한 가지 인식은 음식 기물을 연구할 때 우리의 연구가 재료라는 부분에 한정되어서는 아니 된다는 점이다. 고고학에서는 습관적으로 청동기, 도기, 칠기 등을 각각의 범주로 간주해 연구한다. 그러나 식사와 제사 때 각종 재료를 담은 기물, 즉 청동기, 도기, 조롱박으로 만든 기물, 목기, 칠기, 상아나 골기 등은 실제 함께 뒤섞여 사용된다. 이러한 부분에서 제기될 수 있는 복잡한 질문은, 각종 원료의 물리적 성질에 따라 만들어지는 원료와 용도 간의 상호관계(이것은 항상 명확한 것도 아니고, 반드시 증명할 수 있는 것은 아니다) 외에도, 각기 다른 물질로 만든 용기들을 혼합해서 사용하는 지배적 규칙이 있는가의 문제다.

과거에는 결코 알아볼 수 없었던 하나의 규칙은, 음식을 담는 기물 중에서, 청동이라는 이러한 원료가 주로 알곡으로 만든 음식물과 알곡으로 빚은 술을 담는 데 사용되었다는 사실이다. 고기로 만든 반찬을 담는 데 사용되었던 기물은 주로 변(籩)과 두(豆)였는데, 이들은 주로 나무, 편직물, 도기 등으로 만들어졌으며, 이들은 상나라와 초기 주나라 때까지도 청동으로 만들어지지 않았다. 주나라 후기에 들어 한때 청동으로 만든 두(豆)가 출현했지만, 숫자상으로는 도기로 만든 두(豆)나 대두(大豆)에 훨씬 못 미쳤으며, 게다가 한나라 초기 이후에는 두(豆)가 다시 나무로 만들어졌다.[30] 석장여(石璋如, 1902~2004)는 은나라 사람들이 왜 청동기로 두(豆)를 만들지 않았는지를 청동기의 물리적 성질로써 해석하고자 했다. "은나라 때의 청동으로 만든 용기는 대부분 액체로 된 물품을 담는데 적합했지 고체로 된 물품을 담는데 적합하지는 않았다. 두(豆)는 고체로 된 물품을 담는데 적합하지 않은 기물이었다.……은나라 때에 청동으로 두(豆)를 만들지 않았던 이유는 두(豆)에 담는 재료의 성질이 청동으로 만들기에 부적합했던 것은 아닐까?" 라고 했다.[31]

---

30) 石璋如, 「從籩與豆看臺灣與大陸的關係」, 『大陸雜誌』 第1卷第4期, 7~10쪽, 第5期, 16~17쪽(1950).

또 다른 한 가지 해석은 상나라 사람들이 관념상에서 음식 기물을 두 가지 그룹으로 나누었는데, 하나는 곡물류의 음식물을 담는 것(밥이나 발효한 곡물 즉 술)이고, 다른 하나는 고기 반찬을 담는 것이었다는 견해이다. 찰흙과 나무와 대를 엮어 만든 기물 등은 이 두 가지 음식을 모두 담을 수 있다. 그러나 청동기는 밥을 담을 수는 있지만 고기를 담을 수 있는 용기는 아니었다.

왜 그런지는 단지 추측에 기댈 수밖에 없다. 상주 때의 사람들은 음식 기물을 서로 다른 범주에 넣었을 것이며, 제사 때에는 서로 다른 기물의 원료는 단지 일정한 규칙에 근거해 어떤 음식물과 서로 접촉하게 했을 것으로 보인다. 오행(五行)(즉 金, 木, 水, 火, 土)의 관념이 그렇게 이른 시기까지 거슬러 올라갈 수 있는지는 알 수 없다. 유빈웅(劉斌雄, 1925~2004)의 관점에 의하면[32], 오행 관념은 상나라 때에 이미 적용되지 않은 곳이 없을 정도의 기본적인 우주관이었으며, 왕실이 구분과도 관련되었다 한다. 그러나 다른 학자들의 관점에 의하면[33], 음양오행 학설의 기원은 비교적 늦다. 그러나 어쨌든 간에 전국 시대(『墨子』) 및 한나라 초기(『淮南子』, 『史記』) 때의 문헌에 의하면 화(火)와 금(金)이 서로 상극 관계에 있으며, 그들이 서로 접촉하면 금(金)이 이기게 되어 있다. 우리가 앞에서 이야기했듯, 곡물류의 음식물은 주나라 사람들에게서 토(土)와 관련되어 있다. 그리고 익힌 고기의 주요 성분인 반찬은 화(火)와 관련되어 있다. 토(土)와 금(金)은 서로 협조적이지만, 화(火)와 금(金)은 협조적이지 못하다. 만약 이러한 관념이 비교적 이른 시기에서부터 이루어졌다면, 그것은 청동으로 만든 기물에 왜 반찬 요리를

---

31) 石璋如, 「殷代的豆」, 『中央研究院歷史語言研究所集刊』 第39本,(1969), 79쪽.
32) 「殷商王室十分組制試論」, 『中央研究院民族學研究所集刊』 19(1965), 89~114쪽.
33) 李漢三, 『先秦與兩漢的陰陽五行學說』(臺北, 鍾鼎, 1967), 47쪽.

담지 않았는가 하는 문제를 설명하는데 도움을 줄 수 있을 것이다. 물론 어떤 반찬은 채소로만 만들기도 하기 때문에 익힌 고기가 모든 반찬 요리에 다 들어가는 것은 아니다. 그러나 부잣집의 제사에서는 모든 요리에 고기가 들어가는데, 청동 기물은 바로 그들이 사용할 수 있도록 만들어졌다.

제사에서 일부 기물 범주에는 청동 기물이 사용되지 않도록 하였을 때라면, 거기에는 분명히 어떤 이유가 있었을 것이다. 『예기·교특생(郊特牲)』에서 음식물의 종류와 적당한 기물과의 관계에 관한 논의를 여러 차례 볼 수 있다.

> '향(饗)' 제사와 '체(禘)' 제사34)에는 음악 반주가 있고, '사(食)' 제사와 '상(嘗)' 제사35)에는 음악 반주가 없다. 이것은 음양의 이치를 반영한 것이다. 대체로 마시는 잔치[飮禮]는 양기를 기르는 것이요, 먹는 잔치 [食禮]는 음기를 기르는 것이다. 그런 때문에 봄에는 '체' 제사를 지내고, 가을에는 '상' 제사를 지내며, 봄에는 고자를 대접하고, 가을에는 기로를 대접하니, 그 이치는 하나이다. 그래서 '사' 제사와 '상' 제사에는 음악이 없다. 마시는 잔치는 양기를 기르는 것이기 때문에 음악이 있고, 먹는 잔치는 음기를 기르는 것이기 때문에 소리가 없다. 대체로 소리는 양에 속하기 때문이다.(饗禘有樂, 而食嘗無樂, 陰陽之義也. 凡飮, 養陽氣也. 凡食, 養陰氣也. 故春禘而秋嘗, 春饗孤子, 秋食耆老, 其義一也. 而食嘗無樂, 飮, 養陽氣也. 故有樂, 食, 養陰氣也, 故無聲. 凡聲陽也.)

---

34) (역주) 饗은 봄에 孤子, 즉 국가를 위해 순국한 자손을 대접하는 제사를 말하며, 禘는, 『鄭玄注』에 의하면 禴의 오류로 보이며, 봄에 종묘에 지내는 제사를 말한다.

35) (역주) 食는 가을에 나이 든 노인을 대접하는 제사이고, 嘗은 가을에 지내는 종묘 제사를 말한다.

'교(郊)' 제사를 지낼 때에는……그 제기를 토기와 조롱박으로 만든 것을 사용하는데, 천지의 [질박한] 본성을 본떴기 때문이다.(郊之祭也, ……器用陶匏, 以象天地之性也.)

'항두(恒豆)'에 담는 침체[36]는 수초로 만든 음식으로, 사시의 조화로운 기운이 담긴 음식이다. 그 젓갈은 육지에서 나는 것으로 만들었다. '가두(加豆)'에 담는 것은 육지에서 나는 것으로 만든 것이요, 그 젓갈은 물에서 나는 것으로 만들었다. '변두(籩豆)'에 담는 것은 수중이나 지상에서 나는 것으로 만들었다.(恒豆之菹, 水草之和氣也. 其醢, 陸産之物也, 加豆, 陸産也, 其醢, 水物也. 籩豆之薦, 水土之品也.)

이에 의하면, 마실 것[飮]은 양(陽)에 속하고 밥[食]은 음(陰)에 속한다. 불로 익히고 삶은 고기는 대부분 양(陽)에 속하고, 곡물류로 만들어진 음식물은 대부분 음(陰)에 속한다. 금속 기물은 대부분 양(陽)에 속하지만, 도기나 조롱박으로 만든 기물은 대부분 음(陰)에 속한다. 어떤 음식물을 어떤 재료로 만든 그릇에 담아야 하는가는 분명히 어떤 규칙이 있었을 것인데, 가장 기본적인 것은 양과 음, 음과 양을 서로 접촉시키는 것이었을 것이다. 구체적인 규칙을 알 수는 없지만, 음식물과 음식을 담는 그릇에서도 우리가 사회조직에서 이미 보았던 것과 같은 이분 현상이 존재했음을 알 수 있다.[37] 음과 양의 이분 현상이 오행과 어떻게 결합하고 운행되었는가 하는 것은 매우 흥미로운 일이다.

이와 관련된 일부 문제들은 기물 상의 장식과 기물이 은주 때의 음식 체계에서 가지는 지위 간의 문제와 연계되었을 가능성이 크다. 당시에 식용 동물의 그림으로써 이러한 동물의 고기로 만든 요리를 담는

---

36) (역주) 매일 신에게 올리는 두기에 담은 침체(즉 김치의 일종)를 말한다.

37) K. C. Chang, "Some dualistic phenomena in Shang society", *Journal of Asian Studies* 24(1964), pp.45~61.

그림_14 : 물고기 무늬로 장식된 음식 기물
(위: 長沙에서 출토된 楚나라의 도기로 된 두[陶豆]; 가운데: 상나라 혹은 서주 초기의 청동 쟁반(盤), 워싱턴 프리어 박물관 소장; 아래: 西安 半坡 仰韶文化, 약 5000B.C.)

그릇의 장식으로 사용하고자 한 기도는 없었는가? 표면적으로 볼 때, 이에 대한 답은 분명히 부정적이다. 왜냐하면, 신화에 등장하는 동물들은 식용이 아닌 것으로 보이는데, 상주 때의 청동기상에 장식된 동물은 분명히 신화적인 것들이기 때문이다. 그러나 신화에 등장하는 동물도 언제나 실제의 동물을 기초로 했는데, 그중 가장 자주 보이는 것들이 소, 양, 호랑이 등이다. 이들 중의 대부분은 식용 가능한 동물이며, 제사에 사용되는 것도 있다. 동시에 사슴, 코끼리, 무소, 영양 등과 같이 그렇게 자주 등장하지는 않는 동물도 마찬가지이다. 조류도 자주 보이는 장식 도안인데, 조류의 많은 종류가 식용으로 쓰이며, 어류도 마찬가지이다.[그림_14] 그래서 이러한 문제는 더 깊이 있게 연구될 필요가 있다.

그 외에도 의미 있는 현상은, 송(宋)나라 이후로 청동기 상의 수많은 신화적 동물의 도상을 도철(饕餮)이라는 이름으로 불렀다는 점이다. 도철(饕餮)이라는 이러한 이름으로 청동기 상의 모든 동물을 부른다는 것은 문제가 있다. 그러나 『여씨춘추·선식람(先識覽)』에서 "주나라의 세 발 솥에는 도철이 새겨져 있다(周鼎著饕餮)"라고 한 것을 보면, 일부 기물 상에 이러한 형상이 있었다고 하는 것에는 문제가 없다. 『좌전』 문공(文公) 18년 조에 보면, 도철(饕餮)은 식탐으로 이름난 고대의 악인으로 기록되었다. 『묵자·절용(節用)』에서 우리는 고대 성왕들의 음식에 대한 지적이 다음과 같았음을 볼 수 있다.

옛날의 성왕이 먹고 마시는 법칙을 제정해서 말했다. '배고픔을 면하고 기력을 돋우며, 팔과 다리를 굳세게 하고, 귀와 눈을 밝게 하기에 충분한 데서 그친다. 오미와 향료의 조화를 지극하게 하지 않고, 먼 나라의 진귀하고 특이한 재료를 쓰지 않는다.' 어떻게 그것을 아는가? 옛날 '요' 임금이 천하를 다스릴 때, 남쪽으로는 '교지(交阯)'를 위무했고, 북쪽으로는 '유도(幽都)'를 굴복시켰으며, 동쪽과 서쪽으로는 해가 뜨는 곳에서 해가 지는 곳에 이르기까지 복종하지 않는 자가 없었다. 그런데 그가 음식을 먹는데 있어서는 아주 잘 먹을 수 있음에도 한 번에 두 가지 곡식으로 밥을 짓지 않았고, 국이나 고기 반찬은 한 가지만 놓게 하였다. 토기에 밥을 담아 마셨으며, 국자로써 술 같은 것을 퍼마셨다. 몸을 굽히고 펴고 하면서 위의를 갖추는 형식적인 예도 성왕들은 하지 않았다.
(古者聖王制爲飮食之法曰: '足以充虛, 繼氣, 强股肱, 耳目聰明則止. 不

極五味之調, 芬香之和, 不致遠國珍怪異物.' 何以知其然? '古者堯治天下,
南撫交阯, 北降幽都, 東西至日所出入, 莫不賓服. 逮至其厚愛, 黍稷不二,
羹胾不重. 飯於土塯, 啜於土形, 斗以酌. 俛仰周旋威儀之禮, 聖王弗爲.')

그림_15 : 상나라 때의 상류층과 하류층에서 사용된 음식 기물
(위: Alton S. Tobey가 그린 상나라 때의 연회도, 미국 생활 잡지에 게재. 아래: 안양의 상나라 때의
반 지하식 거주지의 지면에서 발견된 음식 기물 유물. 李濟, 『小屯陶器』, 1956년. 인용.)

454

이는 분명히 묵적(墨翟)의 사상을 대표하고 있다. 그러나 과도한 음식은 예나 지금이나 금하도록 권하는 대상이었다. 『논어』에서도 공자가 "많이 먹지 않았음(不多食)"을 언급하고 있다. 도철 무늬가 정동기의 도상에 등장한다는 것은 아마도 고대인들이 말한 "음식에 대한 탐욕을 경계했던 것(戒貪飮)"과 관련 있을 것이다. 그러나 상나라 사람들의 음식 습관에 관한 역대의 기록을 믿는다면, 이러한 경계의 조치는 실패했다고 할 수밖에 없다.

그러나 상류층 사람들, 즉 청동기 사용자들만이 마실 것과 먹을 것에 탐닉할 수 있는 능력이 있었을 뿐이다. 대다수 사람에게서 가장 기본적인 음식 기물은 도기였다.[그림_15] 모든 재료 중에서 적어도 쉽게 부서지지 않고 고고학적으로도 중요한 재료 중에서 도기는 요리, 저장, 보존, 음용, 요리 다기 등 모든 기본적인 용도에 다 쓰였다.

고고 유물 속에서도 음식물에 필요한 모든 것은 도기로 충분히 만족하게 할 수 있었다. 주나라 초기 때부터 후기 때까지의 두 그룹으로 된 주나라 무덤(한 그룹은 西安38), 다른 한 그룹은 洛陽39))에서 적잖은 도기가 출토되었다.

도기가 출토된 무덤 중 절대다수의 무덤에서 음식용으로 사용된 도기가 그룹을 지어서 출현했다 - 삶고 알곡을 담아 두는 역(鬲)과 궤(簋), 고기 요리를 담는 두(豆), 물을 담는 호(壺), 저장 기물인 관(罐) 등이 그렇다. 이러한 현상은 우리가 문헌에서 정리해낸 주나라 기물에서의 술어 체계가 고고학적으로 중요한 의미가 있다는 사실을 보여준다. 그것은 또 고대 중국 고고학 연구, 청동기와 도기의 연구를 포함한 연구에서, 문헌 자료와 문헌 자료로부터만 얻을 수 있는 소식이며, 빠져서는 아니 될 것들이라 하겠다.

---

38) 『灃西發掘報告』(1962).
39) 『洛陽中州路』(1959).

상주(商周) 신화의 분류

원래는 『中央研究民族學研究所集刊』 제14기(1962), 48∼94쪽에 설렸던 글이다.

1

들어가는 말

　1920년대에 이루어졌던 의고파(疑古派)와 신고파(信古派) 간의 논쟁은 오늘날 이미 더는 다툴 필요가 없는 일이 되었다. 이것은 필자와 같은 이 세대를 사는 학자들에겐 행운이다. 오늘날, 역사학에 조금이라도 상식이 있는 사람이라면 『제계성(帝繫姓)』, 『진어(晉語)』, 『제계(帝繫)』, 『오제본기(五帝本紀)』, 『삼황본기(三皇本紀)』 등 고대 문헌에 실린 중국 고대사는 믿을만한 것이 못되며, 황제(黃帝)로부터 대우(大禹)에 이르는 제왕의 계통이 위조된 고대사[僞古史]라는 사실을 다 알고 있다. 민국 12년(1923) 고힐강(顧頡剛, 1893~1980)의 「전현동 선생과 고대사에 대해 논한 글[與錢玄同先生論古史書]」과 1924년 프랑스 학자 마스페로(馬伯樂, Henri Maspero, 1883~1945)의 「서경 속의 신화 전설[書經中的神話傳說]」 이후로 우리는 소위 황제(黃帝), 전욱(顓頊), 당요(唐堯), 우순(虞舜), 하우(夏禹) 등이 모두 '신화' 속의 인물이며, 그들은 동주(東周) 시기와 동주 이후에 들면서 역사화 한 인물이라는 사실을 모두 잘 알게 되었다. 그래서 "고대사는 신화다(古史是神話)"라는 이 명제가 오늘날에는 이미 문제가 되지 않게 되었다.[1]

---

[1] 고대사에 대한 회의는 사실 東周 때 고대사를 기록하던 시기에 이미 시작되었다. 顧頡剛, 「戰國秦漢間人的造僞與辨僞」, 『史學年報』, 第2卷, 第2期(1935), 209~248쪽을 참조. 그러나 고대사 전설을 상주 시대의 신화로 간주하고 이를

그러나 다른 한편으로, 이러한 신화자료는 또 어떻게 연구되어야 할 것인가? 하는 문제는 오히려 여전히 해결하지 못한 문제로 남아 있다. '의고(疑古)' 분위기가 농후하였을 때, 모두 위조된 고대사(僞古史)를 일괄적으로 삭제해버리고, 진짜 고대사(真古史)의 희망을 고고학에다 거는 경향이 상당히 있었다.[2] 고고학이 화북(華北) 지역에서 시작된 지 몇 년이 지나 선사 시대의 문화유물이 출현하기 시작한 이후, 역사학자들은 점차 고고 자료에 대해 실망하기 시작했다. 왜냐하면, 거기에서 나온 자료 속에는 석부(石斧)와 와관(瓦罐) 등은 들어 있었지만, 황제나 요순 등과 같은 고대사에 등장하는 인물을 실증할 증거를 발견할 수 있을 거라는 바람이 점차 황망한 희망으로 변해갔기 때문이다. 1930

과학적으로 분석하기 시작한 것은 20세기에 들어서 이루어진 새로운 수확이다. 이러한 방면에서의 첫 논의는, 중국 고대 신화사 연구사에서 볼 때, 민국 12년(1923) 顧頡剛, 「與錢玄同先生論古史書」(『努力』雜誌增刊『讀書雜誌』第9期, 『古史辨』第1冊에 수록됨)과 민국 13년(1924)의 Henri Maspero: Légendes mythologiques dans le *Chou King*(*Journal Asiatique*, t. 204, pp.1~100, 1924) 등에서 시작되었다. 그리고 이를 이어서 나온 초기 저작으로는 다음의 것들이 있다. 沈雁冰, 「中國神話研究」(『小說月報』第16卷 第1號, 1~26쪽, 1921), Marsel Granet, *Danses et Légendes de la Chine Ancienne*(2 t., Travaux de l'Année Sinologique, Paris, Librairie Félix Alcan, 1926), 顧頡剛編, 『古史辨』第1冊(北平樸社, 192), Eduard Erkes, "Chinesisch−amerikanische Mythenparallelen"(*T'oung Pao*, n. s. 24, pp.32~54, 1926), John C. Ferguson, "Chinese Mythology"(in: *The Mythology of All Races*, Vol. 8, Boston, 1928), 玄珠, 『中國神話研究ABC』(兩卷, 上海, 世界書局, 1928), 馮承鈞, 「中國古代神話之研究」(『國聞周報』第6卷, 第9~17期, 天津, 1929). 이러한 논문과 저작은 "고대사는 신화"라는 이러한 명제를 긍정적으로 평가하였을 뿐 아니라 더 나아가 이러한 신화 자료를 연구하는 각각의 경로를 대표한다고 할 수 있을 것이다. 민국 20년(1931) 이후 신화학자들은 더 깊은 전문 연구를 수행해 왔다. 그러나 중국 현대의 고대 신화사 연구 기초는 민국 12년부터 18년(1923~1929)의 이 7년 사이에 이루어졌다고 할 수 있다.

2) 李玄伯, 「古史問題的唯一解決方法」, 『現代評論』第1卷 第3期(1924)(『古史辨』第1冊에 수록됨).

년대 이후, 어떤 역사학자들은 점차 "각각 자신의 길을 간다(各行其是)"라는 태도를 견지하기 시작했다- 고고학자는 고대사를 파헤치지만, 신화 자료로부터도 은(殷)나라 이전의 고대사를 "다시 세울 수 있다"고 여겼다. 바꾸어 말해서, 은나라 이전의 전통적인 역사는 신화였지만, 그 자료는 해체하여 다시 재구성한다면 은 이전의 고대사 체계를 새로 세울 수 있다고 여겼던 것이다.[3]

이러한 작업으로 몽문통(蒙文通, 1894~1968)의 3개 집단설[4], 서욱생(徐旭生, 1888~1976)의 3개 집단설[5], 부사년(傅斯年, 1986~1950)의 이하동서설(夷夏東西說)[6]을 비롯해 에베르하르트(W. Eberhard, 1909~1089)의 고대 지방 문화설[7] 등이 있다. 은(殷) 이전의 새로운 고대사는 물론 옛날 자료들을 여전히 사용하고 있다. 그러나 과학적 방법을 거쳐 정리된 결과였기 때문에 그 신빙성은 전통적인 신화에 비하면 훨씬 높았다.

한 고고학자의 처지에서 보자면, 이러한 역사학자들의 고고학적 연구가 도달할 수 있는 '경지'에 대해 회의했던 것에는 근거가 있어 보인다. 왜냐하면 은(殷) 이전의 고고학이 영원히 중국 상고 시대의 신화사를 다 설명해 줄 수는 없을 것이기 때문이다. 고고학적 자료는 말 못하

---

3) 李玄伯 선생은 민국 13년(1924)에 "고대사 문제의 유일한 해결 방법"이 고고학이라고 주장했다. 그러나 민국 27년(1938)에 출판된 『中國古代社會新研』(上海開明書局)에서는 거의 모든 자료를 종이 자료에만 근거했는데, 이는 당시 역사학계의 태도의 변화를 대표한다.

4) 蒙文通, 『古史甄微』, (上海, 商務, 1933).

5) 徐炳昶, 『中國古史的傳說時代』, (上海中國文化服務社, 1943年初版, 1946年再版). '上古史의 재구'에 대한 서병창의 태도는 이 책의 제1장 '論信古'와 蘇秉琦와 함께 지은 「試論傳說材料的整理與傳說時代的研究」, 『國立北平研究院史學研究所史學集刊』, 第5期(1947), 1~28쪽에 보인다.

6) 傅斯年, 「夷夏東西說」, 『慶祝蔡元培先生六十五歲論文集』, 『國立中央研究院歷史語言研究所集刊外編』, 第1種, 下冊(1935), 1093~1134쪽.

7) Wolfram Eberhard, *Lokalkulturen im alten China*, I(Leiden 1942), II(Peiping 1942).

는 벙어리와 같은 자료로, 그 속에는 무수한 사람의 문화와 사회는 투영되어 있지만, 영웅호걸에 관한 개인적 전기는 들어 있지 않다. 만약 하나라 때 문자가 있었다면, 만약 고고학자들이 하나라 때의 유적지를 찾을 수 있다면, 어쩌면 앞으로의 고고학은 하·상·주 삼대를 가지런하게 정리해 낼 수 있을지도 모를 일이다. 그러나 절대 대부분이 신화적인 은나라 이전의 역사는 아마도 고고학에서 그 근거를 영원히 찾을 수 없을지도 모른다. 이것은 고고학이라는 이러한 학문적 방법과 자료적 성질이 그렇게 만든 것으로, 달리 방법이 없는 일이다.

그러나 앞에서도 말했듯, 아마도 은나라 이전 역사에 대한 고고학이 은나라 이전 시대의 신화를 실제로 증명해 줄 수 없을 것이라는 이 말이 고고학적 성질에 근거해서만 내린 결론은 결코 아니다. 우리가 은나라 이전의 고고학에서 은나라 이전 시대의 신화적 지위를 찾기 어렵다고 한 주된 이유는 바로, 은나라 이전의 신화라는 것이 우리가 볼 수 있는 모든 문헌자료에 근거해 볼 때 사실은 은나라 이전 시대의 신화가 아니라 은주 때의 신화이기 때문이다. 물론 은주 때의 신화에 포함된 내용에서는 천지개벽을 비롯해 멀고 먼 시대로부터 상탕(商湯) 이전의 사적을 말하고는 있지만, 우리가 알고 있고 근거로 삼는 자료에 근거해 본다면 그것은 사실 은주 때의 사람들이 말한 것들이다. 은주 때의 신화가 은주 문화의 일부라는 것은 분명하다. 그러나 그것들이 꼭 은나라 이전의 역사적 사실일 필요는 없으며, 심지어 은나라 이전의 역사적 자료를 반드시 포함하고 있다고 할 수도 없다. 은나라 이전 시대의 고고학이 물론 은주 시대의 신화를 반드시 실증해 줄 수는 없겠지만, 은주 시대의 고고학과 역사는 바로 은주 신화 연구에 활용하지 않을 수 없는 문화적 배경이기도 하다. 아마도 많은 역사학자가 옛 사람들에게 속았을 것이다. 즉 은주 때의 신화가 은나라 이전의 역사

적 사실을 기록했다고 하는 은주 시대 사람들의 말을 곧이곧대로 믿고
서 그것을 은나라 이전의 사료로 간주하여 연구했던 것이다. 그래서
어떤 연구 결과도 도출할 수가 없었고, 아니면 매우 이상하거나 서로
모순되는 많은 결과가 나왔던 것은 당연한 일이었다. 그래서 중국 고
대신화 연구의 기본 출발점은 바로 은주 때의 신화이며, 무엇보다도
은주 때의 사료라고 생각한다. 은주 때의 신화 중에서 은나라 이전의
사료가 존재하느냐 하는 것은 그다음의 문제이다. 한 가지 예를 들어
보자. 주나라 신화에서 황제(黃帝)는 은나라 이전 시대의 인물이다. 그
러나 주나라 때의 사료나 신화를 연구한 결과, 황제는 바로 '상제(上
帝)'라는 관념이 동주 때 사람으로 변화하여 나타난 수많은 화신 중의
하나라는 것을 알게 되었다.[8] 그래서 만약 황제를 은나라 이전의 역사
적 인물이나 부락의 족장, 심지어 화하족(華夏族)의 시조로 보게 된다
면, 이 어찌 동주 시대의 사람들에게 속임을 당했다고 하지 않을 수 있
겠는가?

　우리가 앞에서 "은나라 이전 시대의 고대사는 은주 때의 신화"라는
전제를 세웠는데, 그다음 단계에서는 무엇이 '신화'인가? 그리고 은주
때의 문헌 중에서 어떤 것이 신화적 자료인가? 라는 것을 묻지 않을 수
없다.

　신화학에 관한 문헌을 조금이라도 뒤적거려 본 사람이라면, 신화 연
구 학자들이 "무엇이 신화인가?" 하는 이 문제에 대해 모두가 만족할만
한 대답을 제공해주고 있지 못한다는 사실을 재빨리 발견하게 될 것이
다. 한 걸음 더 나아가 심지어 신화의 연구를 어떤 한 가지 학문의 독
점 아래 대충 갖다 놓을 수도 없다는 것도 알게 된다. 즉 문학비평가,

---

8) 揚寬, 「中國上古史導論」, 『古史辨』 第7冊.

462

신학자, 철학자, 심리학자, 역사학자, 인류학자, 민속학자를 비롯해 소위 '신화학자'들 모두가 신화를 연구해 왔고 나름의 공헌을 했다. 인류학이라는 이 학문이 시작된 이후로 필자는 점차 나 자신이 흥미를 느끼는 연구 주제 중에서 단지 두 개의 주제만이 거의 모든 인문 사회과학자가 흥미를 느끼고 또 연구하고 싶어 한다는 것을 발견하게 되었는데, 그것은 다름 아닌 도시 발달사와 신화이다. 이 두 가지 주제 중 어떤 것이라도, 또 그 안의 범위에서의 작은 문제를 연구한다 해도 거기에는 좋은 점도 있고 나쁜 점도 있을 것이다. 좋은 점이라면 같은 길을 가는 사람이 많아서 서로 의견을 나누고 절차탁마할 수 있다는 것이고, 나쁜 점이라면 전전긍긍하며 써 낸 것이 적잖은 사람들의 '본업[本行]'과 관련되어 잘못을 집어내는 사람들이 많다는 점이다.

왜 신화의 연구가 이렇게 매력을 갖게 하는가? 물론 내가 신화에 대해 일반적인 정의를 내리지는 않겠지만, 이 글에서 선택한 신화 자료의 표준에 대해서는 정확하게 기술하지 않을 수가 없다. 바꾸어 말해서 소위 '신화 자료'에는 어떤 특징이 존재하는가에 대해 설명하는 것이다. 이러한 설명이 명확해진 다음, 신화의 연구가 어떻게 해서 수많은 학문 영역에서 그렇게 많은 흥미를 유발하는지를 쉽게 알 수 있을 것이다.

첫째, 신화 자료에는 반드시 한 가지 혹은 그 이상의 '이야기'가 포함되어야 한다는 점이다. 이야기 중에는 반드시 주인공이 있게 마련이고, 주인공에게는 반드시 어떤 행위가 있게 마련이다.[9] 중국 고대 신화 자료를 가지고 말한다면, 한 가지 신화에는 적어도 한 문장이 포함되어 있는데, 거기에는 문장의 주어가 있고, 술어가 있는데, 술어는 또 동사

---

9) Claude Lévi-Strauss, *Anthropologie structurale*(Paris, Plon, 1958), pp.228~235.

가 아니면 아니 된다. 만약 상주 때의 문헌에서 신화 인물의 이름이나 특징(예컨대 "夔는 다리가 하나였다"라는 식의 특징)을 찾아내거나, 혹은 두 가지 신화 인물 간의 관계(예컨대 어떤 임금이 누구누구를 낳았다는 식의)만 찾아낸다면, 우리는 어떤 논의할 방법을 찾게 될 것이다.

둘째, 신화 자료는 반드시 '비상한' 인물이나 사건이나 세계 - 소위 초자연적이거나 신성하거나 혹은 신비한 것과 관련되어 있다. 이야기의 주인공도 어쩌면 평범한 인물이 출현하겠지만, 그의 행동은 보통 사람이 할 수 있는 일이 아니다 - 적어도 우리가 아는 지식이나 범위 속에서 말하자면 그렇다. 아마도 이야기에서 서술하는 내용은 매우 일상적인 평이한 일이겠지만 - 사람마다 할 수 있는 -, 그러나 그런 일을 하는 사람은 비범한 인물이거나 혹은 비범한 세계와 이리저리 얽히고 설키어 있다. 바꾸어 말해서, 우리의 안목이나 지식이나 처지에서 볼 때, 신화적 이야기나 인물은 '가짜이고', '황당한' 것이다.

그러나 신화는 그러한 이야기를 진술하는 사람이나 같은 문화 사회에 속한 사람들이 볼 때는 절대 황당한 것이 아니다. 그들은 이러한 '가짜' 신화를 '진짜' 역사적 사실로 믿을 뿐 아니라 - 적어도 사회 행위의 표준으로 말해서 - 신화를 일상생활의 사회 행동과 제의 행위의 기초로 삼는다.10) 이것도 필자가 신화적 자료에 대해 내린 세 번째 표준이 될 것이다.

상주 때의 문헌 속에서 이 세 가지 조건에 맞는 자료를 찾는다면 우리는 그것을 신화적 자료로 볼 수 있을 것이며, 그것이 아니라면 그것은 신화적 자료가 아니다. 이러한 '표준'을 말하자면 다소 모호하고 휘

---

10) Davied Bidney, *Theoretical Anthropology*(Columbia University Press, 1953), pp.294, 297; Read Bain, "Man, the myth-maker", *The Scientific Monthly*, Vol. 65, No. 1, (1947), p.61.

날리는 듯해 보이지만, 실제로 응용할 때에는 매우 분명하고 정확한 개념이다. 천지개벽에 관한 이야기는 분명히 신화적 이야기이지만, 상고 시대의 중국에서는 이러한 이야기가 결코 많이 보이지는 않는다. 자주 보이는 것은 성현과 영웅에 관한 일인데, 이러한 사건들은 단지 '비범'한 의미가 있고, 동시에 상주 사회에서 또 행위의 규범적 기능을 갖고 있다고만 한다면, 우리는 그것들을 신화적 자료로 볼 수 있다. 아래의 글에서 상주 때의 신화를 구체적으로 서술하는 과정에서, 무엇이 상주 때의 신화인지가 매우 분명하게 드러나게 될 것이다. 사실상, 우리가 신화 자료를 선택할 때, 유보적인 태도를 보인 적은 매우 적다.

본문에서 사용한 신화의 선택 표준 ─ 사실상 다른 학자들이 선택한 다른 민족 혹은 문명의 신화 표준과 극히 근접하거나 심지어는 같다 ─ 으로 볼 때, 우리는 신화의 연구가 어떻게 수많은 학과의 공통된 흥미를 끌어내었는지를 매우 분명하게 알 수 있을 것이다. 먼저, 어떤 신화라도 대단한 '시간적 깊이'를 갖고 있는데, 그러한 신화가 기록으로 남기 전, 언제나 오랜 시간 동안의 구전 역사를 가진다. 모든 신화는 언제나 그것이 경험했던 각각의 시간 단위를 비롯해 모든 문화 사회 환경의 흔적을 얼마간 보존하고 있다. 어떤 시간이 지나고, 어떤 문화 사회의 환경이 바뀌면, 어떤 신화 이야기는 한 차례 변하지 않을 수 없게 된다. 그러나 문헌에 등장하는 신화는 결코 변화를 경험한 일련의 여러 가지 신화가 아니라 여전히 하나의 신화일 뿐이다. 형식이나 내용 중에서도 이 수많은 변천이 함께 압축되고 섞여 하나의 전체적인 모습을 이룰 뿐이다. 그래서 역사적 변천에 관심이 있고 일가견이 있는 학자, 그리고 사회 환경 기능에 관심이 있고 일가견이 있는 학자라면, 모두가 신화의 연구를 통해 그들과 관련 있는 자료를 찾고 또 각자 마음 깊이 깨달은 것을 발휘할 수 있을 것이다. 이와 동시에 신화라는 이러

한 역사적 경력이 한편으로는 심령 활동을 극히 민감하게 표현해내고
반영해 주고 있으며, 다른 한편으로는 사회 문화 환경의 극히 엄격한
규범과 도태에 의해 선택된다는 것이다. 이 때문에 완비되고 정당한
신화 연구는 반드시 정신[心]과 몸체[體]의 두 가지의 연구여야 하며, 심
령 활동과 유기적인 물질 관계를 함께 고려해야 하며, 사회의 기본과
문화의 정화를 함께 살펴야만 한다. 필자의 좁은 소견에 의하면, 신화
는 어떤 한 사회나 어떤 한 인문 과학의 독점물이 아니며, 신화는 반드
시 이러한 모든 학문에 의해 갖가지 다양한 각도에서 연구되고 해석되
어야 한다. 그래서 필자는 과거 일부 신화 학자들[11]의 과거 신화 연구
의 '단면성', 즉 신화의 연구는 단면적일 수밖에 없다[12]라는 것에 대해
동의할 수 없다.

　이러한 비관적 관점 때문에, 필자는 여기서 이 글의 각 편이 대부분
단면적인 연구라는 점을 솔직히 강조하고자 한다. 여기서는 다음과
같은 몇 가지 문제를 비롯해 이러한 문제에 대한 나 자신의 해석만 제
기하고자 할 뿐, 다음과 같은 다른 문제를 해결하고자 하는 야심은 갖
고 있지 않다. 즉 우리는 상주 문헌에 보이는 신화 자료를 어떻게 연
구해야만 할 것인가? 이러한 연구는 은나라 이전 문화사 및 상주 문화
사에 어떠한 공헌을 끼칠 것인가? 상주 신화 연구와 상주 고고 연구는
서로 도움을 줄 것인가? 이러한 문제에 대한 해답을 구하기 위한 아래
의 연구에서는 자연히 자료와 연구 방법이라는 두 가지 측면에서 제한

11) Joseph Campbell, *The Hero with a Thousand Faces*(New York, Pantheon
　　Books, 1949), p.381.
12) Ihan H. Hassan, "Toward a Method in Myth", *Journal of American Folklore*,
　　Vol. 65, (1952), p.205; Richard Chase, *Quest for Myth*(Baton Ronge, Louisiana
　　State University Press, 1949); E. Cassirer, *Myth of the State*(London, 1949),
　　p.35.

을 받을 수밖에 없다. 그래서 본문의 연구 내용을 제시하기 이전에 자료적 성질 및 방법론 상의 몇 가지 문제에 대해 먼저 간단하게 설명하지 않을 수 없다.

본문에서 논의하는 자료는 상나라와 주나라 시대의 것들이다. 주나라에는 서주와 동주가 포함된다. 전통적인 고대사 연대학에서 상주 시대는 각기 1766 B.C.~1122 B.C.와 1122 B.C.~221 B.C.에 해당한다. 최근 들어 학자들 간에 상나라가 시작된 연도와 종결된 연대에 대해 여러 가지 이견이 제시되었지만, 아직 공인된 결론은 얻지 못한 것 같다. 상주 시대는 자연히 모두 문자기록을 가진 문명시대이다. 게다가 대체로 말해서, 비록 춘추 말기 이후로 철기가 이미 대량으로 사용되긴 했지만, 이 두 왕조 모두 고고학에서 말하는 청동기 시대에 해당한다.

상주 시대의 소위 '문자 기록'은, 당시의 문명에 대한 우리의 이해에 근거해 추론해 보면, 대부분 대[竹]나 나무로 만든 간책(簡冊)에 기록되었을 것이다.13) 상주 때의 이러한 간책이 지금까지 전해지는 것은 극히 드물며, 보존된 자료라 하더라도 거기에 포함된 역사적 자료는 더더욱 극히 제한적이다. 상나라 때에는 문자를 점복용의 갑골(甲骨)에다 기록하기도 했는데, 거기에는 언제나 상나라 때의 문화사회 자료가 적잖게 포함되었는데, 특히 종교 제의 방면의 자료가 많다. 이러한 갑골문자는 서주 이후로 쇠락해, 지금까지도 적은 양만 발견되었다. 상나라와 주나라 때의 청동기에도 문자가 자주 기록되었는데, 대부분 성현

---

13) T. H. Tsien(錢存訓), *Written on Bamboo and Silk*, the Beginnings of Chinese Books and Inscriptions(The University of Chicago Press, 1962); 陳槃, 「先秦兩漢帛書考」, 『中央研究院歷史語言研究所集刊』, 제24기(1953), 185~196쪽; 容庚, 『商周彝器通考』, (北平, 哈佛燕京學社, 1941); 李書華, 「紙未發明以前中國文字流轉工具」, 『大陸雜誌』, 제9권 제6기, (1954), 165~173쪽; 孫海波, 『甲骨文編』, (北平, 哈佛燕京學社, 1934); 金常恒, 『續編』(1959) 등을 참조.

의 공적이나 상사(賞賜) 내용을 기록한 것들이다. 그러나 이 두 왕조 때의 내용은 상당히 달라 포함된 역사 자료의 양도 시대에 따라 차이를 보인다. 이상과 같이 자주 보이는 세 가지 기록 - 간책(簡冊), 갑골(甲骨), 청동기[吉金] - 이외에도 상주 문자에는 다른 물체에다 기록한 것들로 도기(陶器), 수골(獸骨) 및 종이와 비단[紙帛] 등도 있지만, 이러한 문자 중 지금까지 보존된 것은 매우 적다. 문자 기록 이외에, 고대인들이 직접 전해 온 사료도 있는데, 이는 자연히 고고학자들의 연구 대상 - 유적과 유물 - 이 대종을 이룬다. 그리고 그 속에는 상당히 직접적으로 고대인들의 사상관념을 표현해 주는 것도 일부 들어 있는데, 청동기나 도기에 표현된 장식예술처럼 특히 종교 신화 방면의 사상 관념을 표현해 주는 것이 많이 포함되었다.

신화 연구만 갖고 말한다면, 이러한 자료가 고대인들이 직접 기록한 문자 자료로부터 오는 경우는 매우 드물다. 우리가 아는 상주 신화의 절대 대다수는 종이에 기록된 사료들 - 이러한 사료는 상주 시대에는 구전과 수선(手繕)을 거쳐 후대에 이르러 후인들에 의해 종이에 기록되거나 출판된 것들이다. 우리가 오늘날 종이에 기록된 이러한 사료를 상주사의 사료로 삼아 연구하려면, 그것의 연대 및 진위 문제를 언급하지 않을 수 없다. 이러한 문제는 많은 부분이 아직 해결되지 않았으며, 어쩌면 많은 문제가 해결 불가능할 것이라는 것은 두말할 필요도 없다.

다시, 단지 신화 연구만 가지고 말한다면, 고대 문헌의 진위 및 그것의 연대 문제는 다음과 같은 두 가지 큰 것으로 나누어 논의할 수 있을 것이다. (1) 세상에 전해지는 상주 때의 문헌이 정말로 상주 때의 문헌인가? 또 그것이 상주 시대 1500년간에서 갖는 연대적 순서는 어떠한가? 라는 문제이다. (2) 동주 이후의 문헌이 선진 때의 사료를 대표하는가? 또 동주 이후에 들어서 문헌에 기재된 것은 아닌가? 라는 문제이다. 이 두 가지 문제가 겉보기에는 간단해 보이나, 그것이 매우 복잡하고 의견이 분분한 문제라는 것을 고대 역사학자라면 모두 아는 사실이다. 이러한 고대 문헌의 진위 및 그 연대에 대해서 필자는 더더욱 문외한이다. 이러한 문제 속에 어떤 사실이 존재하는지, 그리고 이러한 사실에는 어떤 조그만 문제들이 포함되어 있는지를 먼저 살펴보기로 하자.[14)

현존하는 역사 문헌 중에서 진정한 상나라 때의 문헌은 아마 존재하지 않을 것이다. 『상서』의 「탕서(湯誓)」, 「반경(盤庚)」, 「고종융일(高宗肜日)」 등은 역대로 상나라 때의 글로 알려져 왔지만, 적어도 매우 의심이 가는 것들이다. 그중의 일부 문장이나 파편적인 관념들이 상나라 때의 원형을 대표할 수 있겠지만, 그 현존하는 방식은 분명히 주나라 사람들의 손에 의해 만들어진 것이다. 『시경』의 「상송(商頌)」은 대부분 동주 시대 송(宋)나라 왕공 대부의 손에서 나온 것들이다. 거기에 포함된 내용은 아마도 자성(子姓)을 가진 선조의 유훈이 아닌 게 없을 것이다. 그러나 그 속의 자료는 자연히 기껏해야 그것을 지지하는 성질의 증거로만 사용할 수 있을 뿐이다. 그래서 상나라 때의 종교와 신화를 연구하려면 갑골 복사를 1차 원시 자료로 삼지 않으면 아니 된다. 상나라 때와 비교해서, 서주의 상황도 그다지 나을 게 없다. 『상서』의 몇 편과 『시경』의 일부(특히 「雅」)는 대부분 이 시대를 대표하는 진짜 문헌이다. 이를 제외하면 서주의 사료는 파편적이고 신빙성이 떨어진다. 상나라 때의 복사는 서주 때 이르러 끊기고 만다. 다행히도 서주 때의 상당한 양의 금문이 문헌 자료의 부족을 메우는 데 사용될 수 있

---

14) 고서의 진위와 그 연대 문제에 관한 주요 참고 문헌을 여기서 일일이 들 수는 없다. 앞으로의 기술에서 특별한 견해 외에는 그 출처를 따로 밝히지 않았다.

다. 신화를 연구하는데 우리가 사용할 수 있는 상나라와 서주 때의 자료는 이상의 몇 가지에 한정된다. 독자들은 혹 이렇게 한정하는 것이 너무 심하지 않으냐고 생각할지도 모른다. 분명한 것은, 엄격하게 정선된 자료만이 신빙성을 높일 수 있으며, 이를 갖고 논의해야만 더욱 믿음이 간다는 것이다. 뽑아내고 남은 그다음 단계의 자료들은 아마도 이의 보조 자료로만 쓸 수 있을 것이다.

동주, 특히 전국 시대에 이르면, 우리가 사용할 수 있는 자료는 숫자상으로 현격하게 늘어난다. 제자(諸子)(특히 『論語』, 『老子』, 『莊子』, 『孟子』 등)와 『시경』, 『상서』, 『춘추삼전』(특히 『左傳』), 『국어』 및 『초사』 중에서 선진(先秦) 때의 것으로 볼 수 있는 것이 상당히 많으며, 그중에는 또 신화성이 풍부한 적잖은 자료가 존재한다. 『산해경』, 『삼례』, 『역』 등에는 선진 때의 종교와 신화에 대한 기록이 특히 풍부하다. 『사기』에서 자주 인용한 『세본』은 선진 때의 책임이 분명하다. 비록 많은 부분이 망실되었지만, 적잖은 부분을 수집본에 근거해 사용할 수 있다. 진(晉)나라 태강(太康) 연간, 하남(河南) 급현(汲縣) 위(魏) 양왕(襄王)의 무덤에서 출토된 간책에는 『주서(周書)』(즉 『逸周書』), 『기년(紀年)』, 『쇄어(瑣語)』, 『목천자전(穆天子傳)』 등이 포함되어 있었다. 물론 이미 이들 대부분이 존재하지 않고, 소위 '고본(古本)'이라 이름붙인 수집된 문장도 반드시 선진 때의 원래 모습을 반영한다고 할 수는 없지만, 현존하는 여러 책에는 어쨌든 간에 선진 때의 자료가 적잖게 들어 있음은 분명하다.

동주 시대에 들어 신화 연구 자료가 갑자기 늘어났다는 것은 물론 사람을 흥분시킬 일임이 분명하지만, 도리어 사람으로 하여금 머리를 아프게 하는 적잖은 문제도 함께 가져왔다. 이러한 문제는 동주 이후의 문헌 자료를 논의할 때─그중에는 선진 문헌에는 없던 신화 자료가 특히 많다— 더욱 분명해진다. 이러한 문제에 대해서는 앞에서 잠시 언급한 바 있다. 즉 상나라와 서주 때에 이미 유행했던 일부 신화가 동주 때에 이르러 비로소 기록되었을 가능성은 어떠한가? 또 상주 때에 이미 유행했던 일부 신화가 한나라에 이르러 비로소 기록되었을 가능성은 어떠한가? 바꾸어 말해서, 동주 때의 문헌에 기록된 일부 자료를 상나라나 서주 때의 신화로 간주하여 연구할 수 있는가? 또 동주 이후의 일부 새로운 자료를 상주 때의 신화로 간주하여 연구할 수 있는가? 하는 문제이다.15) 이러한 문제에 대해 대답하기 이해서는 관련 문헌을 가져와 하나하나씩 논의해야만 할 것이다. 그러나 일반적으로 말해서 우리의 대답은 다음과 같은 세 가지 중 하나를 벗어나지 못할 것 같다.

(1) 상나라와 서주 때의 신화로 동주 때 처음 보이기 시작하는 것과 상주 때의 신화로서 진한 때 처음 보이는 것들은 동주와 진한 시대에 만들어진 위작으로 당시의 철학사상과 정치적 목적을 위해 탄생한 것이기 때문에, 상나라와 서주 때의 사료로 볼 수 없다.

(2) 동주 이후로 들면서 문자와 지식이 보급되고 문명의 판도가 확장되었기 때문에, 하층계급과 민간의 신화를 비롯해 일부 이민족들[四夷]의 신화가 동주 시대 때 중원 지역 사람들에 의해 문헌에 기록되게 되었는데, 그중 적잖은 부분이 그 이전부터 전해져 오던 이야기들이다. 그래서 이는 전대의 신화자료로 사용할 수 있다.

(3) 후대에 기록된 신화가 당시의 위작이든 아니면 그 이전부터 구전되어 오던 이야기를 기록한 것이든 관계없이, 동주 시대에 기록된 신화는 분명히 동주 시대 때 유행하던 신화이므로, 이를 동주 때의 신

---

15) 沈雁氷, 「中國神話研究」, 『小說月報』 第16卷 第1期, (1925), 22쪽; Bernhard Karlgren, "Legends and Cults in Ancient China", *Bulletin of the Museum of Far Eastern Antiquities*, No.18(1949); W. Eberhard의 Karlgren의 위의 글에 대한 Review(*Artibus Asiae*, Vol. 9, [1946], pp.355~364)에서의 토론과 변론 등에 보인다.

화로 간주하고－당연히 그렇다－연구해야만 한다. 이러한 신화가
동주 이전에 이미 구전의 역사를 가졌는지는 동주 시대 자체의 신
화 연구와는 관계없으며, 동주 이전 신화의 연구에 공헌할 수 있을
지도 의심스럽다.

위에서 말한 이 세 가지 가능한 답안 중에서 세 번째의 것이 분명히
우리가 선택할 답안이다. 이러한 선택이 한 개인의 편견을 대표함은
분명할 것이다. 그러나 이러한 편견에 대해 다음과 같이 해석할 수 있
을 것이다.

가장 중요한 것은, 대다수 신화 학자가 신화를 문화와 사회의 한 관
념이라 생각하는 부분, 즉 신화는 일정한 문화와 사회에 속하면서 그
것을 표현하고 그것과 밀접한 관계가 있다는 견해에 필자가 동의한다
는 점이다. 예컨대, 동주 때의 신화는 동주 시대의 중국에서 중국 문화
의 살아있는 한 부분이며, 그것을 동주 시대 중국 문화의 한 부분으로
삼아 연구할 수 있고, 심지어는 그렇게 해야만 한다. 상나라 및 서주
때의 신화에 대해 우리가 취하는 태도도 마찬가지이다. 현존하는 증거
에 대한 긍정적 처지에서 말하자면, 우리는 무엇이 상나라와 서주와
동주 시대 때의 신화 자료인지를 안다는 점이다. 이 세 단계에 걸친 시
기의 신화 자료는 대부분 불완전하여 당시 신화의 전체를 대표할 수
없다. 언제라도 새로운 자료를 이용할 수 있게 된다면, 우리는 이를 이
용해 그것을 보충할 수 있다. 새로운 자료가 어느 정도 축적되어 당시
의 신화에 대한 우리의 이해를 바꾸지 않으면 아니 될 때가 된다면 우
리는 적당하게 고치게 될 것이다. 만약 '기다린다'라는 태도를 보인다
면 우리는 어쩌면 영원히 고대 신화 연구를 할 필요가 없을지도 모른
다. 왜냐하면, 자료가 완비되는 그날은 아마도 영원히 오지 않을 수도
있기 때문이다. 전대 자료는 그 자체가 전대의 자료이고, 후대의 자료

472

는 주로 후대 신화의 일부분이기 때문에, 후대의 자료는 전대의 신화에 대해 보충하고 참고할 가치만 갖는다.

다음으로, 우리는 상주 문화의 발전에 대해 고고 자료와 역사자료를 기초로 삼아 사실은 이미 상당히 분명하게 인식을 하고 있다. 우리가 각 시대의 신화를 연구할 때, 그 시대의 신화자료만 가지고 고립적으로 연구하지는 않으며, 실제로는 각 조대의 신화에 대한 문화와 사회적 배경에 대해 이미 상당한 이해를 하고 있다. 만약 어떤 신화가 어떤 시기에 빠졌는데, 당시의 문화사회적 배경으로 볼 때 "시대적 조류에 들어맞고", 그것이 존재하게 되면 그 문화사회적 배경에서 해석이 어려워진다면, 그 빠진 것은 대부분 우연한 현상이 아니다. 바꾸어 말해서, 우리가 신화사를 해석할 때, 문화사적 일반 기초가 그것을 대조하는 표준이 되지, 수수께끼를 풀거나 유희를 하는 식이 되어서는 아니 되기 때문이다.

마지막 한 가지 이유는, 상주 신화사 그 자체가 확실히 이미 상당히 풍부한 자료를 갖고 있기 때문이다. 물론 이러한 자료가 절대 완비된 것은 아니며, 사실 영원히 완비될 수도 없다. 상나라 때부터 시작해서 우리는 문자기록으로부터 이미 일부 상주 문명의 각 방면의 자료를 볼 수 있다. 물론 각종 문자기록-전책(典冊), 복사(卜辭), 금문(金文) 및 다른 자료-이 보존될 기회는 같지 않지만, 전적으로 그 내용만 가지고 말한다면 보존되어온 자료와 보존되지 않은 문헌이 전혀 다른 사건을 기록했다고 주장할 근거가 없다. 바꾸어 말해서 현존하는 문헌에 비 신화적인 부분이 많이 보존되었다고 해서 소실된 문헌에 신화적 기록이 있었을 것이라고 주장할 근거가 없다는 말이다. 상주 시대의 신화는 문화의 선봉으로, 그러한 기록이 각종 문헌에서 발견된다. 현존하는 사료 중의 신화자료는 아마도 당시 사회에서 중요한 기능을 담당했던 신화의 커다란 부분일 가능성이 크다. 그래서 현존하는 사료 중에서 특수한 신화의 '유무' 그 자체는 매우 중요한 의미가 있다.

앞에서의 이러한 주장이 상주 신화에 관한 자료가 현재 이미 다 갖추어졌다는 말은 아니다. 사실, 앞의 글에서 누차 강조했던 것처럼 완전히 갖추게 될 날까지는 아직도 요원하다. 그러나 가까운 장래에 대규모의 새로운 사료가 출현할 가능성도 마치 극히 어려운 희망이긴 하지만, 전혀 불가능한 일은 아니다. 이와 동시에 필자는 현재 있는 자료에만 근거해도 이미 상주 신화사에 대해 합리적인 해석이 가능하다고 믿고 있다.

상주 신화사가 포함하는 범위는 매우 넓고, 섭렵한 자료도 많다. 여기서는 앞의 글에서 말한 정의에 의해 상주 신화자료에 대해 역사적인 분류를 진행하고, 다음 편에서는 각종 신화가 상과 주나라 동안의 변화에 대해 초보적으로 전석(詮釋)해 보고자 한다. 신화의 분류는 어떤 문화 현상의 분류처럼[16] 서로 다른 표준에서 서로 다르게 분류할 수 있으며, 서로 다른 목적에 사용할 수도 있다. 본문에서의 분류 목적은 역사 해석상의 편의를 위해 진행하는 것이며, 이는 다음 편의 논의 과정에서 더욱 분명해질 것이다.

필자는 상주의 신화를 다음의 네 가지로 분류하고자 한다. 즉 자연 신화, 신선세계의 신화와 신선과 인간세계와의 분열 신화, 천재에 관한 신화와 구세에 관한 신화, 그리고 선조 영웅의 사적과 그 후예에 관한 신화 등이 그것이다.[17] 이러한 네 가지 신화 간의 경계선은 물론 매우

---

[16] Clyde Kluckhohnm "The Use of Typology in Anthropological Theory", *Selected Papers of the Fifth International Congress of Anthropological and Ethnological Sciences*, Anthony F. C. Wallace ed.(University of Pennsylvania Press, 1960), p.134.
[17] 중국신화의 몇몇 기타 분류법은 沈雁氷, 『中國神話硏究』; 玄珠, 앞에서 인용

474

분명하게 전면적으로 구분해 낼 수는 없으며, 상당한 부분에서 서로 중첩되는 것이 일상적인 모습이다. 아래에서는 이 네 가지 신화가 각기 상주 역사에서 출현하는 순서에 관해 서술하고 논의해보고자 한다.

1. 자연 신화

어떠한 고대 문명이라도 자연계에 대한 일련의 특수한 관념이 존재한다. 그러나 자연계 질서에 대한 각 문명 간의 관점과 자연을 신격화하는 방식은 각기 그 문화와 사회적 특징에 따라 다르며, 게다가 문화와 사회의 변화에 따라 변화한다. 은상 때의 복사와 동주 때의 문헌(예컨대 『周禮·大宗伯』)으로부터, 자연 질서에 대한 상주 때의 관념에 대해 상당히 연구할만한 자료가 있다는 것을 알 수 있다. 그리고 가장 중요한 점은 상주 때에 자연 관념과 자연과 관련된 종교 신앙과 제의 행위에서 현저한 변화가 일어났다는 점이다. 이러한 문제를 여기서 상세하게 기술하지는 않을 것이다. 그러나 자연 신화로부터 본 주제와 관련된 약간의 중요한 단서 정도는 지적해 낼 것이다.

상나라 때의 복사 중에는 자연과 천상에 대한 제의와 제사의 기록이 있다. 그래서 상나라 사람들의 관념 속에서 자연과 천상은 초자연적 능력을 갖춘 것으로 인식되었는데, 이러한 능력은 자연현상에 직접적으로, 또 인간사에 간접적으로 영향력을 가지거나 통제할 힘을 가졌다. 여러 신 중, 제(帝)나 상제(上帝)도 있고, 이외에도 일신(日神), 월신(月神), 운신(雲神), 풍신(風神), 우신(雨神), 설신(雪神), 사지(社祇), 사방

한 「中國神話研究ABC」; 鄭德坤, 「山海經及其神話」, 『史學年報』, 第1卷 第4期, (1932), 134쪽; 出石誠彦, 『支那神話傳說の研究』, (東京, 中央公論社, 昭和十八年), 18~63쪽; 森三樹三郎, 『支那古代神話』, (京都大雅堂, 昭和十九年) 등을 참조.

신(四方神), 산신(山神), 하신(河神) 등이 있었다. 여기서 말하는 신(神)
이 인격신일 필요는 없었다. 더욱 적당하게 표현하자면, 아마도 해[日],
달[月], 바람[風], 비[雨] 등이 모두 영(靈, spirit)을 갖고 있다고 해야만
할 것이다.[18] 상나라 때의 신화 전설 중, 아마도 이러한 자연 신령마다
각기 하나씩의 이야기가 존재할 것이다. 그러나 이러한 이야기가 설사
일찍이 존재했었다 하더라도 지금은 이미 대부분 남아 있지 않다. 상
나라 때의 자연 관념은 대체로 주나라 사람들에 의해 승계되었다. 예
컨대 『시경』과 『주례』 중의 여러 자연신에 대한 기록이 그렇다. 이외
에도 별[星]은 주나라 사람들의 관념 속에서 신적인 지위를 갖고 있었
지만[19], 상나라 때의 문헌에서는 별이 빠졌는데, 그것은 아마도 우연적
인 일이었을 것이다. 상나라와 주나라 때의 문헌에서 이러한 자연신에
대한 신화를 찾아보기는 매우 어렵다. 현존하는 것으로는 상제(上帝),
제정(帝廷), '하늘[天]'에 대한 관념을 비롯해 일월신(日月神)에 관한 단
편적인 기술이 있을 뿐이다.

복사에는 '제(帝)'나 '상제(上帝)'에 관한 기록이 상당히 많다.[20] '상제
(上帝)'라는 명칭은 상나라 사람들의 관념 속에서 제(帝)의 존재가 '높
음[上]'을 나타내 주고 있다. 그러나 복사에서는 상제(上帝)를 하늘[天
空]이나 추상적 하늘[天]의 관념과 함께 연계시켰다는 증거는 찾기 어

---

18) 陳夢家, 『殷墟卜辭綜述』, (1916), 561쪽 이후; 陳夢家, 「古文字中之商周祭祀」,
『燕京學報』, 第19期(1936), 91~155쪽; 陳夢家, 「商代的神話與巫術」, 『燕京學
報』 第20期(1936), 485~576쪽.
19) 『詩·小雅·大東』: "維天有漢, 監亦有光. 跂彼織女, 終日七襄. 雖則七襄, 不
成報章. 睆彼牽牛, 不以服箱.(하늘엔 은하수 굽이굽이, 희미한 빛 내며 흘러
가며, 직녀 바라보며, 종일토록 베틀에 일곱 번 앉고 지네. 일곱 번 앉고 져
도, 무늬 고운 비단 짜지지 않고, 반짝이는 견우조차, 소레 끌지 않네.)
20) 陳夢家의 앞에서 인용한 여러 저작을 참조, 또 胡厚宣, 「殷卜辭中的上帝和王
帝」, 『歷史研究』, 1959(9,10).

렵다. 복사에서 말하는 '상제'는 천지와 인간의 화복을 주재하는 존재 ─ 농업 생산과 수확, 전쟁의 승패, 도시 건설의 성패, 은나라 왕의 화복을 결정하는 최고의 권위였으며, 게다가 기근을 내리고, 질병을 내리고, 홍수를 내리는 일도 관장했다. 상제는 또 자신의 제정(帝廷)을 갖고 있었는데, 그중에는 태양, 달, 바람, 비 등과 같은 몇몇 자연신을 그의 관리로 삼았다. 또 제정(帝廷)의 우두머리를 통칭할 때에는 항상 오(五)라는 숫자를 사용했다. 제정(帝廷)의 관리들은 제(帝)가 부렸으며, 제(帝)의 의지를 시행했다. 은나라 왕이 제(帝)에게 도움을 청할 일이 있으면, 절대 상제(上帝)에게 직접 제사를 드리지 않았으며, 제정의 우두머리[廷正]를 제사의 매개로 삼았다. 동시에 상제는 돌아가신 선왕(先王)을 직접 알현했는데, 이를 '빈(賓)'이라 불렀다. 은나라 왕이 풍년이나 날씨에 대해 빌 때는 선조에게 먼저 빌고, 그 선조가 다시 상제(上帝)에게 '알현하여(賓)' 인간 세상에 있는 왕의 바람을 전달하도록 하였다. 사실 복사에 보이는 상제와 선조의 구분은 결코 엄격하고 명확한 경계를 가진 것은 아니었는데, 필자의 생각에 은나라 사람들의 '제(帝)'는 선조에 대한 통칭이거나 선조 관념이 추상화된 것으로 생각한다. 이러한 문제에 대해서는 이후 다시 상세하게 논의할 것이다. 여기에서는 상나라 사람들의 이러한 상제 관념이 결코 서주 때에 그대로 모두 수용되지는 않았다는 점을 말하고 싶다. 주나라 사람들의 관념 중에서 상제가 존재하며, 그들에게서의 상제도 지존 신이었다. 그러나 주나라 사람들의 상제는 '천(天)'의 관념과 서로 결합한 것으로, 선조의 세계와는 명확하게 구분되었다.

보충 그림_26 : 갑골문에 보이는 "제사봉(帝使鳳)", "제령봉(帝令鳳)"관련 기록
『복사통찬』 398쪽, 『은허문자병편』 117쪽. 장광직(張光直)(저), 고미나미 이치로(小南一郎)
(역), 『중국 고대문명의 형성』(2000), 87쪽.

478

해[日]와 달[月]의 이름은 복사에서 모두 제사의 대상이었다. 그러나 복사에는 또 '동모(東母)'와 '서모(西母)'라는 이름이 등장한다.[21] 『산해경』에서는 상제(上帝)를 제준(帝俊)이라 불렀는데[22], '제준'의 여러 부인 중 희화(羲和)라는 사람이 있었다. 그녀가 "10개의 태양을 낳았고(生十日)"(「大荒東經」), 또 다른 부인인 상희(常義)는 "12개의 달을 낳았다(生月十有二)"(「大荒西經」). 또 『초사』의 「이소(離騷)」에는 "나는 '희화'에게 걸음을 멈추게 하고, '엄자산'을 바라보며 가까이하질 못하네.(吾令羲和弭節兮, 望崦嵫而勿迫.)"라는 말이 있는데, 희화(羲和)를 태양신으로 삼고 있음을 볼 수 있다(王逸의 『楚辭注』에서 말한 羲和가 "태양의 운행을 관장했다(日御)"는 설은 이후에 생겨난 것이다). 그러나 『초사·구가(九歌)』에서는 태양[日]을 '동군(東君)'이라 불렀다. 복사에서 말하는 '서모(西母)'는 아마도 동주 때의 문헌에 등장하는 '서왕모(西王母)'로, 서방의 곤륜산(昆侖山)에 살던 대단한 여왕으로 보이는데, 월신(月神)의 원래 모습과는 이미 상당히 멀어진 모습이다. 『산해경』에 보이는 서왕모는 "그 형상이 사람 같지만, 표범의 꼬리에 호랑이 이빨을 하고 휘파람을 잘 불며, 더부룩한 머리에 머리꾸미개를 꽂고 있는데, 하늘의 재앙과 다섯 가지 형벌을 주관하고 있다.(其狀如人, 豹尾虎齒而善嘯, 蓬髮戴勝, 是司天之厲及五殘.)"(「西山經」)거나 "책상에 기대어 있는데 머리꾸미개를 꽂고 있다. 그 남쪽에 세 마리의 파랑새

---

21) 陳夢家의 앞서 인용한 「古文字中之商周祭祀」, 122쪽, 131~132쪽.
22) 玄珠, 앞서 인용한 『中國神話研究ABC』, 하책, 86쪽에서 "중국신화의 '主神'은 대개가 소위 말하는 帝俊이다."라고 했다. 鄭德坤은 앞서 인용한 『山海經及其神話』, 140쪽에서 "그(帝俊)은 인간세계에서 매우 중요한 지위를 가졌는데, 그의 권위는 여러 신 중에서 으뜸이라 할 수 있다.……그러나 그는 『산해경』에서만 보이지 다른 곳에서는 보이지 않는다."라고 했다. 이외에도 郭沫若(『青銅時代』, [重慶, 文治出版杜, 1945], 8~9쪽) 및 徐炳昶(앞서 인용한 『中國古史的傳說時代』)의 이 두 사람에 대한 논의에도 보인다.

보충 그림_27 : 서왕모(西王母)
산동성 미산(微山) 출토 화상석(畵像石).

480

가 있어 그를 위해 음식을 나른다.(梯几而戴勝杖, 其南有三靑鳥, 爲[其]取食.)"(『海內北經』)거나, "머리꾸미개를 꽂고 호랑이 이빨에 표범의 꼬리를 하고, 동굴에 산다.(戴勝虎齒而豹尾, 穴處.)"(「大荒西經」)라는 모습으로 기술되었다. 그러나『목천자전』에서는 서왕모가 바로 목왕(穆王)이며 "'요지'라는 못 가에서 '서왕모'를 대접하고, 시를 지어주고 받았는데, 그 표현과 내용이 볼만하였다.(享於瑤池之上, 賦詩往來, 辭義可觀.)"(郭璞의 「注『山海經』序」)라고 했다.

이상에서 말한 것은 상주 때의 문헌에 보이는 자연세계에 대한 산발적인 신화들인데, 문명이 시작되기 이전 원시 중국사회의 애니미즘(animism) 신앙의 남은 흔적이자 거기서 진일보한 모습이다. 우주자연 현상의 구성에 관한 내원에 대한 해석, 즉 소위 '창세 신화'는 동주 이전의 문헌에는 아직 존재하지 않는다. 이러한 부정적인 증거가 은상과 서주 시대에 우주생성의 내원에 대해 관심이 없었다는 것을 증명해 주지는 않는다. 그러나 이러한 현상은, 이러한 관심이 동주 시대에 들어서야 비로소 보편적으로 기록되었음을 설명해 준다고 할 수도 있다. 왜 그렇게 되었을까? 이것은 생각해볼 만한 문제이다.

동주 사람들의 관념 속에, 우주가 처음 형성될 때는 커다란 혼돈의 상태여서, 경계도 없고 질서도 없었다.『회남자ㆍ정신훈(精神訓)』에서 "옛날 천지가 만들어지지 않았을 때, 모든 형상에 아무런 모습이 없었다. 그윽하고 어두웠으며, 끝도 없이 뒤섞여 아무것도 구분할 수 없었으며, 혼돈의 상태를 이루어, 그 문을 알 수 없었다.(古未有天地之時, 惟像無形. 窈窈冥冥, 芒芠漠閔, 澒濛鴻洞, 莫知其門.)"라고 했는데, 이는 물론 한나라 사람들의 우주관이다. 그러나 「천문(天問)」에서 "천지가 이루어지기 전에 어디에서 천지가 나왔을까? 천지와 일월의 이치는 어두워서 모르는데 누가 그 이치를 따져 알 수 있었을까?(上下未形, 何

由考之, 冥昭瞢闇, 誰能極之.)"라고 한 말에 근거해 보면, 동주 때의 사람들에게 이러한 천지가 처음에는 혼돈의 상태였다는 견해가 이미 큰 힘을 차지하고 있었음을 보여준다. 이러한 혼돈의 상태가 천지를 형성하고 만물이 제자리에 가도록 한 자연세계에 대해 동주 때의 신화에는 두 가지의 다른 해석이 보이는데, 이를 편의상 '분리설(分離說)'과 '화생설(化生說)'이라 부르기로 한다.

'분리설'의 원칙은 세포 분열식이다. 즉 원시적인 혼돈이 '일(一)'에 해당하고, '일(一)'이 '이(二)'로 분열하는데, '이(二)'는 몇몇 문헌에서 음(陰)과 양(陽)으로 표현되었다. 음과 양의 두 가지 원소가 다시 분열을 계속하여 우주 만물이 된다. 이러한 우주창조 신화는 세계각지에 매우 널리 분포되어 있어, 일반적으로는 '세계 부모형'(world parents) 신화라고 부른다. 그러나 비록 선진 제자들의 철학사상 속에 이러한 관념이 많이 보이긴 하지만, 선진 때의 문헌에는 이러한 신화의 완전한 형식이 존재하지는 않는다. 『노자』에서는 이렇게 말했다. "도가 일을 낳고, 일이 이를 낳고, 이가 삼을 낳고, 삼이 만물을 낳는다. 만물은 음을 짊어지고 양을 끌어안으며, 충기로써 조화를 삼는다.(道生一, 一生二, 二生三, 三生萬物. 萬物負陰而抱陽, 沖氣以爲和.)". 또 『주역·계사(繫辭)』에서는 "역에는 태극이 있는데, 이것이 양의를 낳고, 양의가 사상을 낳고, 사상이 팔괘를 낳는다.(易有太極, 是生兩儀, 兩儀生四象, 四象生八卦.)"라고 했다. 이러한 철학사상의 배후에는 아마도 신화가 큰 지지를 해주었을 것이다. 「천문(天問)」에서도 "음과 양과 천, 이 셋이 합하여서 그 바탕은 어떠하고 그 변화는 어떠했을까?(陰陽三合, 何本何化?)"라고 했고, 『장자·응제왕(應帝王)』에서도 숙(儵)과 홀(忽) 두 임금이 혼돈(混沌)에게 구멍을 뚫어준 우언이 실려 있는데, 어쩌면 이에 관한 약간의 정보를 보여주고 있다 생각한다. 「천문」에는 또 하늘

[天]이 여덟 개의 기둥[八柱]이나 거북[鼇鼈]으로 하늘 덮개를 지탱하는 것에 대해 기술하면서 "하늘이 도는 원리는 어디에 매여 있는가? 팔극의 천체는 어디에 설치되어 있는가? 하늘의 여덟 개의 인산(人山)은 어디에 바탕을 두었는가? 동남쪽은 어째서 기울어졌는가?(斡維焉繫, 無極焉加, 八柱何當, 東南何虧?)"라고 했고, 또 "큰 거북은 산을 이고 손뼉을 치는데, 어떻게 그것을 편안히 안돈케 했는가?(鼇戴山抃, 何以安之?)"라고 했다. 이들은 모두 동주 때의 천지 조직에 대한 신화적 관념을 보여주고 있다. 이러한 산발적인 동주 시대 때의 분리설에 관한 우주의 형성과 조직에 대한 신화는 한나라를 비롯해 삼국의 문헌에 이르러 완전한 '세계 부모형'의 신화로 발전하게 된다. 예컨대 복희(伏羲)와 여와(女媧)의 전설[23]을 비롯해 반고(盤古)의 천지개벽 전설[24]이 그렇다.

　이러한 신화적 성분이 상나라와 서주 시대 때에도 존재했는지는 현재 쉽게 대답을 할 수 있는 문제는 아니다. 세계 부모형의 신화가 전 세계에 널리 분포되었다[25]는 것은 그러한 신화의 기원이 매우 이르다는 것을 보여줄 수도 있다. 상나라 때의 안양(安陽) 서북강(西北岡)의 은나라 왕의 대묘에서 출토된 나무 조각품 중에 뱀이 서로 교차하는

---

23) 聞一多, 「伏羲考」, 『神話與詩』, (1956), 3~68쪽.
24) 『太平御覽』 卷2에서 인용한 徐整, 『三五歷記』에서 이렇게 말했다. "나흘과 땅이 서로 뒤섞여 마치 계란 같이 생겼는데, 반고가 그 속에서 태어났다. 1만 8천 년이 지나고, 천지가 개벽했다. 양기는 맑아 (위로 올라가) 하늘이 되었고, 음기는 탁해 (아래로 내려가) 땅이 되었다. 반고는 그 속에 살았는데, 하루에 9번이나 변했다. 하늘에서는 신으로, 땅에서는 성인으로 살았다. 하늘은 날마다 높이가 1길[丈]씩 자라났고, 땅은 날마다 두께가 1길씩 두터워졌으며, 반고는 날마다 키가 1길씩 자라났다. 이렇게 1만8천 년이 흐르자, 하늘의 수는 높이의 극에 달했고, 땅은 수는 깊이의 극에 달했으며, 반고의 키도 극에 달했다. 그래서 하늘은 땅을 9만 리 제거하게 되었다."
25) Anna B. Rooth, "The Creation Myths of the North American Indians", *Anthropos* Vol.52, No.3/4(1957), p.501.

도안이 있는데26), 이는 동주 때의 초(楚)나라 무덤에 보이는 뱀이 교차하는[交蛇] 조각상과 한나라 때의 무량사(武梁祠)에 보이는 복희와 여와와 뱀이 교차하는 모습으로 된 것의 전신이라 생각된다.

'화생설'은 동주 때의 문헌에서 자주 보이지만, 이러한 신화에서 해석한 우주 형성과정은 다소 개별적인 현상에 지나지 않는다. 그 주요한 내용은 몇몇 자연현상이 어떤 신비한 고대생물 신체의 일부로부터 분화하여 생겨났다는 것이다. 『산해경』에서는 다음과 같은 세 가지 신비한 물체에 대해 언급하고 있다. (1) 촉음(燭陰)인데, "'종산'의 신은 그 이름을 '촉음'이라 하였는데, 눈을 뜨면 낮이 되고 눈을 감으면 밤이 된다. 입김을 세게 내 불면 겨울이 되고 천천히 내쉬면 여름이 된다. 물을 마시지도 음식을 먹지도 않으며 숨도 쉬지 않는데, 숨을 쉬면 바람이 된다. 몸길이가 1천 리나 되고, '무계(無臂)'의 동쪽에 있다. 그 생김새는 사람의 얼굴에 뱀의 몸을 하고 붉은빛이며 '종산(鍾山)'의 기슭에 산다.(鍾山之神, 名曰燭陰, 視爲晝, 瞑爲夜, 吹爲冬, 呼爲夏, 不飮不食不息, 息爲風, 身躍千里. 在無臂之東, 其爲物, 人面蛇身, 赤色, 居鍾山之下.)"(「海外北經」)라고 했다. (2) 촉룡(燭龍)인데, "서북해의 밖, '적수'의 북쪽에 '장미산'이 있다. 신이 있어, 사람의 얼굴에 뱀의 몸으로 붉은색을 하였는데, 세로 눈이 곧바로 합쳐져 있다. 그가 눈을 감으면 어두워지고 눈을 뜨면 밝아진다. 먹지도 잠자지도 숨도 쉬지 않으며, 비바람을 불러올 수 있으며, 이것은 대지의 밑바닥을 비추는데, 그 이름을 '촉룡'이라 한다.(西北海之外, 赤水之北, 有章尾山. 有神, 人面蛇身而赤, 直目正乘, 其瞑乃晦, 其視乃明, 不食不寢不息, 風雨是謁, 是燭九陰, 是謂燭龍.)"(「大荒北經」)라고 했다. 「천문(天問)」에서도 "해는 어찌 나타나

---

26) Li Chi, *The Beginnings of Chinese Civilization*(Seattle, the University of Washington Press, 1957), p.26.

지 않았으며, '촉룡'은 무엇을 비추었는가?(日安不到, 燭龍安照?)"라고
했다. (3) 여와(女媧)인데, "'숙사'라는 나라가 있는데, '전욱'의 자손이
다. 열 명의 신이 있는데, 이름을 '여와장'달리 '여와복'으로 쓰기도 한
다'이라고 하며, 신으로 변했다.(有國名曰淑士, 顓項之子, 有神十人, 名
曰女媧之腹(或作腹), 化爲神.)"라고 했다.

　『산해경』에서 여와는 비록 변화하여 자연현상을 만든 존재는 아니
지만,「천문(天問)」에서 "'여와'는 이상한 몸을 가지고 있으니, 누가 그
를 만들었는가?(女媧有體, 孰制匠之.)"라고 한 것을 볼 때, 여와가 세계
의 탄생과 인류의 탄생에 상당히 중요한 공헌을 했을 것으로 생각한
다. 동한 때의 응소(應劭, 약 153~196)의 『풍속통의(風俗通義)』에서는
여와가 황토를 이겨서 사람을 만들었다고 했으며, 허신(許慎, 약 58~약
147)의 『설문해자(說文解字)』에서 "와(媧)는 옛날의 신성한 여인으로,
만물은 만든 사람이다.(古神聖女, 化萬物者也.)"라고 했다. 이들은 동주
때의 '화생설'에서 말하는 우주에 관한 신화의 흔적을 부분적으로 보존
한 것으로 보인다. 반고(盤古)가 "죽음에 임하여 그 몸이 변화했다(垂
死化身)"라고 하는 삼국 시대 때의 이야기는 바로 이러한 계열의 신화
가 완전한 형식으로 발전한 것이라 하겠다.[27]

───────────

27) 『繹史』 卷1에서 徐整의 『五運歷年記』를 인용하여 이렇게 말했다. "먼저 '반고'
　가 생겨났는데, 죽을 때가 되자 몸이 변하였는데, 기운은 바람과 구름이 되었
　고, 소리는 천둥과 번개가 되었으며, 왼쪽 눈은 해가 되었고, 오른쪽 눈은 달
　이 되었다. 사지와 오체는 사극과 오악이 되었고, 혈액은 강물이 되었으며,
　근육은 땅과 마을이 되었고, 살은 농토가 되었다. 머리칼과 수염은 별이 되었
　고, 가죽과 털은 풀과 나무가 되었으며, 이빨과 뼈는 쇠와 옥이 되었으며, 정
　수는 주옥이 되었다. 땀은 흘러 비와 소택이 되었고, 몸에 있던 모든 벌레는
　바람에 감화되어 백성이 되었다.(首生盤古, 垂死化身, 氣成風雲, 聲爲雷霆,
　左眼爲日. 右眼爲月, 四肢五體爲四極五嶽. 血液爲江河, 筋脈爲地里, 肌肉爲
　田土, 髮髭爲星辰, 皮毛爲草木, 齒骨爲金石, 精髓爲珠玉, 汗流爲雨澤, 身之諧
　蟲, 因風所感, 化爲黎甿.)" 『廣博物志』 卷9에서도 『五運歷年記』를 인용하여

2. 신선 세계 및 그와 인간 세계의 분리에 관한 신화

은과 주나라 때의 역사 문헌에는 한 신선세계에 관한 신화, 그리고 이러한 신화와 함께 기술된 인류의 탄생이나 선조가 이러한 세계를 방문한다는 신앙 등이 모두 존재하고 있다. 그러나 초기에서는 이러한 방문이나 인간과 신(神) 간의 내왕은 쉽고 간단하게 이루어질 수 있는 일이었으나, 시대가 가면 갈수록 신선 세계란 나아가기 어려운 곳이고, 심지어는 완전히 불가능한 곳으로 변해갔다.

앞에서 말했듯, 복사에서는 선조가 상제(上帝)를 찾아뵙는 것을 '빈(賓)'이라 한다고 했는데, 사실상 선조는 자연의 여러 신도 모두 찾아뵐[賓] 수 있었다.[28] 이러한 현상은 곧 동주 때의 문헌에서도 찾아볼 수 있다. 예컨대『상서·요전(堯典)』에서는 요(堯)가 "사방의 문에서 손님을 받아들였다(賓於四門)"라고 했고, 『맹자·만장(萬章)』(하)에서는 "'순' 임금이 '요' 임금을 뵈었는데……서로 번갈아 객이 되고 주인이 되었다.(舜尚見帝……迭爲賓主.)"라고 했으며, 『목천자전』(권3)에서는 "천자가 서왕모를 찾아뵈었다(天子賓於西王母)"라고 했다. 특히 중요한 것은 계(啓)에 관한 신화이다. 『산해경·대황서경(大荒西經)』에서 이렇게 말했다.

'적수'의 남쪽, '유사'의 서쪽에 사람이 있는데, 두 마리의 푸른 뱀을 귀에 걸고 두 마리의 용을 타고 있는데, 이름을 '하후개'라고 한다. '하후개'는 세 차례 하늘에 올라가 천제를 찾아뵙고 '구변'과 '구가'(모두 노

'반고'라는 임금은 용의 뼈와 뱀의 몸을 하였는데, 숨을 들이쉬면 바람과 비가 되고, 숨을 내쉬면 천둥과 번개가 되었으며, 눈을 뜨면 낮이 되고, 눈을 감으면 밤이 되었다.(盤古之君, 龍骨蛇身, 嘘爲風雨, 吹爲雷電, 開目爲晝, 閉目爲夜.)"라고 했다.

28) 陳夢家, 『殷墟卜辭綜述』, 573쪽; 『古文字中之商周祭祀』, 122쪽.

486

래 이름 - 역주)를 얻어서 내려왔다. 이 '천목'의 들판은 높이가 2천 길
인데 '하후개'가 여기서 처음으로 '구소'(순이 제정한 음악 - 역주)를 노
래했다.(赤水之南, 流沙之西, 有人珥兩靑蛇, 乘兩龍, 名曰夏后開. 開上
三嬪于天, 得九辯與九歌以下. 此穆天之野, 高二千仞, 開焉得始歌九招.)

　　여기서 말하는 "구변구가(九辯九歌)"는 바로 제의에 쓰던 예악을 말
한다. 그리고 이 신화는 중국 고대신화에서는 보기 어려운 마리노프스
키(Malinowski, 1884~1942)가 말한 '인가서(執照, charter)'에 관한 예에
해당한다.[29] 『초사·천문(天問)』에서 "'계'가 창을 잡고 춤추며 천제에
게 제사를 드리면서, '구변'과 '구가'로 했다.(啟棘賓商(帝), 九辯九歌.)"
라고 했는데, 곽박(郭璞, 276~324)도 『산해경』에 주석을 달면서 『죽서
(竹書)』를 인용해 "하후 '개'가 '구초'로 춤을 추었다(夏后開舞九招也)"라
고 했다.

　　동주 때의 문헌에는 사람과 신간의 교류에 관한 이러한 신화 외에
도, 범속한 세계와는 다른 세계에 대한 기록이 적잖게 존재한다. 이러
한 세계는 종종 미화되고 이상화된 곳으로, 우연하게 범인이 도달할
수 있는 곳이기도 했지만, 주로 신령이나 다른 경계에 사는 인류에 의
해 차지하는 것으로 표현되었다. 이렇게 미화된 세계는 다음의 세 가
지로 분류할 수 있다.

---

29) (역주) Malinowski의 논문 "Myth in Primitive Psychology"(원시 심리학에서 본
　　신화)에서 '인가서 이론(Charter Theory)'에 대해 이렇게 주장했다. "먼저, 신화
　　는 허구에서뿐만 아니라 도덕의식을 위한 지침이 된다. 신화는 행동의 사회
　　학적 코드를 결정해준다. 정해진 행동 코드가 없다면, 인간성은 효율적으로
　　작동하지 않을 것이며, 인간은 어떻게 사회적으로 도덕적으로 행동해야 할지
　　모른다. 둘째, 신화는 인간 삶의 시금석이다. 그것은 아동으로 하여금 어른의
　　역할로 갈 수 있게 해준다. 따라서 신화는 방향을 제시하고 어른이 될 수 있
　　도록 컴퍼스 역할을 해준다. 셋째, 신화는 두 세계를 연결한다. 신과 인간의
　　세계를 연결한다."

첫째, 신선 세계이다. 예컨대, 「천문」, 『목천자전』, 「구장(九章)」을 비롯해 『회남자』와 같은 문헌에서 기술한 '곤륜(昆侖)'이나 '현포(懸圃)' 등이 그렇다. 『목천자전』에서는 "춘산의 소택과 청수의 샘은 온화하고 바람이 없으며 날짐승과 갖가지 들짐승들이 먹고 마시는 곳인데, 이곳이 바로 선인들이 '현포'라 불렀던 곳이다.(春山之澤, 淸水之泉, 溫和無風, 飛鳥百獸之所飮食, 先王之所謂縣圃.)"라고 했다. 범인들도 이러한 선계로 기어올라갈 수 있었지만, 어떤 경우에는 나무줄기의 도움을 받기도 했다. 그리고 일단 들어가기만 하면 "천지와 수명을 함께 누리고, 일월과 빛을 함께 누릴(與天地兮同壽, 與日月兮同光)"(「九章・涉江」) 수 있었다. 『회남자・지형훈(地形訓)』에서는 이러한 세계를 다음처럼 삼 층으로 나누었다. 즉 "곤륜산에서, 다시 두 배를 더 올라가면, '양풍산'에 이르게 되는데, 거기에 오르면 죽지 않는다. 다시 두 배를 더 올라가면, '현포'에 이르게 되는데, 거기에 이르면 신령스러워 바람과 비를 부릴 수 있게 된다. 다시 두 배를 더 올라가면, '상천'에 이르게 되는데, 거기를 오르게 되면 신선이 되며, 그곳이 '태제'가 기거하는 곳이다. '부본'은 '양주'에 있는데, 태양이 볕을 쬐는 곳이며, '건목'은 '도광'에 있는데, 여러 상제가 스스로 오르고 내리는 곳이다.(昆侖之丘, 或上倍之, 是謂涼風之山, 登之而不死; 或上倍之, 是謂懸圃, 登之, 乃靈, 能使風雨, 或上倍之, 乃維上天, 登之乃神, 是謂太帝之居. 扶本在陽州, 日之所曣; 建木在都廣, 眾帝所自上下.)"라고 했다. 마지막 문장에서 '부목(扶木)'과 '건목(建木)'이 이 방면에서의 맡은 역할을 잘 보여 주고 있다.

둘째, 멀리 떨어진 이민족의 나라이다. 예컨대, 『산해경』에 나오는 질민지국(載民之國)(「大荒南經」), 옥지국(沃之國)(「大荒西經」), 도광지국(都廣之國)(「海內經」)을 비롯해 『열자』에 나오는 종북지국(終北之國)과 화서씨(華胥氏)의 나라 등이 그렇다. 먼 곳에 있는 이러한 이민

488

족의 나라는 일종의 낙원(paradise)이었다. 그들의 생활은 순박했고, 그곳은 평화롭고 즐거웠으며, 자연과 온갖 짐승들과 함께 즐기는 그런 곳이었다.[30]

셋째, 오래된 옛날 세계이다. 마치 천상 세계와 현세 간에 무한한 공간적 거리가 있는 것처럼 이 세계와 현세 간에는 무한한 시간적 격차가 존재한다. 이러한 시간적 공간적 격차는 측정할 수 없는 것으로, 때로는 멀기도 하고 혹은 가깝기도 하지만, 그것이 다른 한 세계가 될 수 있는 것은 종류와 품질로 대표되는 절대적인 변화 때문이다. 이러한 오래된 옛날의 세계는 동주 때의 제자서에서도 적잖게 보인다. 예컨대 『장자·도척(盜跖)』, 『장자외편·거협(胠篋)』, 『상군서(商君書)·화책(畵策)』, 『상군서·개새(開塞)』, 『여씨춘추·시군람(恃君覽)』 등이 그러하다. 그중에서도 가장 유명한 것은 『장자외편·거협(胠篋)』으로, 다음과 같은 내용이 실렸다. "옛날에 '용성씨', '대정씨', '백황씨', '중앙씨', '율륙씨', '여축씨', '헌원씨', '혁서씨', '존로씨', '축융씨', '복희씨', '신농씨'가 있었다. 이때에는 백성이 새끼 매듭을 지어 문자 대신 사용했고, 그들의 식사를 달게 여겼으며, 그들의 옷을 아름답게 여겼으며, 그들의 풍속을 즐겼으며, 그들의 거처를 편안하게 여겼다. 이웃 나라는 서로 바라다보였고 닭소리 개소리 서로 들렸지만, 백성이 늙어 죽을 때까지 서로 왕래하지 않았다.(昔者, 容成氏, 大庭氏, 伯皇氏, 中央氏, 栗陸氏, 驪畜氏, 軒轅氏, 赫胥氏, 尊盧氏, 祝融氏, 伏戱氏, 神農氏; 當是時也, 民結繩們用之, 甘其食, 美其服, 樂其俗, 安其居, 鄰國相望, 雞狗之聲相聞, 民至老死而不相往來.)" 동주 때의 사람들이 이러한 머나먼 고대 사회를 상상했던 것은 아마도 고대 생활과 관련된 민간의 전설을 그 저본으로

30) 玄珠, 앞서 인용한 『中國神話硏究ABC』, 上册, 99~105쪽.

삼았을 가능성이 크다. 여기서 우리가 강조하고자 하는 것은, 이러한 오래된 옛날의 세계도 동주 사람들이 상상했던 낙원을 대표하지, 당시의 사회 문화생활과는 천양지차가 있었다는 점이다.

앞에서 인용한 이러한 동주 시대 문헌에서 '또 다른 세계'에 대한 신화적 묘사의 의미는 동주 때의 또 다른 신화를 가지고 와서 숨겨진 비밀을 파헤칠 수 있는데, 그것은 다름 아닌 중신(重神)과 여신(黎神)이 신선세계를 인간세계와 분리시켰다는 신화이다. 이 신화는 동주 때의 문헌에서 세 군데 보인다. 먼저『산해경·대황서경(大荒西經)』에서 이렇게 말했다.

> '대황'의 한가운데 '일월산'이라는 산이 있는데, 하늘의 지도리이다. '오거천문'은 해와 달이 지는 곳이다. 신이 있는데, 사람의 얼굴에 팔은 없고 두 발이 거꾸로 머리 위에 붙어 있으며, 이름을 '허'라고 한다. '전욱'이 '노동'을 낳고 '노동'이 '중'과 '여'를 낳았는데, 천제가 '중'에게 명하여 하늘을 들어 올리게 하고 '여'에게 명하여 땅을 억누르게 하였다. 땅이 '열'을 낳았는데, '열'은 서쪽 끝에 살면서 해와 달과 별의 가고 머무름을 주관한다.
> (大荒之中, 有山名曰日月山, 天樞也. 吳姬天門, 日月所入. 有神, 人面無臂, 兩足反屬於頭. 山名曰嘘. 顓頊生老童, 老童生重及黎. 帝令重獻上天, 令黎卬下地, 下地是生噎, 處於西極, 以行日月星辰之行次.)

또『상서·여형(呂刑)』에서 이렇게 말했다.

> '묘'나라 백성은 명령을 잘 따르지 않아, 형벌로 제재하였소. 다섯 가지 잔악한 형벌을 만들어 놓고 "법이다"라고 하면서 죄 없는 사람까지 죽였소.……황제(皇帝)께서는 여러 죽음을 당한 사람들의 죄 없음을 불쌍히 여기시어, 저 사나운 짓들을 위엄으로 갚으시니, '묘'나라 백성은

멸망하고 끊기어 이 땅 위에서 대를 잇지 못하게 되었던 것이요. 이에
'중'과 '여'에게 명하여, 땅과 하늘의 통합을 끊으셨소.
(苗民弗用靈, 制以刑, 惟作五虐之刑曰法, 殺戮無辜……皇帝哀矜庶戮之
不辜, 報虐以威, 遏絶苗民, 無世在下, 乃命重黎, 絶天地通.)

그리고 『국어·초어(楚語)』에서 이렇게 말했다.

'소왕'이 '관야보'에게 이렇게 물었다. "『주서』에 '중'씨와 '여'씨가 실로
하늘과 땅을 서로 통하지 않게 하였다 하였는데, 어찌 된 일인가요? 만
약 그렇게 하지 않았더라면, 사람들이 하늘에 오를 수 있었다는 말인
가요?" '관야보'가 대답하였다. "그런 뜻이 아닙니다. 옛날에는 사람과
신이 함께 섞여 살지 않았습니다. 백성 중에서 정신이 깨끗하고 두 마
음을 가지지 않는 자, 그리고 몸을 가지런하고 공경하게 하며 곧고 바
른 마음을 가진 자, 위아래로 항상 겨룰만한 지혜를 가진 자, 빛을 널
리 밝게 비출 수 있는 성스러움을 가진 자, 누구에게나 비추어줄 수 있
는 밝음을 가진 자, 무엇이라도 듣고 통찰할 수 있는 총명한 자, 바로
이러한 사람에게 밝은 신이 내리게 됩니다. 그러한 사람 중 남자를 격
(覡)이라 하고 여자를 무(巫)라 합니다. 이들을 시켜 신이 거처하는 위
치와 그 선후 순서를 제정하도록 하며, 신을 위한 희생물, 제기, 제사를
드릴 시기, 복장 등을 만듭니다. 그러한 다음 선성(先聖)의 후손 중에
서 빛나는 공덕이 있으며, 동시에 능히 산천의 신 이름과 고조의 왕묘,
종묘의 일들, 소목을 정리한 세계(世系), 재계와 경건함의 부지런함 정
도, 예절의 마땅함, 위의(威儀)의 법칙, 용모의 뛰어남, 곧음(忠)과 믿음
(信)의 바탕, 인혈(禋絜)의 복장에 밝고 게다가 밝은 신께 공경을 다할
수 있는 자로 하여금 태축(太祝)의 임무를 맡도록 합니다.
그리고 이름이 있는 집안 후손 중, 사시의 만물 생장에 대해 잘 알며,
제사에 쓸 희생물, 옥백의 종류, 채복의 의전, 제기의 수량, 신주의 순
서에 대한 헤아림, 거섭(居攝)의 지위, 제단의 장소, 상하 신들의 높고
낮음, 씨(氏)와 성(姓)의 근원 등에 대해 잘 아는 자로서, 마음속으로

고대의 전적을 훤히 꿰뚫은 자로 하여금 종백(宗伯)의 임무를 맡게 합니다.

이에 천지와 신, 그리고 백성과 만물의 유형에 따라 관직을 두게 되었으니, 이것이 바로 오관(五官)인데, 각기 그 순서에 따라 일을 맡아 했기에 서로 혼란함이 없었습니다. 백성은 이로써 곧고 믿는 마음을 가질 수 있었고, 신은 이로써 덕을 밝힐 수 있었습니다. 이처럼 신과 사람은 그 업무가 달라, 서로 공경하였지 모독을 주는 일은 없었습니다. 그 때문에 신은 아름다운 물품을 내려 주었고, 사람들은 그 물건으로 삶을 누릴 수 있었으며, 재앙도 이르지 않았고, 구하여 쓰는 것에 궁핍함도 없었던 것입니다.

그러다가 소호씨의 시대가 쇠미해지자, '구려'가 덕을 어지럽혀 백성과 신이 뒤섞여 살게 되었으며, 지방의 공물을 받을 수 없게 되었습니다. 사람마다 제멋대로 제사를 지내고 집집이 무당이 될 수 있었으며, 그리하여 서로 근거를 삼을 길이 없게 되었습니다. 백성은 제사에 가산을 탕진하게 되었고, 그럼에도 복을 받을 수 없었습니다. 증향(烝享)의 제사에 법칙이 없었고, 백성과 신이 동등한 지위가 되고 말았습니다. 백성은 재계나 맹서 따위를 모독함으로써, 신에 대한 경외심 따위는 없어지고 말았습니다. 그리하여 신은 백성의 법칙을 억누르게 되었고, 그 제사도 정결함이 사라지고 말았습니다. 재앙은 해마다 찾아왔으며, 사람의 기운을 더는 끝까지 써 볼 수도 없게 되었습니다.

'전욱'이 이러한 상태를 이어받았는데, '남정 중'씨로 하여금 하늘에 관한 것은 신에게 귀속시키고, '화정 여'씨에게 명하여 땅에 해당하는 것은 백성에게 귀속시켜, 옛날의 정상적인 모습을 회복하도록 하여, 서로 침범하거나 모독할 수 없도록 하였으니, 이를 일러 '절지천통(絶地天通)'이라 한 것입니다.[31]

(昭王問於觀射父曰: "『周書』所謂重黎, 寔使天地不通者, 何也? 若無然, 民將能登天乎?" 對曰: "非此之謂也. 古者民神不雜. 民之精爽不携貳者, 而又能齊肅衷正, 其智能上下比義, 其聖能光遠宣朗, 其明能光照之, 其聰

---

31) 역주, 임동석(역주), 『국어』, 1112~1113쪽 참조.

492

能聽徹之. 如是, 則明神降之, 在男曰覡, 在女曰巫. 是使制神之處位次主,
而爲之牲器時服, 而後使先聖之後之有光烈, 而能知山川之號, 高祖之主,
宗廟之事, 昭穆之世, 齊敬之勤, 禮節之宜, 威儀之則, 容貌之崇, 忠信之
質, 禋絜之服, 而敬恭明神者, 以爲之祝. 使名姓之後, 能知四時之生, 犧
牲之物, 玉帛之類, 采服之儀, 彝器之量, 次主之度, 屛攝之位, 壇場之所,
上下之神, 氏姓之出, 而心率舊典者, 爲之宗. 於是乎, 有天地神民類物之
官, 是謂五官, 各司其序, 不相亂也. 民是以能有忠信, 神是以能有明德,
民神異業, 敬而不瀆, 故神降之嘉生, 民以物享, 禍災不至, 求用不匱. 及
少皞之衰也, 九黎亂德, 民神雜揉, 不可方物. 夫人作享, 家爲巫史, 無有
要質. 民匱于祀, 而不知其福. 烝享無度, 民神同位. 民瀆齊盟, 無有嚴威.
神狎民則, 不蠲其爲. 嘉生不降, 無物以享. 禍災荐臻, 莫盡其氣. 顓頊受
之, 乃命南正重司天以屬神, 命火正黎司地以屬民, 使復舊常, 無相侵瀆,
是謂絶地天通.)

　이러한 신화의 의미 및 중요성에 대해서는 뒤에서 상세히 논의하게
될 것이다. 다만, 여기서는 몇 가지 문제 제기를 통해 이 글에서 서술
하고자 하는 이 방면의 자료상의 몇몇 문제를 명확하게 해 두고자 한
다. 첫째, 바로 지적할 수 있는 것은 상주 때의 제의에서 만약 상주 때
의 관념이 아니라면 인간과 신의 교류나 신선세계와 인간세계 간의 교
통 관계는 종교 지도자나 무당(巫覡)의 힘을 빌려 실현된다는 점이다.
상나라 사람들의 관념 속에서, 죽은 선조는 직접 신의 세계에 도달할
수 있다. 그리고 살아 있는 왕은 죽은 선조에게 제의를 거행하며, 죽은
선조는 다시 신을 '알현한다(賓)'. 그래서 상나라 사람들의 관념에서는
선조의 세계와 신의 세계가 직접 교통한다. 그러나 살아 있는 사람의
세계와 선조의 세계, 혹은 살아 있는 사람의 세계와 신의 세계는 무당
의 제의에 의해 정보가 전달된다. 하지만, 동주 시대의 중(重)과 여(黎)
의 신화는 선조의 세계든 산 사람의 세계든 모두 무당의 힘을 빌려 신

의 세계와 교통하고 있음을 보여준다. 그래서 이는 상주 신화사에서 결정적으로 중요한 변화, 즉 선조의 세계와 살아 있는 사람의 세계가 가까워졌으며, 신의 세계와 직접 교통하던 관계가 단절되고 말았다는 것을 대변해 주고 있다. 이러한 신화는 한 걸음 더 나아가, 동주 시대의 사상적 추세가 신선의 세계를 산 사람이든 죽은 선조든 관계없이 도달하기 어려운 세계로 '변하게 하였으며", 다른 한편으로 이러한 세계를 미화된 낙원으로 만들고 산 사람의 이상이 되도록 했음을 설명해 주고 있다.

3. 천재(天災)와 구세 신화

앞에서도 이미 설명했다시피, 상나라 사람들의 우주관에서는 신의 세계와 인간의 세계는 기본적으로 협력의 관계에 있었으며, 심지어 일부에서는 중첩되거나 서로 들어맞기도 했다. 선조와 신은 하나의 범주에 속하거나, 적어도 서로 대부분 중첩되는 두 개의 범위에 속했다. 그러나 서주 때에 이르면 이러한 관념은 이미 변화하기 시작했으며, 동주에 이르면 선조의 세계와 신선의 세계가 개념상으로 완전히 나누어지게 된다. 이에 그치지 않고, 상호 대립하고 충돌하는 자리에 있게 된다. 상나라 때 신의 세계는 지존의 지위에 있는 상제(上帝)를 포함할 뿐 아니라 인류가 기대어 살아가는 자연현상을 통제함으로써, 인간 세계를 초월하는 권위와 신의 힘을 갖고 있었다. 그러나 동주 때의 신화에서는 이미 상제나 그 신선 세계의 권위에 대해서 회의하거나 심지어 도전하는 사상을 표시해 주고 있다. 그리고 인간과 신의 전쟁에서 패하는 것은 주로 인간이었지만, 때로는 인간이 상당한 정도의 승리를 쟁취하기도 했다. 승부의 결과가 어떠했든, 동주 신화에 이러한 사상이 출현했다는 것 그 자체가 바로 극히 주목할 만한 사실이다.

　예컨대, 『산해경』에는 과보(夸父)에 관한 이야기가 실려 있다. "'대황'의 한가운데에 '성도재천'이라는 산이 있다. 두 마리의 누런 뱀을 귀에 걸고 두 마리의 누런 뱀을 손에 쥔 사람이 있는데, 이름을 '과보'라고 한다. '후토'가 '신'을 낳았고 '신'이 '과보'를 낳았다. '과보'가 자신의 힘을 헤아리지 않고 해를 쫓아가려 하다가 '우곡'에 이르렀다. '황하'를 마시려 했으나 양에 차지 않아 '대택'으로 가려 했는데, 도착하기도 전에 죽었다.(大荒之中, 有山名曰成都載天, 有人珥兩黃蛇, 把兩黃蛇, 名曰夸父. 后土生信, 信生夸父. 夸父不量力, 欲追日景, 逮之于禺谷, 將飮河而不足也, 將走大澤, 未至, 死于此.)"(「大荒北經」). 또 "'과보'가 태양과 경주를 하였는데 해질 무렵이 되었다. 목이 말라 물을 마치고 싶어 '황하'와 '위수'의 물을 마셨다. 그러나 '황하'와 '위수'로 부족하여 북쪽으로 '대택'의 물을 마시러 갔다가 도착하기도 전에 목이 말라 죽었다.(夸父與日逐走, 入日. 渴欲得飮, 飮于河渭, 河渭不足, 北飮大澤, 未至道渴而死.)"(「海外北經」)라고 했다. 또 형천(刑天)에 관한 이야기도 있다. "'형천'이 이곳에서 천제와 신의 지위를 다투었는데, 천제가 그의 머리를 잘라 '상양산'에 묻자 곧 젖으로 눈을 삼고 배꼽으로 입을 삼아 방패와 도끼를 들고 춤을 추었다.(刑天與帝爭神, 帝斷其首, 葬之常羊之山, 乃以乳爲目, 以臍爲口, 操干戚以舞.)"(「海外西經」). 이러한 이야기는 모두 인간이 신들과 싸워 신들을 패퇴시킨 예이다.

　『사기(史記)』에는 또 "사천(射天·하늘을 활로 쏘다)"에 관한 이야기가 실려 있다. 즉 "'무을제'가 무도하였는데, 우상을 만들어 이것을 '천신'이라 불렀다. 우상과 도박을 하면서 다른 사람으로 하여금 심판을 보게 했다. 천신이 지면 즉시 그 사람을 모욕하고 죽였다. 또 가죽 주머니를 만들어 피를 가득 채우고 높이 매달아 활로 쏘고는 이를 '사천'이라 이름 붙였다. '무을제'는 황하와 위수 사이로 사냥을 떠났다가 갑

자기 천둥이 치는 바람에 벼락을 맞아 죽었다.(帝武乙無道, 爲偶人, 謂
之天神, 與之搏, 令人爲行, 天神不勝, 以僇辱之. 爲革囊盛血, 仰而射之,
命曰射天. 武乙獵於河渭之間, 暴雷, 武乙震死.)"(「殷本紀」). 또 "'언'이
스스로 왕의 자리에 올라 송나라의 군주가 되었다. 군주 '언' 11년 때,
스스로 자리에 올라 왕이 되었다.……그리하여 '제' 나라와 '위' 나라와
는 적대국이 되었다. '언'이 쇠가죽 주머니에 피를 채워 걸고는 활을 쏘
아 맞히니, 그것을 이름 지어 '사천'이라 했다. 그는 술과 여인에 빠져
들었다. 모든 신하 중에 간언하는 자가 있으면 그 자리에서 쏘아 죽이
곤 했다. 그리하여 제후들이 모두 그를 두고 '송나라의 걸왕'이라고 불
렀다.(偃自立爲宋君, 君偃十一年自立爲王……乃以齊魏爲敵國, 盛血以
革囊, 縣而射之, 命曰射天. 淫於酒婦人, 群臣諫者輒射之, 於是睹侯皆曰
桀宋.)"(「宋微子世家」). 우리가 이해하는 은나라 사람들의 천도관에 근
거하면, 무을(武乙) 임금이 사천(射天)이라는 행위를 통해 신을 욕보인
행위는 이해하기 어려운 일이다. 그러나 동주 시대 때 이런 일이 일어
났다면 이는 도리어 가능한 일일 것이다. 『사기』가 비록 한나라 때의
문헌이긴 하지만, 이 두 단락에서 표현하는 관념이 반드시 동주 때까
지 거슬러 올라가지 말라는 법도 없다.

　인간과 신에 관한 이러한 이야기로 다시 공공(共工)을 예로 들 수 있
다. 『회남자·천문훈(天文訓)』에서 이렇게 말했다. "옛날 '공공'과 '전욱'
이 임금이 되려고 다투다가, 노하여 '불주산'을 건드리고 말았다. 하늘
을 바치던 기둥이 부러지고, 땅과 하늘이 단절되었다. 하늘은 서북쪽으
로 기울었고, 그 때문에 일월성신이 움직이게 되었다. 땅은 동남쪽이
낮아졌고, 그 때문에 온갖 티끌과 먼지를 쓸려 그것으로 모이게 되었
던 것이다.(昔者共工與顓頊爭爲帝, 怒而觸不周之山, 天柱折, 地維絕.
天傾西北, 故日月星辰移焉; 地不滿東南, 故水潦塵埃歸焉.)" 또 「원도훈

496

(原道訓)」에서는 이렇게 말했다. "옛날 '공공'이 '불주산'을 건드린 탓에 땅이 동남쪽으로 기울게 되었고, '고신씨'와 임금 자리를 다투다가 드디어 큰 연못 속으로 숨게 되었고, 그 종족은 멸망하고 말았다.(昔共工觸不周之山, 使地東南傾, 與高辛爭爲帝, 遂潛於淵, 宗族殘滅.)" 이들은 물론 한나라 때의 기록이지만, 「천문(天問)」에서 말한 "하늘의 여덟 개의 인산(人山)은 어디에 바탕을 두었는가? 동남쪽은 어째서 기울어졌는가?(八柱何當, 東南何虧?)"와 "'강회'가 크게 노하니, 땅이 무슨 까닭으로 동쪽으로 기울었는가?(康回憑怒, 墜何故以東南傾?)" 등으로부터 동주 시대에 이미 이와 유사한 전설이 존재했음을 알 수 있다.

인간과 신의 투쟁 이외에도, 동주 때의 신화에는 또 천재지변과 영웅의 구세에 관한 이야기가 많이 실려 있다. 이러한 이야기의 배후에는 다음과 같은 사상이 깔린 것 같다. 즉 하늘은 믿을 수 없는 존재이며, 하늘은 너무 멀어 사람들이 도달할 수 없는 곳이면서, 또 사람에게 정벌 될 수 있는 곳인 동시에, 사람들에게 항상 재앙을 내려주는 존재이다. 그러나 세상의 재난과 인간의 고통을 구해주는 존재는 신이 아니라 선조 세계의 영웅 인물이다. 천재의 발생은, 어떤 경우에는 인간의 악행에 대해 상제가 내리는 징벌이기도 하지만, 어떤 때에는 별다른 원인이 없을 때도 있다. 천재의 종류도 대단히 많은데, "하늘에서 피가 비 오듯 내리고, 여름에 얼음이 얼며, 땅이 갈라져 지하수층에까지 이르고, 청룡이 사당에서 생겨나며, 해가 밤에 나타나고, 낮에 해가 나오지 않았다.(天雨血, 夏有冰, 地坼及泉, 靑龍生於廟, 日夜出, 晝日不出.)"(『通鑑外紀』(一)에서 인용한 『紀年』) 등이 있다. 또 "용이 전당(殿堂)에서 생겨나고, 여름 나무에 피가 비 오듯 내리고, 땅이 갈라져 지하수층에까지 이르고, 해가 밤에 나타나고 낮에 나오지 않았다.(龍生廣, 夏木雨血, 地坼及泉, 日夜出, 晝不見.)"(『路史』後記 12 注에서 인용한 『紀年·墨子言』)는 것 등이 있다, 또 "알유(猰貐), 착치(鑿齒), 구영(九嬰), 대풍(大風), 봉희(封豨), 수사(修蛇) 등이 모두 백성을 해롭혔다.(猰貐, 鑿齒, 九嬰, 大風, 封豨, 修蛇, 皆爲民害.)"(『淮南子, 本經』)라고 했고, 또 "맹수가 백성을 잡아먹고, 맹금은 노약자들을 잡아먹었다(猛獸食顓民, 鷙鳥攫老弱.)"(『淮南子·覽冥』)라고도 했다. 또 "풀과 숲이 무성하여, 짐승들이 번식하였으며, 오곡을 거둘 수가 없었고, 금수들이 사람을 핍박하였고, 짐승과 새 발자국이 온 나라에 느블렸다.(草林暢茂, 禽獸繁殖, 五穀不登, 禽獸逼人, 獸蹄鳥跡之道交於中國.)"(『孟子·滕文公』)라고도 했다. 그러나 신화에서 가장 심각하게 강조한 천재는 한발(旱魃)과 홍수(洪水) 두 가지였다.

가뭄과 홍수 이 두 가지는 중국에서 유사 이래로 가장 커다란 재해였는데, 이것이 신화 속에 등장한다는 것은 자연현상에 대한 반영의 하나로 보아야 한다. 갑골 복사와 주나라 문헌에서도 이 두 가지에 대한 기록이 끊어지지 않고 있다. 예컨대 『좌전』에서 여러 차례 "가을에 홍수가 났다(秋大水)"라고 했고, 환공(桓公) 원년의 『전(傳)』에서는 "평원에 물이 드는 것을 '홍수'라고 한다(凡平原出水爲大水)"라고 했는데, 어감으로 보아 사공(司空)이 평소 보지 못했던 괴이한 일이었던 것으로 보인다. 그러나 우리가 주목할 만한 것은, 동주 때의 신화가 이러한 재해를 소재로 하여 인간과 신의 관계를 나타내려고 했던 사상이다.

가뭄에 대한 신화로는 황제(黃帝) 때의 가뭄 신인 여발(女魃)에 관한 것이 있지만, 가장 자주 보이는 것은 '열 개의 태양[十日]'에 관한 신화이다. 동주 때의 문헌에 열 개의 태양에 관한 신화의 전체적인 모습이 남아 있는 것은 없고, 산발적인 기록만 남아 있다. 예컨대 『장자·제물론(齊物論)』에 "옛날 열 개의 태양이 나타나는 바람에 만물이 모두 말랐다(昔者十日出, 萬物皆照.)"라고 했고, 『산해경·해외동경(海外東經)』

의 주석 등에서 인용한 『기년(紀年)』에서도 "하늘이 재앙을 부려 열 개의 태양이 함께 나타났다.(天有妖孽, 十日並出.)"라고 했으며, 『통감외기(通鑑外紀)』(2)에서 인용한 『기년(紀年)』에서도 "열 개의 태양이 함께 나타났다(十日並出)"라고 했으며, 『산해경·해외동경(海外東經)』에서도 "'흑치국'……아래에 '탕곡'이라는 곳이 있고, '탕곡'에 '부상'이라는 곳이 있는데, 열 개의 태양이 목욕하는 곳이다.(黑齒國……下有湯谷, 湯谷上有扶桑, 十日所浴.)"라고 했다. 『초사·초혼(招魂)』에서도 "열 개의 태양이 번갈아 가면서 나타나, 쇠도 돌도 모두 녹였다네.(十日代出, 流金鑠石些.)"라고 했으며, 『사해경·해내경(海內經)』에서는 "'제준'께서 '예'에게 붉은 활과 흰 주살을 하사하여, 그것으로 하계를 도와주게 하였다.(帝俊賜羿彤弓素矰, 以扶下國.)"라고 했으며, 『초사·천문(天問)』에서는 "'예'는 왜 태양을 쏘았는가? 삼족오는 어떻게 깃털을 떨어뜨렸는가?(羿焉彈日, 烏焉解羽?)"라고 했다. 이러한 산발적인 기록을 한데다 모으면 『회남자·본경훈(本經訓)』에서 말한 "열 개의 태양이 함께 나타나, 모든 곡식을 말라죽게 하고, 모든 초목을 죽게 하는 바람에, 백성은 먹을 것이 없었다……'요' 임금이 '예'로 하여금……열 개의 태양을 쏘게 하였다.(十日並出, 焦禾稼, 殺草木, 而民無所食……堯乃使羿……上射十日.)"라는 정도가 될 것이다. 이러한 완전한 형태의 신화는 동주 때의 신화에 원형을 두고 있다. 열 개의 태양에 관한 이야기는 서로 다른 역사를 가진 듯 보인다. 『산해경』에서는 열 개의 태양[十日]과 열두 개의 달[十二月]이라 했고, 『좌전』 소공(昭公) 원년 조에서는 "하늘에 열 개의 태양이 있었다(天有十日)"라고 했는데, 두예(杜預)의 주석에서는 "갑(甲)부터 계(癸)까지를 말한다"라고 했다. 이로 볼 때 열 개의 태양에 관한 전설은 혹 고대의 역법과도 관련이 있어 보인다. 예(羿)가 옛날의 활쏘기 선수였다는 사실은 『맹자·이루(離婁)』, 『산해경·해내경(海內經)』,『좌전』 양공(襄公) 4년 조의 "하 왕조의 제6대 천자인 '소강'의 중흥(少康中興)"에 관한 이야기 등에서 보인다. 동시에 적잖은 학자들이 태양을 쏘았다射日는 신화는 일식, 태양에 대한 제사, 태양에게 도움을 비는 제의 등과 관련이 있다고 주장한다.[32] 그러나 이러한 신화를 구성하는 단원의 내원이 어떠하든 간에 동주 시대에 이르러 이러한 단원이 하나로 결합하여 천재와 구세에 관한 신화의 한 주제로 변하게 되었다는 이러한 의미에서 이해해도 무방할 것이다.

보충 그림_28 : 열 개의 태양
하남성 남양(南陽)에서 출토된 한대 화상석

보충 그림_29 : "후예가 태양을 쏘다"
하남성 정주(鄭州)에서 출토된 한대 벽돌

---

32) 貝塚茂樹,「龜卜と筮」,『京都東方學報』第19卷(1947), 4쪽; 杉木直治郎·御手洗勝,『中國古代におけろ太陽說話について』,『民族學研究』, 第9卷 第3~4期, (1951).

500

동주의 신화 중에서 수재에 관한 내원에 대해서도 역대로 종종 다른 해석이 있었다. 『맹자·등문공(滕文公)』에서는 '홍수가 범람하여 온 천하를 뒤덮었던 것(洪水橫流, 泛濫於天下.)"을 "천하가 평정되지 못한 (天下未平)" 원시 상태로 보았다. 그러나 『국어·주어(周語)』에서는 공공(共工)이 만들어낸 짓거리로 보고 있다. 홍수의 근심을 구제한 영웅으로 가장 잘 알려진 사람은 곤(鯀)이나 우(禹)인데, 이에 대해서는 일일이 예를 열거하지 않아도 될 것이다.33) 그러나 『산해경·해내경(海內經)』의 다음과 같은 내용은 주목할 만하다. 즉 "큰물이 져 하늘에까지 넘쳐흐르자, '곤'이 천제의 저절로 불어나는 흙을 훔쳐다 큰물을 막았는데, 천제의 명령을 기다리지 않았다. 그러자 천제가 '축융'에게 명하여 '우산'의 들에서 '곤'을 죽이게 했다.(洪水滔天, 鯀竊帝之息壤以堙洪水, 不待帝命, 帝令祝融殺鯀於羽郊.)" 곤(鯀)은 백성을 구하겠다는 절실한 마음에 상제의 식양(息壤·저절로 자라나는 흙)을 훔쳤는데, 상제는 이 보물을 백성을 구하는 데 사용하지 않았을 뿐 아니라, 도리어 곤(鯀)을 죽여 그런 일이 이루어지지 못하도록 했는데, 이는 일부러 인류를 고통스레 만들었던 것처럼 보인다.

이러한 예로 볼 때, 동주 때의 신화에서 상제와 그의 신적 경계가 때로는 인간세계와 대립하는 모습으로 그려지기도 했다. 인간은 신과 적이 되기도 했으며, 게다가 어떤 때에는 패하지 않는 위치에 놓이기도 했다. 신은 언제나 인간에게 근심거리를 제공했으며, 인간은 세상을 구하고 하늘이 내린 근심거리를 물리칠 수 있었다. 아마도 혹자는 세상을 구한 우(禹)와 예(羿)도 사실은 신이거나 아니면 신이 '보내준(降)' 존재이며, 그래서 세상을 구한 것은 인간의 힘이 아니라 여전히 신의

33) 顧頡剛, 「洪水之傳說及治水等之傳說」, 『史學年報』 第2期(1930), 61~67쪽; 趙鐵寒, 「禹與洪水」, 『大陸雜誌』 第9卷 第6期, (1954).

힘이라고 말할 수도 있을 것이다. 우(禹)와 예(羿)가 신인지 인간인지의 문제는 여기서 잠시 접어 두자. 아래서 논의할 자료에 근거하면, 그들은 모두 인간의 선조로, 동주 때의 관념에서 그들은 선조의 세계에 속했지 신의 세계에 속하지는 않았다.

4. 영웅의 계보

위에서 서술한 세 가지 부류의 상주 신화는 모두 우주의 형성과 기원 및 변화와 관련되어 있다. 상주 때의 이러한 신화는 위에서 말한 자료로 모두 이야기할 수는 없을지도 모른다. 그러나 위에서 말한 유형은 이미 우리가 아는 모든 신화를 그 속에 포함한다고 할 수 있을 것이다. 기타 문명의 고대 신화에 대해 다소 지식이 있는 사람이라면, 고대 중국에서 자연 및 신에 관한 신화가 다른 문명과 비교해 볼 때 현저하게 부족하다는 사실에 대부분 동의할 것으로 생각한다.[34] 게다가 이러한 모든 것은 또 대부분 인간 세계와 관련되어야만 비로소 기록으로 남게 되었다. 이러한 현상은 매우 흥미 있는 사실이다. 역대로 학자들은 이에 대해 적잖은 해석을 더했는데, 이는 아래에서 다시 논의하기로 하자.

상주 때의 신화는 상술한 세 가지 이외에도 커다란 부류가 하나 더 있는데, 소위 영웅 신화(hero myths)가 그것이다. 이러한 방면의 자료는 전자보다 훨씬 더 풍부하다. 사실, 문헌에 등장하는 영웅의 이름만 하더라도 너무 많아 정리나 갈무리를 하지 못할 정도인데, 이는 영웅의 개별적인 이름과 관련된 이야기는 상당히 제한적으로 보존되었기 때문이다. 중국 신화를 연구하는 대다수 학자는 수많은 고대 영웅들이

---

34) 玄珠, 앞서 인용한 『中國神話研究ABC』, 上冊. 7~8쪽.

502

더 이른 시기의 신이나 동식물의 정령이 인간화한 결과, 즉 소위 '신화의 역사화'(Cuhemerization)에 의한 결과라고 믿는다. 신화의 역사화는 나라마다 다 나타나는 하나의 과정이지만, 고대 중국에서 특별히 발달했는데, 이것이 아마도 바로 자연과 신에 관한 신화가 많지 않은 주요한 원인일 것이다.

상주 신화 속의 영웅 이야기는 또 다음의 두 가지로 크게 나눌 수 있다. 즉 (1) 친족 그룹 시조의 탄생에 관한 신화, (2) 영웅의 사적 및 피차간의 관계에 관한 신화가 그것이다. 이 두 가지 신화의 공통적 특징은 '영웅이 바로 선조'라는 기본적인 원칙이며, 차이점이라면 하나는 그 선조가 확실하고도 특수한 친족 그룹과 관련되어 있지만, 다른 하나는 그 선조가 상대적으로 비어 있어 그 뿌리를 찾기 어렵다는 점이다.

정산(丁山, 1901~1952)은 갑골 복사에서 2백 가지 이상의 씨족을 찾아낼 수 있으며, 각기 서로 다른 '토템'을 갖고 있다고 했다.[35] 우리는 그가 열거한 모든 씨족 명을 다 받아들이기는 어려울지도 모른다. 그러나 상나라 때의 중국에 수없이 많은 친족 그룹이 존재했으며, 이들은 민족학적으로 씨족(clan, sib, gens)이라 부르는 것이 더 적절하다는 것에 의심할만한 이유가 존재하지 않는다. 그 수많은 씨족이 각기 특수한 '토템'을 가졌는지는 모른다. 그러나 그들은 대부분 각각의 씨족이 자기 시조의 탄생 신화를 갖고 있다는 것은 믿을 수 있다. 서주의 경우, 『일주서(逸周書)·세부해(世俘解)』에서 말한 "항거하는 나라가 99개 있었으며……복속된 나라가 652개였다.(憝國九十有九……服國六百五十有二.)"라고 한 통계로 볼 때, 아마 씨족의 숫자 및 그 시조에 관한 탄생신화의 숫자도 적지 않았을 것이다. 사실, 상주 초기의 신화에

---

35) 丁山, 『甲骨文所見氏族及其制度』, (1956), 32쪽.

서 가장 성행한 것은 다양한 각 종족의 기원에 관한 신화라는 사실을
믿을만한 충분한 이유가 있다. 고힐강(顧頡剛)은 이렇게 말했다.

> 나는 서주부터 춘추 초기까지, 당시 사람들은 고대에 대해 원래는 그
> 렇게 오래되었다는 추측이 존재하지 않았다고 생각한다. 「상송(商頌)」
> 에서 "하늘이 현조에게 명하사, 내려와 '상나라 조상'을 낳으셨네.(天命
> 玄鳥, 降而生商.)"라고 했고, 「대아(大雅)」에서도 "백성을 처음 다스리
> 시길, '저수'에서 '칠수'까지 하셨는데.(民之初生, 自土沮漆.)"이라 했으
> 며, 또 "처음 백성을 낳으신 분은, 다름 아닌 강원이란 분이라네.(厥初
> 生民, 時維姜嫄.)"라고 했다. 이로 볼 때, 그들은 단지 이 종족이 형성
> 될 때의 사람을 그들의 시조로 보았지, 머나먼 옛날의 시조가 존재했
> 다는 것을 그들의 생각에 두지 않았음을 알 수 있다. 그들은 단지 하나
> 의 민족에 그 민족의 시조가 있었다는 것만 인정했지, 수많은 민족의
> 공인된 시조는 없었다.[36]

고힐강이 이 말을 했던 때가 민국 12년(1923)이었는데, 그때는 학계
에서 아직 은상의 존재를 인정하지 않았을 때였다. 우리는 위의 글에
서 말한 '서주'라는 두 글자를 '은상(殷商)'이라는 말로 바꿀 수 있을 것
이다. 그러나 은상과 서주 두 시기의 수많은 씨족시조 탄생 신화 중,
오늘날 문헌에 보존되어 오는 기록은 단지 두 개뿐이다. 즉 상나라의
자성(子姓)과 주나라의 희성(姬姓)의 시조에 관한 탄생신화만 남아 있
다. 이것은 분명히 자(子)성과 희(姬)성이 상나라와 주나라의 통치씨족
이었기 때문이다.

자성(子姓) 씨족 시조의 기원 신화는 『시경·상송(商頌)』을 비롯해
『초사』의 「천문(天問)」과 「이소(離騷)」 같은 동주 때의 문헌 속에 상

---

36) 顧頡剛, 앞서 인용한 「古史辨」 卷1, 61쪽.

세하게 기록되어 있다. 대략적인 이야기는, 모두 잘 알고 있을 것이다. 즉 간적(簡狄)은 유융씨(有娀氏)의 딸이었는데, 새와 접촉하여 아이를 뺐고 설(契)을 낳았는데, 상나라의 자(子)성의 시조가 되었다. 회임의 과정에 대해서는 의견이 분분하다. 혹자는 현조(玄鳥)가 간적(簡狄)으로 하여금 회임하게 하였다고도 하고, 혹자는 간적이 새의 알을 삼키고 임신하게 되었다고도 한다. '새[鳥]'는 모두 '현조(玄鳥)'를 가리키는데, 전통적으로는 제비[燕]로 풀이한다. 『설문해자』의 연(燕)부수에서 "연(燕)은 현조를 말한다(玄鳥也)."라고 했다. 그러나 곽말약(郭沫若)을 비롯해 소수의 다른 학자들은 현조(玄鳥)라고 할 때의 현(玄)이 검은색을 지칭하는 것이 아니라 신비롭다[神幻]는 뜻이며, 그래서 현조(玄鳥)는 봉새[鳳]를 말한다고 주장한다. 곽말약은 더더욱 그것이 제비여도 좋고 봉새여도 좋은데, 신화에서 말하는 새는 모두 『수호전』에서 이규(李逵)가 말한 '새'[37]를 말한다고 주장했다.[38] 이러한 견해는 일리가 없는 것이 아닐지도 모른다. 프로이트(Sigmund Freud, 1856~1939)의 저술에서 그 증거를 찾을 수 있지만, 이는 본 주제를 벗어나는 일이다. 이상의 주장 외에도, 각 신화에는 간적(簡狄)이 상제나 제곡(帝嚳)과 관련되었음을 지적한다. 『시경·상송(商頌)·장발(長發)』에서 "상제께서 아들을 세워 '상나라 조상'을 낳으셨네(帝立子生商)"라고 했고, 또 「현조(玄鳥)」에서 "하늘이 현조에게 명하사, 내려와 '상나라 조상'을 낳으셨네.(天命玄鳥. 降而生商.)"라고 했다. 동주 시대의 천(天)은 바로 상제(上帝)였는데, 이에 대해서는 이미 위에서 설명한 바 있다. 『초사』에서도 "'간적'이 누대에 있으면서 어떻게 제를 올리며 복을 기원했는가? 제비가 알을 주니 그녀는 왜 기뻐했는가?(簡狄在臺嚳何宜, 玄鳥致貽女

37) (역주) 생식기를 지칭하는 속어/비어이다.
38) 郭沫若, 앞서 인용한 『青銅時代』, 11쪽.

何喜?)"(「天問」)라고 했고, "'고신씨'가 신령이 성명하여, 제비를 만나서 말을 전하네.(高辛之靈盛兮, 遭玄鳥而致詒.)"(「九章 · 思美人」)라고 했다. 동주 때의 이러한 자료로 볼 때, 상나라 자(子)성의 선조는 간적(簡狄)과 현조(玄鳥)가 접촉하여 만들어졌으며, 간적이나 현조는 상제나 그것이 인간화한 제곡(帝嚳)과 관련 있다. 「상송(商頌)」은 일반적으로 춘추 시기 송(宋)나라 사람의 작품이라는데 동의하고 있다.[39] 송(宋)나라는 자성(子姓)으로, 상나라의 유민이다. 그리고 『초사』에 언급된 초 문화도 많은 학자가 상나라 문화를 많이 계승한 결과라고 믿고 있다.[40] 그래서 「상송」과 『초사』는 비록 모두가 동주 때의 문학작품이지만, 그 현조(玄鳥)에 관한 신화는 상나라 자족(子族) 기원 신화의 원형일 가능성이 꽤 크다. 그럴 뿐 아니라, 제곡(帝嚳)과 간적(簡狄) 및 융(娀)의 이름도 모두 갑골 복사에 등장하며, 은나라 사람 자신들이 기도를 드렸던 대상이라 한다. 게다가 은나라 때의 금문(金文)인 「현조부호(玄鳥婦壺)」에서는 또 현조(玄鳥) 라는 두 글자가 족휘(族徽)로 사용되고 있다. 그래서 상제와 간적이 자(子)성의 선조를 낳았다는 신화는 이미 은나라 때에 존재했을 가능성이 매우 크다.[41] 부사년(傅斯年, 1986~1950)은 적잖은 증거를 들어 조생(鳥生) 설화나 난생(卵生) 설화가 고대 동이족 지역에서 매우 유행했음을 증명한 바 있는데, 동이족과 상나라 문화의 관계가 밀접하다는 사실은 모두가 다 인정하는 바이다.[42]

---

39) 王國維, 「殷周制度論」, 『觀堂集林』 卷10, (1923), 24~25쪽.
40) 楊樹達, 「中國上古史導論」, 『古史辨』 第7冊, (1941), 151~153쪽.
41) 楊樹達, 「積徽居甲文記」, 『卜辭瑣記』, (1954), 32~33쪽, 40～41쪽; 于省吾, 「略說圖騰與宗教起源和夏商圖騰」, 『歷史研究』, 1959(11), 60~69쪽.
42) 앞서 인용한 傅斯年, 『夷夏東西說』; 또 三品彰英, 『神話と文化境域』, (昭和23年), 京都.

　　주나라 희(姬)성 시조의 탄생신화는 『시경·대아(大雅)』의 「생민(生民)」이나 「비궁(閟宮)」과 같은 서주 때의 문헌에서 직접 찾아볼 수 있다.[43] 「생민」에서 이렇게 말했다. "처음 백성을 낳으신 분은, 다름 아닌 '강원'이란 분이라네. 어떻게 백성을 낳았소? 정결히 제사 지내사, 자식 없는 징조 쫓으시고, 하느님의 발자취 엄지발가락 밟으시고 하늘의 복을 받으사, 쉬어 머무르셨데. 곧 아기 배고 신중히 하사, 아기 낳아 기르셨으니, 이분이 바로 '후직'이셨네. 드디어 정해진 열 달이 차자, 초산에도 양을 낳듯 순산이니, 째지지도 터지지도 않으시고, 재난도 해도 없으셨네. 그 영험함 밝으셨으니, 상제께서 크게 편히 하신걸세. 정결한 제사에 크게 즐거워하사, 의연히 아들 낳게 하신걸세. 아기를 좁은 골목에 버렸으나, 소와 양도 감싸 보호하여 주며, 넓은 숲 속에 버렸으나, 넓은 숲의 나무를 다 베어냈으며, 찬 얼음 위에 버렸으나, 새가 품어 깔아 주었네. 새가 날아가자, '후직'께서 우셨네.(厥初生民, 時維姜嫄. 生民如何, 克禋克祀, 以弗無子. 履帝武敏歆, 攸介攸止, 載震載夙, 載生載育, 時維后稷. 誕彌厥月, 先生如達. 不坼不副, 無菑無害. 以赫厥靈, 上帝不寧, 不康禋祀, 居然生子. 誕寘之隘巷, 牛羊腓字之. 誕寘之平林, 會伐平林. 誕寘之寒冰, 鳥覆翼之. 鳥乃去矣, 后稷呱矣.)" 또 「비궁」에서는 이렇게 말했다. "밝으신 선조 '강원'께서는, 덕이 있고 바르고 티가 없어서……태기가 있어 열 달이 차자, '후직'을 낳으셨네.(赫赫姜嫄, 其德不回……彌月不遲, 是生后稷.)" 「생민」에 기록된 것 중, 두 가지가 특별히 관심을 끄는데, 하나는 "하느님의 발자취 엄지발가락 밟으시고 하늘의 복을 받으사(履帝武敏歆)"라고 한 부분이고, 다른 하나는 탄생 이후 동물들이 그를 보호해 주었다는 부분이다. 앞 문장의 의미

---

43) 顧頡剛, 『古史辨』, 卷1, 61쪽; 聞一多, 「姜嫄履大人跡考」, 『神話與詩』, (1956), 73~80쪽.

는 그렇게 분명하지는 않지만, 기본적으로는 『사기 · 주본기(周本紀)』
에서 말한 "거인의 발자국을 밟았다(履大人跡)"는 것과 같은 사건으로
보인다.

위에서 이미 언급했듯, 상과 서주 때 자(子)성과 희(姬)성 이외에도
수많은 성이 있었을 것으로 추정되지만, 자(子)성과 희(姬)성의 기원
신화는 이 두 왕조의 유일한 두 씨족의 시조신화가 문헌 속에 보존된
것이다. 동주에 이르러, 영웅탄생의 신화는 갑자기 대량으로 증가하게
되며, 이러한 영웅 중에는 적잖은 부분이 당시의 친족군[族群]의 선조
이었다. 아래에서는 그렇게 된 원인에 대해 해석을 시도할 것이다. 여
기서 동주 때의 문헌에서 새롭게 등장한 영웅 탄생신화는 다음의 몇
가지 내원을 벗어나지 않는다는 것을 지적해도 무방할 것이다.

첫 번째 내원은 아마도 상이나 은나라 혹은 서주 때 이미 존재하던
씨족 시조의 탄생신화로, 상나라 때를 비롯해 서주(우리가 아는 바에
의하면) 때 아직 기록되지 않았다가, 동주 때에 이르러 기록되어 내려
왔을 것이다. 왜 동주 때에 이르러 문자 기록으로 남게 되었는가에 대
한 이유는 여러 가지가 있을 것이다. 그러나 필자는 다음의 두 가지 원
인이 있었을 것이라 믿는다. (1) 문자의 사용이 동주에 이르러 보편화
되어, 더는 왕족과 공족의 전유물이 아니었다는 점이다. (2) 희(姬)성
씨족이 동주에 이르면 이미 점차 정치와 문화에서의 독점적 권위를 상
실했고, 비교적 작은 씨족들이 대두하기 시작하였는데, 그들 씨족의 원
래 신화를 기록으로 남겨 정치적 지위를 쟁취했다는 '인가서(執照,
charter)'로 삼고자 했기 때문이다. 이러한 부류에 속하는 신화에는 소
호씨(少暉氏) 신화와 소위 축융(祝融) 8성(姓)의 전설이 포함될 수 있을
것이다.[44]

두 번째 내원은 아마도 은(殷)을 비롯해 서주 때에 변방에 있던 이민

족들이 동주에 이르러 중원 문명으로 흡수 통합되었던 이민족 문명의
씨족신화일 것이다. 위에서 이미 언급했듯, 동주 시대는 중원 문명이
대대적으로 확장하던 시대였다. 이민족과 화하 민족의 접촉이 빈번했
을 뿐 아니라, 이전에는 '이민족[夷]'이었던 적잖은 민족이 동주에 이르
러서는 정통 문화의 일부로 편입되었고, 그들 씨족의 원래 신화도 동
주의 문헌에 혼재되게 되었던 것이다. 이러한 부류에 속하는 것으로,
복희씨(伏羲氏)의 신화가 있을 것이다.[45)]

　세 번째 내원은 이들 중 가장 중요한 내원이기도 한데, 고대 및 당시
의 신물(神物)이 역사화하고 인간화하여 형성된 영웅 선조일 것이다.
가장 잘 알려진 예의 하나가, 바로 황제(黃帝) 신화이다. 황제(黃帝)는
아마도 상제(上帝)라는 지존 신이 인격화한 형식이 하나일 가능성이
큰데, 동주 때의 문헌 예컨대 『국어』와 『대대례(大戴禮)』에 이르러 수
많은 씨족의 공통 선조로 자리 잡았다. 고대사 속에서 선조로 등장하는
인물은 원래 '신'이었다는 이러한 견해는 원래 고힐강(顧頡剛)[46)]과 마스
페로(馬伯樂)[47)] 등이 제기했던 것이다. 양관(楊寬, 1914~2005)은 『중국
상고사도론(中國上古史導論)』에서, 손작운(孫作雲, 1912~1978)은 일련
의 연속된 논문에서[48)], 이에 관한 풍부한 증거를 제시하여 그러한 고

---

44) 李宗侗, 『中國古代社會史』, (中華文化出版社業委員會, 1954), 10~35쪽; 聞一
　　多, 「高唐神女傳說之分析」, 『神話與詩』, 81~116쪽.
45) 芮逸夫, 「苗族洪水故事與伏羲女媧的傳說」, 『國立中央研究院歷史語言研究所
　　人類學集羅刊』 第1期, (1938).
46) 顧頡剛, 앞서 인용한 『古史辨』 卷1.
47) Henri Maspero, 앞에서 인용한 *Journal Asiatique*의 글, 또 "Les Religions
　　Chinoises", *Mélanges Posthumes sur les religions et l'historie de la Chine*, I,
　　(Musée Guimet, Paris, 1950), pp.179~180.
48) 孫作雲, 「蚩尤考: 中國古代蛇族之研究－夏史新探」, 『中和月刊』 2卷 4期, 27
　　~50쪽, 5期, (1941), 36~57쪽; 「飛廉考: 中國古代鳥氏族研究」, 『華北編輯館館
　　刊』 第2卷, 3, 4期, (1943); 「后羿傳說叢考」, 『中國學報』 1卷3期, 19~29쪽, 4

대의 성현과 왕과 신하들이 모두 어떤 신물(神物)들이 변화하여 만들
어진 것이라고 했다. 양관(楊寬)의 결론은 다음과 같았다.

> 귀납하여 말하자면, 고대사 속에 보이는 성스런 임금이나 뛰어난 신하
> 들의 원형은 다음과 같다.
>
> (1) 원래부터 상제(上帝)였던 자: 제준(帝俊), 제곡(帝嚳), 제순(帝舜),
>   대호(大皡), 전욱(顓頊), 제요(帝堯), 황제(黃帝), 진황(秦皇).
> (2) 원래는 토지 신[社神]이었던 자: 우(禹), 구룡(句龍), 설(契), 소호(少
>   皡), 후예(后羿).
> (3) 원래는 곡식 신[稷神]이었던 자: 후직(后稷).
> (4) 원래는 태양신[日神]이나 불의 신[火神]이었던 자: 염제(炎帝)(즉 赤
>   帝), 주명(朱明), 소명(昭明), 축융(祝融), 단주(丹朱), 환두(驩兜), 알
>   백(閼伯).
> (5) 원래는 하백(河伯)이나 물의 신[水神]이었던 자: 현명(玄冥)(冥), 빙
>   이(馮夷), 곤(鯀), 공공(共工), 실침(實沈), 대태(臺駘).
> (6) 원래는 악신(嶽神)이었던 자: 사악(四嶽)(太嶽), 백이(伯夷), 허유(許
>   由), 고요(皋陶).
> (7) 원래는 금신(金神)이나 형신(刑神)이나 목신(牧神)이었던 자: 왕해
>   (王亥), 욕수(蓐收), 계(啟), 태강(太康).
> (8) 원래는 조수(鳥獸)나 초목(草木)의 신이었던 자: 구망(句芒), 익상
>   (益象), 기(夔), 용(龍), 주호(朱虎), 웅비(熊羆).[49]

期, (1944), 67~80쪽, 5期, 49~66쪽;「中國古代鳥氏族諸酋長考」,『中國學報』
第3卷3期, 18~36쪽;「說丹朱－中國古代鶴氏族之硏究, 說高蹻戱出於圖騰跳舞」,
『歷史與考古』第1號(1946, 瀋陽), 76~95쪽;「饕餮考－中國銅器花紋所見之圖
騰遺痕」,『中和月刊』第5卷, 第1, 2, 3期, (1994);「說羽人」,『國立瀋陽博物館
籌備會彙刊』第1期, (1947).
49) 楊寬,『中國上古史導論』, 序.

양관이 내린 일부 결론, 즉 일부 고대사 인물의 환원에 문제가 없지
는 않을 것이다. 그러나 그의 결론 중에서 신으로부터 사람으로 변화했
다는 하나의 커다란 원칙에 대해서는 찬동하지 않을 수가 없다. 아래에
서는 이러한 신화의 역사화에 관한 원인에 대해 논의해 보기로 하자.

위에서 언급한 것과 다른 가능한 내원에 의해 발생한 영웅 선조가 동
주 때의 문헌에는 정말 많고도 많다. 이러한 선조는 수많은 문헌 해석
에 따르면 또 서로 간에 직간접적으로 친척관계에 놓여 있다. 『국어』,
『세본(世本)』, 『대대례』에서의 제왕 계통[帝系]에 대한 기록을 통해 질
서정연한 영웅의 족보를 만들어낼 수 있다. 즉 설(契)은 자(子)성의 시
조이며, 게다가 기(棄)는 희(姬)성의 시조일 뿐 아니라, 이들 둘은 아비
가 같고 어미만 다른 이복형제 관계에 있으며, 황제(黃帝)와 누조(嫘
祖)의 후예이기도 하다. 이러한 후예 관계는 이 글의 끝에 첨부한 몇
가지 표를 보면 일목요연하게 이해할 수 있을 것이다. 여러 선배 학자
들이 대단히 엄숙하고 진지하게 동주 때의 문헌 속의 이러한 가족 계
보에 대해 많은 노력을 기울여, 이러한 영웅 선조를 몇몇 집단으로 나
누었고, 그들을 중국의 은(殷)나라 이전 때의 몇 가지 다른 민족으로
간주한 바 있다.[50] 이러한 작업은 당연히 매우 중요한 것이라 하겠다.
그러나 그 목적으로 말하자면 동주 시대 고대인들에게 크게 기만당했
다고 해야만 할 것이다. 이러한 점을 해석하기 위해, 우리는 동주 시대
의 신화인물이 역사적 인물로 전화하고, 게다가 이러한 역사적 인물들
이 또 친척관계로 변하게 된 근본적인 원인에 대해 이해하지 않으면
아니 된다. 아래에서는 이러한 문제의 논의에 집중하게 될 것이다.

필자는 위에서 상주 신화의 분류에 관한 논의를 진행하면서 결코 관

---

50) 앞서 인용한 徐炳昶 『中國古史的傳說時代』, 蒙文通, 『古史甄微』, 孫作雲의
여러 논문, W. Eberhard 『古代中國之地方文化』.

련 자료를 하나하나 끌어내 증거로 삼지는 않았었다. 단지 몇몇 중요
한 자료만을 골라 하나의 유형학[型式學]적 틀 속에서 기술했을 뿐이
다. 그러나 문헌에서 찾을 수 있는 상주 신화 중 상당히 실질적인 모든
내용, 게다가 중요한 역사적 의의가 있는 것들은 위의 분류에서 실제
로는 이미 다 포함되었다. 또 여기에서 분류의 근거로 삼았던 표준은
여전히 신화 그 자체의 내용과 성질이었으며, 빠트린 자료의 절대 대
부분은 단지 단편적인 부분에 지나지 않으며, 처리할 수 없는 몇몇 고
대인이나 신물(神物)의 이름에 한정된다. 그래서 현존하는 역사 문헌
으로 말하자면, 상과 주나라 각 시기의 신화는 대체로 위에서 말한 것
에 다 포함되었다 하겠다.

상나라와 주나라의 신화사는 세 개의 큰 단계, 즉 은(殷)과 서주(西
周)와 동주(東周) 시기로 구분할 수 있다. 상나라 때의 신화는 씨족 시
조의 탄생 및 자연신의 조직을 가장 중요한 주제로 삼고 있다. 시조와
신[神祇]의 구별이 절대 명확하지 않았으며, 서로 간에 세계가 서로 중
첩되어 있다. 신의 세계에서의 상제(上帝)라는 지존신은 간혹 선조의
추상적 관념이나 어떤 선조와 서로 오버랩 되어 있기도 하다. 현존하
는 문헌으로 볼 때, 상나라 때에는 우주의 기원에 관한 신화는 없었으
며, 신과 선조 세계의 분리에 관한 신화도 없으며, 천재지변과 구세에
대한 신화도 존재하지 않는다. 혹자는 견해를 바꾸어, 설사 이러한 신
화가 상나라 때에 있었다 하더라도, 그들이 제의 상에서 갖는 중요성
과 보편성은 아직 각종 문헌에 출현할 정도에 이르지는 않았다고 하기
도 한다.

서주 때의 신화는 은나라 때의 신화와 별 차이가 없다. 문헌으로 볼
때, 서주에서도 씨족 시조 신화를 비롯해 여러 자연신이 존재하지만,
다른 신화의 여러 유형은 여전히 출현하지 않았다. 그러나 상나라와

512

서주 때의 신화 사이에는 매우 중요한 차이가 하나 존재한다. 그것은 상나라 사람들의 관념 속에서는 선조와 신의 세계가 분명하게 구분되지 않았으나, 서주 때에는 이러한 방면에서 진전이 이루어져 상제(上帝) 및 다른 신의 세계를 하나의 새로운 범주 즉 '천(天)'에다 넣었으며, 인간의 왕을 '천자(天子)'라고 하면서, 더는 인간의 왕의 선조를 상제와 합하여 하나로 보지는 않았다는 점이다.

　동주(본문에서 말하는 '동주'는 대부분 춘추 중기 이후를 지칭하며, 모두가 平王의 東遷 이후의 연대부터 시작하지는 않지만, 설명과 서술의 편의를 위해 '동주'라는 말로 개괄했을 뿐이다.)의 신화는 서주의 기초 위에서 이루어졌으며, 또 다음처럼 일련의 연속된 급격한 변화가 이루어졌다. (1) 선조 영웅 신화가 문헌에서 갑자기 증가한다. (2) 수많은 초자연세계 속의 신적 영물이 '인격화'하여 전설 역사상의 영웅 인물로 변화한다. (3) 이러한 선조 영웅은 종종 서로 친척관계를 형성하며, 소수의 몇 가지 계보로 거슬러 올라갈 수 있다. (4) 선조의 세계와 신의 세계가 명확하게 분리되어 두 개의 서로 다른 세계로 존재하며, 각자 서로 다른 방향을 향해 발전하고 복잡해졌다. (5) 이 두 세계의 관계는 종종 상호 적대적이거나 경쟁 관계에 있었다. (6) 인류세계는 하늘이 내린 재앙의 피해를 보지만, 재앙은 선조의 영웅에 의해 소멸한다. (7) 자연의 세계는 이미 완전하게 인류의 세계와 분리되었으며, 그것의 형성과 구조와 기원은 바로 일련의 우주생성의 신화를 갖고서 설명할 수 있다.

　신화의 변화를 이상과 같이 지적한 것이 결코 이 논문에서부터 시작된 것은 아니며, 필자가 처음으로 해석한 것도 아니다. 수많은 학자의 의견과 대조해 볼 때, 상주 신화의 몇몇 유형이 '적거나', 혹은 '많거나', 혹은 '다른 문명과 비교해 부족하다는' 이러한 특징은 사실은 이들에 대한 반대 증거인 동시에 고대 문헌의 결핍과 불균형적인 보존 현황을 반영하는 것이다. 바꾸어 말해서, 우리가 아는 상주 신화는 진정한 상주 신화 중 극히 불완전하고 극히 대표성을 띠지 못하는 몇몇 표본 (random samples)에 지나지 않는다. 이러한 관점에 근거하면, 상주 신화 전체의 일반성에 관한 연구는 근본적으로 실패할 수밖에 없다. 이 외에도, 일부 학자들이 '문헌에 증거가 없다'라는 이러한 기본적인 가정을 인정하기도 하지만, 그러나 소위 '민족학(民族學)'적 방법을 사용하는 것에 대해 후대의 자료를 사용해서 전대의 공백을 메우는 것이라 주장하기도 한다. 이 두 가지 견해에 대해서는 위에서 이미 논의했다.

또 어떤 학자들은 우리가 아는 상주 신화는 믿을만하며 게다가 상당한 대표성을 띠고 있다는 것을 인정하면서, 동시에 진일보하게 해석하기도 한다. 예컨대 보드(Derk Bodde, 1909~2003)는 고대 중국에서 자연 창조 신화가 드문 것은 고대 중국인들이 인류사회의 정치적 관계에 집중적으로 주목했지만, 이와 상대적으로 자연세계에 대해서는 소홀했기 때문이라 주장하기도 한다.[51] 몇몇 저명한 학자들은 일찍이, 고대 중국 신화가 '발달하지' 않은 것은 중국이 선천적으로 부에 대한 관념이 부족하고, 고대인들은 반드시 살아가는데 급급했으며, 종려나무 아래에 누워 백일몽을 꿀 여유가 없었기 때문이라 하기도 한다.[52] 이러한 마지막 견해는 당연히 웃고 기는 말 정도로 넘겨야만 할 것이다.

그러나 고대 중국의 신화를 연구하는 절대 대수의 학자는 모두 다음과 같은 유력하고 합리적인 해석에 동의하고 있다. 즉 고대 중국 신화

---

51) Derk Bodde, "The Myth of Ancient Chian", in: (S. Kramer, ed.), *Mythologies of the Ancient World*, (1961), p.405; Derk Bodde, "Dominant Ideas in the Formation of Chinese Culture", *Journal of American Oriental Society*, Vol. 62, No. 4, (1942), pp.293~299.
52) 玄珠, 앞서 인용한 『中國神話研究ABC』, 상책, 8~10쪽에서 인용한 견해.

가 적고 이 극히 적은 자료 중에서 선조의 영웅에 관한 이야기가 많은 주요한 원인은 상나라와 서주 시대 때 이루어진 '신화의 역사화'에 있다. 신화가 역사화한 원인은 한편으로는 동주와 한나라 때의 유가사상이 '괴력난신(怪力亂神)'을 수용하지 않았으며, 그리하여 의식적으로 신비한 신화에다 합리적 해석을 첨가했기 때문이다. 또 다른 한편으로는 이 또한 춘추 말기부터 전국시대에 이르러 일어난 인문주의와 문예부흥 조류 하에서 생겨난 필연적 추세라는 것이다. 양관(楊寬)은 매우 유력한 예를 가지고서 이러한 이론을 다음처럼 설명했다. 즉 신화에서는 황제가 "네 개의 얼굴을 가졌다"고 했는데, 공자를 이를 "사면영통(四面靈通 · 사면으로 정통한)"이라고 할 때의 '사면'으로 해석하였으며, 신화에서는 "기(夔)가 발이 하나"라고 했는데, 공자는 이를 두고 기(夔)라면 발이 하나만 있어도 충분하다는 식으로 해석했다.[53] 동주 시대는 중국의 문화, 정치, 경제, 사회적으로 대변혁이 일어났던 시대이다. 중국의 문명은 이와 동시에 넓이나 깊이에서 모두 확장되었으며, 지식과 기술은 보편화를 넘어서 상업화하기까지 했다. 이러한 상황에서 사대부와 평민들 간에서 모두 세계관에서의 각성이 이루어졌고, 그리하여 신화가 지배하던 세력이 감소하고 이성이 발달하였다. 그래서 필자는 이러한 해석, 즉 동주 시대 때의 신화의 역사화는 바로 인문주의와 문예부흥운동의 결과이며, 이는 유럽인들에게서 인문주의와 문예부흥이 중세기의 종교 독재사상을 극복했던 것과 마찬가지라는 것을 믿고 있는데, 이는 합리적인 해석이라 하겠다.

그러나 필자는 이러한 해석이 결코 완전하다고 생각하지는 않는다.

---

53) 楊寬, 앞서 인용한 『中國上古史導論』, 125~126쪽; 이러한 학설을 주장한 사람으로는 또 徐炳昶과 馮承鈞의 앞서 인용한 논문, 그리고 袁柯, 『中國古代神話』, (1960), 17쪽 등이 있다.

물론 이는 결코 이러한 해석 자체에 어떤 오류가 있다는 것을 의미하지는 않는다. 필자가 불만족스럽게 생각하는 것은, 이러한 해석이 동주시대 문화 사회의 변화와 신화의 변화를 매우 구체적으로 결합시키지 못하고 있으며, 그 변화를 이끌어낸 메커니즘(mechanism)에 대해서도 아직 구체적으로 설명해 주지 못한다는 점이다. 필자는 이어지는 논문과 다른 몇 편의 계획 중인 글에서 이에 관한 새로운 이론을 진일보하게 제기할 예정이다. 이러한 이론은 기본적인 원칙에서 기존의 견해와 맞아떨어진다. 그러나 그것은 한 걸음 더 나아가 변화에 대해 갖가지 세세한 설명을 할 수 있으며, 신화의 변화와 문화사회의 변화를 더욱 구체적으로 연계시킬 수 있을 것이다. 간단하게 말해서, 필자는 고대 중국의 신화가 근본적으로 친족 집단을 중심으로 하고 있으며, 친족 집단은 친족 제도상에서의 개인의 지위를 결정할 뿐 아니라 그의 정치상의 지위도 결정한다. 상나라로부터 주나라 말기에 이르면 친족제도와 정치제도 사이에 형성되었던 긴밀한 관계에 극심한 변화가 일어나게 되는데, 신화사에서의 변화는 이러한 정치와 친족제도의 변화에 따라 만들어진 것이다.

이러한 이론을 증명하기 위해, 우리는 단지 신화 그 자체의 범위 속에 갇혀서는 아니 될 것이며, 먼저 신화 변천의 문화적 변천 배경에 대해 먼저 설명하지 아니하면 아니 될 것이다. 이어지는 글에서는 이러한 방향에 초보적인 노력과 시도가 이루어질 것이다.

516

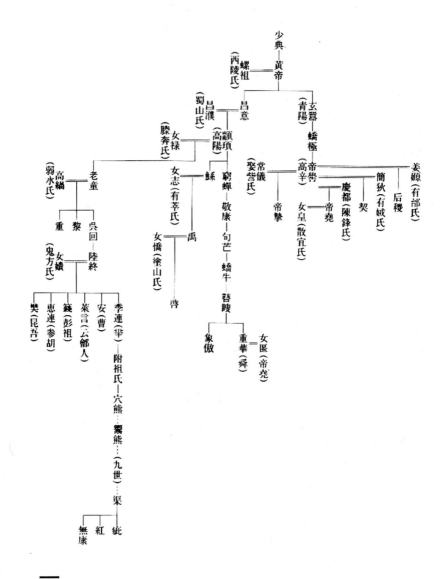

표_9 : 『대대예기 · 제계성』의 세계표

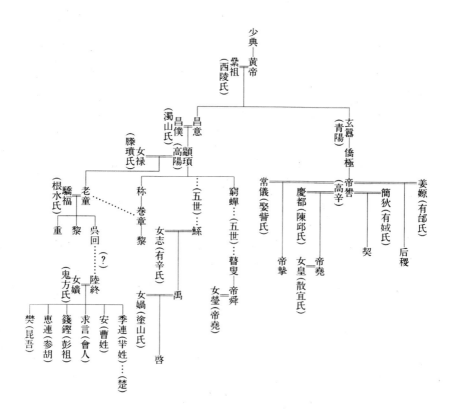

표_10 : 『세본 · 제계』의 세계표

518

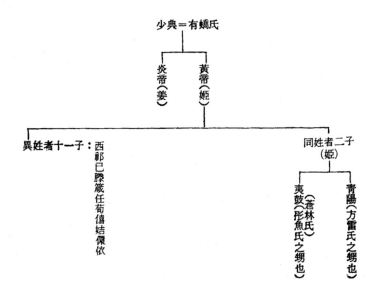

표_11 : 『국어·진어』의 세계표
(황제는 25명의 아들이 있었다. 이들 25명은 모두 宗이 되었다. 25명의 아들 중 姓이 다른 아들들은 4명의 어머니로부터 났는데, 12가지 姓이 되었다. 姓을 획득한 아들이 모두 14명이었는데, 12姓이 되었다.)

상주(商周) 시대 신화와 미술에 보이는 인간과 동물 관계의 변천

원래는 『中央研究民族學研究所集刊』 제16기(1963), 115~146쪽에 실린 글이다.

1

들어가는 말

이 글에서 필자는 조그만 제목으로부터 출발하여 제법 큰 주장을 펴는 식으로 논의를 진행하고자 한다. 그 주제는 다름 아닌 고대중국의 상나라와 주나라 때의 신화와 미술에 보이는 동물의 의미와 기능에 관한 몇 가지 측면에 관한 것이다. 여기서 필자는, 그것들의 의미와 기능을 이해하려면 신화 혹은 미술 속에 보이는 동물을 고립적으로 연구하는 것은 충분하지 못하기 때문에, 신화와 미술 속에 보이는 동물을 모두 가져와 논의해야 하며, 게다가 신화 속의 동물과 미술 속의 동물 간의 상호 관계 및 그들과 상주 문명의 다른 측면의 특징과의 관계를 고려해야만 한다는 것을 주장하고자 한다. 다른 한편으로, 이러한 갖가지 관계를 하나하나 분명하게 하려면 정태적인 정황뿐만 아니라 변천이라는 환경 속에서 연구하지 않으면 아니 된다.

상주 때의 신화와 미술에서 동물은 매우 중요한 지위를 차지한다. 이러한 사실은 아마 모두가 동의하리라 생각하기에, 예를 들어 증명하지 않아도 될 것이다. 신화에서[1] 동물은, 친족군(族群)의 선조로부터 상제(上帝)의 사자에 이르기까지, 또 선조 영웅의 반려자로부터 영웅이 정벌하는 악마에 이르기까지 모든 역할을 다 하고 있다. 동물은 신화

---

1) 필자의 「商周神話之分類」, 『中央研究民族學研究所集刊』 제14기를 참조.

에서 중요한 지위를 차지할 뿐 아니라, 심지어 표면적으로 보이는 것
보다 더 사실은 더 높은 지위를 갖고 있다. 양관(楊寬, 1914~2005)과 같
은 일부 역사학자는 고대 중국의 성현이나 호걸에 관한 전설의 십중팔
구는 원래 동물 신령의 화신이었을 것이라고 믿고 있다.[2] 또 손작운
(孫作雲, 1912~1978)은 수많은 신화 전설 속의 영웅 인물이 원래는 동
물을 토템 시조로 삼는 친족군의 우두머리였다고 여겼다.[3] 이러한 주
장을 전적으로 받아들일 수 있을지에 관계없이, 상주 신화에서 가장
중요한 역할을 담당한 것은 동물이라는 것만은 사실과 동떨어진 지나
친 이야기가 아니라는 점을 필자는 주장하고 싶다. 미술에서, 상나라와
주나라에 걸쳐, 갖가지 동물 혹은 동물신체의 부분은 장식미술 단원의
커다란 부분을 차지하며, 청동 예기[4], 무기[兵器], 용기, 거마기, 악기,
여러 종류의 도기, 나무, 뼈, 옥 조각과 상감, 칠기와 청동과 골제품의
장식물에 등장한다. 이외에도 동물은 또 나무나 돌 조각의 주요 모티
프가 된다.[5] 이러한 동물 중 대부분은 그것이 무엇을 그렸는지 인식해

2) 揚寬, 『古史辨』 第7冊, 序, (1941), 2~13쪽, 예컨대 象(舜의 동생)은 코끼리[象]
   였고, 伯益은 원래 제비[燕]였으며, 禺는 원래 龍이었으며, 飛廉은 원래 날개
   달린 신비한 동물이었으며, 祝融(朱明, 昭明, 丹朱, 驩兜)는 원래 태양신[日神]
   즉 赤鳥였으며, 蓐收는 원래 호랑이[虎]였다.
3) 孫作雲, 「蚩尤考: 中國古代蛇族之硏究-夏史新探」, 『中和月刊』, 2卷4期, 27~
   50쪽; 5期, 36~57쪽, (1941), 「飛廉考: 中國古代鳥氏族硏究」, 『華北編輯館館刊』
   第2卷, 3, 4期, (1943); 「后羿傳說叢考」, 『中國學報』 1卷3期, 19~29쪽, 4期,
   (1944), 67~80쪽, 5期, 49~66쪽; 「中國古代鳥氏族諸酋長考」, 『中國學報』 第3
   卷3期, 18~36쪽; 「說丹朱-中國古代鶴氏族之硏究, 說高蹻戲出於圖騰跳舞」,
   『歷史與考古』 第1號(1946, 瀋陽), 76~95쪽; 「饕餮考-中國銅器花紋所見之圖
   騰遺痕」, 『中和月刊』 第5卷, 第1, 2, 3期, (1994); 「說羽人」, 『國立瀋陽博物館
   籌備會彙刊』 第1期, (1947).
4) 容庚, 『商周彝器通考』, (1941), 第6章 '花紋'에서 열거한 여러 예들 참조.
5) Osvald Sirén, "Histoire des arts ancient de la Chine, I: La période
   préhistorique, l'epoque Tcheou, lépoque Tch'ou et T'sin", *Annales du Musée*

낼 수 있는데[6], 그 속에는 물소[水牛], 사슴[鹿], 무소[犀牛], 호랑이[虎], 코끼리[象], 양[羊], 소[牛]를 비롯해 다른 포유류 동물이 들어 있고, 뱀 [蛇]을 비롯한 다른 파충류도 있으며, 또 누에[蠶]와 매미[蟬]와 수많은 종류의 새[鳥]와 물고기[魚]도 있다. 이외에도 일부는 자연계에는 존재 하지 않는 신화적 동물도 있는데, 도철(饕餮), 용(龍), 봉(鳳)을 비롯해 갖가지 변형도 나타난다. 따라서 필자는 상주 때의 미술이 대체로 동 물형이 지배하는 무늬의 미술이라 해도 사실을 넘어선 지나친 이야기 가 아니라고 생각한다.

중국 고대사를 연구하는 국내외 학자들이 이미 무수히 많은 책과 논 문을 썼고, 적잖은 사람들이 평생의 정력을 쏟아 부어 상주 때의 신화 와 미술을 연구해 왔다. 물론 해결되지 않은 문제도 여전히 매우 많다. 그러나 어쨌든 간에 이러한 문제에서는 적어도 우리는 황량한 대지의 처녀지에서 탐색 작업을 하고 있다고 하지 않을 수 없다. 이전 학자들 과 불필요한 중복을 피하고자, 필자는 여기서 이러한 방면에서 매우 작은 주제를 골라 집중적으로 논의하고자 하는데, 이러한 동물의 의의 에 관한 몇몇 문제가 될 것이다. 이 주제를 연구하는 학자라면, 태반은 상주 때의 신화와 미술 속에 나오는 동물에 종교와 제의 상의 의미가 있다는 것에 동의할 것이다.[7] 필자는 이러한 동물이 상주 때의 종교의

Guimet, Bibliotheque d'art, N. S. 3(1929, Paris et Bruxelles); L. Bachhofer, *A short history of Chinese art*(New York, Pantheon Books, 1946).

6) 李濟, "Hunting records, faunistic remains, and decorative patterns from the archaeological site of Anyang", 『國立臺灣大學考古人類學刊』 第9, 10合期, (1957).

7) Florance Waterbury, *Early Chinese Symbols and Literature: Vestiges and Speculations* (New York, E. Weyhe, 1941); William van Heusden, *Ancient Chinese Bronzes of the Shang and Chou dynasties* (Privately published, Tokyo, 1952); Phyllis Ackerman, Ritual Bronzes of Ancient China (New York, Dryden

524

식 생활을 비롯해 종교의식 이외의 일반적인 사회문화 생활에서 차지했던 기능상의 지위에 대한 몇몇 논의를 통해 상주 신화와 미술 속의 동물이 종교 제의 상에서 가지는 의미가 상당한 정도로 분명하게 정리되기를 희망한다.

그것은 신화와 미술 속의 이러한 동물의 기능적 의미를 이야기하지 않고서는 더 이상의 이해가 의미를 잃기 때문이다. 소위 '동물무늬의 미술', 혹은 '동물 형태의 신화'라는 이러한 술어는 사실 '농업'이나 '도기'가 같은 수준의 개념이듯, 그것들이 중국의 고대문화 사회 환경에서 갖는 의미는 이러한 환경 속에서 차지하는 지위로부터 고찰하지 않으면 충분히 이해하기 어렵다. 고대 이집트와 티그리스와 유프라티스 강 유역의 미술을 논의하면서, 이미 작고한 프랑크포트(Henri Frankfort, 1897~1954) 교수는 일찍이 우리가 이러한 미술 창작에서 인식할 수 있는 것은 바로 "미술이라는 영감적 산물이지, 지혜의 노력을 통해 만들어진 물품이 아니다."라고 대담하게 말한 적이 있다. 그는 또 이렇게 말했다. "고대 예술가들의 마음속에 존재하는 문제는, 결코 '내가 국왕을 어떻게 신이나 영웅으로 만들어 표현할 것인가?'라는 그런 문제가 아니라, 그들의 마음속에 존재하는 유일한 것은 '내가 지금 국왕 폐하를 그려내고자 하는 것'은, 그가 이집트 사람이냐 아니면 아시리아 사람(Assyrian people)이냐에 따를 뿐이며, 우리가 보는 것들은 바로 그 결과일 뿐이다."[8] 소위 '의미'라는 것을, 우리가 만약 고대미술이나 종교적인 하나의 경계를 분명하게 해석하는 추상적 개념으로만 사용한다

Press, 1945) 등에서 한 분석들, 그리고 孫作雲의 팡에서 인용한 「饕餮考」; H. C. Creel, *Studies in Early Chinese Culture* (Baltimore, Waverly Press, 1937)에서의 商周 미술에 대한 평어를 참조.

8) Henri Frankfort, *Kingship and the Gods* (The Unoversity of Chicago Press, 1948), p.11.

면, 결코 그것을 구조 분석의 기초로 삼을 수 없으며, 또 역사 비교의 근거로 삼을 수도 없다. 그래서 필자의 논의는 이 문제, 즉 우리가 어떻게 고대 신화나 미술 작가의 주관적 관점을 구분해 낼 것인가에 집중될 것이다. 필자는 여기서 한 가지 견해를 제시하고자 하는데, 그것은 우리가 신화와 미술작품 그 자체에서 드러나는 신화 속의 동물에 대한 그들의 태도에 대한 고찰을 통해, 이러한 목표에 도달할 수 있다는 것이다.

2

동물에 대한 인간 태도의 변천

위에서 이미 언급했다시피, 우리는 갖가지 상호 관계를 변천하는 환경 속에서 고찰함으로써 해당 문제를 연구해야 한다고 주장해왔다. 우리는 이제 변화 속의 미술과 신화 및 문화의 다른 환경 영역 속에 드러난 상주 시대의 신화동물에 대한 인간의 태도 변화를 고찰하기 시작해도 무방할 것이다.

일반적으로 말해서, 상주 시대 미술의 스타일은 서로 다르지만, 또 연속되는 세 가지의 '형식'으로 나눌 수 있다. 즉 칼그렌(高本漢, Klas Bernhard Johannes Karlgren, 1889~1978)이 불렀던 고전식과 중기 주나라 형식[中周式]과 회식(淮式)이 그것인데, 이는 곽말약(郭沫若)이 불렀던 고전시기, 퇴화기, 중흥기에 대응되기도 하다.[9] 이러한 시기 구분의 근거에는 금문의 내용과 서식(書式), 기물의 형태, 그리고 장식 무늬의 변천 등이 모두 포함된다. 그러나 여기서는 장식미술 속의 동물에 관한 모티프만 논의하게 될 것이다. 고전식 장식 무늬 중의 동물은 종류가 매우 많고, 일종의 고양된 정서를 표현하고 있으며, 동시에 사람들에게 강렬한 느낌을 안겨주고 있다. 가장 자주 보이는 동물 모티프는

---

9) B. Karlgren, "Yin and Chou in Chinese Bronzes", "New Studies in Yin and Chou Brozes", 이 모두 *Bulletin of Museum of Far Eastern Antiquities*, Nos. 8 and 9(1936, 1937)에 실렸음, 또 郭沫若의 『青銅時代』, (1945) 참조.

도철 무늬[饕餮紋]인데, 도철의 얼굴이 종종 청동기를 장식하는 전체 무늬의 중심을 이루며, 비교적 작고 부차적인 장식 모티프에 의해 둘러싸여 있다. '신비하고', '신기하며', '생동적이고', '강렬하며' '감동을 준다'라는 말은 이러한 고전식 동물 미술을 형용하는 문구가 되었다. 그리고 그중의 동물들은 확실히 사람으로 하여금 경외감을 느끼게 하기도 하여, 신화 속으로부터 얻은 강력한 힘을 분명히 갖고 있다. 인간의 모습은 미술품에서 찾아보기 어렵다. 간혹 출현한다 하더라도 그들은 장식된 동물들과 비교해 볼 때 예속적이거나 피동적인 지위를 차지하는 것처럼 보인다.[그림_16]

　고전식이 유행하던 시대는 상 왕조의 후반부와 서주의 초기 때였다. 기원전 950년부터 시작해서 ― 이는 칼그렌의 견해이다 ― 주나라의 장식 미술은 중기 주나라 형식[中周式]의 천하로 변한다. 이 중기 주나라 형식을 바탕으로 수많은 동물형의 무늬가 판에 박힌 듯 변해갔고 고정화되었다. 그래서 그 형상에서 표현하는 신화적 힘은 현저하게 감소하였다. 그리고 고전식에서 주도적 지위를 차지하고 있던 도철 무늬[饕餮紋]도 거의 사라지고 말았다. 수많은 청동기의 장식 무늬 중에서 동물형의 무늬는 여전히 보존되었지만, 그것들의 신화성과 초자연의 매력은 고전식의 시대와 비교하면 현저하게 떨어졌다. 이러한 변화 추세는 기원전 650년 이후 즉 춘추 중기 이후, 미술사에서 말하는 회식(淮式) 시대에 들면서 더욱 분명해지고 심화하였다. 도철 무늬를 포함한 고전식의 수많은 동물무늬가 회식(淮式)에 이르러 다시 출현하였다. 그러나 그들의 모습은 더욱 전통을 답습하는 모습으로 나아갔지만, 고전식 시대에서 갖추었던 신비하고 기이한 힘은 거의 사라져버렸다. 예컨대, 회식(淮式)에서 동물무늬는 종종 기물장식 무늬 중 수많은 구성 요소

528

그림_16 : 상(商)나라 때의 청동기에 나타난 사람과 짐승의 관계
(安陽 「司母戊鼎」의 귀[耳] 부분, 講談社의 『圖說中國の歷史』에서 인용)

중의 한 작은 부분으로 사용되었으며, 독립된 개별 동물이 면적 상으
로 큰 부분을 차지하는 경우는 매우 드물었다. 이와 동시에, 회식(淮
式) 무늬에서 새로 나타난 특징은 소위 수렵 무늬의 출현이었다 — 수렵
무늬의 구도에서 신비하고 특이한 짐승이나 새는 인간 전사에 의해 정
복되거나 살육된 듯 보인다[그림_17]. 간단하게 말해서, 고전식으로부
터 회식(淮式)에 이르기까지 장식미술 속의 동물만 갖고 이야기한다면,
다음과 같은 중요한 두 가지 변화가 있었다고 할 수 있다. 첫째, 초기
에는 도철을 비롯한 다른 신비하고 이채로운 동물이 큰 힘을 갖고 있
으며 지배적 영향력이 있었다. 그러나 후기에 들면서 이러한 힘 있고
생동적인 무늬가 답습되어 판에 박힌 듯 변해버려, 더는 그러한 신기
한 힘을 가지지 못한 듯 보인다. 둘째, 상나라 및 서주 초기의 기물 무
늬에서 인간은 단지 피동적이고 예속적인 지위에만 놓여 있었던 것처
럼 보인다. 그러나 동주 시대에 이르러 인간은 동물의 정복자나 적어
도 도전자로 변하게 되었다. 바꾸어 말해서, 상나라로부터 전국 시대까
지의 미술에 보이는 인간과 신비하고 이채로운 동물 간의 관계는 다소
극렬한 변화를 겪은 듯 보인다. 그것은 주로 오래된 도철 무늬의 답습
과 새로운 사실을 띤 무늬의 출현에서 표현되었는데, 이는 이러한 신
비하고 이채로운 동물에 대한 인간의 새로운 태도, 즉 더는 경외한다
고 말할 수 없을 정도의 새로운 태도를 드러내 주었다.

　　상주 신화에서도 이러한 변화와 유사한 부분을 찾을 수 있다. 그러
나 여기서는 상주 신화의 연대 문제를 주제로 상세하게 논의할 수는
없다. 사실, 설사 논의할 수 있다 하더라도 모두가 만족할 수 있는 결
과를 도출하지 못할 것으로 생각한다. 그러나 모두 다음과 같은 점에
대해서는 동의를 할 것으로 생각한다. 즉 상주 씨족 선조의 탄생 신화
가 대부분 상주 때의 비교적 이른 시기에 기원했으며, 천지개벽 형의

530

신화와 영웅이 세상이 재앙을 구제하는 신화는 아마도 주나라 때의 비교적 늦은 시기에 이르러 생겨났다는 사실이다.[10] 만약 이러한 가설이 성립할 수 있음을 인정한다면 - 필자는 상세한 논증을 들어 이러한 것이 성립할 수 있다는 것을 증명할 수 있다고 믿는다 - 초기 단계의 신화에서 동물이 담당했던 역할은 다음의 몇 가지가 있다. 자성(子姓)과 현조(玄鳥)와의 관계와 같은 씨족 시조탄생의 필요 요소, 바람[風] 등과 같은 신의 사자, 『시경·대아(大雅)·생민(生民)』에서 묘사한 후직(后稷)과 소나 양이나 새와의 관계처럼 씨족 시조의 보호자, 하후 계(夏后啓)와 두 마리 용[兩龍]의 관계처럼 선조와 상제를 모시는 반려자 등이 그렇다. 초기 단계의 신화에서 동물에 대한 인간의 태도가 긴밀하고, 존경하여, 두려움을 가졌다고 말한다면, 이는 맞지도 않지만 틀렸다고도 할 수 없다고 필자는 생각한다. 동주 시대의 신화에서는 이러한 태도가 더는 지배적인 태도가 되지 못했다. 이때에는 동물이 더는 선조의 탄생을 돕는 존재가 아니었을 뿐더러 인간 세상에 재앙을 내리는 악귀였거나 선조 영웅에 의해 축출되거나 처단되어 공을 세우게 해주는 적으로 등장한다. 이러한 영웅 중에서 가장 잘 알려진 것은 예(羿)이다. 예(羿)는 지상에서 사람을 먹어 치우는 뱀[蛇]과 같은 짐승을 제거했을 뿐 아니라 태양 속의 금오(金烏)를 활로 쏘아 요(堯) 임금 때의 커다란 재앙이었던 가뭄을 해결했던 인물이다.

미술과 신화 속에서 볼 수 있는 인간의 동물에 대한 이러한 태도의 변화는 수많은 상주 고고학과 역사의 다른 측면에서도 분명하게 그 흔적을 찾아볼 수 있다. 여기서는 뼈 점[骨卜]의 역사를 예로 들어 보기로 한다. 화북 지역 신석기시대의 용산(龍山)시기, 상나라를 비롯해 주나

---

10) 앞에서 인용한 「商周神話之分類」 참조.

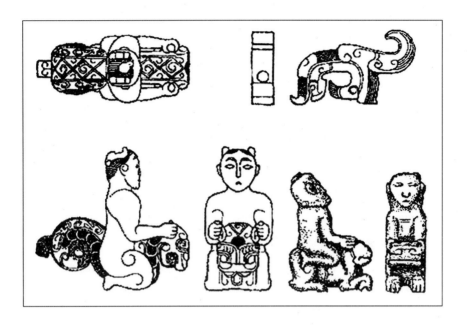

그림_17 : 동주(東周) 후기 미술품에 나타난 사람과 짐승의 관계
(洛陽 戰國시대 무덤에서 출토된 玉人. 『考古』 1959年 第12期, 657쪽에서 인용)

라 초기에는 소위 뼈로 점을 치는 습속이 존재했다. 즉 소[牛], 사슴[鹿], 양(羊), 돼지[豬]의 어깻죽지 뼈[胛骨]를 잘라 만든 다음 불로 지져 금을 갈라지게 하여, 그 나타나는 금으로 길흉을 판단하던 것을 말한다. 뼈로 점을 치던 습속은 상나라 때 가장 성행했으며, 어깻죽지 뼈 외에도 거북 딱지[龜甲]가 사용되었으며, 갑골에다 글을 새겼는데, 이는 모두 잘 아는 사실이다. 복사로부터 상나라 때의 점복은 바로 동물의 갑골을 매개로 하여 죽은 선조와 정보를 소통하였음을 알 수 있다. 상나라가 멸망한 이후 뼈로 점치던 습속은 갑자기 쇠퇴하였다. 고고학적 증거에 의하면, 동주 시대에 들어서도 여전히 시행되긴 했지만, 그다지 중요한 지위를 차지하지는 않았다. 점복용 뼈의 역사로부터 우리는 다음과 같은 커다란 그림을 그릴 수 있다. 은주 시대 초기에는 산 사람은

532

동물의 뼈를 도움으로 삼아 사자와 정보를 소통했으나, 후기에 들면서 동물의 뼈가 더는 이러한 기능을 수행할 수 없게 되었고 그리하여 점복은 대부분 다른 매개를 통해 이루어지게 되었다.

이러한 증거를 한데 합치면, 상주 초기에 상주 시대 사람들의 동물에 대한 태도 변화에 강력한 주석을 보태는 데 유력한 증거가 될 수 있다. 즉 상주 초기에는 신비롭고 기이한 동물이 대단한 지배력의 신적 힘을 가지고 있었으며, 동물과 비교해서 인간의 지위는 피동적이고 예속적이었다. 그러나 주나라 후기에 이르러 인간은 동물의 신화적 힘에서 해방되었으며, 종종 도전자의 자세로 등장했고, 심지어 어떤 경우에는 승리의 편이 되기도 했다. 이러한 현상에 대해 우리는 그렇게 되었던 원인을 캐묻지 않을 수 없는데, 적잖은 학자들이 이미 이에 대해 해답을 시도했었다. 가장 자주 보이는 해석의 하나는 주나라 후기에 들어 이루어진 지식의 보급과 심화 및 당시 유가로 대표되는 인문주의의 흥성에서 그 원인을 찾는다.[11] 필자 개인의 관점은 이러한 해석이 매우 합리적이며 대체로 맞지만 충분하지는 않다고 생각한다. 충분하지 않다고 생각하는 부분은 주로 상주 시대의 문화와 사회 속에서 인간과 동물 간의 태도가 가장 밀접하게 관계된 몇몇 측면을 구체적이고 개별적으로 지적해 해석해내지 못했다는 데 있다.

상주 신화와 미술 속 동물의 의미에 대한 직접적이고 유효한 해석은 반드시 상주 문화발전사에서부터 시작되어야만 한다. - 이러한 문화발

11) 예컨대 楊寬의 「中國上古史導論」, 『古史辨』 第7冊에 실림; Derk Bodde, "The Myth of Ancient Chian", in: (S. Kramer, ed.), *Mythologies of the Ancient World*, (New York, Doubleday & Co., 1961), pp.372~276; Henri Maspero: Légendes mythologiques dans le *Chou King(Journal Asiatique*, t. 204, 1924), pp.1~2; Henri Maspero: "Les Religions Chinoises", *Mélanges Posthumes sur les religions et l'historie de la Chine*, I, (Musée Guimet, Paris, 1950), pp.179~180.

전사를 세우는 기초는 고고학에 기대야 할 뿐 아니라 역사에도 기대야만 하며, 미술과 제의를 포함할 뿐 아니라 전체적인 문화와 사회의 구성도 포함되어야만 한다. 더욱 구체적으로 말해서, 필자는 다음과 같은 하나의 가설을 제시하고자 한다. 즉 상주의 신화적 동물은 그 특징상으로든 아니면 그 변화로부터 보든, 상주시대의 세계관 속의 신(神), 선조[祖], 동물(動物) 간의 상호관계에 근거해 해석해야만 한다. 필자는 다음 단계에서 이러한 가설을 증명해보고자 한다.

3
상주 시대 친족군의 몇 가지 특징

'신성한' 세계에서의 선조와 신(神) 간의 관계를 분명하게 하려면, 먼저 '세속적'인 세계에서의 선조와 산 사람 간의 관계를 이해해야만 할 것이다. 그래서 먼저 상주 때의 친족제도에 대한 대략적인 설명이 필요하다.

상주 시대의 중국인들은 대개 몇몇 숫자의 단일계통[單系] 친족군 즉 씨족(氏族)을 형성하고 있다. 이미 고인이 된 정산(丁山, 1901~1952)은 그가 상대의 복사에서 '토템'의 의미가 있는 족명(族名) 2백 개 이상을 찾아낼 수 있다고 믿었다.[12] 무왕(武王)이 주(紂)를 정벌했을 때 『일주서(逸周書)』의 기록에 의하면, 주나라와 관계된 '나라[國]'가 751개 이상이나 되었는데, 어떤 사람들은 이러한 '나라[國]'의 대부분이 씨족이었다고 여긴다.[13] 상주 때의 씨족은 적어도 모두 부계(父系)라는 것만은 분명하다. 바꾸어 말해서, 족성(族姓)의 계승은 아버지[父]에게서 아들[子]에게로 이어졌다는 것이다.[14] 이와 동시에 이러한 씨족은 조직이

---

12) 丁山, 『甲骨文所見氏族及其制度』(1956), 32쪽.
13) 『世俘解』: "憝國九十有九……服國六百五十有二."
14) 『莊子・盜跖』, 『呂氏春秋・恃君覽』, 『商周書・開塞』 등과 같은 동주 시대와 한나라 때의 일부 문헌에서는 모두 하나의 고대 사회를 언급했는데, 그 시기를 "어미만 알고 아비는 모르던 시절"로 보았다. 李玄伯(『中國古代社會史』, 1954, 74~77쪽)과 같은 학자는 이러한 기록이 중국의 아득히 먼 고대사회에서

엄밀한 소위 '공동체'(corporate groups)였다는 것이다. 각 씨족[族]들은 각기 하나의 성(姓)을 갖고 있었는데, 성은 그들 시조의 '탄생'과 관련하여 만들어졌으며, 부자계통에 따라 전승되었다. 동족의 성원들은 같은 성(姓)을 가졌고, 동성끼리는 서로 결혼하지 않았다.[15] '동성불혼(同姓不婚)'의 제도가 간혹 파괴되는 예가 있긴 했지만[16], 대체로 엄격하게 지켜졌다. 『국어 · 진어(晉語)』에 이와 관련된 해석이 실려 있다.

성(姓)이 다르면 덕(德)도 다르다. 덕이 다르면 부류[類]도 달라진다. 부류가 다르면 비록 가깝더라도 남녀가 서로 결혼하여 백성을 낳을 수가 있다. 성(姓)이 같으면 덕(德)도 같고, 덕이 같으면 마음[心]도 같다. 마음이 같으면, 뜻[志]도 같아진다. 뜻이 같으면 비록 멀더라도 남녀가 서로 결혼할 수 없는데, 혈통이 더러워질까 두려워해서였다.

'모계사회'나 '모권사회'가 있었던 것을 표명한 것으로 보기도 했다. '모권사회'의 문제는 유럽 중국 학자들에 의해 한바탕 논쟁이 있었다. 이 문제는 본 연구의 주제와 그다지 관계가 깊지 않다. 왜냐하면, 우리가 아는 바에 의하면, 상주 시대의 왕실과 世族은 모두 부계중심이기 때문이다. 상나라 世系의 먼 선조는 모두 남성이며, 서주 왕위 계승은 부자승계가 전형을 이루고 있다. 『시경 · 大雅 · 蓼莪』에서는 심지어 "아버지시여 나를 낳으시고, 어머니시여 나를 기르셨네.(父兮生我, 母兮鞠我)"라고 노래하기도 했다. 이 어찌 부계 중심 사고의 극치가 아니겠는가! 만약 고대에 여성 중심 사회가 있었다면 그것은 상나라 이전이거나 상주 때의 변방 지역 민족의 것일 것이다. 필자는「中國遠古時代儀式生活的若干資料」(『中央研究院民族學研究所集刊』제9기)에서 이 부분에 대해 논의한 바 있으므로 참고할 수 있을 것이다.
15) 『左傳』僖公 23년 조에서 "男女同姓, 其生不蕃(부모의 姓이 같으면 그 자손들은 번성하지 못합니다.)"이라 했고, 昭公 원년 조에서는 "內官不及同姓, 其生不殖(임금을 모시는 첩들은 姓이 같으면 안되는데, 그것은 자손들이 번성하지 못하기 때문이다.)"이라 했으며,「晉語」에서는 "娶妻避其同姓(첩을 데려올 때는 同姓을 피했다)"이라 했고,「鄭語」에서는 "先王聘后於異姓(선왕께서 왕비는 다른 姓에서 데려왔다.)"이라 했으며,「曲禮」에서는 "娶妻不娶同姓, 故買妾不知其姓則卜之(첩을 데려올 때는 같은 姓을 피했다. 그래서 첩을 사들일 때 姓을 알수 없으면, 점을 쳐서 결정했다.)"라고 했다.
16) 『論語 · 述而』와 『左傳』昭公 원년 조에 보인다.

536

(異姓則異德, 異德則異類; 異類雖近, 男女相及, 以生民也. 同姓則同德,
同德則同心, 同心則同志; 同志雖遠, 男女不相及, 畏黷故也.)

이 기록에서 표현된 우생(優生) 유전학은 분명히 그다지 과학적이지
못하다. 그러나 아래에서 기술한 것처럼, 그것이 대표하는 몇몇 개념은
본 주제의 해석과 커다란 관계가 있지만, 여기서는 잠시 언급을 미루
기로 한다. 결론적으로 말해서, 혼인의 규칙은 매우 분명하게 친족군의
범위를 경계 지어 놓았다. 또 씨족 성원 범위의 경계는 동시에 친족 칭
위 제도(사회 인류학적 술어로 말하자면, 소위 二分合倂型의 백부와
숙부[伯叔]와 고모와 이모[姑姨]에 관한 칭위와 Omaha[부계 씨족 외혼
제]형의 表堂 兄弟姊妹 칭위[17])를 비롯해 공동재산(상징적인 그리고 실
질적인) 상의 권리와 의무 관계에도 보인다. 후자는 토지소유권과 사
용권 및 특수한 기술지식 류 등을 포함한다.[18]

여기서 우리가 더욱 흥미를 느끼는 것은 씨족 성원이 갖는 제의 상
의 권리와 의무이다. 같은 씨족의 성원은 모두 남성 선조에서부터 기
원을 찾을 수 있으며, 조상숭배를 이 사실의 상징적인 결정으로 삼는
다. 고고와 역사문헌의 증거로부터 우리는 조상숭배 의식의 세세한 절
차를 비롯해 이와 관련된 일부 구체적인 일, 예컨대 조묘(祖廟)[19]에서

17) 芮逸夫, 「論古今親屬稱謂的異制」, 『中央研究院院刊』, 第1輯, (1954), 53~67쪽;
「中國古代親屬稱謂與奧麻哈型的相似」, 『考古人類學刊』 第12期, (1958), 1~19쪽.
18) 『左傳』 定公 4년 조에 기록된 長勺氏나 尾勺氏나 陶氏 등과 같은 殷 민족의
이름으로 볼 때, 종족 혹은 종족 이하 단위의 族群은 그들이 담당했던 수공업
을 이름으로 삼았음을 알 수 있다. 河南 鄭州의 殷나라 유적지에서 발견된
몇몇 청동 陶范 공장이 발견되었는데, 그 부근의 주택 분포 모습도 특수한 수
공업과 종족 혹은 대가족의 밀접한 연계를 암시해 주고 있다.
19) 凌純聲, 「中國祖廟的起源」, 『中央研究院民族學研究所集刊』 제7기, (1959),
141~184쪽. 『左傳』 襄公 12년 조에서 이렇게 말했다. "제후가 상을 당했을
때, 이성이면 바깥에 서고, 동성이면 종묘에 서고, 동종이면 조묘에 서고, 동

선조의 신위[20] 및 제사에 사용할 도기와 청동 제기 등에 대해 상당 부분 알 수 있다. 『예기・곡례(曲禮)』에서 이렇게 말했다.

군자가 궁실을 경영하려면, 종묘를 먼저 하고, 마구간이나 창고는 그다음이고, 거실을 마지막에 한다. 무릇 집을 지을 때에는, 제기를 먼저 하고, 공납 받는 희생과 무기[犧賦]가 그다음이고, 사람이 쓸 식기를 마지막으로 한다. 채읍과 봉록이 없는 자는 제기를 마련하지 않고, 채읍과 봉록이 있는 자는 우선 제사에 입을 옷을 만든다. 군자는 비록 가난하다 하더라도 제기를 팔지는 않는다. 아무리 추워도 제사에 입는 옷을 입지 않는다. 궁실을 지을 때에도 묘소에 있는 나무를 베지는 않는다. 대부와 사(士)가 나라를 떠날 때에는 제기를 국경 바깥으로 가져가지 않는다.

(君子將營宮室, 宗廟爲先, 廐庫爲次, 居室爲後. 凡家造, 祭器爲先, 犧賦爲次, 養器爲後. 無田祿者不設祭器, 有田祿者先爲祭服. 君子雖貧, 不粥祭器. 雖寒, 不衣祭服. 爲宮室, 不斬於丘木. 大夫士去國, 祭器不踰竟.)

조묘(祖廟)와 제기의 중요성은 주나라 예제에서 조상숭배가 얼마나 중요했는지를 보여 준다. 이 점에 대해서는 『예기・제통(祭統)』에도 중요한 언급이 보인다.

무릇 사람을 다스리는 도리에 예(禮)보다 더 급한 것은 없다. 예에는 '오경'(즉 길례, 흉례, 빈례, 군례, 가례의 다섯 가지 – 역주)이 있다. 그러나 제사보다 더 중요한 것은 없다. 제사라는 것은 바깥에서부터 오는 것이 아니라 속에서 나와서 마음에서 생겨나는 것이기 때문이다.

족이면 녜묘에 선다.(凡諸侯之喪, 異姓臨於外, 同姓於宗廟, 同宗於祖廟, 同族於禰廟.)"

20) 郭沫若, 「釋祖妣」, 『甲骨文字研究』에 수록; 陵純聲, 「中國古代神主與陰陽性器崇拜」, 『中央研究院民旅學研究所集刊』, 제8기(1959).

538

마음으로 두려워하면서 예로 받든다. 이 때문에 오직 어진 자라야 제사의 의리를 다할 수 있다.……위로는 귀신에게 순종하고, 밖으로는 임금이나 나이 많은 사람에게 순종하고, 안으로는 부모에게 효도하는 것, 이런 것을 두고서 '갖추어졌다'라고 한다. 오직 어진 자라야 갖출 수 있고, 갖춘 뒤라야 제사를 모실 수 있다.

(凡治人之道, 莫急於禮. 禮有五經, 莫重於祭. 夫祭者, 非物自外至者也, 自中出生於心也. 心怵而奉之以禮, 是故唯賢者, 能盡祭之義.……上則順於鬼神, 外則順於君長, 內則以孝於親, 如此之謂備. 唯賢者能備, 能備然後能祭.)

"속에서 나와서 마음에서 생겨나는(自中出生於心)" 이러한 제사를 성실하게 지킬 것을 보증하기 위해 "천자는 5년에 한 번 제후의 영지를 순찰하며……종묘에 불순한 자가 있으면 불효가 되는데, 불효한 자는 작위에서 물러나게 한다.(天子五年巡守……宗廟有不順者爲不孝, 不孝者君絀以爵.)"라고 했던 것이다.(『예기·王制』)

만약 선조 제사의 제의를 비롯해 조묘(祖廟), 신위(牌位), 제기(祭器) 등과 같은 선조 제사와 관련된 일이 씨족 단결을 강화하고 이를 재삼 강조하는 기능이 있으며, 씨족 단결의 상징이 된다고 한다면, 신화의 기능은 바로 그들에게 전장(典章)과 씨족단체의 존재 이유를 제공하는 데 있었다. 『예기·제통(祭統)』과 『국어』에서 다음과 같이 말했다.

종묘사직을 지키는 자손이 그 선조에게 아름다운 일이 없는데도 이를 찬양하는 것은 속이는 짓이요, 또 선한 일이 있는데도 이를 알지 못하는 것은 현명하지 못한 것이요, 알면서도 후세에 전하지 못하는 것은 어질지 못한 짓이다.(子孫之守宗廟社稷者, 其祖先無美而稱之, 是誣也; 有善而弗知, 不明也; 知而弗傳, 不仁也.)

이러한 관념 속에서 각각의 부계씨족은 자연히 '전해지는(傳)' 몇몇 선조의 아름다움과 훌륭한 신화를 서로 연결해 결합하게 된다.21) 선조의 훌륭함과 아름다움의 형식에는 여러 가지가 있고, 시대에 따라서 차이도 나는데, 이에 대해서는 아래에서 상세하게 논의할 것이다.

상주 때의 씨족 특징에 대해서는 여기까지만 이야기하도록 하자. 여기서 한 설명이 당연히 부족하겠지만, 이러한 친족 계통 중에서의 신화의 지위가 이를 통해 분명하게 해석되었기를 희망한다. 그러나 이러한 점 외에도 상주 친족제도에는 특징적인 것이 하나 더 있다. 위에서 언급하지는 않았지만, 이후에 이어질 논의와 극히 중요한 관계가 있기 때문에, 이에 대해 논의하지 않을 수가 없다. 이 특징은 바로 상나라와 주나라 때에는 친족 관계가 정치적 지위를 직접적으로 결정하는 중요한 요소였다는 점이다.

설명의 편의를 위해, 당시의 복잡한 정황을 간단하게 정리한다면, 서로 다른 친족군 간의 정치적 지위의 차이를 다음과 같은 세 가지로 나눌 수 있을 것이다.

(1) 첫 번째 정황은 같은 나라[國] 내에서의 통치자와 피통치자 간의 관계, 혹은 공실(公室)과 평민 간의 관계이다. 이 두 가지 정치집단은 항상 서로 다른 씨(氏)와 성(姓)에 속한다는 것은 잘 알려진 사실이다. 예컨대 오(吳), 진(晉), 우(虞) 나라의 공실(公室)은 모두 희성(姬姓)이며, 주나라 천자의 종실(宗室)이다. 오나라의 평민들은 소위 형만(荊蠻)이고, 진(晉) 나라의 평민들은 고당국(古唐國)의 유민들이며, 우(虞) 나라의 평민들은 유우(有虞)의 후손이다. 이는 부사년(傅斯年, 1986~1950)에 의해 일찍이 밝혀진 부분이다.22)

---

21) B. Karlgren, "Legends and Cults in Ancient China", *Bulletin of Museum of Far Eastern Antiquities*, Nos. 18, (1946).

(2) 두 번째 정황은 성이 같은[同姓] 여러 나라 공실(公室) 간의 정치
적 관계, 예컨대 종주(宗周)와 노(魯), 진(晉), 위(衛), 우(虞) 등 여러 나
라 공실 간의 관계이다. 적어도 원칙적으로는 그들 간의 정치적 지위
는 종법(宗法) 제도로부터 왔다- 각 세대의 장자가 각 나라의 법통을
잇게 되며, 작은아들은 옮겨 나가 번병(藩屏)의 공실이 되는데, 그들의
정치적 지위는 적장자와 비교하면 떨어진다. 가지가 멀리 나누어질수
록 그 나라[國]나 읍(邑)의 정치지위는 더욱 낮아진다.23) 이는 물론 주
나라 때의 예제이다. 그러나 적잖은 갑골학자도 종법제도의 초기 형태
가 상나라 때에 이미 정해졌다고 믿고 있다.24)

(3) 세 번째 정황은 이성(異姓)으로 된 여러 나라 공실 간의 정치적
지위 관계, 예컨대 노(魯)의 희성(姬姓) 공실과 제(齊)의 강성(姜姓) 공
실 간의 관계가 그것이다. 이성으로 된 나라의 공실 간의 상대적인 정
치적 지위의 유지와 변화의 원인은 겉보기에는 간단해 보이지만 깊이
연구하면 매우 복잡한 문제이며, 관계된 범위도 넓어서, 여기서는 상세
하게 논의하지는 않을 것이다. 다만, 필자는 이러한 점에서 당시의 친
족 제도에 커다란 기능을 했다는 점만은 지적하고 싶다. 친족제도에서
이성(異姓)으로 된 여러 나라 공실 간의 정치적 관계에서 가장 중요한
기능을 했던 것은 소위 모계 교차사촌혼 제도[母方交表婚制]의 존재이
다. 남자의 처지에서 보면, 모계 교차사촌혼 제도[母方交表婚制ㆍ어머

22) 傅斯年,「姜原」,『歷史語言研究所集刊』第2本第1分(1930).
23) 周나라 宗法의 기본 자료는『禮記大傳』과「喪服小記」에 보이며, 近人의 연구
로는 李安宅,『儀禮與禮記之社會學的研究』, (上海商務印書館, 1931), 75~77
쪽; 李卉,「中國與波利尼西亞的枝族制」,『中央研究院民族學研究所集刊』第4
期(1957), 123~34쪽; 孫曜,『春秋時代之世族』, (上海, 中華書局, 1931).
24) 예컨대, 胡厚宣,「殷代婚姻家族宗法生育制度考」,『甲骨學商史論叢』第1卷,
(1944); 楊樹達,『積微居甲文說卜辭瑣記』, 48~51쪽; 陳夢家,『殷墟卜辭綜述』
등을 참조.

니 형제의 딸과 결혼함]는 외사촌 자매[舅表姊妹]와는 결혼하지만 사촌
자매[姑表姊妹]와의 결혼은 금지하는 제도이다. 영국의 사회인류학자인
리치(F. R. Leach)는 미얀마 북부의 카친(Kachin)족에 대한 조사의 결과
에 근거해, 모계 교차사촌혼 제도[母方交表婚制]는 항상 정치 제도로
기능을 해왔다고 주장했다. 그것은 이러한 제도하에서는 서로 다른 씨
족 간에 여성의 교환이 언제나 대칭적으로 이루어지지 않았으며, 그래
서 불균형한 권리와 의무 관계가 생겨났다고 주장했다.[25] 동주 시대의
문헌에 근거하면, 모계 교차사촌혼 제도는 동주 시대 때 이성(異姓)의
공실(公室) 간에 통용되었던 혼인 제도의 하나였으며, 이러한 혼인제도
는 또 피차간의 정치적 지위의 차이와 밀접하게 관계되어 있다고 필자
는 믿고 있다.[26]

---

[25] E. R. Leach, "The structural implications of matrilateral cross-cousin
marriage", *Journal of Royal Anthropological Institute* (1951). Leach의 기술에
의하면, Kachin 사람들은 "한 사람의 남자는 세 가지의 방식으로 같은 그룹의
구성원과 친척 관계를 맺는다. 즉 자신의 씨족 성원(함께 거주하느냐의 여부
에 관계없이)은 그의 '형제'가 되며,……자신을 비롯해 그의 형제 중 그들 속
에서 결혼한 곳의 씨족 군에 속하는 사람은 'mayu'가 되며, 그의 자매가 시집
간 곳의 씨족 군은 사람은 'dama'가 된다." 동주의 종실도 혼인 관계에 의해,
'형제의 나라[兄弟之國]', '외삼촌의 나라[舅國]'와 '조카의 나라[甥國]'의 구별이
있었는데(다음의 주석 참조), 카친 사람들과 비교해 볼만할 만한 현상이다.

[26] 동주 열국 간의 관계는 당시의 기록에 근거해 크게 나누어 보면 형제의 나라
[兄弟之國]와 생구의 나라[甥舅之國]의 두 가지가 있었다. 『左傳』成公 2년 조
에서 "兄弟와 甥舅"라고 했는데, 杜預의 주석에서 "형제는 同姓의 나라를 말
하고, 甥舅는 異姓의 나라를 말한다."라고 했다. 同姓의 나라끼리 서로 兄弟
라고 불렀다는 것은 물론 전혀 문제가 없는 것은 아니지만, 宗法제도로써 해
석할 수 있다. 그러나 異姓의 나라는 어떻게 해서 서로 甥舅라 불렀던 것일
까? 芮逸夫(「釋甥舅之國」, 『歷史語言研究所集刊』 第30本, 上, 237~258쪽,
1959)는 광범위하게 관련 증거를 수집하여, 동주 때의 甥舅之國은 사실은 서
로 通婚한 나라라고 주장했는데, 이는 의심의 여지 없이 성립 가능한 학설이
다. 필자는 여기서 한 걸음 더 나아가, 異姓國 간의 혼인은 몇몇 상황에서는
사실 모계 교차사촌혼제[母方交表婚]를 원칙으로 하고 있을 것으로 추측했다.

위의 논의가 다음과 같은 몇 가지 가설을 제시할 수 있길 기대한다.

편 폭의 제한으로 여기서 이러한 문제를 상세히 논의할 수는 없겠지만, 중요한 몇몇 증거는 제시해도 무방하리라 생각한다.

열국의 公室 간의 상호 혼인은 주지하다시피, 周의 姬성과 齊의 姜성 간의 혼인이었으며, 이는 더더욱 학자들이 자주 인용해 왔던 바이다.(예컨대 李宗侗의 앞에서 인용한 『中國古代社會史』, 35~36쪽; 芮逸夫의 앞에서 인용한 「釋甥舅之國」, 238, 245~247쪽; 李亞農의 「周族的氏族制與拓跋族的前封建制」, 20~21쪽 등.) 이러한 현상 외에도 학자들은 또 고대 중국의 친족 칭위 제도에서 세대의 차이는 언제나 무시되었다는 사실도 연구해내었다. 그래서 적잖은 학자들이 옛날에 교차사촌혼 제도[交表婚制]가 존재했으며(예컨대 M. Granet, *Chinese Civilization*, [1930], p.187; T. S. Chen and J. K. Shryock, "Chinese Kinship Terms", *American Anthropologist*, vol. 30, [1928], pp.265~266; Han-yi Feng, *The Chinese Kinship System*, [1948], p.45.), 그리고 周의 昭穆制度는 교차사촌혼 제도의 異代互婚에 의해 생겨난 혼인 그룹이라고 주장했다.(예컨대 李宗侗의 앞에서 인용한 『中國古代社會史』, 51~57쪽). 문헌에 보이는 소수의 公室婚의 예로 볼 때, 고대 중국에서는 쌍방 교차사촌혼 제도(bilateral cross-cousin marriage)가 분명히 존재했던 것 같다.

그러나 주나라 때의 문헌에서 토로한 다음과 같은 몇몇 또 다른 사실은 이러한 가설을 결코 충분하게 해석해 주지 못하고 있다.

그것은 첫째, 상호 혼인하는 열국끼리 서로 甥이라 부르고 舅라 불렀는데, 이러한 점은 주목할 만한 매우 흥미로운 현상이다. 쌍방의 교차사촌혼 제도하에서 남녀 두 집안의 관계는 세대에 따라 달라진다. 그러나 甥國이 甥이 되고 舅國이 舅가 되는 동주 때의 호칭은 역대로 변하지 않았던 것으로 보인다. 『시경·陳風·衡門』에서 "고기를 먹는데, 어찌 황하의 방어만 고기일까? 장가를 드는데, 어찌 제나라 강씨네 딸이어야만 할까? 고기를 먹는데, 어찌 황하의 잉어만 고기일까? 장가를 드는데, 어찌 송나라 자씨네 딸이어야만 할까?(豈其食魚, 必河之魴; 豈其取妻, 必齊之姜, 豈其食魚, 必河之鯉, 豈其取妻, 必宋之子.)" 이 시는 당시 姬성의 남성은 반드시 姜성과 子성과 결혼해야만 했다는 사실을 보여준다.

둘째, 『좌전』 등의 기록에 의하면, 결혼하는 두 나라 간의 친족 호칭을 보면, 두 나라를 단위로 삼았지, 확실한 혼인관계에 있는 개인에 따라 다를 필요는 없었다는 사실이다. 『좌전』 소공 12년 조에서 "제나라 왕은 외삼촌이다(齊王, 舅也.)"라고 했는데, 두예의 주석에서 "성왕의 어머니는 제나라 대공의 딸이었다.(成王母, 齊大公女.)"라고 했다. 그래서 제나라는 항상 주나라의 '舅'가 되었던 것으로 보인다. 제나라 왕이 姬성의 딸과 결혼했다는 기록이 전혀 없는 것은 아니지만, 제나라는 결코 이것 때문에 주나라의 舅가 된 것은 아니다.

(1) 상주 때는 사회적 지위 분화의 커다란 한 부분이 친족제도를 직접

셋째, 『좌전』에서 찾을 수 있는 魯나라 임금 가족의 혼인 기록에 의하면, 공족 간의 혼인 관계는 '일방적'이었지 '호혜적인' 것은 아니라는 경향을 보였던 것 같다. 예컨대 노나라 임금은 항상 제나라의 姜성을 부인으로 삼았지만, 제나라로 시집간 노나라 임금의 딸은 거의 없었으며, 대부분 紀, 杞, 莒, 鄶, 鄭, 宋을 비롯해 邾 등과 같은 異姓의 나라에 시집을 갔다. 그리고 제나라 임금은 딸을 魯, 邾, 周 등으로 시집 보냈다.(예컨대, 『左傳』 隱公 2년, 7년, 莊公 2년, 23년, 25년, 27년, 僖公 11년, 15년, 31년, 宣公 원년, 16년, 成公 9년, 11년). 이러한 예는 설사 완전히 상반된 혼인의 예가 없지는 않지만, 제나라가 항상 舅였고, 노나라는 항상 甥이었다는 사실을 말해 준다.

넷째, 동주 공실 간의 혼인 제도는 마치 娣媵制, 즉 자매가 함께한 남자에게 시집가는 제도가 포함된 것 같으며(李玄伯, 「中國古代婚姻制度的幾種現象」, 『史學集刊』 第4期(1944), 1~19쪽), 동시에 동주 때의 친족 호칭에는 소위 Omaha라고 하는 것과 유사한 경향이 존재했었다(芮逸夫의 앞에서 인용한 奧麻哈 논문). D. B. Eyde와 P. M. Postal("Avunculocality and incest", *American Anthropologist*, vol.63[1961], pp.747~771)은 matrilateral cross-cusion marriage가 부계씨족 제도하에서 娣媵制(sororate)와 결합하게 되면 Omaha제도의 cousin terminology를 발생시킬 유리한 조건이 만들어진다고 주장했다. 바꾸어 말해서, 동주 시대 Omaha제도와 娣媵制가 동시에 존재했지만, 어머니는 舅表姊妹와는 호칭이 달랐는데(芮逸夫, 「爾雅·釋親補正」, 『文史哲學報』 第1期, [1950]), 마치 당시에 모계 교차사촌혼제가 존재했음을 암시해 주는 것처럼 보인다.

이상에서 열거한 자료는 동주 시대에 쌍방 교차사촌혼 제도의 기초 위에서 이러한 제도 외에도 모계 교차사촌혼 제도, 즉 남자는 단지 외삼촌의 딸과만 결혼하지 고모의 딸과는 결혼하지 않는 제도가 존재했던 것을 증명해 주는 것처럼 보인다. 이러한 제도하에서, Leach는 "시집가는 그룹과 장가드는 그룹 간의 관계는 대칭적이지 못하다. 그래서 그들 지위의 현격하게 차이 나는 것도 자연스런 일이 되었다.……(그러나) 우리는 원칙적으로 어느 쪽의 지위가 더 높은지를 예측할 방법이 없다."라고 했다. 현대 중국에서 행해지는 모계 교차사촌혼 제도를 보면, 장가드는 그룹이 시집가는 그룹보다 사회적 지위가 더 높은 것처럼 보인다. 즉 '甥國'의 지위가 '舅國'보다 더 높다는 말이다(카친 사람들과는 정반대이다).(許烺光, "Observations on cross-cusion marrige in China", *American Anthropologist*, vol.47, no.1, [1945]). 동주 때의 상황도 이와 비슷했을 것이다. 주나라 姬성을 비롯해 형제국은 주나라 때 분명히 정치적으로나 사회적으로 존중받는 지위를 향유했을 것이며(비록 꼭 실력이 아니라 하더라도), 제후들을 그들의 舅國으로 삼았다. 姬성의 여성이 시집가는 나라

적인 기초로 삼고 있다는 것이다— 서로 다른 씨족과 그다음 단계의 씨
족[亞氏族]의 적장자의 직계 간의 거리 및 토지와 기타 재화의 점유와
사용 관계에 의해 결정된다. (2) 상류층 계급 그 자체는 다시 정치지위
가 서로 다른 집단으로 나누어지며, 이러한 집단의 구성도 친족 제도
에 기초한다. (3) 이러한 측면에서 볼 때, 여러 공실의 권력 투쟁은 바
로 친족군 간의 투쟁이었다. 여기서 말하는 '친족군'이란 전적으로 씨
족을 지칭한 것이 아니라 씨족 이내의 종족을 포함하고 있음이 분명하
다. 우리는 이 세 가지 가설을 다음에서 진행할 논의의 출발점으로 삼
고자 한다.

3. 상주 시대 왕권의 역사와 사람·선조·신에 대한 제 관념의 변천
  위에서 말한 이러한 특징, 즉 친족군의 정치성, 혹은 정치 집단의 친
족성이라고도 할 수 있는 특징이 물론 중국 고대사회에서만 존재하는
전유물은 아니며, 당시의 매우 중요한 특수한 특징의 하나이다. 이러한
특징이 어디서 왔는지는 이 글에서 논의할 문제가 아니다. 그러나 그
것이 신석기 시대에 이미 시작되었다는 것만은 믿을만한 근거가 상당
이 존재한다. 필자는 다른 논문에서 이미 몇 가지 고고 유물과 역사문
헌에 근거해 다음과 같이 추정한 바 있다. 즉 신석기 시대 용산(龍山)
시기의 화북 지역 농민들은 이미 규모를 갖춘 부계씨족으로 발전했으
며, 게다가 당시 사회적 지위의 분화도 그 부계씨족 계통과 관련이 있

는 대부분 정치적 힘이 미약했지만, 宋, 郊, 鄶, 杞 등과 같은 나라들은 고대
씨족이 후예들이며, 혹은 신화에서 상당히 높은 지위를 차지했던 나라들이다.
동주 때의 정황은 당연히 카친 족보다 더 복잡했을 것이며, 성이 다른 열국
간의 관계도 舅와 甥이라는 두 개념으로 다 덮을 수 있는 것도 아니다. 그러
나 이 글에서 논의하는 정황은 적어도 성이 다른 열국 간의 상대적 지위의
유지를 위해서 주목할 만한 주석을 달았다.

다.27)

현존하는 고고 자료에 근거해 우리는 다음과 같은 대담한 가설을 제시할 수 있을 것이다. 즉 상나라의 역사 문명은 용산 시기 신석기시대 문화의 기초 위에서 발전해 왔다. 용산 시기로부터 상나라에 이르는 문화적 연속성은 문화의 형식뿐만 아니라 사회경제의 영역 내에서도 드러난다.28) 만약 용산 시기의 종교적 특징에 대한 추론이 전부 혹은 대부분 성립할 수 있다면, 상나라 시기에는 용산 시기로부터 선조 숭배와 친족군의 정치성이라는 이 두 가지 중요한 특징을 계승했다고 할 수 있을 것이다.

또 다른 한 편으로, 상나라가 중국 고대사회사에서 새로운 시기의 시작을 대표하고 있다는 사실을 잊어서는 아니 될 것이다. 상나라 때의 문화는 소위 '문명'의 경계에 이르렀으며, 그전에는 없던 문자, 도시, 복잡한 정치와 행정, 경제의 분화를 비롯해 고도로 발달한 청동 제조업 등을 갖게 되었다. 상나라는 또 하나의 '왕조[朝代]'로서, 소수에서부터 기원한 지방 집단이 광범위한 영역과 다수 지역의 통치에 대한 일족(一族) 내에 세습되는 정치권력을 대표한다. 바꾸어 말해서 용산 시기에는 아직 야만 상태에 처해 있었으나 상나라 때는 이미 문명 시기에 진입했으며, 용산 시기의 문화는 여전히 촌락 사회에 보존되었고, 상나라의 통치자는 이미 왕국의 특징을 갖추었다.

그래서 상나라 때의 종교가 용산 시기의 기초 위에서 적어도 두 가지의 새로운 성분, 즉 상제 지존신(上帝至尊神)의 관념과 상제를 왕실의 자성(子姓) 선조와 결합하는 관념이 더해졌다.

---

27) 저자의 앞에서 인용한 「遠古時代儀式生活」을 참조.
28) 저자의 *Viking Fund Publications in Anthropology*, No. 32, (1962)에 보이는 중국에 관한 논의를 참조.

한편으로 보면, 상 왕조는 지방 집단이 기타 지방 집단에 대한 왕권 통치를 대표하지만, 다른 한편으로 보면 그것은 하나의 씨족이 기타 씨족에 대한 집권 정치를 대표하기도 한다. 상나라 왕조의 통치범위 내에는, 도시를 중심으로 한 수많은 집단이 존재했고, 각각의 집단은 각기 하나의 정교 중심과 농경 및 수공업을 경영하는 약간의 촌락, 그리고 각 집단이 함께 구성한 왕도를 중심으로 한 왕국 정치체제가 존재했을 것이다. 각 도시 집단 내에서의 통치자는 항상 자성(子姓) 씨족의 귀족이 담당했고, 자성 씨족은 전국 통치계급의 핵심이자 국왕 권력의 시작점이었다 할 수 있다.

상나라 때의 복사에 근거해 당시 종교 신앙을 연구하는 학자들은 상제 지존신의 관념이 상나라 때 이미 충분하게 발전했으며, 상나라를 비롯한 자성 왕조의 통치가 분명히 이러한 관념의 발전에서 중요한 촉진 기능을 했을 것이라는데 동의하고 있다. 상나라의 상제는 자연계의 우두머리였을 뿐 아니라 인간의 주재자였으며, 홍수와 가뭄을 내리고 거둘 수 있었으며, 인간과 왕의 화복에 영향을 주고, 자연계 제신들과 사자로 구성된 제정(帝廷)을 통괄하는 존재였다.[29]

또 다른 측면에서, 상나라 때의 상제는 또 특별히 주목할 만한 특징이 있다. 첫째, 상제가 상나라 사람들의 관념에 속에서는 일정한 거처가 없었다는 점이다. 둘째, 상제는 인간의 직접적인 공양을 받지 않았다는 것이다. 셋째, 상제와 자성 먼 선조 간의 관계가 상당히 뒤얽혀 분명하지 않으며, 몇 명의 먼 선조는 신이나 심지어 상제의 화신처럼 보이기도 한다는 점이다.[30] 게다가 모든 먼 선조는 상제나 다른 신을

---

29) 상나라 사람들의 上帝 관념에 대해서는 앞에서 인용한 「商周神話之分類」를 참조.

30) 殷王의 世系 가장 앞쪽에 高祖 夔가 자리하고 있는데, 동주 때의 문헌에 이

쉽게 '만날 수(賓)' 있었다. 곽말약(郭沫若)은 이러한 현상에 대해 다음과 같은 결론을 내렸다. 즉 상나라의 상제는 바로 제곡(帝嚳)이며, 한 사람이 자연계의 지존신과 상나라 씨족의 조상신을 겸한 경우이다.[31] 우리는 여기서 한 걸음 더 나아가 다음과 같은 가설을 제시할 수 있을 것이다. 상제라는 관념은 추상적이었으며, 개별의 자성(子姓) 선조는 그 실질을 대표한다. 다시 말해, 상나라 사람들의 세계관에서 신의 세계와 선조의 세계 간의 차이는 거의 의미가 없을 정도였다.

상 왕조는 기원전 1122년을 전후로 해서 주 왕조에 의해 대체되었다. 과거의 적잖은 역사학자가 상나라의 멸망과 주나라의 흥기는 중국 고대정치 사회사에서 획을 긋는 큰 사건이라 믿었으며, 민족 사학자들은 주가 상나라를 멸망시킨 것을 고대 중국에서 하나의 큰 친족군이 다른 하나의 큰 친족군을 대체하여 중국의 통치자가 된 것이라고 주장한다.

중국 고대사에서 상나라와 주나라 간의 충돌은 바빌론 고대사에서 메소포타미아인(Mesopotamians)과 세미티인(塞米提, Semites) 간의 관계와 다소 비슷한 부분이 있다. 야콥슨(Thorkild Jacobsen, 1904~1993)은 그의 명작인 「메소포타미아 초기 역사에서의 수메르인과 세미티인 간의 가설적 충돌(The assumed conflict between Sumerians and Semites in early Mesopotamia history)」이라는 논문[32]에서 메소포타미아의 고대 친족군 간의 충돌이 이전 사람들이 믿고 있던 종족적 요소가 아니라 주로 정치와 지연적 요소에 기인한다는 것을 설득력 있게 증명했다. 필

르면 帝嚳과 帝俊, 혹은 帝舜으로 변해, 그가 담당하는 일이나 갖춘 능력도 上帝의 화신이 된다. 앞서 인용한 「商周神話之分類」를 참조.
31) 앞서 인용한 『靑銅時代』, 9쪽.
32) *Journal of American Oriental Society*, vol. 58, (1939), pp.485~495.

자도 상주 간의 충돌도 이와 유사한 요소에 의해 기인하였다는 점을 강조하고 싶다. 무왕(武王)이 주(紂)를 정벌한 것은, 민족 간의 충돌을 대표한다기보다는 차라리 한 문명 내에서의 서로 다른 정치 집단 간의 투쟁이라 해야 할 것이다. 고대의 정치집단은 적잖은 부분이 친족관계를 기초로 형성되었다는 측면에서 볼 때, 무왕이 주(紂)를 정벌한 것은 하나의 씨족(즉 姬姓)이 다른 씨족(즉 子姓)에 대한 정복으로 보아야 한다 해도 무방할 것이다. 우리가 이렇게 주장하는 근거는 주로 고고학적 자료로 볼 때, 상주 교체 시기에 한 문명 계통의 계속적 발전만 존재하지, 의미 있는 중단이나 합치되지 아니하는 어떠한 현상도 발견할 수 없기 때문이다.[33]

종교적으로 볼 때도 상나라 종교의 몇 가지 근본적인 특징은 무왕이 주(紂)를 정벌한 이후 대부분 주나라 사람들에 의해 승계되었다. 예컨대, 번잡한 선조 숭배와 상제에 대한 관념은 상나라 때부터 서주 때까지 한결같이 전승되었다.[34] 주나라 사람들의 통치는 상나라와 마찬가지로 한 가지 성(姓)을 가진 왕조였다. 그래서 주나라 사람들이 상제의 지존적 지위와 상제와 통치씨족 선조와의 밀접한 관계를 계속해서 유지했던 것은 두말할 필요가 없는 자연스런 현상이었다. 희성(姬姓)의 선조인 후직(后稷)의 어머니인 강원(姜嫄)이 회임하여 기(棄)를 낳은 것은 바로 "하느님의 발자취 엄지발가락 밟은(履帝武)" 결과였는데, 서주 때의 시인 「문왕(文王)」에서도 문왕(文王)이 "하느님 좌우를 떠나시지 않았다(在帝左右)"라고 했다.[35]

---

33) 저자의 *The Archaeology of Ancient China*(Yale University Press, 1963)의 토론을 참조.
34) 商과 西周의 宗教觀念의 비교에 대해서는 陳夢家의 『殷墟卜辭綜述』과 「古文字中之商周祭祀」(『燕京學報』 第19期, [1936])에서 상세하게 논의한 바 있다.
35) 「猶鍾」의 명문에서도 "先王其嚴, 在帝左右."라고 하였는데, 『상송・長發』에서

그러나 우리가 절대 잊지 말아야 할 것은, 주나라 왕실은 은나라 왕
실과는 전혀 다른 씨족에 속한다는 점이다. 주나라 사람들이 은나라
사람들의 '문화유산'을 얼마나 많이 계승했든 지에 관계없이, 이 사이
에는 상나라 때 상제와 자성(子姓)의 선조를 한곳으로 합쳤다는 이러
한 관념은 포함될 수 없다는 점이다. 무왕이 주(紂)를 정벌할 즈음, 주
나라 민족의 장로는 이러한 점에서 분명히 다음의 두 가지 길 중 하나
를 선택해야만 했다. 상제와 자성(子姓)의 먼 선조의 관계를 단절시키
고 상제를 희성(姬姓)의 선조와 연계시킬 것인가, 아니면 상제와 선조
와의 관계를 근본적으로 끊어버리고 그들을 전혀 다른 두 개의 범주로
나눌 것인가 하는 것이었다. 희성(姬姓) 시조의 탄생신화로부터 첫 번
째 길이 전혀 시도되지 않았던 것이 아님을 상당 부분 증명할 수 있
다.[36] 그러나 이후 주나라의 종교 관념의 발전사로 볼 때 두 번째 길이
주나라가 선택했던 방법이었음이 증명되었다. 그래서 서주 때부터 시
작해 선조의 세계는 신의 세계와 점차 분리되었으며, 두 개의 서로 다
른 범주가 되게 되었던 것이다. 이러한 현상은 상주 종교사에서의 커
다란 사건이었는데, 역사에 나타나는 이 부분에 대해서는 아래에서 집
중적으로 논의하고자 한다.

첫째, 서주에 들어 처음으로 '하늘[天]'의 관념이 등장하며, 상나라 때
의 "정해진 거주지가 없던(無定所)" 상제(上帝)가 '하늘[天]'에 포함되었
다. 하늘[天]과 상제(上帝)는 서주에서도 여전히 존경과 두려움의 대상
이었으며, 주나라 사람들의 선조는 여전히 하늘[天]과 신의 세계와 밀
접한 관계를 유지하고 있었다. 상나라와의 차이점은, 주나라 사람들의

의 "帝立子生商"과 갑골 복사의 高祖의 "賓帝" 관념과 부절 들어맞듯 맞아떨
어진다.
36) 『詩 · 生民 · 閟宮』.

550

선조 자체가 이미 신이 아니라는 점이다. 인간 세상의 왕[人王]이 인간의 세계를 다스리는 것은 인간 세상의 왕이 하늘의 아들이었고, '천명(天命)'을 받았기 때문에 가능했다.[37] 그러나 다른 한편으로, '천명'은 결코 주인들이 모든 불가능한— 우리는 주나라가 같은 하나 혹은 유일한 상제의 손으로부터 상나라 사람들의 천하를 빼앗아 온 것이 아님을 기억해야만 한다. 만약 천명이 변하지 않았다면 주나라 사람들이 상나라 사람들을 대신하게 되었다는 것에는 근거가 부족해 질 것이다. 어떻게 천명이 당시에 주나라 사람들에게 주어졌던 것일까? 첫째, "천명은 정해진 법칙이 없기(天命靡常)" 때문이며[38], 둘째, 상제는 천명을 덕(德)을 가진 자에게만 주기 때문이다. '덕'도 서주 시대 때 왕권 관념 속에서 새로 나타난 개념이다.[39]

---

37) 『詩・大雅・雲漢』에서 "넓은 저 하늘의 상제께서, 이 몸 조금도 돌보지 않으시니, 어찌 두렵지 않으리오. 선조의 제사마저 끊길 지경이로다.(昊天上帝, 則不我遺. 胡不相畏, 先朝于摧.)"라고 했는데, 上帝와 先祖를 두 가지 대립하는 관념으로 보았다. 이러한 의미에서의 '天'자는 「周書」와 「周頌」을 비롯해 「大盂鼎」의 "훌륭하신 문왕께서, 하늘의 명을 받자워 천자가 되셨네.)丕顯文王, 受天有天命.)"라고 한 것과 같이 성왕과 강왕 시대의 금문에서 처음으로 나타난다. 성왕과 강왕 이후에 들면, 금문에서의 王자는 점차 '天子'에 의해 대체된다. 陳夢家의 앞에서 인용한 『殷墟卜辭綜述』, 98쪽 참조.

38) 傅斯年, 『性命古訓辨證』에서의 논의를 참조.

39) 西周 왕실은 천명을 받아 천자가 되지만, 상제는 천명을 주나라 사람들의 덕에 따라 주나라에 주었다. 后稷과 契의 탄생 설화 중에서, 이 둘은 모두 상제에 의해 난 사람이지만, 재미 있는 차이점이 하나 존재한다. 즉 契이 태어난 후 매우 쉽게 子姓의 시조가 되지만, 后稷은 태어난 후 수많은 고통을 받았을 뿐 아니라 농경에 대한 본업조차도 후인들에게 공을 돌렸다. 『시경・大雅・皇矣』에서도 이러한 점을 매우 분명하게 해 주고 있다. "위대하신 상제께서, 빛나게 땅 위에 강림하사, 사방을 두루 살펴보시고, 백성의 고통을 구하시니라. 하나라 은나라 두 나라가, 정사를 그르치니, 사방의 나라들을, 살피고 헤아려. 상제께서 노하심은, 정사를 그르침을 미워하셨기 때문이다. 이에 서쪽을 돌아보시고, 여기에 함께 머무시게 되었네.(皇矣上帝, 臨下有赫. 監觀四方, 求民之莫. 維此二國, 其政不獲. 維彼四國, 爰究爰度. 上帝耆之, 憎其式廓.

지금 위의 내용을 다시 간략하게 추려보자. 주나라가 상나라를 멸망
시킨 것은 중국의 통치자가 한 씨족(즉 子姓)의 손에서 다른 한 씨족
(즉 姬姓)으로 넘어간 변화였다. 상나라 사람들의 상제 관념과 상제가
지존신이라는 개념은 서주에 의해 승계되었다. 주나라의 선조는 상제
와 접근했고, 그의 총애와 보살핌을 입어 그의 자손들이 천명을 받아
인간세상의 왕이 되었다. 희성 시조의 탄생신화가 자성(子姓) 시조 탄
생신화를 대신한 것이 왕권의 전장(典章)이다. 다른 면에서, 상제와 자
성 시조의 합일성은 단절되었으며, 신의 세계와 선조의 세계는 두 개
의 다른 세계가 되었다. 상제가 신들 사이에서의 주재자였듯 주나라
선조의 세계는 인간의 주재자가 되었다. 이 두 세계 간의 관계는 절대
불변하는 것이 아니었으며, 그래서 천명도 항상 불변하는 것이 아니었
다. 덕(德)이 있으면 천명도 가졌고 왕권도 가졌다. 주나라 사람들의
주장을 따르면, 주나라 사람들은 덕이 있었고, 그래서 천명을 받게 되
었다는 것은 자연스런 논리이다.

동주 시대가 시작된 이후, 이러한 갖가지 방면에 모두 격렬한 변화
가 일어났다. 평왕(平王)이 섬서 지역의 유목 부락의 압력에 의해 왕도
를 동쪽의 낙양(洛陽)으로 옮긴 것은, 결코 하나의 고립적인 정치적 사
건이 아니라, 중국문화사회의 격렬한 변화의 한 상징이었다. 동주 시대
때, 종주(宗周)는 정치, 군사, 종교의 각 방면에서 힘이 점차 축소되었
으며, 왕실의 희성(姬姓) 이외의 대소종 및 이성(異姓) 씨족 치하에 있
던 제후의 힘이 이와 반대로 증강되었다. 이전에 종주와 그 종실에 의

乃眷西顧, 此維與宅.)" 여기에서 볼 수 있듯, 주나라 사람들이 상제의 은총을
입을 수 있었던 것은 그들의 '정사'가 두 나라(하나와와 상나라)에 비해 "정사
를 그르치지" "않았기" 때문이며, 또 사방의 나라들처럼 미움을 받지 않았기
때문이었다. 그래서 서주 시대의 '德'은 아마도 '式廓'과 '政'이라는 두 가지,
즉 이후에 들어 분리되는 '德'과 '功' 모두를 다 포함하는 개념이었을 것이다.

해 독점되던 이러한 중국 문명은 지역적으로 확장되었으며, 깊이에서
도 발전했다. 학술, 문자, 과학을 비롯해 정치철학이 더는 종실에 의해
독점되지 않았으며, 이때에 이르러 점차 변방으로 전해졌고 민간에도
깊이 파고들게 되었다. 춘추 중기 이후, 야철 기술이 점차 발달했으며,
도시도 증가하고 도시 면적도 확대되면서 이들이 정교(政敎)의 중심뿐
아니라 상공업의 소재지로 변했다. 이러한 것들은 모두 지방 세력이
점차 확대 발전하는 요인이 되었다. 많은 역사학자가 춘추시대 때부터
고대사에서의 문예부흥과 인문주의 사조가 머리를 내밀게 되었다고 주
장하고 있다.

　문화와 사회 각 방면에서의 이러한 변화는 종교와 신화에서 직접적
으로 표현되었다. 그러나 선조의 세계와 신의 세계 간의 거리는 더욱
심각하게 변했으며, 하늘이 가졌던 최고의 권위에 대해 정면으로 공격
하는 시도가 이루어졌다. 동주 문명의 수많은 부분에서, 당시의 시대는
하나의 분화와 경쟁의 시대였음을 볼 수 있다. 친족제도로 볼 때, 이는
왕실 이외의 희성(姬姓) 각종 대소종 및 이성(異姓) 제국이 새로 획득
한 힘의 강화 속에서 상호 투쟁하는 시대였다. 이 이전, 종주(宗周)는
상제와 하늘의 밀접한 관계에 기대어 정치와 신화 상의 최고 권위를
장악하고 있었다. 그래서 동주 시대의 패권 다툼은 사실 종교와 신화
상의 표현은 바로 신과 선조 간의 밀접한 관계에 대한 도전이었으며,
각자 선조의 공덕을 표방하고 강조한 것이라 하겠다.

　진(秦)의 시황(始皇)이 육국을 통일한 것은, 역사적으로 패권 다툼의
최종 국면이 주로 정치경제와 군사 등 측면의 실력에 의해 결정되었음
을 증명해 준다. 그러나 이러한 패권 다툼의 과정 속에서 제의 상의 경
쟁도 격렬하지 않았던 것이 아니다. 단순히 신화만 갖고 보더라도 다
음과 같은 몇몇 표현을 찾아볼 수 있다.

먼저, 선조의 세계와 신의 세계 간의 밀접한 관계가, 당시에 이르러 전체적으로 단절되었다. 상제와 여러 신은 그때까지 갈수록 사람이 이르지 못하는 범주에 속했었다.[40] 기왕에 그 어떤 씨족이나 종족(宗族)도 상제와 신의 세계를 자신의 것으로 만들지 못할진대, 인간세상 간의 패권 다툼은 이 때문에 하나의 종교상으로 공평한 기초 위에 놓이게 되었다.

다음으로, 동주 시대의 신화는 신의 세계가 인간 세계에 대한 권위적 지배 역량이 약해졌음을 매우 분명하게 강조하고 있을 뿐 아니라, 항상 상제를 인간과 적대 관계에 있는 형상으로 기술하고 있다. 정치 사상적으로, 패권 다툼을 벌이던 각국의 군주는 종주의 권위 및 자기와 피차간의 도전이었으며, 신화적 헌장(憲章)에서 도전을 받았던 대상은 상제와 하늘 및 신과 자연의 세계였다.

이렇게 볼 때, 서주 시대에 처음 보이는 "천명에는 정해진 법칙이 없다(天命靡常)"라는 관념은 동주에 이르러 더욱 강화되었다. 『맹자』와 『상군서(商君書)』를 비롯해 한나라 때의 『회남자(淮南子)』에서는 도리어 소위 "시의에 맞도록 변할 것(時變)"을 강조했다.[41] 천명(天命)이 무

---

40) 앞에서 인용한 「商周神話之分類」 참조.
41) 『맹자·公孫丑』(上)에서 이렇게 말했다. "제나라 사람들 말에, '지혜가 있으나 시세에 편승하는 것만 못하고, 농기구가 있다 해도 제때를 기다리는 것만 못하다.'라고 했는데, 지금이 그렇게 하기 쉬운 때이다.(齊人有言曰, '雖有智慧, 不如乘勢, 雖有鎡基, 不如待時.' 今時則易然也.)". 또 『商君書·畫策』에서 이렇게 말했다. "따라서 시세에 따라 변한다는 것이다. 이렇게 볼 때, 신농은 황제보다 높지 못한데, 그의 이름이 높아진 것은 재때에 맞추었기 때문이다.(故時變也; 由此觀之, 神農非高於皇帝也, 然其名尊者, 以適於時也.)" 또 『회남자·汜論』에서는 이렇게 말했다. "선왕의 법도는 옮기고 바꾸는 것이었다……그래서 오제는 각기 도가 달랐지만, 그 덕은 천하를 덮었고, 삼왕은 한 일이 달랐지만 이름이 후세에 전해졌는데, 이러한 것들은 모두가 때에 따라 변하고 그에 맞는 예악을 만들었기 때문이다.……선왕의 제도가 맞지 않으면 폐

상하니, 세상에는 영원한 주인이 없다. 누가 천명을 얻을 것인가? 누가 세상의 주인이 될 것인가? 이에 대한 답은 당연히 '덕(德)'을 가진 자가 된다는 것이었다 — 서주 시대의 '덕'의 관념을 계승하였으며 동시에 이를 더욱 발전시켰다. 앞에서 인용한『국어』의 말에서, "성이 같으면 덕도 같다(同姓則同德)"라고 했었다. 그래서 그의 시조 중에서 덕을 갖춘 씨족이나 종족(宗族)이 하나의 군체(群體)를 맡게 되고, 통괄하여 말한다면 이는 덕이 있는 단체이며, 그 구성원도 천명을 받을 자격이 있게 되는 것이다.

이렇게 볼 때, 신화와 종교를 친족군의 정치사 관계에서 연구한다면, 상나라와 주나라 때를 3기, 즉 상나라와 주나라 초기와 주나라 후기의 셋으로 나눌 수 있다. 신의 세계와 선조 세계의 분립, 그리고 '덕'이라는 이러한 개념을 선택해 서로 다른 이 두 세계를 연결하는 교량으로 삼은 것은 서주 때 들어 이루어진 새로운 발전이다. 동주 후기의 군주들은 이 두 가지 개념을 계속 발전시켜 신화조직에서의 하나의 새로운 국면을 만들었다. 무왕이 주(紂)를 정벌할 즈음, 서주의 장로들도 아마 이 두 가지 개념의 발전에 근거해 희성이 자성(子姓)을 대신해 천하를 갖게 된 것을 충분히 합리화하고 정통화를 이루어나갔을 것이다. 그들은 아마도 이 두 가지 개념이 이후 진일보하게 발전하여 그들이 동주 시대의 후예들에 의해서 신화적 권위를 잃게 될 것이라고는 생각하지 못했을 것이다.[42]

기하고, 말세의 일이라도 선하면 드러내어야 한다. 이 때문에 예악에는 항상 이라는 것이 없다.(先王之法度, 有移易者矣……故五帝異道而德覆天下, 三王殊事而名施後世, 此皆因時變而制禮樂者.……先王之制, 不宜則廢之, 末世之事, 善則著之, 是故禮樂未始有常也.)"

42) W. Fberhard, 칼그렌의 앞에서 인용한 Legends and Cults에 대한 Review (*Artibus Asiae*, vol. 9, [1946], p.363.)에서 이 절에서 논의했던 거의 모든 중요

한 것들을 간파한 것처럼 보인다. 그러나 동주 때의 정치적 세력에서 宗周의 정통을 너무 크게 간주했고, 동시에 또 德 관념의 변천에 대해서도 주목하지 못했다, 그래서 동주 시대 신화 변천의 진상을 보지 못했다.

4

동물이 담당한 역할

여기까지 논의했으므로, 우리는 상주 신화와 미술 속에서 동물이 담당했던 역할의 변천에 대한 논의로 돌아가야 할 것이다. 상나라와 주나라 초기 때의 신화에서 동물의 기능은 인간 세계와 선조 및 신의 세계의 소통을 발휘하는 데 있었지만, 신과 선조의 세계가 분리된 이후의 주대 후기에 이르면, 신화적 동물과 신의 세계는 하나의 범주 속으로 돌아가게 되며, 사람은 동물과 적이 되어 신에게 반항하는 일종의 상징으로 변한다.

『국어』에 기록된 '중'과 '려'가 하늘과 절교하고 땅과 교통하였다(重黎絶天地通)는 이야기와 고대의 점복용 뼈는 상나라와 주나라 초기 인간 세계와 신과 선조 세계의 소통이 대부분 종교지도자나 샤먼(Shamans)의 '신통력'을 빌려 이루어졌음을 보여 준다. 『산해경』에는 계(啓)가 천제(天帝)를 만나뵐[賓] 때 두 마리의 용이 모셨으며, '두 마리 용'은 『산해경』에서 상당 부분이 '신'과 '제사장[巫]'의 표준을 갖추고 있었다.[43] 이렇게 볼 때, 제사장(종교 지도자)과 무당이 신과 교통하는 본업은 신화적 동물의 도움을 빌렸다고 할 수 있는데, 이 말은 맞지도

---

43) 『山海經』에서의 "乘兩龍"에 관한 언급은 夏后 開 이외에도 東方의 句芒(「海外東經」), 南方의 祝融(「海外南經」), 西方의 蓐收(「海內西經」)와 北方의 禺彊(「海外北經」이 郭璞注) 등이 있다.

않지만 그렇다고 틀렸다고도 할 수 없다. 시카고 대학의 엘리아데 (Mircea Eliade, 1907~1986)는 세계의 적잖은 민족의 무당의 본업을 주제로 연구했는데, 무당은 항상 생사 세계의 소통 매개 역할을 하며, 동물이 항상 그의 조수로 등장한다는 결론을 얻었다.[44] 캠벨(Joseph Campbell, 1904~1987)도 이렇게 말했다.

> 엘리아데(Eliade)가 말했던 것처럼, 샤먼의 본업은 동물에 기대어 언제라도 마음먹은 대로 혼미한 상태에 들어갈 수 있다는 것이다. 북과 춤은 한편으로 그 자신의 정신을 흥분시키며, 다른 한편으로 그의 동료를 불러온다— 다른 사람들에게는 보이지 않지만, 그에게 힘을 주고 그가 날아다닐 수 있도록 짐승이나 새를 불러 모은다.……그가 혼미한 상태에서 그는 새처럼 날아 위의 세계로 들어가거나, 아니면 사슴이나 소나 곰과 마찬가지로 아래의 세계로 내려간다.[45]

고대의 중국에서 죽은 선조와 소통하게 하는 점복술은 동물의 뼈의 힘을 빌려 이루어지는 행위였다. 예악용 청동기도 당시에는 분명히 선조를 숭배하는 제의에 사용되었고, 게다가 죽은 다음 선조의 행렬에 참가하는 사람들과 함께 땅에 묻힌다. 그래서 이러한 청동기에 인간세계와 선조 및 신의 세계와 소통하는 매개로서의 신화적 동물무늬를 주조해 넣는 것은 쉽게 이해할 수 있는 현상이다.

선조와 신의 관계는 중국 고대사의 후기에 이르러 상당히 근본적인 변화를 한 차례 경험하게 된다. 인간의 일이 더는 신의 지배를 받지 않게 되었고, 동시에 미술사에서도 그러한 신비하고 기괴한 동물의 지배

---

44) Mircea Eliade, *Le chamanisme et les techniques archaiques de l'extase*(Paris, Payot, 1951), pp.99~102.
45) Joseph Campbell, *The Masks of God: Primitive Mythology*(New York, The Viking Press, 1959) p.257.

558

연대 (기원전)	조대 및 선사문화기		기술	거주지와 사회군락 형태	정부 형식		신화유형	일부 종교 관념	미술 스타일	
206	한				제국		씨족 시조의 기원; 천지의 분리; 우주의 형성과 반변; 영웅구세 신화	신과 선조 세계의 격리; 신의 전능이 인간에 의해 의심됨. 개별 군체의 '德'과 '功'의 강조	후기 주나라	
221	진		철기 청동기 석기	城과 鄉의 분립. 城은 정치, 상업, 제의, 공업의 중심으로 농촌에 의해 둘러싸임.	왕	지방 세력의 쟁패				
450	동주	전국								
770		춘추							중기 주나라	
1100	서주			정치와 종교의 중심과 농공업 鄉村의 대립	절대	姬姓	씨족 시조 탄생신화	신의 세계와 선조 세계의 분리 시작; 신은 하늘에 거주하고, 왕은 인간 세상을 통치하며, 天命을 받으며 德을 가짐	고전식	은주
1400	상	은		(도시의 흥기)	국왕권	子姓		上帝의 관념; 상제와 자성 선조가 나누어질 수 없음; 선조 세계는 신의 세계와 다소 동등함		은나라 ?
1700	용산시기			정착 농촌	농촌		?	제도화된 조상숭배	용산	
	앙소시기			이동 농촌				농업 수확 제사	앙소	
	중석기시대			수렵 기지						

표_12 : 상주 문화의 변천과 시기 구분 표

력이 점차 상실되었으며, 점복도 동물의 뼈 이외의 매개를 사용하게
되었음을 볼 수 있다. 신의 세계가 인간과 선조의 도전을 받았지만, 투
쟁의 결과는 언제나 인간의 선조만 승리하는 것은 아니었다. 미술에서,
그리고 신화에서 줄곧 신의 세계와 같은 범주에 속하는 그러한 동물들
은 이때에 이르러 인간과 전쟁을 치르거나 심지어 인간에 의해 정복되
기도 했다. 신화에서 묘사된 조수가 인간에게 재앙을 내리는 그러한
것들은 사실은 상제가 인간에게 재앙을 내린 부분이었지만, 인간의 선
조 영웅이었던 예(羿)는 이러한 재앙을 하나하나 제거해 나갔다. 가뭄
을 내린 것은 태양신이었지만, 예(羿)의 활과 화살이 겨냥한 것은 바로

태양 속의 새인 금오(金烏)였다. 게다가 우리는 매우 흥미롭고 의미 있
는 한 가지 사실을 지적할 수 있는데, 그것은 도철(饕餮)이라는 이름이
다. 이 이름은 『좌전』에 처음 보이는데, 바로 '사흉(四凶)'의 하나였
다.[46] 만약 동주 시대 때 인문주의 사조가 있어, 신을 인간의 선조로
변화시키고, 신기한 동물을 인간이 정복하는 대상으로 깎아내렸다면,
이러한 전화(轉化)의 구체적인 과정과 직접적인 동력은 분명히 이러한
세속적인 영역에서 찾지 않으면 아니 된다.

---

46) 常任俠, 「饕餮終葵神荼鬱壘石敢當考」, 『說文月刊』 第2卷 第9期, (1940), 4~6쪽.

상주 청동기의 동물무늬

원래는 『考古與文物』 1981年 第2期, 53~68쪽에 실렸던 것이다.

20년 전에 필자는 「상주 신화와 미술에 보이는 인간과 동물 관계의 변천[商周神話與美術中所見人與動物關係之演變]」이라는 글에서 상주 청동기에 보이는 동물무늬의 의미에 대해 다음처럼 추론한 적이 있다. 즉 "상주 초기, 신화 속 동물의 기능은 인간의 세계와 선조 및 신의 세계 간의 소통에 있었다.……고대 중국에서 죽은 선조와 소통하는 점복술은 동물 뼈의 힘을 빌려 시행되었다. 예악용 청동기는 당시 분명히 선조 숭배의 의식에 사용되었으며, 게다가 죽은 다음 선조의 행렬에 참여하게 될 사람과 함께 부장되었다. 그래서 이러한 청동기에는 인간 세계와 선조 및 신의 세계를 소통할 매개물인 신화적인 동물무늬를 주조해 넣었다는 것은 쉽게 이해할 수 있는 부분이다."[1]

이러한 현상을 이해하기 어렵진 않지만, 그것의 증명에는 더 많은 증거와 논의가 필요하다. 20년 동안 상주 청동기 상의 동물무늬를 논의한 글은 셀 수도 없이 많지만, 앞서 인용한 이론은 아직 학자들의 보편적 시선을 끌지는 못한 것 같다. 필자는 최근 출판된 『상 문명[商代文明]』(Shang Civilization)이라는 책에서 앞서 인용한 이론을 간략히 기술한 바 있지만[2], 도리어 일부 학자들이 이에 대해 다른 의견을 제기하게 되었다.[3] 이 글의 목적은 이러한 견해를 비교적 상세히 설명하고 기술하고자 하는 데 있다. 상주 청동기에 동물무늬가 많으며 그것이 중요하다는 것은 매우 분명한 사실이다. 그러나 그것의 의의를 어떻게

---

1) 『中央研究院民族學研究所集刊』 16期(1963), 130~131쪽. (역주) 이 책의 제12장에도 실렸다.
2) *Shang Civilization*(New Haven and London: Yale University Press, 1980), p.209. (역주) 우리나라에서는 1989년 윤내현 교수에 의해 번역되어 민음사에서 출간되었다.
3) Max Loehr, "The question on content in the decoration of Shang and Chou bronzes", 1980년 6월 2일 뉴욕 메트로폴리탄 박물관 중국 고대 청동기 학술대회 발표 논문.

이해해야 할 것인지에 대해서는 오히려 수년간 논쟁이 끊이지 않았다. 그것의 의미를 진일보하게 이해한다는 것은 상주 시대의 미술과 상주 때의 제도 이해에 커다란 시사점을 가져다줄 것이다.

1
상주 청동기
장식 무늬 속의 동물무늬

상나라와 서주 초기(이후 商周로 줄여 부른다) 청동기의 장식 무늬가 동물무늬를 주된 특징으로 한다는 점은 상주 시대 청동 예술을 연구하는 학자들이 공동으로 지적한 사실의 하나이다.[4][5] 동물무늬 형식의 발달은 안양의 은허 시기에 최고봉에 도달하였다. 그러나 짐승 얼굴[獸面]의 원형은 적어도 두 개의 눈[目]과 얼굴 윤곽이 상나라 중기(鄭州, 輝縣, 盤龍城 등)의 청동기에서는 이미 두드러졌으며, 게다가 동해안 선사 시대의 흑도(黑陶)와 옥기의 일부 장식무늬와 일정한 연원 관계를 맺었을 것으로 추정된다.[6][7][8][9] 은허(殷墟) 시대와 서주 초기에 이르면, 동물무늬는 이미 복잡 다양해진다. 용경(容庚, 1894~1983)이

---

4) Cheng Te-k'un, "Animals in prehistoric and Shang China", 『瑞典遠東古物博物館館刊』 35(1963), pp.129~138.

5) 李濟, 「安陽遺址出土之狩獵卜辭·動物遺骸與裝飾文樣」, 『考古人類學刊』 第9·10期 合刊(1957), 10~20쪽.

6) Jessica Rawson, *Ancient China: Art and Archaeology*(London: The British Museum, 1980), p.78.

7) 林巳奈夫, 「先殷式の玉器文化」, 『東京國立博物館美術志』 334號(1979), 4~16쪽.

8) 林巳奈夫, 「中國古代の獸面紋をめぐつて」, 『東京國立博物館美術志』 301號(1976), 第4期, 17~28쪽.

9) 巫鴻, 「一組早期的玉石雕刻」, 『美術研究』 1979(1), 64~70쪽.

『상주이기통고(商周彝器通考)』에서 열거한 동물무늬에는 도철 무늬[饕餮紋], 파초 잎 도철 무늬[蕉葉饕餮紋], 기 무늬[夔紋], 머리를 둘 가진 기 무늬[兩頭夔紋], 삼각으로 된 기 무늬[三角夔紋], 꼬리가 둘인 용 무늬[兩尾龍紋], 반룡 무늬[蟠龍紋], 용 무늬[龍紋], 규 무늬[虯紋], 무소 무늬[犀紋], 올빼미 무늬[鴞紋], 토끼 무늬[兔紋], 매미 무늬[蟬紋], 누에 무늬[蠶紋], 거북 무늬[龜紋], 물고기 무늬[魚紋], 새 무늬[鳥紋], 봉새 무늬[鳳紋], 코끼리 무늬[象紋], 사슴 무늬[鹿紋], 반기 무늬[蟠夔紋], 앙엽 무늬[仰葉夔紋], 개구리밥 무늬[蛙藻紋] 등이 있다.[10] 안양의 은허에서 출토된 청동기에서 자주 보이는 동물무늬 중 용경이 열거하지 않은 것으로는 이외에도 소[牛], 물소[水牛], 양[羊], 호랑이[虎], 곰[熊], 말[馬], 돼지[豬] 등이 있다.(주-5 참조)

위에 열거한 동물 명칭에서 매우 분명하게 볼 수 있는 것은, 이러한 동물무늬가 두 부류로 나누어진다는 사실이다. 하나는 자연계 중에 존재하는 동물과의 관계를 분명하게 확인할 수 있는 것으로, 무소[犀], 올빼미[鴞], 토끼[兔], 매미[蟬], 누에[蠶], 거북[龜], 물고기[魚], 새[鳥], 코끼리[象], 사슴[鹿], 개구리[蛙], 소[牛], 물소[水牛], 양[羊], 곰[熊], 말[馬], 돼지[豬] 등이며, 다른 하나는 자연계에 존재하는 동물과의 관계가 명확하지 않아 고대 문헌의 신화에 나오는 동물 명칭을 사용해 부를 필요가 있는 것들이다. 후자 중 비교적 자주 보이는 것으로는 다음의 것들이 있다.[그림_18]

(1) 도철(饕餮):『여씨춘추(呂氏春秋)·선식람(先識覽)』에서 이렇게 말했다. "주나라 때의 솥에는 도철 무늬를 새겼는데, 머리는 있지만 몸통은 없게 한 것은, 사람을 잡아먹을 때 목에도 들어가기 전에

---

10) 容庚,『商周彝器通考』(燕京學報專刊 17, 北京, 哈佛燕京學社, 1941).

그 해가 몸에까지 미친다는 것을 말로 보여주려는 것이었다.(周鼎
著饕餮, 有首無身, 飮人未咽, 害及其身, 以言報更也.)" 북송 이후 금
석학 서적에서는 줄곧 상주 청동기 상의 신비하고 괴이한 짐승 얼
굴을 도철 무늬[饕餮紋]라고 불러왔다. 용경(容庚)은 『상주이기통고
(商周彝器通考)』에서 다음과 같은 갖가지 무늬 장식을 도철(饕餮)
이라는 이름 아래에 열거했다. 코가 있고 입이 있으며, 열린 입에
커다란 눈썹을 한 것(有鼻有目, 裂口巨眉者), 꼬리 끝이 말린 듯한
몸을 갖고 입 옆에 다리가 있는 것(有身如尾下卷, 口旁有足者), 두
눈썹이 곧게 선 것(兩眉直立者), 머리는 있으나 몸통은 없는 것(有
首無身者), 눈썹과 코와 입 모두에 번개무늬가 있는 것(眉鼻口皆作
雷紋者), 양편에 칼 형태를 채워 넣은 것(兩旁塡以刀形者), 양편에
무늬가 없고 눈썹이 짐승 모습을 한 것(兩旁無紋飾, 眉作獸形者),
눈썹이 아래쪽을 향해 말린 것(眉往下卷者), 눈썹이 위쪽을 향해
말린 것(眉往上卷者), 눈썹과 코와 입 모두가 네모 격자로 되었고
중간에 번개무늬를 채워 넣은 것(眉鼻口皆作方格, 中塡雷紋者), 눈
썹과 눈 사이에 번개무늬만 있고 코가 없는 것(眉目之間作雷紋而無
鼻者), 몸통이 두 갈래로 나뉘었고, 아래 갈래가 위로 말린 것(身作
兩歧, 下歧上卷者), 몸통에 세 열의 번개무늬가 있는 것(身作三列雷
紋者), 몸통이 세 열로 되었고, 위쪽은 칼 모양 아래쪽 두 열은 번
개무늬 모양인 것(身作三列, 上列爲刀形, 下二列作雷紋者); 몸통에
하나의 등으로 되었고, 위쪽은 칼 모양 아래쪽 걸쇠 모양인 것(身
一脊, 上爲刀形, 下作鉤形者); 몸통에 하나의 발로 되었고 꼬리가
위로 말렸는데, 합쳐서 보면 도철 무늬가 되고, 분리해 보면 기 무
늬가 되는 것(身一足, 尾上卷, 合觀之則爲饕餮紋, 分觀之則爲夔紋
者) 등이다.

(2) 비유(肥遺). 역대로 금석 학자들은 신비하고 괴이한 성격의 짐승 얼
굴 무늬에 대해 몸통이 있든 없든 관계없이 모두 도철(饕餮)이라
불러왔다. 그러나 『여씨춘추』에서는 전적으로 "머리만 있고 몸통이
없는(有首無身)" 짐승 무늬에 한정해서 도철이라 불렀다. 『산해경 ·
북산경(北山經)』에서는 "뱀이 있는데, 머리 하나에 몸이 둘로 되었

는데, 이름을 '비유'라고 하며, 이것이 나타나면 그 나라에 큰 가뭄이 든다.(有蛇, 一首兩身, 名曰肥遺, 見則其國大旱.)"라고 했다. 이제(李濟)는 정면은 짐승 얼굴이고 좌우 모두 비교적 가늘고 긴 몸통이 바깥쪽으로 뻗쳐 나간 청동기 무늬를 비유(肥遺)라는 이 이름으로 부르기를 권유했다.[11]

(3) 기(夔). 『설문해자』에서 "기(夔)는 역귀를 말한다. 용과 같이 생겼고, 다리가 하나이다.(夔, 神魖也, 如龍, 一足.)"라고 했고, 『산해경 · 대황동경(大荒東經)』에서는 "소같이 생긴 짐승이 있는데, 푸른 몸빛에 뿔이 없고 외발이다. 이 짐승이 물속을 드나들 때면 반드시 비바람이 이는데 그 빛은 해와 달 같고 그 소리는 우레와 같다. 이름을 '기'라고 한다. '황제'가 이것을 잡아 그 가죽으로 북을 만들고 우레 신의 뼈로 두들기니 소리가 5백 리 밖에서도 들렸다.(有獸狀如牛, 蒼身而無角, 一足, 出入水則必風雨. 其光如日月, 其聲如雷, 其名曰夔. 黃帝得之, 以其皮爲鼓, 橛以雷獸之骨, 聲聞五百里.)"라고 했다. 또 『장자 · 추수(秋水)』에서 "기가 노래기에게 말하길, 나는 다리 하나로 절뚝거리며 걷는다네(夔謂蚿曰: 吾以一足趻踔而行.)"라고 했다. 이러한 말에 근거해 볼 때, 금석 학자들은 기(夔)라는 이름으로 머리와 꼬리가 가로로 발려졌고, 그 중 다리가 하나인 용 같이 생긴 짐승의 무늬를 지칭했다.

(4) 용(龍). 용은 고대문헌에서 가장 자주 볼 수 있는 신화적 동물인데, 용의 형상이 어떠했는지는 일정한 기술이 없다. 『설문해자』에서 용을 두고 "비늘 달린 짐승의 우두머리로, 모습을 숨길 수도 있고 드러낼 수도 있다. 가늘게 할 수도 있고 굵게 할 수도 있으며, 짧게 할 수도 있고 길게 할 수도 있다. 춘분이 되면 하늘로 올라가고, 추분이 되면 내려와 연못에 숨는다.(鱗蟲之長, 能幽能明. 能細能巨, 能短能長, 春分而登天, 秋分而潛淵.)"라고 한 것을 보면, 그 형상은 도리어 일정치 않은 크고 긴 짐승이었을 것으로 보인다. 문일다(聞

---

11) 「殷墟出土靑銅斝形器之硏究」, 『中國考古報告集新編古物硏究專刊』 第3本 (1968), 69~70쪽.

一多, 1899~1946)는 「복희고(伏義考)」에서 용(龍)에 대해 논증하면
서 인용한 문헌에 '교룡(交龍)', 즉 두 용이 서로 교차하는 그림이
있고, '이룡(二龍)' 즉 두 용이 쌍을 이루어 출현한다는 말이 있다.
그러나 용 그 자체는 어떤 형상이었을까? "용은 말처럼 생겼고, 그
래서 말은 종종 용으로 불리기도 했다.……용은 때로는 개[狗]와 같
은 모습이기도 했고……그래서 개도 용으로 불리기도 했다.……이
밖에도 물고기처럼 생긴 비늘을 가진 용도 있고, 또 새처럼 날개를
가진 용도 있으며, 사슴처럼 뿔을 가진 용도 있다. 용가 가장 쉽게
혼동될 수 있는 각종 파충류 생물에 대해서는 더더욱 열거할 필요
도 없다."[12] 용의 형상이 이렇듯 커다란 신축성을 갖고 있다면, 금
석 학자들이 이러한 명칭을 갖고서 청동기상의 동물무늬를 지칭할
때에도 매우 신축적으로 사용했을 것이다. 즉 현실 세계의 동물과
짝을 지우지 못하는 것이면서 또 도철(饕餮)이나 비유(肥遺)나 기
(夔)라 부를 수 없는 동물은 바로 용이었던 것이다.

　(5) 규(虯). 『설문해자』에서 "규(虯)는 뿔이 있는 용의 새끼를 말한다
　　(虯, 龍子有角者.)"라고 했는데, 규 무늬(虯紋)는 바로 뿔이 있는 용
　　무늬를 말한다. 그러나 『초사·이소(離騷)』의 왕일(王逸) 주(注)에
　　의하면, 뿔이 없어야만 규(虯)이다.

　신비하고 괴이한 이 다섯 가지 동물의 이름은 모두 고대 문헌에 출
현한다. 현대인들이 이러한 이름(그리고 鳳과 같은 다른 이름들도 포
함해서)으로 상주 청동기 미술 속의 개별적인 동물무늬를 지칭하는 것
도, 사실은 약정속성(約定俗成)의 묘사적인 어휘를 사용한 것에 지나지
않는다. 고대인들이 다시 살아나, 당시의 청동기의 동물무늬를 본다면
그때도 이와 유사한 혹은 심지어 같은 명사로 그것들을 지칭할지는 알
수 없는 일이다.

---

12)　聞一多, 「伏羲考」, 『神話與詩』, 中華書局(1956), 25쪽.

　단지 상주 청동기상의 동물무늬의 특징만 갖고 이야기한다면, (1)의 숫자가 매우 많아 장식무늬의 절대 부분을 차지하고, (2)의 종류도 매우 많은데, 현실 세계에 존재하는 동물로 이름 지을 수 있는 여러 가지 동물 외에도 신화에서도 이와 관련된 여러 가지 신비하고 이채로운 동물이 보인다. 이러한 두 가지 특징 이외에도 다음과 같은 두 가지 특징을 들 수 있다.

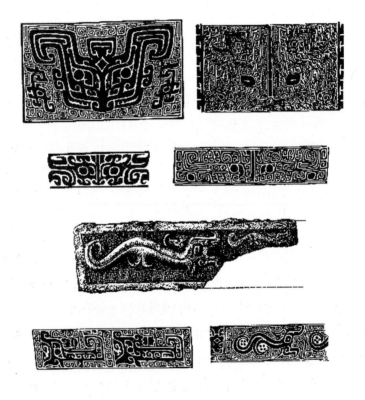

그림_18 : 상나라 동물무늬에 나타난 신비하고 괴이한 짐승의 모습
(饕餮 무늬[가장 윗줄], 肥遺 무늬[두 번째 줄]; 夔 무늬[세 번째 줄], 용 무늬
[네 번째 줄]. 모두 安陽　殷墟에서 출토된 청동기 상의 무늬이다. 『中國考古
報告集新編』(古器物研究專刊)에 보인다.)

(1) 상주 청동기 상의 동물무늬는 언제나 좌우대칭의 쌍을 이룬다는 점
이다. 청동기 무늬의 기본구성은 언제나 기물을 에워싼 채 두 개의
연속되는 띠를 만들며, 청동기의 모서리각에 의해 몇 개의 단원으
로 나뉘고, 각각의 단원 속에는 한 가지 동물의 측면 윤곽이 존재한
다. 만약 한 단원 속에서 짐승 머리가 왼쪽으로 향하면 그 왼쪽에
인접한 단원 속의 짐승의 머리는 통상 오른쪽으로 향하며, 이 짐승
의 두 개의 머리를 일대일로 접합시키면, 모서리각이 짐승 얼굴의
중심선이 된다. 그래서 중심선으로부터 보면, 좌우의 짐승 형태는
한 마리 짐승이 중간을 중심으로 둘로 갈라져 좌우로 펼쳐진 모습
을 한다. 그러나 이는 두 마리 동물의 무늬가 얼굴 부분에서 하나
라 합쳐진 결과라고 할 수도 있다. 바꾸어 말하면 도철(饕餮) 얼굴
과 비유(肥遺)는 모두 두 마리 동물이 중간에서 하나로 합쳐진 결
과라고도 할 수 있지만, 또 하나의 짐승 얼굴 혹은 한 마리 동물이
중간 부분에서 양편으로 갈라져 만들어진 것이라고도 할 수 있다.
(2) 은상과 서주 초기 때의 소수의 청동기에 사람 형태와 동물무늬가
함께 출현한다는 특징이다. 그중 가장 유명한 것은 일본 수미토모
(住友)씨[13]와 파리의 세르누치(西弩奇, Cernushci) 박물관[14]이 소장
한 한 쌍의 「유호식인유(乳虎食人卣)」이다.[15] 이외에도 필자가 아

---

13) 梅原末治, 『新修泉屋淸賞』, (京都, 泉屋博物館, 1971).

14) Vadime Elisseeff, *Bronzes archaiques Chinois au Musée Cernuschi, tome 1*, (Paris: L'Asiatheque, 1977), pp.120~131.

15) (역주) 商虎食人卣는 상나라 후기 때의 청동기 명품으로, 2점이 있는데, 호남
성 安化와 寧鄕의 교차 지점에서 출토되었다. 이후 국외로 흘러나가, 한 점은
프랑스 파리의 시립동방미술관에, 다른 한 점은 일본의 泉屋博物館에 소장되
었다. 그중에서도 일본 泉屋博物館의 소장품이 더 유명한데, 높이가 35.7센티
미터, 무게가 5.09킬로그램이다. 이 기물의 이름에 대해서는 역대로 많은 논쟁
이 있었다. 중국 학자들은 그것을 '虎食人卣'라 불렀고, 일본학자들은 '乳虎卣'
라 불렀는데, 이러한 차이는 이 기물이 표현하는 사상과 내용에 대한 양국 학
자들이 이해와 인식의 차이를 반영한다. 중국학자들은 모두 사람과 호랑이가
공존할 수 없는 존재로 보았는데, 단지 그것이 반영하는 사회적 의미에 대해
서만 의견의 차이를 보인다. 혹자는, 호랑이는 동이족의 어떤 씨족의 토템이
며, '虎食人'은 포로를 토템에게 바치는 모습이라고 보기도 한다. 이러한 토템
설을 견지하는 사람 중, 혹자는 '虎食人'이 虎神을 토템으로 삼는 사람이며, 虎

572

는 바로는, 미국 워싱턴의 프리어 미술관(Freer Gallery of Art)에 소장된 발이 셋 달린 굉[三足觥]이 있다. 이 굉(觥)의 뒷면 두 개의 발바닥 부분에 각기 사람 형상이 하나씩 있는데, 두 팔이 교차하여 몸체 앞으로 당겨져 있으며, 머리 위로는 입을 벌린 도철 얼굴이 있다.[16] 같은 미술관에는 또 큰 청동 칼이 한 점 소장되었는데, 칼 등 위에는 한 짐승이 입을 크게 벌리고 있고, 그 아래로 사람의 측면 얼굴이 있다.[17] 하남성 안양(安陽) 후가장(侯家莊)의 '대백수분(大柏樹墳)' 부근, 즉 서북강(西北岡) 은상 왕실 묘지 동쪽 구역 서남쪽 모퉁이 일대에서 출토된 「대사모무정(大司母戊鼎)」의 손잡이 바깥 부분에도 두 개의 짐승 모양이 들었는데, 벌린 입속에 사람의 머리가 들어 있다.[18] 안양의 소둔(小屯) 제5호 묘(즉 婦好墓)에서 출토된 청동 도끼[鉞]의 표면에도 입을 크게 벌린 두 마리의 짐승 입속에 사람의 머리가 든 모습이 새겨졌다.[19] 이외에도 안휘성 부남(阜南)에서 출토된 「용호준(龍虎尊)」의 몸체 부분에도 입을 크게

神의 보호를 받는 것으로 보기도 한다. 또 다른 해석은, 이는 虎神이 악귀를 잡아먹는 모습이며, 의미는 사악함을 몰아내고 길함을 구하는 데 있다고 하기도 한다. 이에 비해, 일본학자들은 "사람과 호랑이의 관계가 화해한 것"이며, 이는 '天人合一'이나 '人物共處'의 의식을 반영한 것으로 본다. 이상의 여러 가지로 볼 때, '虎食人卣'의 내재적 의미가 무엇인지, 도대체 호랑이는 누구의 화신인지에 관계없이 食人 형상은 巫術 사상과 상관되었음을 부인할 수 없다. 虎食人卣의 장식 기능에 대해 다음과 같은 다섯 가지의 견해가 존재한다. (1) 통치자의 전횡과 잔악함을 표현하고 이로써 피지배자를 위협하는 것인데, 여기서 호랑이는 지배 계급의 상징이고, 사람은 피지배 계급을 상징한다. (2) 人獸 관계를 사람이 동물의 힘을 빌려 天地와 소통하려는 것으로 해석한다. (3) 사람의 자아와 神性을 갖춘 동물의 통일을 상징하며, 이로써 동물의 보호를 받음을 표현했다. (4) 虎食人은 실제 '虎食鬼'의 신화, 즉 무서운 호랑이를 동원해 악귀를 내쫓는 避邪의 기능을 반영했다. (5) 호랑이는 자연계를 대표하여, 자연에 대한 인간의 두려움을 표현했으며, 동시에 자연에 순종해야 하며, 인간의 연약함을 표현했다.(http://baike.baidu.com/view/1380923.htm)

16) John Pope, et al., *Freer Chonese Bronzes 1*, (Washington, D. C.: Freer Gallery of Art, 1967), No. 45.
17) 필자가 직접 찍은 사진에 근거함.
18) 陳夢家, 「殷代銅器」, 『考古學報』, 7(1954), 15~59쪽.
19) 「安陽殷墟五號墓的發掘」, 『考古學報』, 1977(2), 圖版Ⅷ: 2.

벌린 두 마리의 짐승 입속에 사람 머리가 든 모습이 그려졌는데, 아래쪽은 사람의 몸체로 연결되었다.[20] 이상의 몇 가지 기물에 담긴 인간과 짐승 무늬는 인간과 짐승을 겸유하였다는 특징 외에도 다음과 같은 몇 가지 공통점을 갖고 있다. 즉 도철 얼굴 혹은 짐승 모습이 모두 입을 크게 벌린 모습이고 사람의 머리가 입속에 놓였다는 점이다. 또 사람의 머리나 사람의 몸통이 모두 짐승의 얼굴이나 짐승의 몸통과 수직 각을 이룬다는 점이다. 또 짐승의 형태는 넓은 의미에서 도철이라고 부를 수 있지만, 몸통의 형체나 무늬로 볼 때 호랑이를 닮았다는 점이다. 이들 중 차이점이라면, 「유호식인유(乳虎食人卣)」와 프리어 미술관에 소장된 굉(觥)과 칼[刀]의 '사람을 잡아먹는 짐승[食人獸]'은 모두 단독으로 되었으나, 나머지 세 점은 모두 대칭을 이루어, 좌우에서부터 사람의 머리를 중간에 넣은 모습이다. 「대사모무정(大司母戊鼎)」과 「부호월(婦好鉞)」, 그리고 프리어 미술관 소장 칼[刀]에는 사람의 머리만 있지만, 다른 기물에서는 신체가 있다. 또 「유호식인유(乳虎食人卣)」에서는 사람 몸과 짐승의 몸이 서로 안긴 모습이지만, 다른 기물에서는 분리되어 있다.[그림_19]

상주 청동기 미술 속 동물무늬의 의미를 어떻게 해석해야 할 것인지, 앞에서 말한 이러한 특징에 대해 합리적 해석을 제공할 수 있으려면, 몇 가지 특징에만 한정되지 않고 다른 특징까지 모두 해석 가능한 설명이어야만 한다. 바꾸어 말해서, 동물무늬의 문제는 단지 하나만의 것이 아닌 여러 개가 연속된 일련의 문제라는 것이다. 즉 상주 청동 공예가들은 왜 동물무늬를 사용했던 것일까? 동물무늬는 어떤 기능을 가졌던가? 왜 갖가지 다양한 종류가 존재하는가? 왜 쌍을 이루고 대칭을 이루는가? 왜 어떤 경우에는 사람과 결합하는가? 왜 사람과 결합할 때에는 특정한 특징적인 형태를 취하게 되는가? 등의 문제이다.

20) 葛介屏, 「安徽阜南發現殷商時代的青銅器」, 『文物』, 1959(1), 표지 안쪽 면.

2
동물무늬의 의의

　상주 청동기상의 동물무늬는 도대체 내용상으로 어떤 의의를 갖는
가? 역대로 이러한 문제를 연구해 온 사람은 많지만, 여기서 일일이 인
용하지는 않겠다. 대다수 학자는 그것들이 고대의 토템(totem)이나 자
연계나 신화에서의 신비하고 괴이함을 대표한다고 여긴다. 그러나 어
떤 미술 사학자들은 동물무늬가 기하형의 무늬 장식에서부터 변해 왔
으며, 그래서 완전히 장식적인 무늬일 뿐 어떤 다른 어떤 종교적이나
의식형태상의 의미는 없다고 여기기도 한다.[21] 이러한 문제에 대해,
필자는 다음과 같은 두 가지 문제로부터 논의를 시작해야 할 것 같다
고 생각한다. 하나는 동물무늬의 변천 역사인데, 이로부터 동물무늬가
청동기가 만들어질 때부터 존재했는지, 아니면 기하형의 도안으로부터
점차 변화해 온 것인지를 결정해야 할 것이다. 그다음은, 그것의 의미
를 설명하고 그러한 설명을 증명하는 것이다. 만약 합리적이고 증명
가능한 의미상의 해석을 제시할 수 있다면, 이것이 의미가 있는지에
관한 문제는 이미 진정한 해답을 얻었다고 해야 할 것이다. 첫 번째 문
제에 대해 매우 간단하고 직설적으로 말하자면, 동물무늬는 청동기에
장식무늬가 생기면서부터 존재했으며, 게다가 이러한 전통은 앞에서도

---

21) Max Loehr, *Ritual Vessels of Broze Age China*(New York: The Asia Society,
1968), p.13.

언급했듯이 심지어 신석기시대 때까지도 거슬러 올라갈 수 있다. 그래서 이 절에서의 논의는 두 번째 문제의 논의에 집중될 것이다. 즉 동물무늬의 의의를 설명할 수 있는 믿을만한 가설을 시험적으로 제시하게 될 것이다. 가장 신뢰할 수 있는 견해는 가장 간단하고, 가장 직설적이고, 가장 명료한, 문헌사료와 실제 기물 자체로부터 귀납하여 얻는 것이어야 할 것이며, 게다가 이는 앞 절에서 열거한 각종 유관 현상도 모두 잘 해석할 수 있게 될 것이라 믿는다.

사실, 상주 청동기 및 청동기 상의 무늬는 선진 시대 고대 문헌에서 이미 매우 분명하게 설명하고 있다. 『국어 · 초어(楚語)』(하)에서 이렇게 말했다.

'소왕'이 '관야보'에게 이렇게 물었다. "『주서』에 '중'씨와 '여'씨가 실로 하늘과 땅을 서로 통하지 않게 하였다 하였는데, 어찌 된 일인가요? 만약 그렇게 하지 않았더라면, 사람들이 하늘에 오를 수 있었다는 말인가요?" '관야보'가 대답하였다. "그런 뜻이 아닙니다. 옛날에는 사람과 신이 함께 섞여 살지 않았습니다. 백성 중에서 정신이 깨끗하고 두 마음을 가지지 않는 자, 그리고 몸을 가지런하고 공경하게 하며 곧고 바른 마음을 가진 자, 위아래로 항상 겨룰만한 지혜를 가진 자, 빛을 널리 밝게 비출 수 있는 성스러움을 가진 자, 누구에게나 비추어줄 수 있는 밝음을 가진 자, 무엇이라도 듣고 통찰할 수 있는 총명한 자, 바로 이러한 사람에게 밝은 신이 내리게 됩니다. 그러한 사람 중 남자를 격(覡)이라 하고 여자를 무(巫)라 합니다. 이들을 시켜 신이 거처하는 위치와 그 선후 순서를 제정하도록 하며, 신을 위한 희생물, 제기, 제사를 드릴 시기, 복장 등을 만듭니다. 그러한 다음 선성(先聖)의 후손 중에서 빛나는 공덕이 있으며, 동시에 능히 산천의 신 이름과 고조의 왕묘, 종묘의 일들, 소목을 정리한 세계(世系), 재계와 경건함의 부지런함 정도, 예절의 마땅함, 위의(威儀)의 법칙, 용모의 뛰어남, 곧음(忠)과 믿음(信)의 바탕, 인혈(禋絜)의 복장에 밝고 게다가 밝은 신께 공경을 다할 수 있는 자로 하여금 태축(太祝)의 임무를 맡도록 합니다.

그리고 이름이 있는 집안 후손 중, 사시의 만물 생장에 대해 잘 알며, 제사에 쓸 희생물, 옥백의 종류, 채복의 의전, 제기의 수량, 신주의 순서에 대한 헤아림, 거섭(居攝)의 지위, 제단의 장소, 상하 신들의 높고 낮음, 씨(氏)와 성(姓)의 근원 등에 대해 잘 아는 자로서, 마음속으로 고대의 전적을 훤히 꿰뚫은 자로 하여금 종백(宗伯)의 임무를 맡게 합니다.

이에 천지와 신, 그리고 백성과 만물의 유형에 따라 관직을 두게 되었으니, 이것이 바로 오관(五官)인데, 각기 그 순서에 따라 일을 맡아 했기에 서로 혼란함이 없었습니다. 백성은 이로써 곧고 믿는 마음을 가질 수 있었고, 신은 이로써 덕을 밝힐 수 있었습니다. 이처럼 신과 사람은 그 업무가 달라, 서로 공경하였지 모독을 주는 일은 없었습니다. 그 때문에 신은 아름다운 물품을 내려 주었고, 사람들은 그 물건으로 삶을 누릴 수 있었으며, 재앙도 이르지 않았고, 구하여 쓰는 것에 궁핍함도 없었던 것입니다.

(昭王問於觀射父曰: "『周書』所謂重黎, 寔使天地不通者, 何也? 若無然, 民將能登天乎?" 對曰: "非此之謂也. 古者民神不雜. 民之精爽不携貳者, 而又能齊肅衷正, 其智能上下比義, 其聖能光遠宣朗, 其明能光照之, 其聰能聽徹之. 如是, 則明神降之, 在男曰覡, 在女曰巫. 是使制神之處位次主, 而爲之牲器時服, 而後使先聖之後之有光烈, 而能知山川之號, 高祖之主, 宗廟之事, 昭穆之世, 齊敬之勤, 禮節之宜, 威儀之則, 容貌之崇, 忠信之質, 禋絜之服, 而敬恭明神者, 以爲之祝. 使名姓之後, 能知四時之生, 犧牲之物, 玉帛之類, 采服之儀, 彝器之量, 次主之度, 屛攝之位, 壇場之所, 上下之神, 氏姓之出, 而心率舊典者, 爲之宗. 於是乎, 有天地神民類物之官, 是謂五官, 各司其序, 不相亂也. 民是以能有忠信, 神是以能有明德, 民神異業, 敬而不瀆, 故神降之嘉生, 民以物享, 禍災不至, 求用不匱.)

관야보(觀射父)가 말한 장황한 설명은 '백성[民]'과 '신(神)' 간의 관계에 집중되어 있다. 백성[民]은 바로 산 사람이며, 신(神)은 죽은 선조를

위주로 하였을 것이다. 사람과 신 사이에 소통하려면, 백성 중에서 특
이한 품성을 가진 무당[巫覡]을 통해야 하고, 그들 중에서 뛰어난 자를
축(祝)으로 삼고 종(宗)으로 삼는다. 그들이 신과 소통하도록 도와주는
각종 준비물에는 '생기(牲器)' 즉 '희생에 쓸 물품(犧牲之物)'과 '제기(彝
器之量)'가 포함되었다. 바꾸어 말해서, 상주 때의 청동기는 인간이 신
과 소통하도록 하기 위한 것, 즉 하늘과 땅을 통하게 하려는 것이었으
며, 그러한 도구를 사용한 사람은 무당[巫覡]이었다. 이러한 설명은 고
대 청동기를 연구해 온 일반적인 견해와 기본적으로 일치한다.

  기왕에 청동 제기가 땅과 하늘을 소통시키는 무당[巫覡]의 도구로 사
용되었다면, 청동 제기의 표면에 새겨진 동물무늬도 땅과 하늘을 통하
게 하는 것과 관계가 있었을까? 『좌전』 선공(宣公) 3년(기원전 606년)
조에서 이미 이에 대해 분명하게 답을 내린 바 있다. 그 해, 초나라 왕
즉 장왕(莊王)은 육혼(陸渾) 땅의 오랑캐를 정벌하였는데, 낙(雒) 땅에
까지 이르게 되었고, 주(周)나라의 국경 지역에서 무력시위를 하게 되
었다. 이에 주나라 정왕(定王)이 왕손(王孫) 만(滿)을 보내 초나라 왕을
위로하게 하였다. 그러자 초나라 왕이 왕손인 '만'에게 솥[鼎]의 크기와
무게에 대해 물었다. 왕손 '만'의 대답 앞부분에 다음과 같은 기술이 보
인다.

  천자가 되는 것은 덕행에 있지 솥의 대소 경중에 있는 것이 아닙니다.
  옛날 하 왕조가 덕행이 있을 때 먼 곳에 있는 나라들이 각각 그 나라의
  기이한 산천을 그림으로 그려서 올리고, 9주의 장관들이 청동을 진상
  했습니다. 이에 9정을 만들면서 여러 모양을 새겨 넣었는데, 각종 물상
  을 모두 솥에 담아 백성으로 하여금 신물과 괴물을 구분하게 하였습니
  다. 그러자 백성이 천택에 들어가 고기를 잡고 산림에 들어가 사슴들
  을 잡더라도 요괴와 같이 불순한 것들을 만나지 않게 되었습니다. 산

과 수중에 사는 온갖 요괴들을 만나지 않게 되자 상하가 능히 화합하고 결국 하늘의 보살핌을 받게 되었던 것입니다.

(在德不在鼎. 昔夏之方有德也, 遠方圖物, 貢金九物, 鑄鼎象物, 百物而爲之備, 使民知神姦. 故民入川澤山林, 不逢不若, 螭魅魍魎, 莫能逢之. 用能協於上下, 以承天休.)

이 부분에 대해서는 역대로 다양한 해석이 있었다.[22] 그러나 직설적이고 간단하게 번역하자면 다음처럼 될 것이다. "(중요한 것은) 덕(德)에 있지 솥[鼎]에 있는 것이 아니지요. 이전 하(夏)나라 때는 마침 덕이 존재하던 시대였지요. 그래서 먼 지방 각지에서 그곳의 물상들을 그림으로 그려 가져왔고, 구주(九州)의 우두머리들은 청동을 바쳤으며, (그리하여) 청동 솥[鼎]을 주조했지요. 그 표면에다 물품의 형상을 표현해 넣었으며, 온갖 것들이 다 갖추어지게 되었지요. 그리하여 산 사람들은 어떤 신이 사람을 도와주는 신인지, 어떤 신이 사람을 해치는 신인지를 알게 되었지요. 산 사람이 내나 연못과 숲에 들어가도 이매망량(螭魅魍魎)과 같은 해로운 신은 만나지 않게 되었지요. 이렇게 함으로써 상하(즉 하늘과 땅)가 서로 협조하게 되었고, 산 사람은 하늘의 복을 받을 수 있게 되었지요." 이를 더 간단하게 요약한다면, 하나라 사람들은 청동 솥[鼎]에다 물상을 주조하여 어떤 동물이 사람을 도와주는 신인지, 즉 사람을 도와 땅과 하늘을 통하게 하는 신인지, 어떤 동물이 하늘과 땅을 통하게 하지 않는 신인지를 알게 하였다는 말이다. 이러한 것이 '구정(九鼎)'을 주조하게 된 진정한 목적인지 판단할 방법은 없다. 그러나 이로부터, 왕손(王孫) 만(滿)의 말처럼 동물에는 무당을 도와 하늘과 땅을 서로 통하게 하는 동물이 있으며, 그것들의 형상을 옛

---

22) 예컨대 江紹原, 『中國古代旅行之硏究』(臺灣商務印書重印版, 1966).

날에는 청동 제기에다 주조해 넣었다는 사실만은 알 수 있다.

위에서 인용한 이 부분에서 가장 중요한 부분은, 바로『좌전』선공 3년 조의 왕손(王孫) 만(滿)이 말한 '물(物)'을 '희생물', 다시 말해 "무당을 도와 하늘과 땅을 통하게 하는 동물"로 해석하는 데 있다. 이러한 해석은 다음의 두 가지 사실에 기초를 두고 있다. 첫째, 이 글에서 말한 "솥을 만들면서 여러 모양을 새겨 넣었다(鑄鼎象物)"는 것인데, 지금 볼 수 있는 고대 청동 제기는 모두 '동물'을 그렸지 '물품'을 그린 것은 없다는 사실이다. 그래서 솥을 주조할 때 그린 '물(物)'이 동물을 지칭한다고 하지 않으면 달리 설명할 길이 없다. 둘째, 이 글에서 말한 "물상을 새겼던(象物)" 목적이 "하늘과 땅의 상하가 서로 협조하여, 하늘의 아름다움을 받도록 하는 데 쓰기" 위한 것이었는데, 이러한 목적은 솥을 주조한 목적과 일치한다. 청동 제기는 하늘과 땅을 통하게 하는 데 사용하는 무당이 갖추어야 할 부분의 하나이며, 그 위에 그려진 동물무늬도 이러한 목적에 도움을 준다.

'물(物)'이라는 이 글자를 이렇게 해석할 수 있을까?[23] 『좌전』에는 '물(物)'자가 적잖게 출현하며(약 60~70차례), 그것의 의미도 다양하다. 그러나 일부에서 그것의 의미는 매우 명료해 상하 문장과 잘 연결된

---

23) (역주) 物은 고대 한자에서 ⚏⚏⚏⚏(甲骨文), ⚏⚏⚏(簡牘文), ⚏(說文小篆) 등으로 썼는데, 이의 자원에 대해서는 의견이 분분하다. 物은 牛가 의미부이고 勿이 소리부인 형성구조인데, 勿이 갑골문에서 쟁기질 때 갈라지는 흙덩이를 그린 것으로 추정됨을 고려하면, 物은 소[牛]를 이용한 쟁기질[勿]의 모습을 그린 것으로 추정된다. 그렇다면 쟁기질[物]에 쓸 색깔[色] 좋은 소[牛]를 '고르다'는 뜻이 바로 物色(물색)의 어원이 되었을 것이다. 그리고 그러한 소는 색깔에 의해 구분되었기에 物에는『설문해자』에서처럼 '여러 색깔의 소'라는 뜻이 나왔고, 다시 만물은 제각각 자신만의 색깔을 가진다는 뜻에서 각기 萬物의 뜻이 나왔다. 또 자신 이외의 사람이나 사물을 지칭하기도 한다.

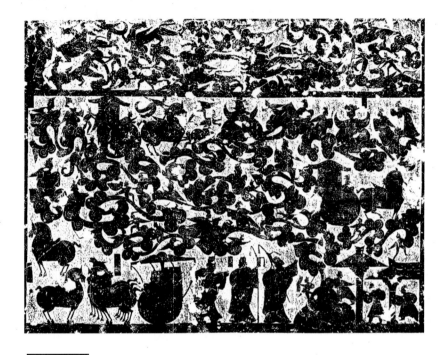

보충 그림_30 : 승선도(升仙圖)
산동성 가상현(嘉祥縣) 무씨사당(武氏祠堂) 석실 벽화.

다. 예컨대 정공(定公) 10년 조에서 "숙손씨의 갑옷에 물상이 그려졌다
(叔孫氏之甲有物)"라고 했는데, 고대 기물학의 처지에서 볼 때 갑옷[甲]
에 그려진 물상은 동물무늬일 가능성만 존재한다. 장공(莊公) 32년(기
원전 662년) 조에는 신의 강림과 물상[物]의 관계에 대해 기술한 부분
이 있는데, 많은 시사점을 던져 준다.

　　가을 7월, 신령이 '괵' 나라의 '신' 땅에 내려왔다. 주나라 '혜왕'이 내사
　　'과'에게 물었다. "여기에 무슨 까닭이 있는 것이오?" 대답하여 말했다.
　　"나라가 장차 흥하려면 신령이 내려와 그 덕행을 살핍니다. 또 나라가
　　장차 망하려 해도 신령이 내려와 그 악행을 살핍니다. 그래서 신이 내

려옴으로써 흥하기도 하고 망하기도 하는데, '우', '하', '상', '주'의 각 시
대에 모두 그 같은 일이 있었습니다." 왕이 말했다. "그러면 어째해야
하오?" 대답하여 말했다. "신령의 하강에 상응하는 제의를 베풀어야 합
니다. 신령이 내려온 날에 따라 그에 합당한 제의가 있으니, 하강한 날
과 상관있는 제물을 쓰는 것이 좋을 것입니다."

(秋七月, 有神降於莘. 惠王問諸內史過曰: 是何故也? 對曰: 國之將興, 明
神降之, 監其德也. 將亡, 神又降之, 觀其惡也. 故有得神以興, 亦有以亡.
虞夏商周皆有之. 王曰: 若之何? 對曰: 以其物享焉. 其至之日, 亦其物
也.)

이렇게 볼 때, '물(物)'은 신을 모시는 데 사용하는 제사용 희생인데,
제사용 희생은 신(神)(즉 '其物')이나 날짜(즉 '其至之日')에 따라서 달랐
으며, 앞에서 인용한 『국어·초어(楚語)』의 "백성이 물품으로 제사를
드린다(民以物享)"라고 할 때의 "희생으로 쓰는 물품"이기도 하다. 이로
부터 점차 다음의 사실을 알 수 있게 된다. 즉 무당을 도와 하늘과 땅
을 통하게 하는 일부 특수한 동물은 적어도 일부는 제사용 희생으로
사용되는 동물이었다. 동물을 제사에 사용한 것은 동물을 통해 무당이
인간과 신을 통하게 하고, 하늘과 땅을 통하게 하고, 위와 아래를 통하
게 하는 구체적인 방법의 하나였다.[24][25] 상주 청동기 상의 동물무늬는
바로 무당이 하늘과 땅을 통하게 하는 일을 도우는 각종 동물이 청동
제기 상에 드러난 모습이다.

위에서 용(龍)에 대해 언급할 때 고대 문헌에서의 '이용(二龍)'에 대
해 언급한 적이 있다. 『산해경』에도 '두 마리의 용[兩龍]'이 자주 등장

---

24) 傅斯年, 「跋陳槃君"春秋公矢魚于棠說"」, 『歷史語言研究所集刊』 第7本第2分,
(1938).
25) '物'자는 복사에서 '犁'자와 혼용된다. 李孝定, 『甲骨文字集釋』, (歷史語言研究
所專刊 50, 1970年 再版), 317~330쪽.

582

하는데, 매번 모습을 드러낼 때마다 인간과 신의 소통과 관련이 있다. 『산해경·대황서경(大荒西經)』에서 이렇게 말했다.

서남 해의 바깥쪽, '적수'의 남쪽, '유사'의 서쪽에 사람이 있는데, 두 마리의 푸른 뱀을 귀에 걸고 두 마리의 용을 타고 있는데, 이름을 '하후 개'라고 한다. '하후 개'는 세 차례 하늘에 올라가 천제를 찾아뵙고 '구변'과 '구가'라는 노래를 얻어서 내려왔다. 이 '천목'의 들판은 높이가 2천 길인데 '하후 개'가 여기서 처음으로 '구소'라는 음악을 노래했다.(西南海之外, 赤水之南, 流沙之西, 有人珥兩靑蛇, 乘兩龍, 名曰夏后開. 開上三嬪于天, 得九辯與九敢以下. 此穆天之野, 高二千仞, 開焉得始歌九招.)

같은 이야기가 「해외서경(海外西經)」에도 보인다.

'대악'의 들판. '하후 계'가 그곳에서 '구대'라는 춤을 추었다. 두 마리 용을 탔는데, 오색구름이 삼 층으로 머리 위를 덮었고, 왼손에는 깃으로 된 일산을 오른손에는 옥 고리를 쥐고 패옥을 띠에 장식했다. 그곳은 '대운산'의 북쪽에 있다. 달리 '대유'의 들판이라고도 한다.
(大樂之野, 夏后啟. 于此儛九代, 乘兩龍, 雲蓋三層. 左手操翳, 右手操環, 佩玉璜. 在大運山北, 一曰大遺之野.)

"귀에 두 마리의 푸른 뱀을 걸치고(珥兩靑蛇)"와 두 마리 용을 타고 올라가 하늘을 뵌[嬪] 하후 계(夏后啟)는 천상 세계의 구변(九辯)과 구가(九歌)라는 노래를 인간 세계로 데려온 영웅이었으며, 또한 악장(樂章)을 신의 세계로부터 인간의 세계로 들여온 제사장(巫師)이었는데, 「이소(離騷)」에서는 "'하계'가 '구변'과 '구가'의 음악을 얻어서, 그의 아들 '하강'이 즐거이 멋대로 방종하였네.(啟九辯與九歌兮, 夏康娛以自

縱.)"라고 노래했다. 그가 이러한 공로는 세울 수 있었던 것은 푸른 뱀
[青蛇]과 용(龍)의 도움이 있었기 때문에 가능했다. 이러한 용과 청사는
사방 신, 즉 사방에서 위아래를 소통시키는 사자가 갖추어야 할 표준
이었다. 「해외동경(海外東經)」에서는 이렇게 말했다.

동방의 신 '구망'은 새의 몸에 사람 얼굴을 하였는데, 두 마리 용을 타
고 다닌다.
(東方句芒, 鳥身人面, 乘兩龍.)

이에 대해 곽박(郭璞, 276~324)은 주(注)에서 『묵자』를 인용하여, "옛
날 진나라 목공이 덕에 밝아, 상제께서 '구망'을 시켜 목숨을 19년이나
더 주었다.(昔秦穆公有明德, 上帝使句芒賜之壽十九年.)"라고 했는데,
이는 구망(句芒)이 두 마리 용을 타고 상제와 인간 세계 사이를 왕래했
다는 말이다. 「해외서경(海外西經)」에서는 또 이렇게 말했다.

서방의 신 '욕수'는 왼쪽 귀에 뱀을 거쳤으며 두 마리 용을 타고 다닌다.
(西方蓐收, 左耳有蛇, 乘兩龍.)

곽박의 주에서는 『상서·대전(大傳)』과 『회남자』를 인용하여 욕수
(蓐收)가 제소호(帝少暤) 신이라고 했다. 또 「해외남경(海外南經)」에서
는 이렇게 말했다.

남방의 신 '축융'은 짐승의 몸에 사람 얼굴을 하였는데, 두 마리 용을
타고 다닌다.
(南方祝融, 獸身人面, 乘兩龍.)

또 「해외북경(海外北經)」에서는 이렇게 말했다.

584

북방의 신 '우강'은 사람 얼굴에 새의 몸을 하였는데, 두 마리 뱀을 발
에 감고 있다.
(北方禺彊, 人面鳥身, 珥兩青蛇, 踐兩青蛇.)

곽박이 주석한 다른 판본에서는 "북방의 신 '우강'은 몸과 손과 발이 모
두 검은색이며, 두 마리 용을 타고 다닌다.(北方禺彊, 黑身手足, 乘兩龍.)"
라고 하기도 했다. 이렇게 볼 때 두 마리의 용[兩龍]과 두 마리의 뱀[兩蛇]
등은 모두 사방의 사자들이 공통으로 가졌던 조력자였다[그림_20]. 이외
에 하백(河伯)도 두 마리의 용을 타고 다녔는데, 「구가(九歌)·하백(河
伯)」에서 이렇게 노래했다.

여녀유혜구하(與女遊兮九河),　　당신과 '구하'에서 노는데,
충풍기혜횡도(衝風起兮橫渡),　　폭풍이 일어서 물결을 가로지른다.
승수차혜하개(乘水車兮荷蓋),　　물수레를 타고 연꽃 덮개를 씌우고는,
가량룡혜참리(駕兩龍兮驂螭).　　두 마리의 뿔 없는 용을 모는도다.

『산해경·해내북경(海內北經)』에서도 " '빙이'는 사람의 몸을 하였는
데, 두 마리 용을 타고 다닌다.(冰夷, 人面, 乘兩龍.)"라고 했는데, 곽박
의 주석에서는 "빙이는……바로 하백이다(冰夷……即河伯也.)"라고 했
다. 하백(河伯)이 용을 탔던 이유는 바로 "황하의 강물이 바로 하늘에
서부터 왔기(黃河之水天上來)" 때문이 아니었겠는가![26] 어쨌든, 『초사』
와 『산해경』에서는 모두 두 마리 용과 두 마리 뱀이 자주 등장하며, 게
다가 용과 뱀은 하늘과 소통하는데 갖추어야 할 부분이었다. 이는 매
우 주목할 만한 부분이다. 『산해경』은 아마도 "옛날의 무당에 관한 책

26) 河伯과 冰夷에 관한 갖가지 전설에 대해서는 文崇一, 「九歌中河伯之研究」,
　　『民族學研究所集刊』, 9(1960), 139~162쪽.

일" 가능성이 매우 크며[27], 『초사・구가(九歌)』는 제사와 무당의 춤과의 관계도 매우 밀접하다.[28][29][30] 이러한 자료로 볼 때, 청동기상의 동물무늬는 무당이 하늘과 땅을 소통하게 할 때 사용하는 보조 동물의 형상이라는 견해는 무당과 관련된 고대 자료의 기록과도 맞아떨어진다.

『국어』, 『좌전』, 『산해경』, 『초사』 등과 같은 이러한 문헌은 물론 주나라 후기 때의 문헌이지만, 고대에 관한 이들 책에서의 추론은 일정한 신빙성이 있다는 것, 게다가 그것들이 대표하는 관념도 때로는 상나라와 서주 관념의 연속이라는 사실도 다 아는 사실이다.

단순히 하늘과 땅의 소통과 새나 짐승을 신의 사자로 사용했던 관념만 가지고 말한다면, 은허의 갑골 복사에서 대표하는 관념도 이와 상응한다. 살아 있는 왕이 선조와 정보를 소통하게 하는 점복은 동물의 갑골로써 실현한 것이 아니던가? 게다가 "상제(上帝)나 제(帝)는 인간 세상에 명령을 끊임없이 알릴뿐더러, 그 자신 스스로 자신을 도와줄 조정이나 부릴 신하 같은 것을 갖고 있었는데"[31], 그중에는 "상제의 사신인 봉새(帝史鳳)"(『卜辭通纂』 398) 등이 포함되었으며, 이는 동물의 대표라 할 수 있다. 상주 청동기의 동물무늬는 더더욱 이러한 측면의 직접적인 증거가 된다.

---

27) 袁行霈, 「山海經初探」, 『中華文史論叢』, (1979), 第3輯, 7~35쪽.

28) 藤野岩友, 『巫系文學論』, (東京, 大學書房, 1969).

29) 凌純聲, 「銅鼓圖文與楚辭」, 『中央研究院院刊』, 第1輯(1954), 403~417쪽.

30) Chan Ping-leung(陳炳良), "Ch'u Tz'u and the Shamanism in Ancient China", (美國 Ohio State Unversity 博士論文(未刊), 1974).

31) 陳夢家, 『殷墟卜辭綜述』, (1956), 572쪽.

586

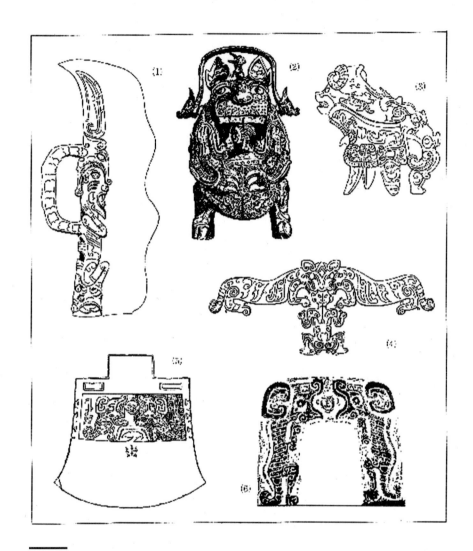

그림_19 : 상대 청동기 동물무늬에 나타난 인간과 짐승의 관계
(1) 프리어 미술관 소장 큰 칼[大刀], (2) 수미모토(住友) 미술관 소장 「유호식인유(乳虎食人卣)」, (3) 프리어 미술관 소장 굉(觥), (4) 안휘성(安徽省) 부남(阜南)에서 출토된 「용호준(龍虎尊)」의 무늬, (5) 안양(安陽) 은허(殷墟) 부호묘(婦好墓)에서 출토된 도끼[鉞], (6) 안양(安陽) 서북강(西北岡) 동쪽 구역에서 출토된 「대사모무정(大司母戊鼎)」 손잡이 상의 무늬

그림_20 : 두 용을 타고 두 뱀을 밟은 『산해경(山海經)』의 사방사자(四方使者)
(1895년 판『山海經存』에서 인용)

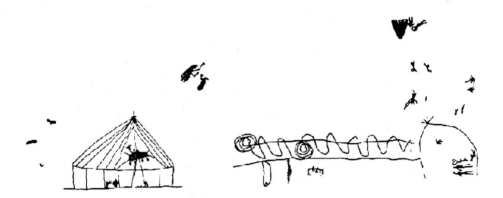

그림_21 : 시베리아 추커치(Chukchee) 인의 제의에서 샤먼을 돕는 동물의 기능
(왼쪽은 바다신에게 지내는 가을 제사를 그렸다. 바다신과 그의 아내가 그림의 오른쪽 위 모서리에 있고, 텐트 속에는 제의를 행하는 샤먼이 들었는데 제기가 땅 위에 놓였다. 동물의 정령은 그림의 왼쪽에 있는데, 막 하늘로 올라가는 모습이며, 하나는 새이고 다른 하나는 여우이다. 오른쪽 그림은 장례에 관한 제의인데, 각종 동물의 정령들이(그림의 오른쪽 중간) 막 하늘로 올라가고 있으며, 희생물이 그 아래로 보인다. 원 그림은 W. Bogoras, *The Chukchee*, p.317. p.330.에서 가져왔다.)

그림_22 : 『산해경·대황남경(大荒南經)』의 부정호여(不廷胡余)와 인인호(因因乎)의
형상
(1895년 판 『山海經存』에서 인용)

590

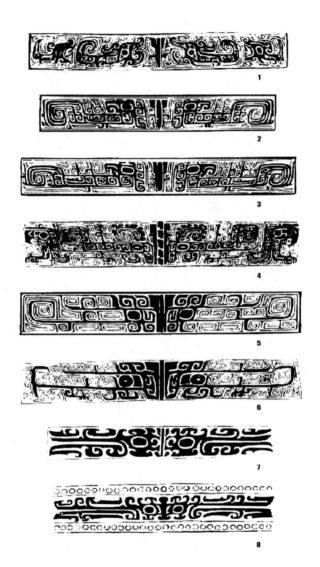

그림_23 : 은허(殷虛) 청동기의 띠 형태로 둘린 무늬[單圈週帶花
紋] 8가지 예
(李濟, 『殷墟 出土靑銅鼎形器之硏究』에서 인용)

앞의 글에서 인용한 고대 중국인의 동물무늬에 대한 견해는 근대 시기의 원시사회에 대한 무술(巫術)에서도 비슷한 흔적을 찾을 수 있다. 예컨대 샤머니즘(Shamanism) 연구에 수년간 종사해온 엘리아데(Mircea Eliade)의 지적처럼, 샤먼들은 각자 자신들만의 특유한, 자신들의 일을 도와줄 정령을 갖고 있다. 이러한 정령은 대부분 동물의 형상을 하였는데, 예를 들어 시베리아와 알타이 지역에서는 곰, 원숭이, 사슴, 토끼를 비롯해 각종 새(특히 기러기, 매, 부엉이, 까마귀 등)와 각종 벌레 등을 갖고 있다.[32] 신화를 연구한 학자들과 그들이 보고한 샤먼 자신들의 말에 근거하면[33], 샤먼들은 주술을 행할 때 항상 유형적인 것(예컨대 약품)과 무형적인 것(예컨대 춤에 의해 이르게 되는 흥분 상태 등)의 도움을 받아 일종의 정신적 흥분이 극에 달해 거의 혼미한 상태(trance)에 이르게 되는데, 그들은 이러한 상태에서 신의 세계와 교통한다. 이렇게 소통을 할 때, 그들의 조수인 동물의 정령을 불러오게 되고, 일부 힘을 동원해 무당을 돕게 된다. 그들을 불러내는 방식을 보면, 때로는 동물을 희생으로 사용하여 그 스스로 몸속에서 승화되어 나오게 하기도 한다. 무당은 동물의 정령의 도움을 받아 하늘의 세계로 올라가거나 땅의 세계로 내려가 신이나 선조 등과 만나게 된다[그림_21]. 중국 동북 지역의 만주족의 한 샤먼의 이야기에는 니산(Nisan)이라 불리는 여자 무당의 행적에 대해 기록하고 있는데, 매번 어려움을 만날 때마다 그녀는 그의 조수인 동물을 부르고, 그들의 힘을 통해 난관을 극복하며 피안의 세계에 도달하게 된다.

32) Mircea Eliade, *Shamanism: Archaic Techiques of Ecstasy*(Princeton Unversity Press, 1964), pp.88~89.
33) Joseph Campbell, *The Masks of Gold: Primitive Mythology*(New York: The Viking Press, 1959), p.257.

다시 앞으로 더 나아갔으나, 그녀는 얼마 되지 않아 홍하(紅河)의 강가에 다다랐다. 그녀는 사방을 둘러보았으나 그녀를 건네 줄 배가 보이지 않았다. 게다가 사람의 그림자조차도 찾을 수가 없었다. 그래서 그녀는 달리 방법이 없었다. 단지 무언가를 중얼거리며 그녀의 정령을 부르기 시작했다.

에이쿠리 예쿠리, 위대한 독수리여
에이쿠리 예쿠리, 하늘을 선회하라.
에이쿠리 예쿠리, 은색 할미새여
에이쿠리 예쿠리, 바다를 빙빙 날아올라라.
에이쿠리 예쿠리, 악독한 뱀이여
에이쿠리 예쿠리, 강가를 따라 기어가거라.
에이쿠리 예쿠리, 여덟 마리의 구렁이여
에이쿠리 예쿠리, 잰(Jan) 강을 따라가거라.
에이쿠리 예쿠리, 젊으신 신이시여, 저 자신은
에이쿠리 예쿠리, 건너고자 합니다.
에이쿠리 예쿠리, 이 강을.
에이쿠리 예쿠리, 너희 모든 정령이여
에이쿠리 예쿠리, 나를 들어 올려, 강을 건너가게 하여라.
에이쿠리 예쿠리, 서둘러라!
에이쿠리 예쿠리, 너희의 힘을 모두 보여주거라!
에이쿠리 예쿠리.

주문을 외우고 나서 그녀는 자신의 작은 북을 강 속에다 던졌다. 그리고서는 그 북 위에 올라서더니, 마치 돌개바람 마냥 순식간에 강을 건넜다.[34]

---

34) Margaret Nowak and Stephen Durrant, *The Tale of the Nisan Shamaness: A Manchu Fork Epic*(Seattle and London: University of Washington Press, 1977), pp.66~67.

다시 얼마를 간 다음, 한 마을에 도착했는데, 그녀의 목적지였다. 그러나 성문이 굳게 닫혀 들어갈 수가 없었다. 그러자 샤먼 니산(Nisan)은 다시 주문을 외우기 시작했다.

커라니 커라니, 빙빙 날아오르는 큰 새여,
커라니 커라니, 동쪽 산 위에다,
커라니 커라니, 둥지를 지어라.
커라니 커라니, 단향목 위의 물총새여,
커라니 커라니, 캉링산 위에 있는,
커라니 커라니, 굴밤나무 위에 있는 오소리여,
커라니 커라니, 망쟈산 위에,
커라니 커라니, 쉬고 있는,
커라니 커라니, 아홉 마리의 뱀이여,
커라니 커라니, 여덟 마리의 구렁이여,
커라니 커라니, 작은 호랑이여,
커라니 커라니, 이리여,
커라니 커라니, 바위 동굴 속에서,
커라니 커라니, 철삿줄 위에서,
커라니 커라니, 쉬는,
커라니 커라니, 황금색 할미새[鶺鴒]여,
커라니 커라니, 산 위를 선회하는,
커라니 커라니, 은색 할미새[鶺鴒]여,
커라니 커라니, 바다 위를 빙글빙글 도는,
커라니 커라니, 비상하는 수리새[鷲]여,
커라니 커라니, 아연 색의 독수리여,
커라니 커라니, 여러 색을 가진 독수리여,
커라니 커라니, 대지의 수리새[鵰]여,
커라니 커라니, 아홉 열로,
커라니 커라니, 열두 열로,

커라니 커라니, 무리를 지은 수리새여,
커라니 커라니, 빨리,
커라니 커라니, 성으로 날아 들어가라!
커라니 커라니, 그를 데려가라!
커라니 커라니, 너희의 발톱으로,
커라니 커라니, 그를 낚아채라! 데리고 가라!
커라니 커라니, 너희의 발톱으로,
커라니 커라니, 그를 낚아채라! 데리고 가라!
커라니 커라니, 그를 너희의 등위에 올려놓아라.
커라니 커라니, 그를 황금 향로 속에 넣어 데리고 오라!
커라니 커라니, 그의 몸을 돌려놓아라.
커라니 커라니, 그를 황금 향로 속에 넣어 데리고 오라!
커라니 커라니, 너희 날개의 센 힘으로,
커라니 커라니, 그를 데리고 오라! 데리고 오라!
커라니 커라니.

그녀가 주문을 다 외우자, 이런 정령들이 모두 날기 시작했다. "마치 구름이 이는 것처럼".

이상의 두 가지 주문으로 볼 때, 샤먼의 조수가 되는 동물에는 여러 가지가 있으며, 각각의 동물은 서로 다른 본업이 있고, 샤먼은 그들의 도움이 필요할 때 그의 필요에 의해 그것들을 불러낸다. 3천 년 전, 상주 청동기 상의 동물무늬가 각양각색이었던 것도 이와 비슷한 기능이었을 것이다.

이러한 견해에 근거해 볼 때, 상주 청동기의 동물무늬는 당시 생활 속의 동물 세계 및 인간과 동물 간의 관계와 떨어질 수 없다. 다시 말해, "상나라 때의 장식 예술가가 사용했던 동물무늬 속에는, 그것을 돌에 조각했든, 청동에 주조했든, 목기에 상감했든, 도기에다 만들었든,

아니면 옥에다 갈아 넣었든 간에, 그 대부분이 원래부터 그곳에서 생
겨났으며 그곳의 자연계와 관련을 기반으로 하고 있다.35) 이제(李濟,
1896~1979)는 예술 속에 사용된 무늬 중 비교적 다수를 차지하는 동물
로 사슴, 소, 물소, 양, 영양, 코끼리, 곰, 말, 돼지를 비롯해 조류, 파충
류, 곤충류, 양서류, 어류, 애벌레[蠕蟲]류 등이 있음을 특별히 지적했
다. 이러한 동물은 아마도 무당을 도우는 정령으로 기능을 했을 가능
성이 매우 크며, 게다가 앞에서도 논의했던 것처럼 대부분 제사의 희
생물로 쓰이기도 했다. 도철(饕餮), 비유(肥遺), 기(夔), 용(龍), 규(虯)
등과 같은 신비하고 괴이한 동물은 비록 자연계에서 실제 존재하는 동
물은 아니지만, 자연계 중의 소, 양, 호랑이, 파충류 등과 같은 것으로
부터 전화하여 만들어졌을 가능성이 매우 크다. 이제(李濟)의 말처럼,
"나무 조각 예술과 함께 발전한 이러한 상감예술은 나무를 조각하는
사람으로 하여금 그 수법의 표현이 더욱 자유롭게 하였을 것이다. 이
러한 점은 상감을 담당했던 장인이 평면에다 입체적인 모습을 표현하
려 할 때 더욱 쉽게 나타난다. 그들의 방법은 입체적인 동물을 분할하
여 같은 두 쪽으로 나누어 평면으로 붙이는 방법이다. 이러한 새로운
무늬 배열법은 더욱 진일보한 모습으로 변했는데, 바로 같은 동물의
몸체의 각 부분을 중복하거나, 혹은 갑이라는 동물 일부를 을이라는
동물의 다른 일부분에다 갖다 붙이거나, 혹은 그 몸체의 일부분을 과
장하고 다른 부분을 홀대해 버리는 방법이었다. 이렇게 하여 각종 복
잡한 무늬가 만들어지게 되었다. 상 왕조의 장식예술가들은 이러한 새
로운 표현기법을 선호했으며, 매우 빠른 속도로, 조각공, 도공, 옥공,
청동기를 만드는 공인들이 계속해서 모방했다. 이런 까닭으로, 호랑이

---

35) 주 (5)를 참조

머리를 원숭이 몸에 붙이거나, 사람의 머리에 두 뿔이 난 것과 같은 괴이한 모습들이 출현하게 되었다. 그러나 그들의 소재는 모두 그들이 생활하는 환경 속에서 가져온 것이었다.36) 그래서 "도철 무늬가 취한 형상은 대부분 그 유래가 존재하며, 자주 보이는 새나 짐승 등에서 가져왔거나 혹은 인류와 가까운 곳에서 가져왔을 것이다."37)38)

---

36) 주 (5)를 참조.
37) 譚旦冏, 「饕餮紋的構成」, 『歷史語言硏究所集刊外編』 第4種(1960), 274쪽.
38) 林已奈夫, 「殷中期に由來する鬼神」, 『東方學報(京都)』, 第41冊, (1970) 1~70쪽.

동물무늬의 다른
몇 가지 특징에 대한 논의

　이 글의 제1절에서 상주 청동기의 동물무늬가 종종 짝을 이루어 좌우 동형으로 나타나며, 이와 동시에 소수의 기물에서는 사람의 머리 혹은 사람의 머리와 몸통이 연결되어 동시에 출현한다는 사실을 언급한 적이 있다. 위에서 논의한 상주 청동기 상의 동물무늬에 대한 해석에 따라, 이 두 가지 특징을 동시에 원만하게 설명해 낼 방법은 없을까?

　먼저, 사람과 동물의 도형이 동시에 출현하는 정황에 대해서부터 논의를 시작해 보자. '유호식인유(乳虎食人卣)'라는 이러한 이름으로 볼 때, 이 유(卣)에 표현된 인간과 짐승 간의 관계에 대한 시각이 크게 입을 벌린 도철(饕餮)이 사람의 머리를 삼키는 모습으로 해석했다는 것을 알 수 있다. 이것은 『여씨춘추』에서 말한 "주나라(혹은 하나라) 때의 솥에는 도철 무늬를 새겼는데, 머리는 있지만 몸통은 없게 한 것은, 사람을 잡아먹을 때 목에도 들어가기 전에 그 해가 몸에까지 미친다는 것을 말로 보여주기 위함이었다.(周鼎著饕餮, 有首無身, 飮人未咽, 害及其身, 以言報更也.)"라고 한 묘사와 부분적으로 들어맞는다. 그러나 여기서 표현한 것이 정말로 도철이 사람을 잡아먹는 모습일까? 앞의

598

글에서 열거한 사람과 짐승이 동시에 출현하는 7점의 기물은 다시 다음과 같은 네 가지 부류로 나눌 수 있다.

(1) 괴이한 모습의 짐승이 입을 크게 벌렸고, 사람은 머리와 몸통이 다나타나는데, 사람의 머리가 짐승의 위턱 아래에 놓인 모습이다. 그러나 사람의 몸과 짐승의 몸이 두 팔로 서로 안고 있다. – 교토(京都)와 파리에 소장된 2점.
(2) 괴이한 모습의 짐승이 입을 크게 벌렸고, 사람은 머리 부분 혹은 몸전체가 나타나는데, 사람의 머리가 짐승의 위턱 아래에 놓인 모습이다 – 프리어 미술관 소장 굉(觥)과 칼刀.
(3) 괴이한 모습을 한 짐승의 머리가 가운데 있고, 몸통은 각각 좌우의바깥 방향으로 전개되어, 비유형(肥遺型)을 이루었으며, 사람의 머리 부분이 짐승의 위턱 아래에 놓였고, 사람의 몸통과 짐승의 몸통이 수직을 이루는 모습이다 – 부남(阜南)에서 출토된 1점.
(4) 좌우 각각 괴이한 모습의 짐승이 하나씩 있고, 입을 벌려 서로 대칭을 이루며, 사람의 머리가 그 가운데 든 모습이다 – 안양에서 출토된 2점.

이러한 모습 중에서, 전혀 의심 없이 괴이한 짐승이 사람을 잡아먹고 있다고 생각할 만한 것은 한 점도 없다. "사람을 잡아먹는다"라는 것을 연상케 하는 유일한 동작은 괴이한 짐승이 입을 크게 벌렸고 사람의 머리가 입 아래 놓였다는 것이다. 그러나 이러한 동작이 사람을 잡아먹는 것, 즉 사람의 머리와 몸통을 씹어 삼키는 것을 표현해 주는 것은 아니다. 만약 사람의 머리 혹은 상반신이 뱃속으로 들어갔고 나머지 하반신만 입 밖에 남아 있는 형상이라고 한다면, 이 "사람을 잡아먹는다(食人)"라는 의미는 훨씬 분명해질 것이다. 그러나 이러한 표현은 보이지 않는다. 2점의 유(卣)에서 표현된 것은 사람이 짐승을 안고

있고, 짐승이 사람을 안고 있으며, 게다가 사람의 두 발은 편안하게 짐
승의 두 발 위에 놓여 있다. 「대사모무정(大司母戊鼎)」과 「부호월(婦
好鉞)」에 표현된 사람의 머리도 정정당당하게 두 짐승의 머리 사이에
놓여, 모두 사람을 잡아먹는 행위를 닮지 않았다.

그렇다면, 입을 크게 벌린 괴이한 짐승과 사람이 함께 등장하는 것
을 어떻게 해석해야 할 것인가? 어떤 사람은 크게 벌린 짐승의 입을 지
구 상의 수많은 고대 문화에서 두 개의 서로 다른 세계(즉 삶과 죽음)
를 분할하는 상징으로 보기도 한다.[39] 이러한 견해는 우리가 괴이한
짐승 무늬를 하늘과 땅을 통하게 하는(또한 삶과 죽음을 통하게 하는)
보조적 존재라는 견해와 맞아떨어진다. 게다가 이 몇 점의 기물에 그
려진 사람은 하늘과 땅을 통하게 하는 무당일 가능성이 매우 크다. 그
와 그가 익혀 잘 쓸 수 있는 동물이 함께 있고, 동물은 입을 크게 벌렸
고, 기를 불어 바람을 일으키고, 무당이 올라가 천제를 만나 뵙도록 돕
는다. 이러한 해석은 비록 과거에 짐승의 형체 그 자체를 무당의 형상
이라거나 가면이라는 견해[40][41]에 서로 도움을 주지만, 도리어 위에서
말한 동물무늬에 대한 일반적인 해석과 더 맞아떨어지며, 게다가 『산
해경』에서도 이를 지지할 적잖은 자료를 찾을 수 있다.

『산해경』에는 "두 마리 용을 타고 다닌다(乘兩龍)"는 기록 외에도,
"귀에 뱀을 걸쳤다(珥蛇)"거나 "뱀을 쥐고 있다(操蛇)"는 것에 관한 많

39) Nelson Wu, *Chinese and Indian Architecture*(New York: G. Braziller, 1963), p.25.
40) Jordan Paper, "The meaning of the t'ao-t'ieh", *History of Religions* 18(1978), pp.18~41.
41) 상주 청동기 중의 巫師 형상에 대해서는 Carl Hentze, "Eine Schamanentracht in ihrer Bedeutung für die Altchinesische kunst", *IPEK* 20(1963), pp.55~61를 참조.

은 견해가 등장하고 있다. 즉 각지의 무당들이 자신을 도울 동물을 양손에 쥐고 조종하거나 귀에다 걸고 있는데, 후자는 청동기상에 등장하는 동물이 사람 머리의 양쪽에 놓인 모습과 맞아떨어진다.

'부부산'이라는 곳인데,……신 '우아'가 이곳에 살고 있는데, 그 형상은 사람의 몸으로 손에는 두 마리의 뱀을 쥐고 있다.(「중산경」)
(夫夫之山,……神于兒居之, 其狀人身而手操兩蛇.)(「中山經」)

'동정산'이라는 곳인데,……신의 형상은 사람 같지만 뱀을 머리에 이고 왼손에 쥐고 있다.(「중산경」)
(洞庭之山,……神狀如人面載蛇, 左手[42]操蛇.)(「中山經」)

'무함국'은 '여축'의 북쪽에 있다. (무당들이) 오른손에는 푸른 뱀을, 왼손에는 붉은 뱀을 쥐고 있다. '등보산'이 있는데, (이 산은) 여러 무당이 오르내리는 곳이다.(「해외서경」)
(巫咸國在女丑北, 右手操靑蛇, 左手操赤蛇. 在登葆山, 群巫所從上下也.)(「海外西經」)

서방의 신 '욕수'는 왼쪽 귀에 뱀을 거쳤으며 두 마리 용을 타고 다닌다.(「해외서경」)
(西方蓐收, 左耳有蛇, 乘兩龍.)(「海外西經」)

'박보국'은 '섭이'의 동쪽에 있다. 그 사람들은 덩치가 크고, 오른손에 푸른 뱀을, 왼손에는 누런 뱀을 쥐고 있다.(「해외북경」)
(博父國在聶耳東, 其爲人大, 右手操靑蛇, 左手操黃蛇.)(「海外北經」)

---

42) (역주) 袁珂의 『山海經校注』(臺北, 里仁書局, 1982)에서는 "左右手"로 되었다.

북방의 신 '우강'은 사람 얼굴에 새의 몸을 하였는데, 두 마리 뱀을 발에 감고 있다.(「해외북경」)
(北方禺彊, 人面鳥身, 珥兩青蛇, 踐兩青蛇.)(「海外北經」)

'사비시'가 그 북쪽에 있다. 그 생김새는 짐승의 몸에 사람의 얼굴을 하였으며 귀가 큰데 두 마리의 푸른 뱀을 귀에 걸고 있다.(「해외동경」)
(奢比之尸, 在其北, 獸身人面大耳, 珥兩青蛇.)(「海外東經」)

'우사첩'이 그 북쪽에 있다. 그 생김새는 몸빛이 검고 양손에 각각 뱀을 한 마리씩 잡고 있는데, 왼쪽 귀에는 푸른 뱀을 오른쪽 귀에는 붉은 뱀을 걸고 있다. 혹은 열 개의 태양의 북쪽에 있는데, 생김새가 검은 몸빛에 사람의 얼굴을 하였으며, 거북이를 한 마리씩 잡고 있다고도 한다.(「해외동경」)
(雨師妾在其北, 其爲人黑, 兩手各操一蛇, 左耳有青蛇, 右耳有赤蛇. 一曰在十日北, 爲人黑, 人面. 各操一龜.)(「海外東經」)

동해의 모래섬 속에 신이 있는데, 사람의 얼굴에 새의 몸이고 누런 뱀두 마리를 귀에 걸고 누런 뱀 두 마리를 밟고 서 있는데, 이름을 '우호'라고 한다.(「대황동경」)
(東海之渚中, 有神人面鳥身, 珥兩黃蛇, 踐兩黃蛇, 名曰禺䝞.)(「大荒東經」)

'곤민국'이 있는데 성은 '구'씨이고 (기장을) 먹고 산다. '왕해'라는 사람이 있어 두 손에 새를 잡고 지금 그 머리를 먹고 있다.(「대황동경」)
(有困民國, 句姓而食, 有人曰王亥, 兩手操鳥, 方食其頭.)(「大荒東經」)

사람 얼굴에 개의 귀와 짐승의 몸을 한 신이 있는데, 두 마리의 푸른 뱀을 귀에 걸고 있는데, 이름을 '사비시'라고 한다.(「대황동경」)
(有神人面犬耳獸身, 珥兩青蛇, 名曰奢比尸.)(「大荒東經」)

602

남해의 모래섬 속에 신이 있는데, 사람의 얼굴에 두 마리의 푸른 뱀을
귀에 걸고 두 마리의 붉은 뱀을 밟고 서 있는데, 그 이름을 '부정호여'
라고 한다. '인인호'라고 하는 신이 있다. 남방을 '인호'라고 하고 불어
오는 바람을 '호민'이라고 하는데, 이 신이 남쪽 끝에 있으면서 바람을
들고 나게 한다.(「대황남경」)
(南海渚中有神人面, 珥兩靑蛇, 踐兩靑蛇, 曰不廷胡余. 有神名曰因因乎,
南方曰因乎, 夸風曰乎民, 處南極以出入風.)(「大荒南經」)

서해의 모래섬 속에 사람의 얼굴에 새의 몸을 한 신이 있는데, 두 마리
의 푸른 뱀을 귀에 걸고 두 마리의 붉은 뱀을 밟고 있다. 이름을 '엄자'
라고 한다.(「대황서경」)
(西海渚中有神, 人面鳥身, 珥兩靑蛇, 踐兩赤蛇, 名曰弇玆.)(「大荒西經」)

서남해의 바깥쪽, '적수'의 남쪽, '유사'의 서쪽에, 두 마리의 푸른 뱀을
귀에 걸고 두 마리의 용을 타고 있는 사람이 있는데, 이름을 '하후 개'
라고 한다.(「대황서경」)
(西南海之外, 赤水之南, 流沙之西, 有人珥兩靑蛇, 乘兩龍, 名曰夏后開.)
(「大荒西經」)

북해의 모래섬 안에 신이 있다. 사람의 얼굴에 새의 몸을 하였으며, 두
마리의 푸른 뱀을 귀에 걸고 두 마리의 붉은 뱀을 밟고 서 있는데, 이
름을 '우강'이라 한다.(「대황북경」)
(北海之渚中, 有神人面鳥身, 珥兩靑蛇, 踐兩靑蛇, 名曰禺彊.)(「大荒北經」)

　이러한 신들은 모두 뱀과 일체를 이루고 있으며, 어떤 경우에는 귀
에다, 어떤 경우에는 손에다, 어떤 경우에는 발아래에다 놓았는데, 이
는 모두 하늘로 올라가는 도구임이 분명하다. 그중에서도 가장 재미있
는 것은 「대황남경(大荒南經)」에서 말한 '부정호여신(不廷胡余神)'인데,

양쪽 위에다 두 마리의 뱀을, 발아래에다 두 마리의 뱀을 두었고, 또 '인인호(因因乎)'라는 신을 벗 삼고 있는데, 인인호(因因乎)는 바람을 일으키는 신[그림_22]이다. 바람은 동물의 벌린 입으로부터 나온다.

'종산'의 신은 그 이름을 '촉음'이라 하였는데, 눈을 뜨면 낮이 되고 눈을 감으면 밤이 된다. 입김을 세게 내 불면 겨울이 되고 천천히 내쉬면 여름이 된다. 물을 마시지도 음식을 먹지도 않으며 숨도 쉬지 않는데, 숨을 쉬면 바람이 된다. 몸길이가 1천 리나 되고, '무계'의 동쪽에 있다. 그 생김새는 사람의 얼굴에 뱀의 몸을 하고 붉은빛이며 '종산'의 기슭에 산다.(「해외북경」)
(鍾山之神, 名曰燭陰, 視爲晝, 瞑爲夜, 吹爲冬, 呼爲夏, 不飮不食不息, 息爲風, 身躍千里. 在無脊之東, 其爲物, 人面蛇身, 赤色, 居鍾山之下.) (「海外北經」)

서북 해의 밖, '적수'의 북쪽에 '장미산'이 있다. 신이 있어, 사람의 얼굴에 뱀의 몸으로 붉은색을 하였는데, 세로 눈이 곧바로 합쳐져 있다. 그가 눈을 감으면 어두워지고 눈을 뜨면 밝아진다. 먹지도 잠자지도 숨도 쉬지 않으며, 비바람을 불러올 수 있으며, 이것은 대지의 밑바닥을 비추는데, 그 이름을 '촉룡'이라 한다.(「대황북경」)
(西北海之外, 赤水之北, 有章尾山. 有神, 人面蛇身而赤, 直目正乘, 其瞑乃晦, 其視乃明, 不食不寢不息, 風雨是謁, 是燭九陰, 是謂燭龍.)(「大荒北經」)

"숨을 내쉬면 바람이 된다(息爲風)"라는 이 촉음(燭陰)이 바로 이후 서정(徐整, 생졸 연대 미상, 삼국시대)이 『오운역연기(五運歷年記)』에서 말한 "먼저 '반고'를 낳았는데, 죽고 나서 몸이 변하였는데, 기는 바람과 구름으로 되었다.(首生盤古, 垂死化身, 氣成風雲.)"(『繹史』卷1의 인용)는 것과 같다. 상나라 때의 복사에서 풍(風)자는 봉(鳳)자와 같다.

604

『복사통찬(卜辭通纂)』(상)에서 인용한 제398편에서 "제의 사신인 봉의
제사에, 개 2마리를 바칠까요?(于帝史鳳, 二犬.)"라고 했다. 곽말약(郭
沫若)은 이에 대해 이렇게 풀이했다.

> 복사에서는 봉(鳳)자가 풍(風)자이다. 『설문』에서 "풍(風)은 신령스런
> 새이다(神鳥也)"라고 했다……여기서 상제[帝]의 사자인 봉(鳳)이라고
> 했는데, 이는 바람[鳳]을 천제(天帝)의 사자로 보고서, 그의 제사에 개 2
> 마리를 썼다는 말이다. 『순자·해혹편(解惑篇)』에서 『시경』을 인용하
> 여, "암수 봉황 모두 있으니, 상제를 즐겁게 하려는 마음이리라.(有鳳有
> 凰, 樂帝之心.)"라고 하였는데, 봉(鳳)과 황(凰)은 제(帝)의 좌우 신하였
> 을 것이다.[43]

이에 대해서는 이설이 있긴 하지만[44], 상제가 바람[風]을 그의 사자
로 삼았을 뿐 아니라 동서남북의 사방도 각기 그들의 바람[風]을 갖고
있었는데, 이는 바람[風]도 상주 시대에 무당이 하늘과 땅을 통하게 할
때 사용하던 보조적 힘이었음을 알 수 있다. 입을 벌린 신비한 짐승이
"숨을 쉬면 바람이 된다(息爲風)"라고 하여 하늘과 땅과 통하게 하는
그들의 힘을 더욱 강조했다. 청동기 상에는 무당이 자신들의 동물을
비롯해 동물이 기를 불어 바람을 만드는 힘을 빌리는 것이 표현되었는
데, 이는 바로 하늘과 땅과 통하게 하는 신비한 능력에서 왔음을 지적
한 것이다.

동물이 입을 벌린 것과 "숨을 쉬면 바람이 된다(息爲風)"라는 것 사
이에 어떤 직접적인 연계성이 있든 상관없이, 무당이 두 짐승의 벌린

---

43) 『卜辭通纂』, (東京, 1933), 398쪽.
44) 이에 반대하는 학설에 대해서는 島邦男, 『殷墟卜辭研究』, (東京, 汲古書院,
1958), 199쪽 참조.

입 사이에 놓이거나 크게 벌린 짐승의 입속에 놓인 것은 당시 인간과 짐승과의 관계가 밀접했음을 충분하게 표현해 주는 것일 것이다. 이러한 동물은 바로 개별 무당의 친근한 조수라고 하는 것이 합리적인 해석일 것이다. 헨쯔(Carl Hentze, 1883~1975)의 지적처럼[45][46][47], 상주 청동기의 인간과 짐승과의 관계는 고대 아메리카 대륙에서의 인간과 짐승과의 관계와 비슷한 부분이 있다.

멕시코의 아즈텍(Aztec) 인을 예로 들어 보면[48], 그들은 모두 태어나고 나서 무당에 의해 어떤 동물을 그의 평생의 반려자 혹은 소위 "동일 개체의 다른 절반"(alter ego)으로 지정받게 되는데, 이 사람의 '나후알리'(Nahualli)라 불린다. 미술품에서도 이러한 '나후알리'는 종종 크게 벌린 입속에 그 반려자의 머리를 넣은 모습으로 표현된다. 이러한 "동일 개체의 다른 절반"의 미술상에서의 유사한 표현은 사실상 광범위하게 분포되어 있는데, 환태평양적인 것이라 할 수 있다.[49] 교토(京都)와 파리에 소장된 2점의 「유호식인유(乳虎食人卣)」에 보이는 인간과 짐승 간의 밀접한 관계를 볼 때, 그들 간의 관계는 '친밀한 반려 동물'(familiar animal)일 뿐 아니라 '동일 개체의 다른 절반'이라 할 수 있지 않겠는가! 상나라 때의 문화와 환태평양 문화 사이에 비슷한 부분이 수없이 많은데, 이 또한 한 가지 예증이 될 것이다. 그렇다고 상나

45) 陳邦懷, 『殷代社會史料徵存』, (1959), '四方風名'條.

46) Carl Hentze, *Objets Rituels, Croyances et Dieux de la Chine Antique et de I' Améique*(Anvers: De Sikkel, 1936).

47) Carl Hentze, *Die Sakralbronzen und ihre Bedeutung in den Freuhchinesischen Kulturen*(Antwerpen: De Sikkel, 1941).

48) Carl Hentze, *Bronzegerät, Kultbauten, Religion im ältesten China der Shang－Zeit*(Antwerpen: De Sikkel, 1951).

49) Maguel Léon－Portilla, *Aztec Thought and Culture*(Norman: University of Oklahoma Press, 1965)

라 문화와 고대 환태평양 혹은 아메리카 대륙 문화 사이에 어떤 혈연
관계가 있어야만 한다는 것을 반드시 주장하는 것은 아니다. 앞에서
들었던 몇몇 자료는 단지 인간과 짐승 간에 대한 본문과 같은 해석이
앞에서 든 동물무늬에 대한 일반적인 설명과 서로 일치하며, 게다가
다른 고대문명에서도 유사한 예가 존재하며, 이러한 예가 우리에게 유
용한 시사점을 던져 줄 것이라는 것을 설명하려는 것일 뿐이다. 이 밖
에도 다음과 같은 점에 주의를 기울여야 할 것이다. 즉 인간과 짐승이
함께 등장하는 상나라 때의 몇 가지 기물 상의 짐승이 호랑이의 변형
일 가능성이 크다는 점이다. 상나라 왕 자신이 상나라 최고의 제사장
이었으며50), 그래서 이러한 관계는 왕실 구성원과 호랑이 간의 특수한
관계를 대표한다 하겠는데, 이는 고대 아메리카 대륙의 통치계급이 신
화와 미술에서 재규어(jaguar)와 특수한 관계를 맺었던 것과 마찬가지
이다.

동물무늬가 쌍을 이루어 대칭되는 현상은 『산해경』과 『초사』에서
말한 "두 마리 용(兩龍)"과 일치한다. 왜 두 마리 용이었을까? 왜 몇몇
동물무늬 중에서 사람 머리의 좌우로 각기 신비한 동물이 한 마리씩
존재할까?

이것은 동물무늬의 기본 구성에 관한 구상과 관련된 문제, 즉 청동
기 상의 짐승 얼굴이 도대체 하나의 짐승을 중간에서 갈라 좌우로 벌
려 두 마리의 짐승으로 만들어진 것인지, 아니면 좌우의 두 마리 짐승
이 중앙에서 합쳐져 한 마리의 짐승으로 된 것인지에 관한 문제이다.
전자를 주장하는 학자들은 매우 많은데, 크릴(H. G. Creel, 顧理雅,

50) Douglas Fraser, *Early Chinese Art and Pacific Basin: A Photographic Exhibition*(New York: Intercultural Arts Press, 1968)

1905~1994)이 대표적이다. 그는 이렇게 말했다.

> 도철(饕餮)의 특징은 짐승 머리를 표현하는 방식이 마치 그것을 분할
> 하여 둘로 나누고, 갈라낸 두 개의 반쪽을 양편으로 평평하게 붙이고,
> 코의 중앙에서 하나의 선으로 결합하는 데 있다. 아래턱은 두 번 표현
> 되었으며, 각각의 측면에 한 번씩 나타난다.……만약 두 개의 반쪽을
> 합쳐보게 되면, 그것들은 매우 완전한 하나의 도철이 된다. 앞에서 보
> 면 그것은 두 개의 눈과 두 개의 귀와 두 개의 뿔이 있고 아래턱이 두
> 번 표현되었다.51)

여기서 말한 아래턱은 사실은 위턱이 아래와 앞을 향해 나온 것을
말한 것으로 보이는데, 청동기 상의 짐승 얼굴 무늬에는 아래턱이 분
리되어 표현된 경우는 없다. 크릴의 이러한 설명은 아마도 태평양 연
안의 몇몇 현대 민족의 장식미술의 영향, 예컨대 북아메리카 서북 연
안 인디언들의 목조 조각의 영향을 받았을 가능성이 크다. 거기서는
짐승 얼굴이 바로 중간에서 분할되어 둘로 나뉘고, 절반으로 된 두 개
가 좌우 양편으로 편편하게 누운 모습으로 표현된다.52) 이러한 견해는
상주 청동기 중의 동물무늬가 쌍을 이루어 대칭되는 현상은 바로 평면
에서 입체를 표현하고자 하는 기술적 요구에 의해 그렇게 되었다고 주
장한다. 다시 말해, 두 개의 동물은 원래 하나였다는 것이다. 문헌에
보이는 "두 마리 용(兩龍)"도 그래서 장식 도형 중의 형상으로부터 왔
을 가능성이 크다.

이와는 반대되는 견해로, 쌍을 이루어 대칭되는 동물무늬는 적어도
그중 그중에서 머리 부분에서 하나의 동물의 머리로 합쳐진 것으로,

---

51) 陳夢家, 「商代的神話與美術」, 『燕京學報』 第20期, (1936) 下編, 532~576쪽.
52) H. G. Creel, *The Birth of China*(New York: F. Ungar, 1937), p.115.

두 마리의 동물로 보아야 하며, 도철의 얼굴과 비유형(肥遺型)의 도안은 뒤에 생긴 것이라는 것이다. 바꾸어 말해서, 짐승 몸체가 좌우의 두 쪽으로 나누어진 것은 하나의 짐승 얼굴이 갈라져 둘로 된 것은 아니라 두 개의 짐승 모습이 중간에서 결합한 결과라는 것이다. 이제(李濟)는 소둔(小屯)과 후가장(侯家莊)에서 출토된 동물무늬가 띠의 형태로 둘린 8점의 청동 솥[鼎]에 대해 논의하면서, 그것을 6가지 유형으로 나누었으며, 6가지 유형의 둘러쳐진 띠 모양[圈帶]을 좌우의 각각 절반에 각기 단독의 기 무늬[夔紋]나 용 무늬[龍紋]를 한 형태로부터 성숙한 비유(肥遺)형의 둘러쳐진 띠 모양의 동물무늬에 이르기까지 다음과 같은 일련의 순서로 나열했다[그림_23]. 이제(李濟)는 자신이 배열한 이러한 순서가 "반드시 청동기 상에 출현하는 시간적 순서를 대표하는 것은 아니며, 단지 구상 속의 논리적 배열일 뿐이다."라고 했다.53) 앞의 글에서 인용한 것처럼, 이제(李濟)도 상감 공예에서 입체동물의 중간을 갈라 평평하게 평면에 놓은 이러한 발전의 가능성을 제기하긴 했지만, 솥[鼎] 모양의 기물 도안이 대표하는 발전 순서는 역사적으로 증명해 볼만한 문제이다. 왜냐하면, 만약 몇몇 정황하에서 단독의 짐승 얼굴이 두 마리의 짐승의 합병으로 이루어진 것이라면, "두 마리 용(兩龍)"의 내원은 다른 것일 가능성이 있기 때문이다. 프랑스 사회학자 레비 스트로스(C. Lévi-Strauss, 1908~2009)는 상나라 때의 도철 무늬에서 상나라 세계관의 이분 현상(dualism)을 볼 수 있다고 했다. 그의 말에 의하면 이러한 경향은 입체적인 동물 형상을 중간에서 갈라 둘로 만들고 이를 평면의 형상으로 전화시키는 이러한 예술과 기술상의 필요에 따라 만들어진 것으로 추정된다고 했다.54)

---

53) H. G. Creel, "On the origins of the manufacture and decoration of bronze in the Shang period", *Monumenta Serica* 1(1935), p.64.

그러나 상나라 문화와 사회 속의 이분 경향이 예술 속에서 "하나를 둘로 나누는" 필요에 의해 생겨났다고 말하기보다는 차라리 상나라 예술 속의 이분 경향은 상나라 문화와 사회 속의 이분 경향의 한 고리이라고 하는 편이 더 나을 것이다. 고고 자료와 문헌자료에 근거하면, 우리는 이미 상나라 문명과 문물 속에서 다음과 같은 이분 현상의 역사적 사실을 확인할 수 있다.

(1) 안양 은허 고고 유적지 중, 소둔(小屯) 궁전 종묘 기초 터의 배열은 "대규모의 계획적인 것이었다. 그것들은 남북을 일직선으로 하는 나침반의 방향을 따라 중간을 중심으로 서로 완전히 상응하는 건축물을 지었고, 이 때문에 좌우대칭을 이루면서, 동서로 열을 지어 나누어지며, 가지런하고 엄정한 구조가 되었다."[55] (2) 서북강(西北岡) 왕릉 구역의 무덤도 동서 두 구역으로 나누어지며, 동쪽 구역에서는 이미 4기의 대묘가, 서쪽 구역에서는 7기의 대묘가 발굴되었는데, 두 구역 간에는 1백 미터 정도의 거리가 있다.[56] (3) 거북 딱지 상의 갑골 복사의 배열도 좌우 대칭을 이루는데, 한쪽은 긍정적 어감으로 점을 쳤으며, 다른 한쪽은 부정적 어감으로 점을 쳤다.[57] (4) 복사에 보이는 여러 왕의 예제(禮制)도 동작빈(董作賓, 1895~1963)의 5시기 분류에 의하면, 신파와 구파의 둘로 나눌 수 있다.[58] (5) 상나라 청동기 장식 무늬의 구성도 대칭을 이루는 경향이 있는데, 이는 본문에서 이미 다루었던 내

---

54) 李濟, 「殷墟出土靑銅鼎形器之硏究」, 『中國考古報告集新編』 第4本, (1970), 81 ~82쪽.

55) "Split representation in the art of Asia and America", in: *Structural Anthropology*(New York: Basic Books, 1963), pp.245~268.

56) 董作賓, 『甲骨學六十年』(嚴一萍編輯, 藝文書局, 1965), 30쪽.

57) 高去尋, "The royal cemetery of the Yin Dynasty at An-yang", 『考古人類學刊』, 13/14(1949), 1~9쪽.

58) 周鴻翔, 『卜辭對貞述例』, (香港萬有書局, 1969).

610

보충 그림_31 : 팔렝케(Palenque) 마야(Maya) 유적 석관(sarcophagus)의
조각 도안
(Kwang-chih Chang, *The Archaeology of Ancient China*, p.420).

용이다. 또 스웨덴 칼그렌의 통계에 의하면, 무늬 모티프의 결합 경향을 A그룹과 B그룹의 둘로 나눌 수 있으며, 두 그룹의 무늬 모티프는 동일 기물 상에서 서로 배척하는 추세를 보인다.[59]

이러한 이분 현상은 피차간에 서로 연계 관계가 있지 않을까? 아마도 그중 몇 가지 사이에는 연계 관계가 있을 것이며, 다른 것들을 반드시 같은 요소로 해석해야 할 필요는 없다. 필자는 「은 예제에 보이는 이분 현상(殷禮中的二分現象)」이라는 글에서 "이분 제도는 은나라 사람들의 사회를 연구하는데 가장 중요한 부분"이라는 점과 "은나라 예제에서의 이분 현상은 왕실 내의 소(昭) 그룹과 목(穆) 그룹의 둘로 나누어진 것과 매우 밀접한 관계가 있는 것처럼 보인다"라는 두 가지 초보적인 결론을 제시한 바 있다.[60]

은상 왕실의 소목(昭穆)제도에 대해서는, 필자가 여러 편의 논문에서 이미 비교적 상세하게 설명하고 고증한 바 있기 때문에 여기서는 따로 자세히 소개할 필요가 없다고 생각한다.[61] 이러한 견해에 따르면, 상나라의 왕족은 내부적으로 10가지 천간에 의한 그룹으로 나뉘었고, 10가지 천간자로 이름을 지었는데, 그것들이 제사 단위였으며, 외혼(外婚) 단위이기도 했다. 더욱 중요한 것은 왕위가 이 10가지 천간 그룹 속에서 돌아가면서 전승된다는 점이다. 왕위 계승제라는 부분으로 말하자면, 이 10가지 천간은 다시 두 그룹으로 나누어지는데, 제1그룹은 을(乙) 그룹을 위주로 하고, 제2그룹은 정(丁) 그룹을 위주로 하였다(乙 그룹은 周나라 昭穆制에서 穆에 해당하고, 丁 그룹은 昭에 해당하는

59) 董作賓, 『殷墟文字・乙編序』, (中央研究院歷史語言研究所, 1948).

60) Bernhard Karlgren, "New studies in Chinese bronzes", 『瑞典遠東博物館館刊』, 9(1937).

61) 『慶祝李濟先生七十歲論文集』, (臺北, 淸華學報社, 1965), 353~370쪽; 「商王廟號新考」, 『民族學研究集刊』, 15(1963), 65~94쪽; 「談王亥與伊尹的祭日再論殷商王制」, 『民族學研究集刊』, 35(1973), 111~127쪽.

612

것으로 보인다). 만약 이러한 견해가 성립한다면, 위에서 말한 이분 현상 중 적어도 몇 가지는 설명이 가능할 것이다. 즉 (1) 두 그룹의 왕 중, 한 그룹은 서북강(西北岡) 왕릉 구역의 동쪽 구역에, 다른 그룹은 서쪽 구역에 묻혔을 것이다. (2) 만약 소둔(小屯)의 기초 터가 상나라 때의 종묘라고 한다면, 왕족 선조의 신위나 조묘도 소목(昭穆)의 순서에 따라 좌우로 배열되었을 것이다. 그러나 이 점에 대해서는 진일보한 연구와 논의가 필요하다. (3) 복사에 보이는 신파와 구파의 예제도 왕실 중의 을(乙)과 정(丁) 두 계파의 습속과 선호를 대표하는 것이라고 할 수 있다.

　은 왕실의 왕제(王制)는 매우 짧은 분량의 글로 분명하게 논의할 수 있는 성격은 아니다. 위에서의 이러한 말도 그것을 증명하기 위해 한 것은 아니다. 여기서 직면한 문제는 상주 청동기 동물무늬를 무당이 하늘과 땅과 통하게 하는 일을 돕는 도구의 일부라는 이러한 견해가 동물무늬의 "두 마리 용(兩龍)" 현상을 원만하게 설명해 줄 수 있는지에 관한 것이다. 이에 대해서는 그것이 완전하게 가능하다는 것이 필자의 답이다. 왕실이 두 그룹으로 나누어진 상태에서 왕실의 선조는 또 다른 세계 속에서 자연스레 이와 유사한 배열규칙을 지켜야만 했을 것이다. 이 때문에, 왕실을 위해 하늘과 땅과 통하게 하는 작업에서도 무당은 좌우의 둘을 모두 고려해야만 했을 것이고, 그들의 조수였던 동물도 짝을 이루어 대칭을 이룰 필요가 있었을 것이다. 무당이 하늘을 오르려면 "두 마리의 용을 타야(乘兩龍)" 했는데, 이는 "발로 두 대의 배를 디디고 선다(腳踏兩隻船)"라는 의미이기도 했다. 그들은 하늘로 오르는 도구를 사용하면서, 인간 세계의 현상과 서로 상응하는 적당한 형평성을 유지해야만 했을 것이다.

부록

장광직(張光直)
저술 목록

BIBLIOGRAPHY OF THE PUBLICATIONS OF KWANG-CHIH CHANG

고고학은 장광직(Kwang-chih Chang) 교수께 큰 빚을 지고 있습니다. 그는 이론에도 큰 공헌을 했을 뿐만 아니라 아시아와 서구에서 학자와 학생들을 연결해주는 역할을 하고자 평생에 걸친 노력을 기울였습니다.

『동아시아 고고학』(*Journal of East Asian Archaeology*)(1권, 1~4호 [1999]; 2권 1~2호 [2000]; 3권, 1~2호 [2001])은 그의 업적을 기리고자 제자와 가까운 동료에 의해 40편 정도의 학술논문을 실어 기념논문집으로 출간하였습니다. 이것은 고고학과 인류학을 비롯한 관련 분야에서 그가 보여준 넓은 학문적 관심사를 반영하며, 그의 엄청난 학문적 영향력을 설명해줍니다.

기념논문집이 완성되고, 2001년 1월 3일 장광직 교수가 오랜 지병인 파킨슨병의 합병증으로 타계했지만, 장광직 교수의 연구를 기억하고 계속 추진해나가는 것은 바로 이 학자들에게 달렸을 것입니다.

지난 몇 년간 아시아에서 새롭고 놀라운 고고학적 발전이 많이 이루어졌기 때문에, 우리는 고고학자들과 아시아의 여러 학자가 과거 40년 동안 장광직 교수의 연구를 재점검할 기회를 이어받기를 희망합니다.

이 분야의 연구를 돕고자 우리는 (전 세계의 많은 동료의 도움으로) 장광직 교수의 출판물 목록을 다음과 같이 만들었습니다. 장광직 교수의 주요 출판 목록은 『동아시아 고고학 저널』 제1권에 실렸으며, 3권 (1~2호)에는 편집자들의 주목을 받은 추가 출판물의 목록과 몇 가지 수정사항이 추가되었습니다.

중국어로 된 서지 목록은 Sun Xiaolin이 편집한 『인류학자이자 고고학자인 장광직 교수를 추모하며』(*Remembering Kwang-Chih Chang: Archaeologist and Anthropologist*(四海爲家: 追念考古學者張光直)라는 이름으로 2002년 북경의 삼련(三聯) 출판사에서 출간되었습니다.

616

독자의 편의를 위하여 우리는 기출판된 3권의 참고문헌 목록과 주목할만한 저술을 좀 더 추가하여 항목별로 취합하여 서지 목록을 작성했습니다. 다른 언어로 발표된 저작들은 영어로 번역했지만, 어떤 경우에는 학술지 출판된 영어 번역본과 중국어 제목이 정확하게 일치하지 않을 수도 있습니다. 학술지에서 출판사가 명확하게 나타나지 않을 때에는 처음 등장할 때 출판사와 중국어를 함께 적어두었습니다.

이 서지 목록에서 사용된 약어는 다음과 같습니다.

AP	*Asian Perspectives* (Honolulu: University Press of Hawaii)
BIE	*Zhongyang Yanjiuyuan Minzuxue Yanjiusuo jikan* (中央研究院民族學研究所集刊) (*Bulletin of the Institute of Ethnology*, Academia Sinica), Taibei
BIHP	*Zhongyang Yanjiuyuan Lishi Yuyan Yanjiusuo jikan* (中央研究院語言歷史研究所集刊) (*Bulletin of the Institute of History and Philology*, Academia Sinica), Taibei
HJAS	*Harvard Journal of Asiatic Studies*, Cambridge: Harvard-Yenching Institute
KRX	*Guoli Taiwan Daxue kaogu renlei xuekan*(國立臺灣大學考古人類學刊) (*Bulletin of the Department of Archaeology and Anthropology*, National Taiwan University), Taibei
Rénjian	人間 (Supplement to *Zhongguo shibao* 中國時報副刊), Taibei
Taiwan fengtu	臺灣風土 (supplement to the newspaper *Gonglunbao* 公論報副刊), Taibei
ZGWWB	*Zhongguo Wenwubao* 中國文物報, Beijing: Guojia Wenwuju 國家文物局

혹시 빠진 자료가 있거나 오류가 있으면 우리에게 알려주시면 필요한 경우 이 목록을 수정하고 보충할 것입니다. 또한 "동아시아 고고학과 문화사 국제 센터"(The International Center for East Asian Archaeology and Cultural History, http://www.bu.edu/asianarc)에서는 실질적으로 이 모든 출판물 세트를 보유하고 있습니다. 관련 저작에 관심 있는 독자분이나 좀 더 많은 정보가 필요하신 분께서는 저의 센터로 문의해 주시기 바랍니다.

Bibliography of The Publications of Kwang-Chih Chang(張光直)

Lai Guolong(賴國龍), Yang Nianqun(楊念群), David J. Cohen(高德), Jeffrey Y. Kao(高有德), Leng Jian(冷健), Li Yung-ti(李永迪), Nguyen Nam(阮南), Polly A. Peterson(夫水花) 등의 도움을 받아 Robert E. Murowchick(慕容傑, Boston University) 과 Lothar Von Falkenhausen(羅泰, University of California. Los Angeles)과 Chen Xingcan(陳星燦, Institute of Archaeology, Chinese Academy of Social Sciences)에 의해 완성되었습니다.

1948

1948a "Laobing de foxiang 老兵的佛像", *Xin sheng bao* 新生報, February 19. See Chang 1998d: 76-79.

1948b "Facun 伐檀." *Xin sheng bao* 新生報, July 5. See Chang 1998d: 80-82.

1953

1953a "Ben xi suocang Taiyazu beizhu biaoben 本系所藏泰雅族貝珠標本 (Shell beads of the Atayal tribe in the department collections)", *KRX* 2: 29-34.

1953b "Zhongguo kaoguxue renleixuezhe canjia dibaci Taipingyang kexue huiyi 中國考古學人類學者參加第八次太平洋科學會議 (Chinese archaeologists and anthropologists participate in the 8th Pacific Science Congress), *KRX* 2: 45.

1954

1954a "Taida sishiyiniandu xinsheng tizhi 臺大四十一年度新生體質 (Notes on some anthropometric measurements of the 1952-53 Freshmen at National Taiwan University)", *KRX* 3: 39-50.

1954b "Yuanshan fajue dui Taiwan shiqianshi yanjiu zhi gongxian 圓山發掘對臺灣史前史研究之貢獻 (Contributions of the Yuanshan excavations to the prehistoric study of Taiwan)", *Dalu zazhi* 大陸雜誌 9 (No. 2): 36-41. Taibei: Dalu zazhishe.

1954c "Taiwan yuanshi wenhua zhong fei Yindunixiya yaosu zhi laiyuan 臺灣原始文化中非印度尼西亞要素之來源 (The origins of non- Indonesian elements among the primitive cultures of Taiwan)", *Taiwan fengtu*, No. 158-160.

1954d "Taiwan de shiqian yiwu (yi): Shidao xingzhi zhi fenlei ji qi xitong 臺灣的史前遺物 (一): 石刀形制之分類岹鍼系統 (Prehistoric artifacts in Taiwan (1): the classification and cultural affiliation of stone knives)", *Taiwan fengtu*, No. 161.

1954e "Taiwan de shiqian yiwu (er): Taiwan shiqianshidai zhi chuankong jishu 臺灣的史前遺物 (二): 臺灣史前時代之穿孔技術 (Prehistoric artifacts in Taiwan (2): Hole-boring technology during Taiwan's prehistoric period)", *Taiwan fengtu*, No. 162.

1954f "Taibei pendi de shiqian wenhua 臺北盆地的史前文化 (The prehistoric cultures of the Taibei Basin)", *Taiwan fengtu*, No.

174.

1954g "Zai lun Taibei pendi de shiqian wenhua 再論臺北盆地的史前文
化 (Further discussion of the prehistoric cultures of the Taibei
Basin)", *Taiwan fengtu*, No. 180.

1954h (Co-authored with Song Wenxun [Sung Wen-hsün] 宋文薰),
"Taizhong Xian Shuiwei xi pan shiqian yizhi shijue baogao 臺
中縣水尾溪畔史前遺址試掘報告 (Report on test excavations of
prehistoric sites on the banks of the Shuiwei River, Taizhong
County)", *KRX* 3: 26-38.

1954i (Article review). "Early pottery from the Liang Chu site,
Chekiang province", by Sidney Kaplan (*Archives of the Chinese
Art Society of America* 3, 1948-49, pp.13-42). *KRX* 4: 51-53.

1954j (Book review). *Tong zhou zhi Caozu pian* 同冑志曹族篇, by Wei
Huilin 衛惠林. *Taiwan fengtu* 160.

1954k (Book review). *Zhongguo yuangushi shuyao* 中國遠古史述要 (An
outline of ancient Chinese history), by Ren Yingcang 任映滄
(Taibei: Zhongguo Zhengzhi Shukan Chuban Hezuoshe 中國政
治書刊出版合作社, 1954) *KRX* 4: 53-54.

1955

1955 "Daiba 代跋", Postscript to "Taiwan kaoguxue minzuxue
gaiguan 臺灣考古學民族學概觀 (Outline review of Taiwan's

archaeology and ethnology)", selections translated by Song Wenxun 宋文薫 from *Tōnan Ajia minzokugaku senshigaku kenkyū* 東南亞細亞民族學先史學研究 (Studies on the Ethnology and Prehistory of Southeast Asia), vol. 2, by Kano Tadao 鹿野忠雄 (Tokyo: Yajima Shobo, 1952), pp.209-210. Taibei: Taiwan Sheng Wenxian Weiyuanhui 臺灣省文獻委員會.

1956

1956a (Editor and translator) *Selected Readings on Recent Chinese Archaeology.* Cambridge, Mass.: Peabody Museum, Harvard University.

1956b "A brief survey of the archaeology of Formosa", *SWJA* 12 (4): 371-386.

1956c "Hualian Nanshi Amei zu mingmingli yu mingpu 花蓮南勢阿美族命名禮與名譜 (The naming ceremony and name registers of the Nanshi Ami people of Hualian)", *KRX* 8: 53-57.

1956d "Habitat and animal-food gathering economy of the northeastern palaeo-Siberians: A preliminary study." Paper prepared for Anthropology 216, Fall 1956, 60 pp.Department of Anthropology, Harvard University. Chang bibliography, page 4 of 36

1957

1957a "Taiwan de Bolinixiyaxing wenhuacong 臺灣的玻利尼西亞型文化塚 (On the 'Polynesian' complexes in Formosa)", *BIE* 3: 89-99.

1957b "Yuanshan chutu de yike renchi 圓山出土的一顆人齒 (A human tooth unearthed from the Yuanshan shellmound)", *KRX* 9/10: 146-148. Also in Chang 1995b: 157-170; and in 1999f: 350-356.

1957c (Book review). *Xiaotun taoqi shangji (Zhongguo kaogu baogaoji zhi er:* Xiaotun, di san ben: Yinxu qiwu) 小屯陶器上輯 (中國考古報告集之二: 小屯, 第三本: 殷虛器物 (Ceramics from Xiaotun, Part I. The Yin-Shang site at Anyang, Henan, vol. 3: Artifacts), by Li Chi 李濟 (Taibei: Zhongyang Yanjiuyuan Lishi Yuyan Yanjiusuo 中央研究院歷史語言研究所), *KRX* 9/10: 153-156.

1957d "An analysis of San Juan Anasazi social organization prior to the Great Pueblo period." Paper prepared for Anthropology 240, March 1957, 32 pp.Department of Anthropology, Harvard University.

1958

1958a "Study of the Neolithic social grouping: Examples from the

New World", *American Anthropologist* 60: 298-334 (Reprinted in the Bobbs-Merrill Reprint Series in the Social Sciences, A-30, 1962, and in James Deetz, ed., *Man's Imprint from the Past*, pp.293-322. Boston: Little, Brown, and Company, 1971).

1958b "Dongnanya shehuizuzhi yu juluoxingtai de jige fangmian 東南亞社會組織與聚落形態的幾個方面 (Some aspects of social structure and settlement patterns in Southeast Asia)", *BIE* 6: 59-78.

1958c "New light on early man in China", *AP* 2 (2): 41-61.

1958d "Taiguo de shiqian wenhua 泰國的史前文化 (The prehistoric cultures of Thailand)", in Ling Chunsheng [Ling Shun-sheng] 凌純聲 et al. (eds.), *Zhong Tai wenhua lunji* 中泰文化論集 (Collected Essays on the cultures of China and Thailand), pp.189-202. Taibei: Zhonghua Wenhua Chuban Shiye Weiyuanhui 中華文化出版事業委員會.

1958e "Formosa (Regional Report)", *AP* 2 (1): 64-67.

1958f "Taiwan tuzhe beizhu wenhuacong ji qi qiyuan yu chuanbo 臺灣土著貝珠文化塚及其起源與傳播 (Shell beads in Formosa, the Pacific, and the New World)", *Zhongguo minzu xuebao* 中國民族學報 (Bulletin of the Ethnological Society of China) 2: 53-133.

1958g "The circumpolar settlement and community patterns." Paper prepared for Anthropology 218, January 1958, 21 pp.Department of Anthropology, Harvard University.

1959

1959a "Zhonghua minzu zhi xingcheng 中華民族之形成 (The formation of the Chinese nation)," *Zhongguo yizhou* 中國一周 Taibei: Zhongguo Xinwen Chuban Gongsi 中國新聞出版公司.

1959b "Peoples in China", *China Today* 2 (2): 40-51. Taibei.

1959c (Co-editor) *COWA surveys and bibliographies. Area 17, Far East.* Cambridge, Mass.: Council for Old World Archaeology.

1959d "Chinese prehistory in Pacific perspective: some hypotheses and problems", *HJAS* 22: 100-149.

1959e "Zhongguo xinshiqishidai wenhua duandai 中國新石器時代文化斷代 (Dating the Neolithic cultures of China)", *BIHP* 30: 259-311. Also in Chang 1995b: 37-91, and in Chang 1999f: 45-114.

1959f "Huanan shiqian minzu wenhuashi tigang 華南史前民族文化史提綱 (A working hypothesis for the early cultural history of South China)", *BIE* 7: 43-103. 1959g "Zhongguo chuangshi shenhua zhi fenxi yu gushi yanjiu 中國創世神話之分析與古史研究 (Chinese creation myths: A study in method)", *BIE* 8: 47-79.

1960

1960a *Prehistoric settlements in China: A Study in Archaeological Method and Theory*. Ph.D. Thesis, Harvard University.

1960b "Zhongguo yuangu shidai yishi shenghuo de ruogan ziliao 中國遠古時代儀式生活的若干資料 (Evidence for ritual life in prehistoric China)", *BIE* 9: 253-270. Also in Chang 1995b: 93-109, and in Chang 1999f: 115-135.

1960c "Formosa (Regional Report)", *AP* 3 (1): 51-52.

1960d (Book review). *Archaeology in China, Vol. I: Prehistoric China*, by Cheng Te-k'un (Cambridge: W. Heffer and Sons, Ltd., 1959). *Proceedings of the Prehistoric Society for 1960*, pp.356-357.

1960e (Book review). *Yinxu jianzhu yicun. (Zhongguo kaogu baogaoji zhi er, Xiaotun, di'erben: yizhi de faxian yu fajue yibian)* 殷虛建築遺存 (中國考古報告集之二, 小屯, 第二本: 遺址的發現與發掘乙編) (The architectural remains at Yinxu [The Yin-Shang site at Anyang, Henan, Vol. 2: The discovery and excavation of the site, part 2]), by Shi Zhangru [Shih Chang-ju] 石璋如 (Taibei: Zhongyang Yanjiuyuan Lishi Yuyan Yanjiusuo 中央研究院歷史語言研究所). *KRX* 15/16: 156-158.

1961

1961a "Formosa (Regional Report)", *AP* 4 (1/2): 89-90.

1961b "Neolithic cultures of the Sungari valley, Manchuria", *Southwestern Journal of Anthropology* 17: 56-74.

1961c *COWA surveys and bibliographies*. Area 17, No. 2: China and Formosa. Cambridge, Mass.: Council for Old World Archaeology.

1961d (Book review). *Archaeology in China*, by William Watson (New York: Taplinger Publishing Company, 1961). *American Anthropologist* 63: 1380-1381.

1961e (Book review). *Archaeology in China, Vol. II: Shang China*, by Cheng Te-k'un (Cambridge: W. Heffer and Sons, Ltd., 1960). *American Anthropologist* 63: 1136-1138.

1961f (Book review). *Japanese Source Materials on the Archaeology of the Kurile Islands*, edited by Chester S.Chard. *Ethnohistory* 8 (3): 303-305.

1962

1962a "A typology of settlement and community patterns in some circumpolar societies", *Arctic Anthropology* 1: 28-41. Madison: University of Wisconsin Press.

1962b "Dongnanya wenhuashi shang de ruogan zhongyao wenti 東南

亞文化史上的若干重要問題 (Major problems in the culture history of Southeast Asia)", *BIE* 13: 1-26.

1962c "New evidence of fossil man in China", *Science*, n.s. 136 (No. 3518): 749-760. New York. Reprinted in *Yearbook of Physical Anthropology*, vol. 10 for 1962, pp.273-284. New York: A.R. Liss, 1964.

1962d "China", in Robert J. Braidwood and Gordon R. Willey (eds.), *Courses Toward Urban Life*. Viking Fund Publications in Anthropology, No. 32, pp.177-192. Chicago: Aldine Publishing Co. Also published as "China toward urban life" in Chang 1976a: 22-46.

1962e "Shang Zhou shenhua zhi fenlei—Zhongguo gudai shenhua yanjiu zhi er 商周神話之分類. 中國古代神話研究之二 (A classification of Shang and Zhou myths: Studies of ancient myths in China, part 2)", *BIE* 14: 47-94. Also in Chang 1982a: 157-177. English version published in Chang 1976a: 149-173.

1962f "Recent findings of the Chinese Neolithic (Abstract)", *Journal of Asian Studies* 21: 619.

1963

1963a *The Archaeology of Ancient China*. New Haven and London: Yale University Press.

1963b "Prehistoric archaeology in China: 1920-1960", *Arctic Anthropology* 1 (2): 29-61. Madison: University of Wisconsin Press. Reprinted in the Bobbs-Merrill Reprint Series in the Social Sciences, No. A-279.

1963c *COWA Surveys and Bibliographies*. Area 17, No. 3: China and Formosa, p.42. Cambridge, Mass.: Council for Old World Archaeology.

1963d "Fossil man in China, 1960-61", *1963 McGraw-Hill Yearbook of Science and Technology*. New York: McGraw-Hill Book Company.

1963e "Shang wang miaohao xinkao 商王廟號新考 (A new study of the temple names of the Shang dynasty kings)", *BIE* 15: 65-95. Also in Chang 1982a: 85-106.

1963f "Shang Zhou shenhua yu meishu zhong suojian ren yu dongwu guanxi zhi yanbian－Zhongguo gudai shenhua yanjiu zhi san 商周神話與美術中所見人與動物關係之演變－中國古代神話研究之三 (The changing relationships of man and animal in Shang and Zhou myths and art: Studies of ancient myths in China, part 3)", *BIE* 16: 115-146. Also in Chang 1982a: 179-194. English version published as "Changing relationships of man and animal in Shang and Chou myths and art" in Chang 1976a: 174-196.

1963g (Guest editor) "Special Taiwan Section", *AP* 7 (1/2): 195-275.

1963h "Introduction" [to the Special Section on the Prehistory of Taiwan], *AP* 7 (1/2): 193-202.

1963i "Prehistoric ceramic horizons in Southeastern China and their extension into Formosa", *AP* 7 (1/2): 243-250.

1963j "A selected bibliography of Taiwan archaeology 1953-1962", *AP* 7 (1/2): 272-275.

1963k (Book review). *World Prehistory: An Outline*, by Grahame Clark (Cambridge: Cambridge University Press, 1961). *KRX* 21/22: 142.

1963l (Book review). *Sekai kōkogaku taikei, vol.5: Tōa senshijidai* 世界考古學大系, 第五卷: 東亞先史時代 ([An outline of world archaeology, vol.5: The prehistoric period in East Asia], edited by Sekino Takeshi 關野雄 [Tokyo Heibonsha: 平凡[出版]社]), *KRX* 21/22: 142-143.

1964

1964a "Prehistoric and early historic culture horizons and traditions in South China", *Current Anthropology* 5 (5): 359, 368-375, 399-400 (part of a special section, "Movement of the Malayo-Polynesians, 1500 B.C. to A.D. 500"). Chicago: University of Chicago Press.

1964b "Some dualistic phenomena in Shang society", *The Journal of Asian Studies* 24: 45- 61. Ann Arbor, Michigan: The Association for Asian Studies. Also in Chang 1976a: 93-114.

1964c "Yin dai wenming jinghua de yi yu 殷代文明精華的一隅 (A view of the quintessence of Yin dynasty civilization)", *Dalu zazhi* 29 (1): 1-4. Taibei: Dalu Zazhi She.

1964d "Dui Taiwan yuangu wenhuashi yanjiu de yixie yijian 對臺灣遠古文化史研究的一些意見 (Some opinions on the research of the ancient culture history of Taiwan)", *Nanying wenxian* 南瀛文獻 9: 2-10. Taibei.

1964e (Co-authored with Song Wenxun [Sung Wen-hsün] 宋文薰), "Yuanshan wenhua de niandai (The chronology of the Yuanshan Culture)", *KRX* 23/24: 1-11.

1964f (Book review). *Neolithic Cattle-keepers of South India*, by F.R. Allchin (Cambridge: Cambridge University Press, 1963). *Journal of Asian Studies* 23 (2): 332-333.

1964g (Co-editor). *COWA Surveys and Bibliographies*. Area 17, No. 3: Far East. Cambridge, Mass.: Council for Old World Archaeology.

1965

1965a (Book review) *Shupibu yinwentao yu zaozhi yinshuashu faming*

樹皮布印文陶與造紙印刷術發明 (Bark cloth, patterned pottery, and the invention of paper and printing), by Ling Chunsheng [Ling Shun-sheng] 凌純聲 (Taibei: Institute of Ethnography, Academia Sinica, 1963), *Zhongguo minzuxue tongxun* 中國民族學通訊 1: 14-15.

1965b "Yin li zhong de er fen xianxiang 殷禮中的二分現象 (Some dualistic phenomena in Yin rites)", *Qingzhu Li Ji xiansheng qishisui lunwenji* 慶祝李濟先生七十歲論文集 (Collected Studies in Honor of Professor Li Ji's 70th Birthday), 清華學報社. Also in Chang 1982a: 21-133.

1965c "Guanyu 'Shang wang miaohao xin kao' yi wen de buchong yijian 關於'商王廟號新考'一文的補充意見 (Further remarks on 'A new study of the temple names of the Shang dynasty kings')", *BIE* 19: 53-70.

1965d "Relative chronologies of China to the end of the Chou", in Robert Ehrich (ed.), *Chronologies in Old World Archaeology*, pp.503-526. Chicago: University of Chicago Press.

1965e "Bali ji Fengbitou shiqian yizhi fajue 八里及鳳鼻頭史前遺址發掘 (The excavation of the prehistoric sites at Bali and Fengbitou)", *Zhongguo minzuxue tongxun* 中國民族學通訊. Taibei: Ethnological Society of China.

1965f (Book review). *Archaeology in China, Vol. III: Chou China*, by

Cheng Te-k'un (Toronto: University of Toronto Press, 1963). *American Anthropologist* 67: 1049-1050.

1966

1966a "China, 1962-1963", *AP* 8 (1): 69-75.

1966b (Co-authored with Minze Stuiver) "Recent advances in the prehistoric archaeology of Formosa", *Proceedings of the National Academy of Sciences* 55 (3): 539-543. Washington, D.C.: National Academy of Sciences.

1966c (Co-authored with Song Wenxun [Sung Wen-hsün] 宋文薰), "Yuanshan beizhong tan shisi niandai gengzheng 圓山貝塚碳十四年代更正 (Errata in the "Chronology of the Yuanshan Culture")", *KRX* 27: 36.

1967

1967a *Rethinking Archaeology.* New York: Random House, (Published in Spanish as *Nuevas perspectivas en arquelogia*, Madrid: Alianza Editorial, 1976). Chapter 3, "The Settlement", has been translated into Chinese by Wu Jia'an 吳加安 and Tang Jigen 唐際根, with the editorial assistance of Chen Xingcan 陳星燦, and published in 1991 in *Dangdai guowai kaoguxue de lilun yu fangfa* 富代國外考古學的理論與方法 (Theory and

Method in Contemporary Archaeology Abroad). Xi'an: Sanqin
Chubanshe 三秦出版社, pp.67-82. In 2001, the volume is
scheduled to be published in Chinese (see Chang 2001e).

1967b "Major aspects of the interrelationship of archaeology and
ethnology", *Current Anthropology* 8: 227-243. (Chang's reply to
L.S. Klejn's comments on this essay appear in *Current
Anthropology* 14: 319-320.) Published in Spanish as
"Principales aspectos de la interrelacion entre arqueologia
yetnologia", *Cuadernos de antropologia social y etnologia*, aNo.
2, No. 5: 82-107 [Madrid: Universidad Complutense de
Madrid, 1972]; and in *Apuntes Arqueologicos* 1: 18-46 [Lima:
Universidad Nacional Mayor de San Marcos, Departamento de
Ciencias Historico- Sociales, Gabinete de Arqueologia, 1971].

1967c "Zhongguo jingnei huangtuqi yiqian de renlei wenhua 中國境內
黃土期以前的人類文化 (Human culture before the loess period
in China)", *BIHP* 37: 793-826. Reprinted in Chang 1972c:
151-184.

1967d "Huangtuqi Zhongguo gaoji jiushiqi wenhua yu xiandai renlei
de chuxian 黃土期中國高級舊石器文化與現代人類的出現 (Advanced
Paleolithic culture during the loess period of Late Pleistocene
in China, and the appearance of *Homo sapiens*)", *Wenshizhe
xuebao* 文史哲學報 16: 151-182. Reprinted in Chang 1972c:

634

185-222.

1967e "The Yale expedition to Taiwan and the Southeast Asian horticultural evolution", *Discovery* 2 (2): 3-10. New Haven: The Peabody Museum of Natural History.

1967f (Book review). *Early Civilization in China*, by William Watson (New York: McGraw-Hill Book Co., 1966). *American Anthropologist* 69: 537.

1968

1968a (Editor) *Settlement Archaeology*. Palo Alto: National Press.

1968b "Toward a science of prehistoric society", in Chang 1968a: 1-9.

1968c *The Archaeology of Ancient China*, 2nd edition. New Haven and London: Yale University Press.

1968d "Archaeology of Ancient China", *Science* 162 (No. 3853): 519-526. New York.

1968e "Preliminary notes on the excavations in Formosa, 1964-1965", *AP* 9: 140-149.

1968f (Book review). *Invitation to Archaeology*, by James Deetz (Garden City, NY: Natural History Press, 1967). *American Journal of Archaeology* 72: 200-201.

1968g (Book reviews). *Archaeological Excavations in Thailand. Volume*

I: Sai-Yok. Stone Age Settlements in the Kanchanaburi Province, by H.R. van Heekeren and Eigel Knuth; and *Volume II: Ban-Kao: Neolithic Settlements with Cemeteries in the Kanchanaburi Province. Part 1: The Archaeological Material from the Burials*, by Per Sorensen (Copenhagen: Munksgard, 1967). *American Anthropologist* 70: 1027-1028.

1969

1969a *Fengpitou, Tapenkeng, and the Prehistory of Taiwan*. New Haven: Yale University Publications in Anthropology, No. 73.

1969b "Xinshiqishidai Zhongyuan wenhua de kuozhang 新石器時代中原文化的擴張 (Expansion of cultures in the Central Plains during the Neolithic period)", *BIHP* 41, part 2: 317-350. (Reprinted in Chang 1972c: 285-327).

1969c "Xu " Foreword to *Meiguo dongnan yu Zhongguo Huadong de qiudun wenhua* 美國東南與中國華東的丘墩文化 (The mound cultures of East China and of Southeastern North America), by Ling Chunsheng [Ling Shun-sheng] (Taibei: Zhongyang Yanjiuyuan Minzuxue Yanjiusuo 中央研究院民族學研究所, 1968), *BIE* 27: 165-173.

1969d (Book review). *New Light on Prehistoric China*, by Cheng Te-k'un (Cambridge: Heffner and Sons, Ltd., 1966). *Asian*

Perspectives 10: 163.

1969e (Book review). *Symposium on Historical, Archaeological, and Linguistic Studies on Southern China, South-East Asia, and the Hong Kong Region*, edited by F.S. Drake (Hong Kong: Hong Kong University Press, 1967). *Asian Perspectives* 10: 164-166.

1970

1970a "The beginnings of agriculture in the Far East", *Antiquity* 44: 175-185. Also in Chang 1976a: 1-21. (Abstracted in German as "Der Beginn des Pflanzenanbaus im Fernen Osten", *Umschau in Wissenschaft und Technik* 14: 537. Frankfurt am Main, Germany: Umschau Verlag, 1971).

1970b "Zhongguo binghouqi de zhongshiqishidai yulie wenhua 中國冰後期的中石器時代漁獵文化 (The hunting and fishing cultures of the Mesolithic period during the last glaciation in China)." Taibei: Published and printed by Zhongyang Yanjiuyuan Lishi Yuyan Yanjiusuo Zhongguo Shanggushi Weiyuanhui 中央研究院歷史語言研究所中國上古史委員會. Reprinted in Chang 1972c: 223-246.

1970c "Huabei nongye cunluo shenghuo de queli yu Zhongyuan wenhua de liming 華北農業村落生活的確立與中原文化的黎明 (The origins of agricultural village life in North China and the dawn of culture in the Central Plains).” *BIHP* 42, part 1: 113-142. Reprinted in Chang 1972c: 247-283.

1970d “Zhongguo nanbu de shiqian wenhua 中國南部的史前文化 (The prehistoric cultures of south China)”, *BIHP* 42, part 1: 143-177. Reprinted in K.C. Chang 1972c: 419-453. 1970e “Kaoguxue shang suojian Han dai yiqian de xibei 考古學上所見漢代以前的西北 (Archaeological evidence from northwest China prior to the Han Dynasty)”, *BIHP* 42, part 1: 81-112. Reprinted in Chang 1972c: 329-370.

1970f “Shang Zhou qingtongqi qixing zhuangshi huawen yu mingwen zonghe yanjiu chubu baogao 商周青銅器器形裝飾花紋與銘文綜合研究初步報告 (Preliminary remarks on a comprehensive study of form, decoration, and inscription of Shang and Zhou bronzes)”, *BIE* 30: 239-315.

1970g “Dongbei de shiqian wenhua 東北的史前文化 (The prehistoric cultures of northeast China).” Taibei: Published and printed by Zhongyang Yanjiuyuan Lishi Yuyan Yanjiusuo Zhongguo Shanggushi Weiyuanhui 中央研究院歷史語言研究所中國上古史委員會. Reprinted in Chang 1972c: 397-418.

1971

1971a “Changpinian: A newly discovered preceramic culture from agglomerate caves on the east coast of Taiwan (Preliminary report), by Sung Wen-hs: A review article", *AP* 12: 133-136.

1971b "Kaoguxue shang suojian Han dai yiqian de beijiang caoyuan didai 考古學上所見漢代以前的北疆草原地帶 (Archaeological evidence from the northern steppes prior to the Han Dynasty)", *BIHP* 43, part 2: 277-292. Reprinted in Chang 1972c: 371-396.

1972

1972a *Settlement Patterns in Archaeology*. Current topics in Anthropology. Readings, vol. 5, No. 24: 1-26. Reading, Mass.: Addison-Wesley Publishing Co. Chinese translation by Hu Hongbao 胡鴻保 and Chang bibliography, page 11 of 36 Zhou Yan 周燕, with the editorial assistance of Chen Xingcan 陳星燦, is scheduled to appear in *Huaxia kaogu* 華夏考古 2001.4 and 2002.1.

1972b "Comments on *Archaeological Analysis of Prehistoric Society* [by Berta Stjernquist]", *Norwegian Archaeological Review* 5 (2): 5-7. Oslo: Johan Grundt Tanum A.S.

1972c (Co-author) *Zhongguo shanggu shi (daidinggao), diyiben: shiqian bufen* 中國上古史(待定稿) 第一本: 史前部分 (The Ancient History of China, vol. 1: Prehistoric China pp.419-453). Nangang, Taibei: Zhongyang Yanjiuyuan Lishi Yuyan Yanjiusuo 中央研

究院歷史語言研究所.

1972d "Major aspects of Ch'u archaeology", in Noel Barnard (ed.), *Early Chinese Art and Its Possible Influence in the Pacific Basin*, vol. 1, pp.5-52. New York: Intercultural Arts Press.

1972e "Neolithic cultures in the coastal areas of Southeast China", in Noel Barnard (ed.), *Early Chinese Art and Its Possible Influence in the Pacific Basin*, vol. 2: 431-457. New York: Intercultural Arts Press.

1972f "Prehistoric archaeology of Taiwan", *AP* 13: 59-77.

1972g "Taiwan kaogu de zhongyaoxing 臺灣考古的重要性 (The importance of Taiwan archaeology)", *Zhongyang fukan* 中央副刊 (*The Central Supplement*) [newspaper], August 26- 27; and in *Taiwan fengwu* 臺灣風物 22 (3): 37-40.

1972h (Book review). *Prehistoric Agriculture*, by Stuart Struever (editor). [Garden City, N.Y.: Natural History Press, 1971]. *American Anthropologist* 74: 1497-1498.

1973

1973a "Chinese archaeology", in John Meskill (ed.), *An Introduction to Chinese Civilization*, pp.379-415. NewYork: Columbia University Press.

1973b "Radiocarbon dates from China: Some initial interpretations",

Current Anthropology 14: 525-529.

1973c (Principal Co-author) *Shang Zhou qingtongqi mingwen de zonghe yanjiu* 商周青銅器銘文的綜合研究 (Inscribed Shang and Zhou bronzes: A comprehensive study), Zhongyang Yanjiuyuan Lishi Yuyan Yanjiusuo zhuan kan 中央研究院歷史語言研究所專刊 62 (Institute of History and Philology, Academia Sinica, Monographs No. 62). Nangang, Taibei: Institute of History and Philology, Academia Sinica.

1973d "Food and food vessels in ancient China", *Transactions of the New York Academy of Science* 35 (6): 495-520. New York. Reprinted in Chang 1977b: 23-52 (here titled "Ancient China"); and in Chang 1976a: 115-148. Published in Chinese as "Zhongguo gudai de yinshi yu yinshiju 中國古代的飲食與飲食具" in Chang 1982a: 135-155, and 1999f: 326-357.

1973e "Tan Wang Hai he Yi Yin de jiri bing zailun Yin Shang wangzhi 談王亥和伊尹的祭日竝再論殷商王制 (On the day of sacrifice to Wang Hai and Yi Yin, with another discussion on Shang kingship). *BIE* 35: 111-127. Also in Chang 1982a: 107-120, and 1999f: 203-227. Chang bibliography, page 12 of 36

1973f Reply to L. S. Klejn's comments on K.C. Chang's article, "On Major Aspects of the Interrelationship of Archaeology and Ethnology", *Current Anthropology* 14: 319.

1973g (Book review). *Children of the Yellow Earth: Studies in Prehistoric China*, by J. G. Andersson (Cambridge, Mass.: MIT Press, 1973. [Translated from the Swedish by E. Classen]). *American Scientist* 61: 755.

1974

1974a "Cong renleishi kan wenhua yu huanjing de guanxi 從人類史看文化與環境的關係 (The relationship between culture and environment from the perspective of human history)", *Renlei yu wenhua* 人類與文化 3: 4-5. Taibei: Department of Anthropology, National Taiwan University.

1974b "Urbanism and the king in ancient China", *World Archaeology* 6: 1-14. London: Routledge & Kegan Paul. Also in Chang 1976a: 47-60.

1974c "The emergence of civilization in North China", in C. C. Lamberg-Karlovsky and Jeremy A. Sabloff (eds.), *The Rise and Fall of Civilizations: Modern Archaeological Approaches to Ancient Cultures*, pp.436-467. Menlo Park, Calif.: Cummings Publishing Co.

1974d "Comments on the interrelationship of North China, South Asia, and Southeast Asia in ancient times", *Journal of the Hong Kong Archaeological Society* 5: 34-38.

1974e "Man in the Choshui and Tatu river valleys in central Taiwan: Preliminary report of an interdisciplinary project, 1972-73 season", *AP* 17: 36-55.

1974f "Ancient farmers in the Asian tropics: Major problems for archaeological and palaeoenvironmental investigations of Southeast Asia at the earliest neolithic level", in Asok K. Ghosh (ed.), *Perspectives in Paleoanthropology: Professor D. Sen Festschrift*, pp.273-286. Calcutta: Firma K. L. Mukhopadhyay.

1974g "Zhuo Da jihua liu er－liu san niandu gongzuo zong baogao 濁大計劃六二~六三年度工作總報告 (Report of the Zhuo River and Dadu River Valley Survey Project in Central Taiwan in 1973-74])", *Zhongyang Yanjiuyuan yuanxun* 中央研究院院訊 (Academia Sinica Newsletter) 1974 (4): 25-37.

1974h "Man and land in central Taiwan: First two years of an interdisciplinary project", *Journal of Field Archaeology* 1 (3/4): 265-275. Boston: Boston University.

1974i (Book review). *South Asian Archaeology*, by Norman Hammond (editor), [London: Gerald Duckworth, 1973]. *American Scientist* 62: 742.

1975

1975a "Ancient trade as economics or as ecology", in Jeremy A.

Sabloff and C.C. Lamberg-Karlovsky (eds.), *Ancient Civilization and Trade,* pp.211-224. Albuquerque: University of New Mexico Press. Published in Chinese as "Gudai maoyi yanjiu shi jingjixue haishi shengtaixue 古代貿易研究是經濟學還是生態學 in Chang 1982a: 77-83, and 1995b: 370-383.

1975b "Zhongguo kaoguxue shang de fangshexing tansu niandai yu yiyi 中國考古學上的放射性碳素年代與意義 (Radiocarbon dates in Chinese archaeology and their significance)", *KRX* 37/38: 29-43.

1975c "Towns and cities in ancient China", in Janice Stargardt (ed.), *Asia antiqua: The Archaeology of East and Southeast Asia.* London: Duckworth, 1975. Also in Chang 1976a: 61-71.

1975d "Reply to Donn Bayard's 'On Chang's interpretation of Chinese radiocarbon dates,'" *Current Anthropology* 16: 169-170.

1975e (Book review). *Peking Man*, by Harry L. Shapiro (New York: Simon and Schuster, 1974), *American Scientist* 63: 715.

1975f "Zhongguo meishu kaogu xin shu jieshao 中國美術考古新書介紹 (An introduction to new books on Chinese art and archaeology)", in the newsletter *Yelu* 冶爐 2: 4-5. New Haven, Connecticut: Yale University Chinese Students Association.

1976

1976a *Early Chinese Civilization: Anthropological Perspectives.* Harvard-Yenching Institute Monograph Series, vol. 23. Cambridge, Mass.: Harvard University Press.

1976b "The lineage system of the Shang and Chou Chinese and its political implications", in Chang 1976a: 72-92.

1976c "Yin Shang wenming qiyuan yanjiushang de yige guanjian wenti 殷商文明起源研究上的一個關鍵問題 (Some key issues in the study of the origin of Shang civilization)", in Shen Gangbo xiansheng bazhi rongqing lunwenji 沈剛伯先生八秩榮慶論文集 (Papers Presented to Mr. Shen Gangbo [Shen Kang-po] on His Eightieth Birthday), pp.151-169. Taibei: Lianjing Press 聯經出版社. Also in Chang 1982: 35-47, and 1999f: 98-122.

1976d (Film review). *The Ancient Orient: The Far East* (Produced by Coronet Films, 1960) and *The Ancient Chinese* (Produced by Julien Bryant), *American Anthropologist* 78: 140.

1977

1977a *The Archaeology of Ancient China* (Third edition). New Haven and London: Yale University Press. Published in Japanese under the title Kokogaku yori rriita Chugoku kodai 考古學上よりみた中國古代 (Tokyo: Yūzankaku 雄山閣, 1980). Translated

into Chinese by Yin Qun 印群 [pseud.] and published under
the title *Zhongguo gudai wenming zhi qiyuan yu fazhan* 中國古代
文明之起源與發展 (The origin and development of ancient
Chinese civilization) (Shenyang: Liaoning Daxue Chubanshe
遼寧大學出版社, 1994).

1977b (Editor) *Food in Chinese Culture: Anthropological and Historical
Perspectives*. New Haven and London: Yale University Press.

1977c "Introduction", in Chang 1977b, pp.1-21.

1977d "The continuing quest for China's origins: Part 1, Early
farmers in China", *Archaeology* 30: 116-123; "Part 2, Shang
Civilization", *Archaeology* 30: 186-193. New York: Archaeological
Institute of America. (Translated into Chinese in *Kaoguxue
cankao ziliao* 考古學參考資料 1: 3-21, 1978. Beijing.)

1977e "Chinese archaeology since 1949", *The Journal of Asian Studies*
36 (4): 623-646. Ann Arbor: The Association for Asian
Studies, Inc. (For a Chinese translation, see *Mingbao* [*Ming
pao*] 明報 April 25-May 9, 1978, in 15 installments.)

1977f "Chinese palaeoanthropology", *Annual Review of Anthropology*
6: 137-159.

1977g "Public archaeology in China", in W. W. Howells and Patricia
Jones Tsuchitani (eds.), *Paleoanthropology in the People's
Republic of China: A trip report of the American*

646

Paleoanthropology Delegation, submitted to the Committee on Scholarly Communication with the People's Republic of China, CSCPRC Report No. 4, pp.130-139. Washington, D.C.: National Academy of Sciences.

1977h "A paleoanthropological tour in the People's Republic of China." *Discovery* 12 (2): 42- 51. New Haven: The Peabody Museum of Natural History.

1977i (Editor), *Taiwan Sheng Zhuoshui xi yu Dadu xi liuyu kaogu diaocha baogao* 臺灣省濁水溪與大肚溪流域考古調查報告 (*Report of Archaeological Investigations along the Zhuo and Dadu river valleys of Taiwan*). Institute of History and Philology, Academia Sinica, Monograph Series No. 70.

1977j "'Zhuo Da jihua' yu Minguo liushiyi - liushisan nian Zhuo Da liuyu kaogu diaocha '濁大計劃'與民國六十一~六十三年濁大流域考古調查 (The Zhuo Da project and archaeological survey along the Zhuo and Dadu river valleys in 1972-1974", in Chang 1977i: 1-25. Also in Chang 1995b: 207-232, and Chang 1999g: 279-311.

1977k "Zhuoshui Xi Dadu Xi kaogu: 'Zhuo Da jihua' diyiqi kaogu gongzuo zongjie 濁水溪大肚溪考古: 第一期考古工作總結 (Summary of the first phase of archaeological work of the 'Zhuoda Project' along the Zhuoshui and Dadu River valleys), in Chang 1977i: 409-436. Also in Chang 1995b: 233-263, and 1999g: 312-364.

1977l (Book review) *Early China*, by David N. Keightley (ed.) (Berkeley: The Society for the Study of Early China, 1975). *JAOS* 97 (1): 105-106.

1977m (Book review) *La civilisation du royaume de Dian a l' poque Han d' s le riel Shizhai Shan (Yunnan)*, byMich le Pirazzoli-t'Serstevens (Paris: cole Français d'Extrême-Orient, 1974), *JAOS* 97 (4): 567-568.

1977n (Book review). *Behavioral Archaeology,* by Michael B. Schiffer (Salt Lake City, UT: University of Utah Press, 1995), *American Scientist* 65: 240-241. Chang bibliography, page 15 of 36

1977o (Book review). *Spatial Analysis in Archaeology,* by Ian Hodder and Clive Orton (Cambridge and New York: Cambridge University Press, 1976), *American Scientist* 65: 503-504.

1977p (Book review). *Cradle of the East: An inquiry into the indigenous origins of techniques and ideas of Neolithic and early historic China, 5000-1000 B.C.,* by Ho Ping-ti, (Hong Kong: Chinese University of Hong Kong; and Chicago: University of Chicago Press, 1975), *Journal of Oriental Studies* [Hong Kong University] 15: 63-65.

1977q (Book review). *Metallurgical Remains of Ancient China,* by Noel Barnard and Sato Tamotsu (Tokyo: Nichiosha, 1975), *Science* 197 (4305): 753-754.

1978

1978a "Some theoretical issues in the archaeological study of historical reality", in Robert C. Dunnell and Edwin S. Hall (eds.), *Archaeological Essays in Honor of Irving B. Rouse,* pp.13-26. The Hague: Mouton.

1978b "Tanxun Zhongyuan wenhua de gen 探尋中原文化的根 (Seeking the roots of Central Plains cultures)", *Zhongguo shibao* 中國時報 (*China Times*), August 18, p.12.

1978c "Gongyuanqian wu qian nian dao yi wan nian qian Zhongguo yuangu wenhua ziliao 公元前五千年到一萬年前中國遠古文化資料 (Ancient cultures in China from 5000 to 10,000 B.C.: the current evidence)", *BIE* 46: 113-120.

1978d "Cong Xia Shang Zhou Sandai kaogu lun Sandai guanxi yu Zhongguo gudai guojia de xingcheng 從夏商周三代考古論三代關係與中國古代國家的形成 (The archaeology of Xia, Shang, and Zhou Dynasties: a discussion of the relationship between the Three Dynasties and the formation of the state in ancient China), in *Qu Wanli xiansheng qizhi rongqing lunwenji* 屈萬里先

生七秩榮慶論文集 (Papers Presented to Mr. Qu Wanli on his Seventieth Birthday), pp.287-306. Taibei: Lianjing Press 聯經出版社. Also in Chang 1982a: 17-33, and 1999f: 66-97.

1978e "Yinxu fajue wushi nian 殷墟發掘五十年 (Fifty years of excavations at Yinxu)", *Zhongyang yanjiuyuan chengli wushizhounian jinian lunwenji di'erji* 中央研究院成立五十周年紀念論文集第二輯 (*Papers in Celebration of the Fiftieth Anniversary of the Founding of the Academia Sinica*), pp.291-311. Taibei: Academia Sinica.

1978f "T'ien Kan: A key to the history of the Shang", in David Roy and T.H. Tsien (eds.), *Ancient China: Studies in Early Civilization*, pp.13-42. Hong Kong: Chinese University of Hong Kong.

1978g (Book review). *Anyang*, by Li Chi (Seattle: University of Washington Press, 1977), *Harvard Journal of Asiatic Studies* 38: 481-488. Translated into Chinese by Chen Simin 陳思民 and published in *Kaoguxue cankao ziliao* 考古學參考資料 1982.5: 1-9.

1978h "The origin of the Chinese civilization: A review", *Journal of the American Oriental Society* 98 (1): 85-91.

1978i (Book review). *Time and Tradition: Essays in Archaeological Interpretation,* by Bruce Trigger (New York: Columbia

650

University Press, 1978). *American Scientist* 66: 762.

1979

1979a "Shang shi xinliao sanze 商史新資料三則 (Three items of new material on Shang history)", *BIHP* 50, part 4: 741-765.

1979b "Taiwan Sheng yuanshishehui kaogu gaishu 臺灣省原始社會考古概述 (A brief discussion of the archaeology of primitive society in Taiwan)", *Kaogu* 1979.3: 245-259, published under the pen name Han Qi 韓起. Reprinted in 1999g: 227-258.

1979c (Film review). *Old Treasures from New China,* written and directed by Shirley Sun and Peter Wang (Berkeley: University of California Extension Media Center, 1977), *Archaeology* 32 (2): 68.

1980

1980a *Shang Civilization.* New Haven and London: Yale University Press. Published in Chinese under the title *Shangdai wenming,* translated by Mao Xiaoyu 毛小雨. Beijing: Beijing Technology and Art Publishing Company, 1999. Another Chinese version, entitled *Shang wenming* 商代文明, translated by Zhang Liangren 張良仁, Yue Hongbin 岳紅彬, Ding Xiaolei 丁小雷, and edited by Chen Xingcan 陳星燦, will be published by Liaoning Jiaoyu

Chubanshe (forthcoming). The epilogue "Shang in the ancient world" was translated by Chen Xingcan and published as "Gudai shijie de Shang wenming 古代世界的商文明" in *Zhongyuan wenwu* 1994.4: 33-39.

1980b "The Chinese Bronze Age: A modern synthesis", in Wen Fong (editor), *The Great Bronze Age of China*, pp.35-50. New York: Metropolitan Museum of Art. Published in Chinese as "Zhongguo qingtongshidai 中國青銅時代" in Chang 1982a: 1-15, and 1999f: 1-27.

1980c "Archaeology", in Leo A. Orleans (ed.), *Science in Contemporary China*, pp.496-507. Stanford: Stanford University Press.

1980d "A new prehistoric ceramic style in the southeastern coastal area of China", *AP* 20: 179-182.

1980e "Yin Zhou guanxi de zai jiantao 殷周關係的再檢討 (Another discussion on the relationship of Yin and Zhou)", *BIHP* 51, part 2, pp.197-216. Also in Chang 1982a: 49-63, and 1999f: 138-164.

1980f "Li Chi (1896-1979)", *Artibus Asiae* 42 (2/3): 221-222.

1980g (Review article). "Ushering in a new age in the study of ancient Chinese bronzes— A note on *The Great Bronze Age of China*, by Wen Fong (ed.) (New York: Metropolitan Museum of Art: distributed by Random House, 1980), and *The Wonder of Chinese Bronzes*, by Li Xueqin (Beijing: Foreign Languages Press, 1980)." *Early China* 5 (1979-1980): 58-59.

1980h (Translator). An Zhimin, "The Neolithic archaeology of China: A brief survey of the last thirty years." *Early China* 5 (1979-1980): 35-45.

1980i "Li Chi (1896-1979)." *Journal of Asian Studies* 40.1 (November 1980): 218-219. Published in Chinese, translated by Li Guangmo 李光謨, in Li Guangmo (editor), *Li Ji yu Qinghua* 李濟與清華 (Li Ji and Qinghua [University])", pp.175-177. Beijing: Qinghua Daxue Chubanshe, 1994.

1981

1981a "In search of China's beginnings: New light on an old civilization", *American Scientist* 69: 148-160.

1981b "Archaeology and Chinese historiography", *World Archaeology* 13: 156-169. Later incorporated into Chang 1986k: 4-21. Published in Chinese as "Kaoguxue he Zhongguo lishixue 孝古學和中國歷史學", translated by Chen Xingcan 陳星燦, in *Kaogu yu wenwu* 考古與文物 1995.3: 1-10; reprinted in Chang 1995b: 9-24, and 1999g: 10-30; and in Zhongguo Shehuikexueyuan Kaogu Yanjiusuo 中國社會科學院考古研究所 (editor), *Kaoguxue de lishi, lilun, yu shijian* 考古學的歷史理論與實踐 (Zhengzhou: Zhongzhou Guji Chubanshe 中州古籍出版社, 1996), pp.86-102.

1981c "The affluent foragers in the coastal areas of China: Extrapolation from evidence on the transition to agriculture", *Senri Ethnological Studies*, No. 9, pp.177-186. Suita, saka: National Museum of Ethnology. Published in Chinese as "Zhongguo yanhai diqu de nongye qiyuan 中國沿海地區的農業起源 (The origin of agriculture in China's coastal areas)", translated by Dai Guohua 戴國華 and Gu Jin 谷進, in *Nongye kaogu* 農業考古 1984.2: 52-57, and as "Zhongguo dongnan hai'an de 'fuyu de shiwu caiji wenhua' 中國東南海岸的《富裕的食物採集文化》 in *Shanghai Bowuguan jikan* 上海博物館集刊 4 (1987): 143-149. The latter is reprinted in Chang 1995b: 157-170, and 1999g: 190-205.

1981d "Archaeology", in Ying-shih Yü (ed.), *Early Chinese History in the People's Republic of China: The report of the Han Dynasty Studies Delegation, October-November 1978*. Seattle: School of International Studies, University of Washington.

1981e "Shang Zhou qingtongqi shang de dongwu wenyang 商周青銅器上的動物紋樣 (Animal decoration on Shang and Zhou bronzes)", *Kaogu yu wenwu* 考古與文物 1981.2: 53-68. Xi'an: Shaanxi Institute of Archaeology. Appears also in Chang

1982a: 195-213, and 1999f: 424-454. Published in English as Chang 1981f.

1981f "The animal in Shang and Chou bronze art", *HJAS* 41 (2): 527-554. (This is an English version of Chang 1981e).

1981g "New detailed reports of important Chinese excavations." Review of two volumes by the Institute of Archaeology, Chinese Academy of Social Sciences: *Yinxu Fu Hao mu* 殷墟婦好墓 (Tomb of Lady Hao at Yinxu in Anyang) (Beijing: Wenwu Chubanshe, 1980); and *Mancheng Han mu* 滿城漢墓 (Excavations of the Han Tombs at Mancheng) (Beijing: Wenwu Chubanshe, 1980). *Quarterly Review of Archaeology* 2 (3) (September 1981): 5. Williamstown, Mass.

1981h "Introducing Far Eastern archaeology in the 1980s." Review of *Ancient China: Art and Archaeology,* by Jessica Rawson, (London: British Museum Publications, 1980); "Current Issues in Japanese Archaeology", by Fumiko Ikawa-Smith (*American Scientist,* Vol. 68, No. 2 [1980], pp.134-145); Chang bibliography, page 18 of 36 and *The Prehistory of Korea,* by Jeong-hak Kim (editor) (Honolulu: University Press of Hawaii, 1978; translated and edited by Richard J. Pearson and Kazue Pearson). *Quarterly Review of Archaeology* 2 (1): 5-6. Williamstown, Mass.

1981i (Book review). *Kaoguxue he kejishi* 考古學和科技史 (Archaeology and the History of Science), by Xia Nai 夏鼐 (Beijing: Kexue Chubanshe, 1979). *Isis* 72: 317-318.

1981j "Woodcraft in ancient China." Review of Lin Shoujin 林壽晉, *Zhan'guo xi mugong sunjiehe gongyi yanjiu* 戰國細木工榫合工藝研究 (Study of the craft of joints in fine woodwork during the Warring States period) (Hong Kong: Institute of Chinese Culture, Chinese University of Hong Kong. Monographs of the Center for the Study of Chinese Archaeology and Art, No. 1, 1981). *Quarterly Review of Archaeology* 2 (4) (December 1981). Williamstown, Mass.

1982

1982a *Zhongguo qingtong shidai* 中國青銅時代 (The Bronze Age of China). Hong Kong: The Chinese University of Hong Kong Press. Also published [with different pagination] in 1983 in Taibei by Lianjing Press 聯經出版社, and in Beijing by Sanlian Press 三聯出版社. Published in Japanese as Chugoku seidojidai 中國青銅時代, translated by Kominami Ichirō 小南一郎 and Mase Kazuyoshi 小瀬收芳. Tokyo: Heibonsha 平凡社, 1989.

1982b (Editor and translator) *Han Civilization*, by Wang Zhongshu. New Haven: Yale University Press.

656

1982c "Three Fang-i", in Mary Gardner Neill (ed.), *The Communion of Scholars: Chinese Art at Yale*, pp.24-26. New York: China Institute in America.

1982d "Bibliographical aids to Chinese archaeological research." Review of Institute of Archaeology, *Zhongguo kaoguxue wenxian mulu 1949-1966* 中國考古學文獻目録 1949-1966 (Bibliography of Chinese archaeological literature, 1949-1966) (Beiijing: Wenwu Chubanshe, 1978); Editorial Committee of Wenwu, *Wenwu kaogu gongzuo sanshinian 1949-1979* 文物考古工作三十年 1949-1979 (Thirty Years of Cultural Relics Work and Archaeology, 1949-1979) (Beijing: Wenwu Chubanshe, 1979); Lou Yudong (editor), *Shaanxi kaoguxue wenxian mulu 1900-1979* 陝西考古學文獻目緣 1900-1979 (Bibliography of Shaanxi archaeological literature, 1900-1979) (Xi'an: Shaanxi Institute of Archaeology, 1980); and Yang Jianfang 楊建方 (editor) *Zhongguo guyu shumu* 中國古玉書目 (Bibliography of ancient Chinese jades) (Institute of Chinese Studies, Chinese University of Hong Kong, 1982). *Quarterly Review of Archaeology* 3 (4) (December 1982): 1, 11. Williamstown, Mass.

1982e (Book review). *The First Emperor of China*, by Arthur Cotterell (New York: Holt, Rinehart and Winston, 1981). *Archaeology*,

January/ February 1982: 69.

1983

1983a *Art, Myth, and Ritual: The Path to Political Authority in Ancient China*. Cambridge, Mass.: Harvard University Press. Published in Chinese as *Meishu shenhua yu jisi* 美術神話與祭祀, translated by Guo Jing 郭淨 and Chen Xingcan 陳星燦. Shenyang: Liaoning Jiaoyu Chubanshe 遼寧教育出版社, 1988; Taibei: Daoxiang Chubanshe 稻鄉出版社, 1993. Published in Japanese as Kodai Chugoku *shakai: bijutsu, shinwa, saishi* 古代中國社會: 美術, 神話, 祭祀, translated by Itō Seiji 伊藤清司, Mori Masako 森雅子, and Ichinose Tomonori 市瀨智紀. Tokyo: Toho Shoten 東方書店, 1994.

1983b "Ancient Chinese civilizations: Origins and characteristics", in Museum of Chinese History, Seminario di Lingua e letteratura Cinese of the University of Venice, Istituto Italiano per il Medio ed Estremo Oriente (eds.), *7000 years of Chinese civilization: Chinese art and archaeology from the Neolithic Period to the Han dynasty*, pp.27-44. Milan: Silvana Editoriale. (Published simultaneously in the Italian edition, *7000 anni di Cina: Art e Archeologia Cinese dal Neolitico alla Dinastia degli Han.)*

1983c "Sandai archaeology and the formation of states in ancient China: Processual aspects of the origins of Chinese civilization", in David N. Keightley (ed.), *The Origins of Chinese Civilization*, pp.495-521. Berkeley and Los Angeles: University of California Press.

1983d "Concluding remarks", in David N. Keightley (ed.), *The Origins of Chinese Civilization*, pp.565-581. Berkeley and Los Angeles: University of California Press.

1983e "The origins of Shang and the problem of Xia in Chinese archaeology", in George Kuwayama (ed.), *The Great Bronze Age of China: A Symposium*, pp.10-15. Los Angeles: Los Angeles County Museum of Art.

1983f "Settlement patterns in Chinese archaeology: A case study from the Bronze Age", in Evon Z. Vogt and Richard M. Leventhal (eds.), *Prehistoric Settlement Patterns: Essays in Honor of Gordon R. Willey*, pp.361-374. Albuquerque: University of New Mexico Press; Cambridge, Mass.: Peabody Museum of Archaeology and Ethnology, Harvard University. Published in Chinese as "Zhongguo kaoguxueshang de juluo xingtai: yige qingtongshidai de lizi 中國考古學上的聚落形: 一個青銅時代的例子" in Chang 1982a: 65-75.

1983g "Li Chi: 1896-1979", *AP* 23: 317-321.

1983h "A decade of U.S.-China relations in archaeology", *China Exchange News* 11 (1): 103. Washington, Committee on Scholarly Communication with China.

1983i "Zhongguo gudai yishu yu zhengzhi 中國古代藝術與政治 (Ancient Chinese art and politics)", *Xinya xueshu jikan (Yishu zhuanhao)* 新亞學術集刊 (學術專號) 1983.4: 29-35. Hong Kong: New Asia College, Chinese University of Hong Kong. Also in Chang 1990a: 102-114, and 1999f: 455-467.

1983j (Book review). *The Palace Museum, Peking: Treasures of the Forbidden City*, by Wan-go Weng and Yang Boda, (New York: Abrams, 1982) and *The Han Dynasty*, by Michele Pirazzolit' Serstevens (New York: Rizzoli International Publications, 1982. Translated from the French by Janet Seligman), *Archaeology* May/June 1983: 74-75.

1984

1984a "Prehistory of China, with special reference to phenomena and processes important for population history", in Ilse Schwidetzky (ed.), *Rassengeschichte der Menschheit, Asien III: Ostasien*, pp.7-28. München: R. Oldenbourg.

1984b "Ancient China and its anthropological significance", *Symbols*, Spring/Fall 1984: 2-4, 20-22. Cambridge, Mass.: Peabody

Museum of Archaeology and Ethnology, Harvard University. Published in French as "La Chine ancienne et sa signification anthropologique", *Revue europeenne des sciences sociales* 35 (1987): 79-84. Geneva: Droz. Published in Chinese as "Gudai Zhongguo ji qi zai renleixue shang de yiyi 古代中國及其在人類學上的意義", *Shiqian yanjiu* 史前研究 1985.2: 41-46; For an expanded version in English, see Chang 1989c; also printed in Martha Lamberg-Karlovsky (editor), *The Breakout: Origins of Civilization* (Peabody Museum Monographs, No. 9), pp.1-11. Cambridge: Peabody Museum of Archaeology and Ethnology, Harvard University.

1984c "Preface", to *Chinese Archaeology and Ancient History*, edited by Ta-tuan Ch'en and Frederick W. Mote. Research Manual Series. Princeton: Chinese Linguistics Project, Princeton University.

1984d "W.C. Pei (1904-1982)", *American Anthropologist* 86: 115-118.

1984e "Xia Shang Zhou Sandai duzhi yu Sandai wenhua yitong 夏商周三代都制與三代文化異同 (The system of multiple capitals of the Three Dynasties)", *BIHP* 55, part 1: 51-71. Also in Chang 1990a: 15-38, and 1999f: 42-65.

1984f (Co-author with Peter S. Wells and C. C. Lamberg-Karlovsky), "Current research in Europe, the Near and Middle East, and

China", *American Antiquity* 49: 742-748.

1985

1985a "Guanyu Zhongguo chuqi 'chengshi' zhege gainian 關於中國初期·城市·這個概念 (On the concept of 'city' in ancient China)", *Wenwu* 1985.2: 61-67. Also in Chang 1990a: 1-14, and 1999f: 28-41.

1985b "Renleixue de shehui shiming–pingjie Chen Qinan *Wenhua de guiji* 人類學的社會使命－評介陳其南文化的軌跡 (The mission of anthropology - a review of Chen Qinan [Ch'en Ch'i-nan]'s book, *Cultural Orbit*)", *Renjian*, December 23, 1985. Also in Chang 1995a: 55-57, and 1999i: 66-68.

1985c "Dangqian Meiguo yu Yingguo kaogu gaikuang 當前美國與英國考古概況 (A brief introduction to current archaeology in the U.S. and Great Britain)", *Kaogu yu wenwu* 考古與文物 1985.3: 104-110.

1985d Review of *The Heir and the Sage: Dynastic Legend in Early China,* by Sarah Allan, (San Francisco: Chinese Materials Center, 1981). *Journal of the American Oriental Society* 105: 175-176.

1985e Review of *Southeast Asian Archaeology at the XV Pacific Sciences Congress*, edited by Donn T. Bayard (Dunedin, New

Zealand: Dept. of Anthropology, University of Otago, 1984).
American Anthropologist 87: 731-732.

1985f "Jiu lajidui zhong jianli qilai de xuewen－fang kaogu xuezhe
Zhang Guangzhi xiansheng 舊垃圾堆中建立起來的學問－訪考古
學者張光直先生 (Building up knowledge from the rubbish heap
－a conversation with archaeologist Professor Kwang-chih
Chang)", by Lin Ping 林平 *Taiwan yu shijie yuekan* 臺灣與世界
月刊 1985.11: 29-35.

1985g "Taiwan shi nandaoyuzu de qiyuandi?－Fang kaogu xuezhe
Zhang Guangzhi xiansheng 臺灣是南島語族的起源地?－訪考古學
者張光直先生 (Is Taiwan the homeland of the Austronesians?
An interview with archaeologist Zhang Guangzhi)." Interview
by Lin Ping 林平 *Bashi niandai zhoukan* 八十年代週刊 1985.11:
36-40.

1986

1986a "Lianxu yu polie: Yige wenming qiyuan xinshuo de caogao 連
續與破裂: 一個文明起源新說的草稿 (Continuity and rupture:
Sketching a new paradigm of the origin of civilizations)",
Jiuzhou xuekan 九州學刊 1: 1-8. Also in Chang 1990a: 131-142,
and 1999f: 484-496; and in *Jiuzhou xuekan xuanji* 九州學刊選輯
1: 1-16 (Beijing: Zhongguo Youyi Chubanshe 中國友誼出版社

1988).

1986b (Editor) *Studies in Shang Archaeology.* New Haven and London: Yale University Press.

1986c "Yin-hsü tomb No. 5 and the question of the P'an-keng/Hsiao Hsin/Hsiao Yi period in Yin-hsü archaeology", in Chang 1986b: 65-79. Published in Chinese as "Yinxu wuhao mu yu Yinxu kaogu shang de Pan Geng, Xiao Xin, Xiao Yi shidai wenti 殷墟五號墓與殷墟考古上的盤庚, 小辛, 小乙時代問題", *Wenwu* 文物 1989.9: 13-19; also in Chang 1995b: 297-309, and 1999g: 401-416. Also reprinted in *Beijing Daxue bainian guoxue wencui, kaogu juan* 北京大學百年國學文粹, 考古卷, edited by Beijing Daxue Zhongguo Chuantong Wenhua Yanjiu Zhongxin 北京大學中國傳統文化研究中心, pp.158-165. Beijing: Beijing Daxue Chubanshe, 1998. Another Chinese version, translated by Wang Haining 汪海寧, appeared with the title "Yinxu 5 hao mu he Yinxu kaoguxue zhong guanyu Pan Geng, Xiao Xin, Xiao Yi shiqi de wenti 殷墟五號墓和殷墟考古學中關於盤庚, 小辛, 小乙時期的問題" in *Huaxia kaogu* 華夏考古 1989.2: 86-92.

1986d *Kaoguxue zhuanti liu jiang* 考古學專題六講 (*Six Lectures in Archaeology*). Beijing: Wenwu Press; also published in 1988 by Daoxiang Chubanshe 稻鄉出版社, Taibei.

664

1986e (Translator) *Eastern Zhou and Qin Civilization*, by Li Xueqin. New Haven and London: Yale University Press.

1986f "Qiangjiu Yuanshan yizhi 搶救圓山遺址 (Salvaging the Yuanshan site)", *Renjian zazhi* 人間雜誌 1986.14: 48-52. Taibei. Also in Chang 1995a: 94-96, and 1999i: 106-108.

1986g "Zai tan renleixue de shehui shiming－jianjie Wenhua Changcun Xueshe 再談人類學的社會使命－簡介文化長存學社 (Further discussion of the societal mission of anthropology－A brief introduction to 'Cultural Survival, Inc.')", *Renjian*, March 24, 1986. Taibei. Also in Chang 1995a: 58-64, and1999i: 69-75.

1986h "Cong Zhongguo gushi tan shehui kexue yu xiandaihua 從中國古史談社會科學與現代化 (A discussion of social sciences and modernization from the viewpoint of ancient Chinese history)", *Renjian* April 1, 1986. Taibei. Also in Chang 1995a: 49-54, and 1999i: 53-58.

1986i "Taiwan yingyou xiangyang de difangxing lishi bowuguan 臺灣應有像樣的地方性歷史博物館 (Taiwan should have a decent local history museum)", *Renjian* September 5, 1986. Taibei. Also in Chang 1995a: 86-89, and 1999i: 98-101.

1986j "Xia Nai (1910-1985)", *American Anthropologist* 88: 442-444. Washington, D.C.: American Anthropological Association.

1986k *The Archaeology of Ancient China* (4th edition, revised and enlarged). New Haven and London: Yale University Press. Chinese translation of chapters 3-7 and epilogue appeared in 1997 under the title *Zhongguo gudai wenming zhi qiyuan yu fazhan* 中國古代文明之起源與發展, translated by Yin Qun 印群 [pseud.]. Shenyang: Liaoning Daxue Chubanshe 遼寧大學出版社. The entire volume, also translated by Yin Qun was scheduled to be published in 2001 under the title *Gudai Zhongguo kaoguxue* 古代中國考古學 by Liaoning Jiaoyu Chubanshe, Shenyang.

1986l "Fakanci 發刊詞 (Inaugural pronouncement)", *Taiwanshi tianye yanjiu tongxun* 臺灣史田野研究通訊 (Newsletter on Taiwan History Field Research) 1: 1. Also in Chang 1995a: 80-81, and 1999i: 92-93.

1986m "Tan 'cong' ji qi zai Zhongguo gushi shang de yiyi 談'琮'及其在中國古史上的意義 (On 'cong' and its significance in the ancient history of China)", *Wenwu yu kaogu lunji: Wenwu chubanshe chengli sanshizhounian jinian* 文物與考古論集: 文物出版社成立三十週年紀念 (Studies in Cultural Relics and Archaeology: A Celebration of the Thirtieth Anniversary of the Founding of Wenwu Press), pp.252-260. Beijing: Wenwu Press. Also in Chang 1990a: 67-81, and 1999f: 289-304. For

666

an English version, see Chang 1989b.

1986n "Long yu Taiwan shi yanjiu－Dai Guohui yu Zhang Guangzhi liang jiaoshou duitan 龍與臺灣史研究－戴國輝與張光直教授對談 (The dragon and Taiwan historical research－a conversation between two professors, Dai Guohui and Zhang Guangzhi)", *Xiachao luntan* 夏潮論壇 (China Tide Review), 1986.2: 6-15.

1986o "Peiyang shijiexing de yanguang－fang Zhang Guangzhi 培養世界性的眼光－訪張光直 (Fostering an international vision－an interview with Zhang Guangzhi)." Interview by Huang Yubin 黃郁彬. *Ziyou qingnian* 自由青年 1986.10: 46-51.

1987

1987a "Duiyu Zhongguo kaoguxue xian jieduan fazhan fangxiang de zhuojian 對中國考古學現階段發展方向的拙見 (Comments on the direction of development of Chinese archaeology in the current stage)", in *Zhongguo kaoguxue yanjiu lunji: Jinian Xia Nai xiansheng kaogu wushizhounian* 中國考古學研究論集: 紀念夏鼐先生考古五十週年 (Studies in Chinese archaeology: A celebration of the fiftieth anniversary of Professor Xia Nai as an archaeologist), pp.48-57. Xi'an: Sanqin Press 三秦出版社.

1987b "Cong Shang Zhou qingtongqi yanjiu tan wenming yu guojia de qiyuan 從商周青銅器研究談文明與國家的起源 (The origin of civilization and the state from the study of Shang and Zhou bronzes)", *Renleixue luncong* 人類學論叢 1: 10-24. Xiamen: Department of Anthropology, Xiamen University. Also in Chang 1990a: 115-130, and 1999f: 469-483. Published in Japanese as "In Shu seidoki kara mita Choku bunmei to kokka no kigen 殷周青銅器からみた中國文明よ國家の起源", translated by Takahashi io, in *Seihaku* 西伯 5 (1989): 36-66.

1987c "Zhongguo dongnan hai'an kaogu yu nandao yuzu qiyuan wenti 中國東南海岸考古與南島語族起源問題 (The archaeology of southeastern coastal China and the problem of the origin of the Austronesians)", *Nanfang minzu kaogu* 南方民族考古 1: 1-14 (Chengdu). Also published in *Dangdai* 當代 28: 12-24, 1988 (Taibei); in Deng Cong [Tang Chung] 鄧聰 (editor), *Nan Zhongguo ji linjin diqu gu wenhua yanjiu: Qingzhu Zheng Dekun jiaoshou congshi xueshu huodong liushizhounian lunwenji* 南中國及隣近地區古文化研究: 祝鄭德坤教授從事學術活動六十週年論文集 (Studies on the Ancient Cultures of Southern China and Adjacent Areas: A Festschrift in Celebration of Professor Zheng Dekun [Cheng Te-k'un]'s Sixty Year Career in Archaeology), pp.311-319 (Hong Kong: Zhongwen Daxue Chubanshe 中文大學出版社, 1994); in Chang 1995b: 171-188; and in Chang 1999g: 206-266.

668

1987d "Taiwan xin kaoguxue de bozhongzhe — yi Li Guangzhou xiansheng 臺灣新考古學的播種者－億李光周先生 (Sowing the seeds of New Archaeology in Taiwan — a reminiscence of Prof. Li Guangzhou [Li Kuang-chou])", *Renjian*, February 10, 1987. Also in Chang 1995a: 154-157, and 1999i: 164-167.

1987e "Shehui renleixue yu lishi yanjiu 社會人類學與歷史研究 (Social anthropology and historical research)", a preface to *Taiwan de chuantong Zhongguo shehui* 臺灣的傳統中國社會 (Traditional Chinese Society in Taiwan), by Chen Qinan [Ch'en Ch'i-nan] 陳其南, pp.1-6. Taibei: Yunchen Wenhua Shiye Press 允晨文化事業出版社. Also in Chang 1995a: 27-30.

1987f "Archaeology of the Ordos Bronzes." Review of *E'erduosishi qingtongqi* 鄂爾多斯式青銅器 (Ordos-style Bronzes), by Tian Guangjin 田廣金 and Guo Suxin 郭素新 (Beijing: Wenwu Chubanshe, 1986). *Quarterly Review of Archaeology* 8 (3): 1-2. Williamstown, Mass.

1987g "Chu tou xia de xuewen — chu fang Zhang Guangzhi 鋤頭下的學問－初訪張光直 (Scholarship at the blade of a trowel — a preliminary interview with Zhang Guangzhi)." Interview by Chen Qinan 陳其南, Liu Yichang 劉益昌, Gao Youde 高有德 ; conducted August 20, 1986, Academia Sinica, Nangang, Taibei. *Dangdai* 當代 (Contemporary) 1987.8.1, No. 16:

91-105.

1988

1988a "Renleixue pai de gushi xuejia Li Ji xiansheng 人類學派的古史
學家李濟先生 (Li Ji [Li Chi], an ancient historian of the
anthropological school)", *Lishi yuekan*1988: 9: 4-7. Taibei.
Also in Chang 1999i: 168-175. Appears also in Li Guangmo
李光謨 (editor), *Li Ji yu Qinghua* 李濟與清華 (Li Ji and Qinghua
[University]), pp.195-201. Beijing: Qinghua Daxue Chubanshe.
Chang bibliography, page 24 of 36

1988b "Zhongguo gudaishi de shijie wutai 中國古代史的世界舞臺 (The
world stage of ancient Chinese history)", *Lishi yuekan* 歷史月刊
1988.10: 24-29. Taibei. Also in Chang 1999i: 59-65.

1988c "Puyang san qiao yu Zhongguo gudai meishu shang de ren
shou muti 濮陽三蹻與中國古代美術上的人獸母題 (The three
animal avatars from Puyang and the man-beast motif in ancient
Chinese art)", *Wenwu* 文物 1988.11: 36-39. Also in Chang
1990a: 95-101, and 1999f: 318-325. Published in Japanese as
"Pukuyo Sankyo to Chugoku kodai bijutsu ni okeru jinju
mochiifu 濮陽三蹻よ中國古代美術における人獸モチーフ, *Dorumen*
1990 (2): 148-160.

1988d (Book review) *Shang Ritual Bronzes in the Arthur M. Sackler*

Collections, by Robert W. Bagley (Washington, DC: Arthur M. Sackler Foundation, and Cambridge, Massachusetts: Arthur M. Sackler Museum, 1987), *The Journal of Asian Studies* 47: 582.

1988e "Xinnian sanmeng 新年三夢 (Three New Year's dreams)", *Renjian*, January 1, 1988. Also in Chang 1995a: 143-144, and 1999i: 153-154.

1988f "Zai xueshu shang yingjie ershiyishiji 在學術上迎接二十一世紀 (Welcoming the twenty-first century in scholarship)", *Renjian*, July 15, 1988. Also in Chang 1995a: 39-42, and 1999i: 43-46.

1988g "Zhengfu dui zousi wenwu shichang youwu hengce? 政府對走私文物市場有無政策？ (Does or does not the government have a policy on the market in smuggled antiquities?)", *Renjian*, August 23, 1988. Also in Chang 1995a: 92-93.

1988h "Taiwan kaoguxuezhe gai yu Fujian he Dongnanya jiaoliule 臺灣考古學者該與福建和東南亞交流了 (Taiwanese archaeologists should finally communicate with Fujian and Southeast Asia)", *Renjian*, September 14, 1988. Also in Chang 1995a: 97-99, and 1999i: 109-111.

1988i "Guanyu Taiwan Sheng Lishi Bowuguan de jidian jianyi 關於臺灣省歷史博物館的幾點建議 (Some propositions on the Historical Museum of Taiwan Province)", *Renjian*, September 28, 1988. Also in Chang 1995a: 90-91, and 1999i: 102-103.

1988j "Tan longgu yu long 談龍骨與龍 (On dragon-bones and dragons)", *Renjian*, October 24, 1988. Also in Chang 1995a: 145-148, and 1999i: 155-158.

1988k "Kaoguxue yu qingtong wenhua ji qita—fang meiji huaren xuezhe Zhang Guangzhi jiaoshou 考古學與青銅文化及其他—訪美籍華人學者張光直教授 (Archaeology, bronze-age culture and other topics—an interview with Chinese-American scholar, Prof. Zhang Guangzhi)." Interview by Wang He. *Wei ding gao*1988.4: 31-33.

1988l "Zhongguo kaogu zhi hongguan yanjiu—ji zhuming Taiji xuezhe Zhang Guangzhi jiaoshou 中國考古之宏觀研究—著名臺籍學者張光直教授 (Comprehensive research on Chinese archaeology—a sketch of the distinguished Taiwanese scholar, Prof. Zhang Guangzhi)." *Tai sheng* 臺聲 1988.1: 29-30.

1989

1989a "Zhongguo gudai wenming de huan Taipingyang de diceng 中國古代文明的環太平洋的底層 (The circumpacific substratum of the ancient Chinese civilization", *Liaohai wenwu xuekan* 遼海文物學刊 1989.2: 15-21. Shenyang: Liaohai Wenwu Xuekan Bianjibu 遼海文物學刊編輯部. Also in Chang 1995b: 273-283, and 1999g: 357-369. Published in English as Chang 1992b.

672

1989b "An essay on Cong", *Orientations* 20 (6): 37-43. Published in Chinese as Chang 1986m.

1989c "Ancient China and its anthropological significance", in C. C. Lamberg-Karlovsky (ed.), *Archaeological Thought in America*, pp.155-166. Cambridge and New York: Cambridge University Press. Expanded version of Chang 1984b.

1989d "Xinshiqishidai de Taiwan haixia 新石器時代的臺灣海峽 (The Formosa Strait in the Neolithic period)", *Kaogu* 1989.6: 541-550, 569. Also in Chang 1995b: 189-206, and 1999g: 259-278.

1989e "Zhongguo xianghu zuoyongquan he wenming de xingcheng 中國相互作用圈和文明的形成 (The Chinese interaction sphere and the formation of Chinese civilization)", in *Qingzhu Su Bingqi kaogu wushiwu nian lunwenji* 慶祝蘇秉琦考古五十五年論文集 (Essays in Celebration of Prof. Su Bingqi's Fifty-five Years as an Archaeologist), pp.1-23. Beijing: Wenwu Press 文物出版社. Also in Chang 1995b: 125-156, and 1999g: 151-189.

1989f "Taiwan archaeology in Pacific perspective", in Li Guangzhou [Li Kuang-chou] et al. (eds.), *Anthropological Studies of the Taiwan Area: Accomplishments and Prospects*, pp.87-97. Taibei: Department of Anthropology, National Taiwan University.

1989g "Zhongguo wenming de qiyuan−cong Shang Zhou de

qingtongqi shuo qi 中國文明的起源－從商周的青銅器說起 (The origins of Chinese civilization－a view based on Shang and Zhou bronzes)", *Renjian*, January 15, 16, 17.

1989h "Zai Zhongguo Yin Shang wenhua guoji taolunhui kaimushishang de heci 在中國殷商文化國際討論會開幕式上的賀詞 (Congratulatory address for the opening ceremony of the international conference on Yin Shang culture in China)", in Hu Houxuan 胡厚宣 (ed.), *Yinxu Bowuyuan yuankan* 殷虛博物苑苑刊, vol. 1 pp.241-242. Beijing: Zhongguo Shehuikexue Chubanshe 中國社會科學出版社.

1989i (Editor) *Zhang Wojun [Chang Wo-chün] shi wenji* 張我軍詩文集 (Anthology of poems and essays by Zhang Wojun). Taibei: Chunwenxue Chubanshe 純文學出版社.

1989j Qingting lishi de huisheng: Fang kaogu xuejia Zhang Guangzhi yuanshi 傾聽歷史的回聲－訪考古學家張光直院士 (Listening to the echoes of history: a conversation with Academician Zhang Guangzhi, archaeologist)", by Ye Gang 葉剛. *Zhongguo shibao* 中國時報, January 14, 1989.

1990

1990a *Zhongguo qingtong shidai, di'er ji* 中國青銅時代, 第二集 (The Chinese Bronze Age, Second Series). Beijing: Sanlian Press 三

聯出版社. Published concurrently in Taibei under the same title (but with slightly different pagination) by Lianjing Press 聯經出版社.

1990b "The 'meaning' of Shang bronze art", *Asian Art* 3 (2): 8-15. Arthur M. Sackler Gallery, Smithsonian Institution. New York: Oxford University Press.

1990c (Co-edited with Li Guangmo 李光謨). *Li Ji kaogu lunwen xuanji* 李濟考古論文選集 (Selected Archaeological Writings by Li Ji [Li Chi]). Beijing: Wenwu Press.

1990d "Bianzhe houji 編者後記 (Editor's postscript)", in Chang 1990c: 977-993. Also in Chang 1995b: 311-332 and 1999g: 417-445.

1990e "'Tian ren heyi' de yuzhouguan yu Zhongguo de xiandaihua 天人合一的宇宙觀與中國的現代化 ('Tian ren he yi' [Heaven and man are one] and China's modernization)", *Xianggang Zhongwen Daxue xiaokan* 香港中文大學校刊 (Chinese University Bulletin), Autumn/Winter 1990: 7-9. Hong Kong: Chinese University of Hong Kong. (Published in both Chinese and English editions of the bulletin). The Chinese version appears also in Chang 1995a: 43-48, and 1999i: 47-52.

1990f "Gudai muzang de hunpo guannian 古代墓葬的魂魄觀念 (The concept of *hun* and *po* souls in ancient tombs)", *ZGWWB,* June

28, 1990. Also published as a preface to *Zhongguo zhuming gumu fajueji* 中國著名古墓發掘記 (Notes on the excavation of famous tombs in China), by Zhu Qixin 朱啓新. Taibei: Lianjing Press 聯經出版社, 1995. Appears also in Chang 1995a: 19-21, and Chang 1999i: 18-20.

1991

1991a (Co-editor with Song Wenxun [Sung Wen-hsün] 宋文薰, Li Yiyuan [Li Yih-yuan] 李亦園, and Xu Zhuoyun [Hsü Cho-yun] 許倬雲, *Kaogu yu lishi wenhua: Qingzhu Gao Quxun xiansheng bashi dashou lunwenji* 考古與歷史文化: 慶祝高去尋先生八十大壽論文集 (Archaeology and Historic Culture: Essays in Honor of the Eightieth Birthday of Professor Gao Quxun [Kao Ch'ü-hsün]). Taibei: Zhengzhong Shuju 正中書局.

1991b "Xu 序 (Preface)", in Chang et al. 1991a: 1-2. Also in Chang 1995a: 15-17, and 1999i: 15-17.

1991c "Shuo Yin dai de 'yaxing' 說殷代的'亞形' (On the '*ya*-shape' in the Yin dynasty)", in Chang et al. 1991a, vol. 1, pp.25-34. Also in Chang 1990a: 82-94, and 1999f: 305-317.

1991d "Introduction", in W. Thomas Chase (ed.), *Ancient Chinese Bronze: Casting the Precious Sacral Vessel*, pp.15-17. New York: China House Gallery, China Institute in America.

1991e "Shuo Shang cheng 說商城 (On city Shang)", *ZGWWB* April 28, June 2, July 7, August 4. Chang bibliography, page 27 of 36

1991f "Xuyan 序言 (Preface)", in Bulusi Chuige'er 布魯斯吹格爾, *Shijian yu chuantong* 時間與傳統 (Chinese translation of *Time and Tradition*, by Bruce Trigger, translated by Jiang Zudi 蔣祖棣 and Liu Ying 劉英), pp.4-8. Beijing: Sanlian Shuju 三聯書局 Also in Chang 1995a: 3-7.

1991g "Huainian Gao Qucun xiansheng 懷念高去尋先生 (Recollections and anecdotes of Professor Gao Quxun [Kao Ch'ü-hs'ün])", *Tianye kaogu* 田野考古 (Field Archaeology) 2 (2): 11-16. Taibei. Also appears in Chang 1995a: 149-153, and 1999i: 159-163.

1991h "Zhang xu 張序 (Preface)", in Lin Shoujin [Lin Shou-chin] 林壽晉, *Xian Qin kaoguxue* 先秦考古學 (Pre-Qin Archaeology), p.ix. Hong Kong: Chinese University Press 香港中文大學出版社. Also in Chang 1995a: 22-23, and 1999i: 21-22.

1991i (Book review). *Zhongguo yuangu renlei* 中國遠古人類 (Chinese Paleoanthropology), edited by Wu Rukang 吳汝康, Wu Xinzhi 吳新智, and Zhang Senshui 張森水 (Beijing: Kexue Chubanshe, 1989), *Renleixue xuebao* 人類學學報 vol. 10, No. 2: 181-182. Beijing: Kexue Chubanshe.

1992

1992a "Kaoguxue yu 'ruhe jianshe juyou Zhongguo tese de renleixue' 考古學與'如何建說具有中國特色的人類學' (Archaeology and 'How to construct an anthropology with Chinese characteristics')", in Chen Guoqiang 陳國強 (editor), *Jianshe Zhongguo renleixue* 建說中國人類學 (Constructing Chinese Anthropology), pp.28-36. Beijing: Sanlian Press 三聯出版社. Also appears in Chang 1995b: 1-7, and 1999g: 1-9.

1992b "The circumpacific substratum of ancient Chinese civilization", in C. Melvin Aikens and Song Nai Rhee (eds.), *Pacific Northeast Asia in Prehistory: Hunter-Fisher-Gatherers, Farmers, and Sociopolitical Elites*, pp.217-221. Pullman: Washington State University Press. Published in Chinese as Chang 1989a.

1992c "China", in Robert W. Ehrich (ed.), *Chronologies in Old World Archaeology* (3rd edition), vol. I, pp.409-415; vol. II, pp.385-404. Chicago: University of Chicago Press.

1992d "Taiwan kaogu hechu qu? 臺灣考古何處去？ (Whither Taiwan archaeology?)", *Tianye kaogu* 田野考古 (Field Archaeology) 3 (1): 1-15. Taibei. Also appears in Chang 1995a: 73-79, and 1999i: 85-91.

1992e "Taiwan Strait archaeology and Protoaustronesian", in Paul Jen-kuei Li 李壬癸, Cheng-hwa Tsang 臧振華, and Ying-kuei

678

Huang 黃應貴 (organizers), *Papers for International Symposium on Austronesian Studies Relating to Taiwan (ISASRT), 29-31 December 1992*, pp.56-81. Taibei: Institute of History and Philology, Academia Sinica. Also in *Austronesian studies*, August 1995: 161-183.

1992f "Zhang xu 張序 (Preface)", in Chen Qiukun 陳秋坤 and others, *Taiwan lishishang de tudi wenti* 臺灣歷史上的土地問題 (The Land Problem in Taiwanese History), p.5. Zhongyang Yanjiuyuan Taiwanshi Tianye Yanjiushi lunwenji 中央研究院臺灣史田野研究室論文集, vol. 1. Taibei: Zhongyang Yanjiuyuan 中央研究院. Also in Chang 1995a: 33-34, and 1999i: 31-32.

1993

1993a "Yangshao wenhua de wuxi ziliao 仰韶文化的巫覡資料 (Data on shamans in the Yangshao culture)", *BIHP* 64, part 3, pp.611-625. Also appears in Chang 1995b: 111-123, and 1999g: 136-150.

1993b "Renlei lishi shang de wujiao de yige chubu dingyi 人類歷史上的巫教的一個初步定義 (A preliminary definition of shamanism in human history)", *KRX* 49 (1993.12): 1-6.

1993c "Zhang xu 張序 (Preface)", *Taiwan Pingpuzu wenxian ziliao xuanji: Zhuqianshe* 臺灣平埔族文獻資料選集－竹塹社 (Selected documents on Taiwan Plains aborigines — Tik-tsham Sia), edited by Zhang Yanxian 張炎憲, Wang Shiqing 王世慶, and Li Jihua 李季華, pp.1-2. Zhongyang Yanjiuyuan Taiwanshi Tianye Yanjiushi shiliao congkan xilie 中央研究院臺灣史田野研究室史料叢刊系列, vol. 1. Taibei: Zhongyang Yanjiuyuan. Also in Chang 1995a: 35-36, and 1999i: 38-39.

1993d "Tan 'Tuteng' 談'圖騰' (An explanation of 'Totem')", *ZGWWB*, August 22, 1993. Also in Chang 1995a: 105-106, and 1999i: 117-118.

1993e "Jieshao Lin Shoujin *Xian Qin kaoguxue* 介紹林壽晉《先秦考古學》(Introducing Lin Shoujin's *Pre-Qin Archaeology*)", *ZGWWB*, August 29, 1993. Also appears in Chang 1995a: 107-108, and 1999i: 119-120.

1993f "Taiwan Daxue Kaogu Renleixue Xi chuangli sishisinian 臺灣大學考古人類學系創立四十四年 (The forty-fourth anniversary of the founding of the Department of Archaeology and Anthropology at Taiwan University)", *ZGWWB*, September 12, 1993. Also appears in Chang 1995a: 109-111, and 1999i: 121-123.

1993g "Jianyi wenwu kaogu gongzuozhe shudu minzuxue 建議文物考古工作者熟讀民族學 (A recommendation to antiquities and archaeology professionals to familiarize themselves with ethnography)", *ZGWWB*, October 31, 1993, p.3. Also appears in Chang 1995a: 112-113, and 1999i: 124-125.

1993h "Yaoshi youge qingnian kaogu gongzuozhe lai wendao 要是有個青年考古工作者來問道 (If a young archaeology professional were to ask me what to do)", *ZGWWB*, November 7, 1993, p.3. Also appears in Chang 1995a: 114-116, and 1999i: 126-128.

1993i "Tan wenwu daojue yu zousi 談文物盜掘與走私 (On the illicit excavation and smuggling of antiquities)", *ZGWWB*, December 26, 1993. Also appears in Chang 1995a: 117-118, and 1999i: 129-130.

1993j Guoli Taiwan Shiqian Wenhua Bowuguan di'erqi zhanshi gouxiang guihua baogao－'Zhongguo shiqian ji zaoqi wenming' zhanshiting guannian guihua 國立室灣史前文化博物館第二期展示構想規劃報告－'中國史前及早期文明'展示廳觀念規劃 (Report on the second phase of construction plans for the National Taiwan Prehistory Museum－Conceptual design for a 'Gallery of Chinese Prehistory and Early Civilizations.' Peabody Museum of Archaeology and Ethnology, Harvard University, January 1993.

1993k "Hafo daxue yu kaogusuo hezuo xunzhao Shang cheng 哈佛大學與考古所合作尋找商城 (The Harvard-Institute of Archaeology collaborative search for City Shang)", *Haforen: Hafo xiaoyouhui xun* 哈佛人: 哈佛校友會訊 (Harvard Chinese Newsletter), No. 4 (June 25, 1993), p.22. Taibei: Harvard Club of the Republic of China.

1993l "A conversation with Kwang-Chih Chang", *Harvard Gazette* (February 5, 1993), pp.5-6. Cambridge: Harvard University.

1994

1994a "Gudai shijie de Shang wenming 古代世界的商文明 (Shang civilization in the ancient world)", (translation by Chen Xingcan 陳星燦 of "Conclusion" from Chang 1980a), *Zhongyuan wenwu* 中原文物 1994.4: 33-39.

1994b "Ritual and power", in Robert E. Murowchick (ed.), *China: Ancient Culture, Modern Land*, pp.60-69. Sydney: Weldon Russell; and Norman: University of Oklahoma Press.

1994c "Shang shamans", in Willard J. Peterson, Andrew Plaks, and Ying-shih Yü (eds.), *The Power of Culture: Studies in Chinese Cultural History*, pp.10-36. Hong Kong: Chinese University of Hong Kong Press. Published in Chinese as "Shangdai de wu yu wushu 商代的巫與巫術" in Chang 1990a: 39-66; appears also in Chang 1999f: 252-280.

1994d "Huaiyi minzuxue qianbei xuezhe Ling Chunsheng jiaoshou 懷

憶民族學前輩學者凌純聲教授 (Reminiscences of the senior scholar of ethnography, Professor Ling Chunsheng [Ling Shunsheng])", *ZGWWB*, January 30, 1994. Appears also in Chang 1995a: 122-123, and 1999i: 134-135.

1994e "Qu chang bu duan baijia zhengming: Cong Yu Weichao, Zhang Zhongpei erxiansheng lunwen tan kaoguxue lilun 取長補短百家爭鳴: 從俞偉超, 張忠培二先生論文談考古學理論 (Adopt the good points and improve upon the bad points, let a hundred schools express themselves in competition: A discussion of archaeological theory in the articles by Professors Yu Weichao and Zhang Zhongpei)", ZGWWB, May 8, 1994. Also in Chang 1995a: 132-140, and 1999i: 143-150.

1994f "Xu (Preface)", in *Nan Zhongguo ji linjin diqu gu wenhua yanjiu: Qingzhu Zheng Dekun Jiaoshou congshi xueshu huodong liushizhounian lunwenji* 南中國及隣近地區古文化研究: 慶祝鄭德坤教授從事學術活動六十週年論文集 (Studies on the Ancient Cultures of Southern China and Adjacent Areas: A Festschrift in Celebration of Professor Zheng Dekun [Cheng Te-k'un]'s Sixty Year Career in Archaeology), edited by Deng Cong [Tang Chung] 鄧聰, pp.xxxix-xl. Hong Kong: Zhongwen Daxue Chubanshe. Also in Chang 1995a: 10-14, and 1999i: 10-14.

1994g "Zhongguo renwen shehuikexue gai jishen shijie zhuliu 中國人
文社會科學該躋身世界主流 (Chinese humanities and social
sciences should ascend into the worldwide mainstream)",
Yazhou zhoukan 亞洲週刊, July 10, 1994. Appears also in
Chang 1995a: 68-70, and 1999i: 79-81.

1994h (With others). "Taiwanshi yanjiu de huigu yu zhanwang 臺灣史
研究的回顧與展望 (Research into Taiwan history: Review and
prospects)", *Taiwanshi yanjiu* 臺灣史研究 1: 12-23.

1994i "Taiwanshi bixu baokuo yuanzhumin de lishi 臺灣史必須包括原
住民的歷史 (Taiwan history must include the history of its
Aboriginal peoples)", published (with no title) as part of
Chang et al. 1994h: 19-21, and reprinted in Chang 1995a:
82-85 and 1999i: 94-97.

1994j "Beida Kaoguxi Saikele Bowuguan bimu yougan 北大考古系塞
克勒博物館閉幕有感 (Emotions upon the opening of the Sackler
Museum at the Department of Archaeology at Peking
University)", *ZGWWB*, February 20, 1994, p.3. Appears also in
Chang 1995a: 119-121, and 1999i: 131-133.

1994k "Kaogu gongzuozhe dui fajuewu de zeren he quanli 考古工作者
對發掘物的責任和權利 (The responsibility and control of
archaeological workers towards excavated objects)", *ZGWWB*,
February 27, 1994, p.3. Appears also in Chang 1995a:

124-126, and 1999i: 136-137.

1994l "Zhuanxie yanjiu jihua shenqing jingfei jingyantan 撰寫研究計劃申請經費經驗談 (My experiences in writing research proposals and applying for funding)", *ZGWWB*, March 20, 1994, p.3. Appears also in Chang 1995a: 127-128, and 1999i: 138-139.

1994m "Zhuiyi 'Zhuo Da jihua' 追憶‧濁大計劃'" *(Recollections of the 'Zhuo Da Project)"*, *ZGWWB*, April 10, 1994, p.3. Appears also in Chang 1995a: 129-131, and 1999i: 140-141.

1994n "Pei Wenzhong xiansheng yu wo 裴文中先生與我 (Mr. Pei Wenzhong and me)", *ZGWWB*, October 23, 1994.

1994o "Tongshi, qihe, changkai, fangsong-Zhang Guangzhi xiansheng fangtanlu 通識, 敞開, 放鬆－張光直先生訪談錄 (Erudite, agreeable, open, and relaxed－notes on an interview with Professor Zhang Guangzhi)", by Chen Xingcan 陳星燦, *Dushu* 讀書 1994.12: 70-80. Also appears in *Yunhua xiwei zhi you wei* 運化細推知有味, edited by Duan Jifu 段吉福 (Chengdu: Sichuan Renmin Chubanshe), pp.222-236. Another version of the interview can be found in Chang 1996a.

1995

1995a *Kaogu renleixue suibi* 考古人類學隨筆 (Notes on Anthropological

Archaeology), Taibei: Lianjing Press 聯經出版社. An enlarged version can be found as Chang 1999i.

1995b *Zhongguo kaoguxue lunwenji* 中國考古學論文集 (Collected Essays on Chinese Archaeology), Taibei: Lianjing Press 聯經出版社. An enlarged version can be found as Chang 1999g.

1995c "Shang cheng yu Shang wangchao de qiyuan ji qi zaoqi wenhua 商城與商王朝的起源及其早期文化 (The city of Shang and the origin of the royal Shang dynasty and their early culture)", in Chang 1995b: 285-296. Appears also in Chang 1999f: 123-137.

1995d "Yige Meiguo renleixuejia kan Zhongguo kaoguxue de yixie zhongyao wenti 一個美國人類學家看中國考古學的一些重要問題 (Several important issues in Chinese archaeology as seen by an American anthropologist)", edited by Fang Yanming 方燕明 and Hu Yongqing 胡永慶, *Huaxia kaogu* 1995.1: 36-43.

1995e "Zai lun Yin Shang wenming zhi qiyuan: Hu Shi xiansheng baisi sui danchen jinian jiangyan 再論殷商文明之起源: 胡適先生百四歲誕辰紀念演講 (Further discussion on the origins of Yin Shang civilization: Lectures in honor of the 104th birthday of Mr. Hu Shi [Hu Shih])", *Zhongyang Yanjiuyuan xueshu zixun zonghui tongxun* 中央研究院學術諮問總會通訊, vol. 4, No. 1: 21-26. Taibei.

1995f "Dui Li Ji zhi xiansheng kaoguxue yanjiu de yixie kanfa 對李濟之先生考古學研究的一些看法 (Some thoughts on Professor. Li Ji [Li Chi]'s archaeological research)", *Zhongyang Yanjiuyuan xueshu zixun zonghui tongxun* 中央研究院學術諮問總會通訊, vol. 4, No. 2: 47-59. Taibei.

1995g "A conversation with K.C. Chang", by Helkie Ferrie, *Current Anthropology* 36: 307-325. Published in Chinese as "Yu Zhang Guangzhi jiaotan 與張光直交談, translated by Leng Jian 冷健, *Huaxia kaogu* 1995.1: 93-110. Appears also in Chang 1999i: 205-244.

1995h "The meaning of 'Shang' in the Shang dynasty", *Early China* 20 (Festschrift in honor of David N. Keightley): 69-77. Published in Chinese as "Shang ming shishi 商名試釋", in Zhongguo Shehui Kexueyuan Kaogu Yanjiusuo 中國社會科學院考古研究所 (ed.), *Zhongguo Shang wenhua guoji xueshu taolunhui lunwenji* 中國商文化國際學術討論會論文集 (Beijing: Zhongguo Dabaike Quanshu Chubanshe 中國大百科全書出版社, 1998), pp.109-112. Appears also in Chang 1999f: 281-288.

1995i "Zhang xu 張序, (Preface)", to the Chinese edition of *Anyang* 安陽, by Li Ji [Li Chi] 李濟, translated by Jia Shiheng [Sylvia Shih-heng Chia] 賈士蘅. Taibei: Guoli Bianyiguan 國立編譯館 Also appears in Chang 1995a: 8-9, and 1999i: 8-9.

1995j "Xu 序 (Preface)", in *Li Yiyuan wenhua lunzhu xuanji* 李亦園文化論著選集 (Collected Essays on Culture by Li Yiyuan [Li Yih-yuan]) (forthcoming); in Chang 1995a: 24-26 and 1999i: 24-26.

1995k "Xu 序 (Preface)", in *Taiwan kaoguxue shumu* 臺灣考古學書目 (Bibliography of Taiwanese Archaeology), by Zang Zhenhua [Tsang Cheng-hwa] 臧振華 [forthcoming], in Chang 1995a: 31-32 and 1999i: 24-26.

1995l "Beida Kaogu xi Saikele Bowuguan kaimu yougan 北大考古系塞克勒博物館開幕有感 (Emotions upon the opening of the Sackler Museum at the Department of Archaeology at Peking University)", in Chang 1995a: 119-121.

1995m "Kaogu gongzuozhe dui fajuewu de zeren yu quanli 考古工作者對發掘物的責任與權利 (The responsibility and control of archaeological workers towards excavated objects)", in Chang 1995a: 124-126.

1995n "Zhuanxie yanjiu jihua shenqing jingfei jingyantan 撰寫研究計劃申請經費經驗談 (My experiences in writing research proposals and applying for funding)", in Chang 1995a: 127-128.

1995o "Zhuiji Taiwan 'Zhuo Da jihua' 追憶臺灣'濁大計劃'" (Reminiscences on the 'Zhuo and Dadu River Systems Survey Project' in Taiwan)", in Chang 1995a: 129-131.

1995p "Xu 序 (Preface)", in *Fu Sinian, Dong Zuobin xiansheng baisui jinian zhuankan xu* 傅斯年，董作賓先生百歲紀念專刊, (Special volume in commemoration of the 100th birthday of Professors Fu Sinian [Fu Ssu-nien] and Dong Zuobin [Tung Tso-pin]), edited by Han Fuzhi 韓復智, pp.1-3. Taibei: Zhongguo Shangu Qin Han Xuehui.

1996

1996a "Zhongguo kaoguxue xiang hechu qu? － Zhang Guangzhi xiansheng fangtanlu 中國考古學向何處去？－張光直先生訪談錄 (Whither Chinese archaeology? A conversation with Professor Kwangchih Chang)", by Chen Xingcan 陳星燦, *Huaxia kaogu* 1996.1: 72-83, and 1999i: 181-204. Another version of this interview can be found in Chang 1994o.

1996b (Co-author with Hsü Cho-yün) "The Eastern Zhou from 800 to 300 B.C.", in Joachim Herrmann and Erik J. Zurcher (eds.), *History of Humanity: Scientific and Cultural Development*, Vol. III, pp.485-494. Paris: UNESCO, and London: Routledge.

1996c (Co-authored with Ward H. Goodenough) "Archaeology of Southeastern coastal China and its bearing on the Austronesian homeland", *Transactions of the American Philosophical Society* 86: 36-56. Philadelphia.

1996d "Xu 序", Preface to *Shang Zhou qingtong bingqi ji Fuchai jian tezhan lunwenji* 商周青銅兵器暨夫差劍特展論文集 (A collection of essays relating to the "Exhibition of Shang and Zhou weaponry and the sword of Fuchai"), by Wang Zhenhua 王振華 et al., edited by Huang Yongchuan 黃永川, pp.13-20. Taibei: National Museum of History, 1996.

1996e (Book Review). "Rang haoqizhe zhuadezhu ta! 讓好奇者抓得住它! (A must read for the curious!)." Review of *Qin Shi Huang bing ma yong*, by Zhong Tao (Taibei: Yishujia Chubanshe, 1996). *Zhongguo shibao* 中國時報, March 21.

1996f "Zai Hafo jiaoshu zhi le: 'De tianxia yingcai er jiaoyu zhi' 在哈佛教書之樂: '得天下英才而教育之' (The pleasure of teaching at Harvard: 'Having all the best under heaven and educating them')", *Harvard Chinese Newsletter* 9: 9-11. Taibei: Harvard Club of the Republic of China.

1996g "Foreword" to *A Place for the Dead: An Archaeological Documentary on Graves and Tombs of the Song Dynasty (960-1279)*, by Dieter Kuhn, 1996, pp.IX-X. Heidelberg: Edition Forum.

1997

1997a (Co-authored with Zhang Changshou) "Henan Shangqiu diqu

Yin Shang wenming diaocha yanjiu chubu baogao 河南商邱地區殷商文明調查研究初步報告 (Preliminary report on the investigations into Shang civilization in Shangqiu District, Henan), *Kaogu* 考古 1997.4: 24-31.

1997b "Zhongguo gudai wangquan zhi xingqi yu chengbang zhi xingcheng 中國古代王權之興起與城邦之形成 (The rise of royal power in ancient China and the formation of city states)", *Yanjing xuebao* 燕京學報 n.s. 3: 1-12. Beijing: Beijing Daxue Chubanshe. Also appears in Chang 1999g: 384-400.

1997c "Dui Zhongguo xian Qin shi xin jiegou de yige jianyi 對中國先秦史新結構的一個建議 (A proposal regarding the restructuring of the pre-Imperial history of China)." In Zang Zhenhua [Tsang Cheng-hwa] (editor), *Zhongguo kaoguxue yu lishixue zhenghe yanjiu* 中國考古學與歷史學整合研究 (Studies on the Integration of Chinese Archaeology and History), vol. 1, pp.1-12. Zhongyang Yanjiuyuan Lishi Yuyan Yanjiusuo huiyi taolun wenji, No. 4. Taibei: Zhongyang Yanjiuyuan Lishi Yuyan Yanjiusuo. Also in Chang 1995b: 25-35.

1997d "Kaimu zhici zhi qi 開幕致辭之七 (Opening remarks, No. 7)", in Zang Zhenhua [Tsang Cheng-hwa] 臧振華 (editor), *Zhongguo kaoguxue yu lishixue zhenghe yanjiu* 中國考古學與歷史學整合研究 (Studies on the Integration of Chinese Archaeology and History), vol. 2: 1140-1141. Zhongyang Yanjiuyuan Lishi Yuyan Yanjiusuo huiyi taolun wenji, No. 4. Taibei: Zhongyang Yanjiuyuan Lishi Yuyan Yanjiusuo. Also in Chang 1995a: 65-67 and 1999g: 76-78.

1997e "Kaimu zhici zhi ba 開幕致辭之八 (Opening remarks, No. 8)", *ibid.*, vol. 2: 1142-1143.

1997f "Xu 序 (Preface)", in *Zhongguo shiqian kaoguxueshi yanjiu (1895-1949)* 中國史前考古學史研究 (1895-1949) (Studies on the history of Chinese prehistoric archaeology, 1895-1949), by Chen Xingcan 陳星燦, pp.1-5. Beijing: Sanlian Chubanshe. Also in Chang 1999i: 33-37.

1997g "Zhang Guangzhi zhi Li Ji 張光直至李濟 (Letter to Li Ji [Li Chi])", in Li Guangmo 李光謨 (ed.), "Li Ji yu youren tongxin xuanji 李濟與有人通信選輯 (A selection from Li Ji's correspondence with friends)", *Zhongguo wenhua* 中國文化 15-16: 380-381.

1997h "Zhang Guangzhi tan Zhongguo kaoguxue de wenti yu qianjing 張光直談中國考古學的問題與前景 (K.C. Chang discusses the problems and prospects of Chinese archaeology)", interviewed and edited by Tang Jigen and Cao Yin, *Kaogu* 1997.9: 85-92.

1998

1998a "Chinese archaeology: Open to the world/Xiang shijie kaifang de Zhongguo kaoguxue 向世界開放的中國考古學" (published bilingually). In Department of Archaeology, Peking University (editor), *"Yingjie ershiyishiji de Zhongguo kaoguxue" guoji taolunhui lunwenji* "迎接二十一世紀的中國考古學"國際討論會論文集 (Proceedings of the International Conference on "Chinese Archaeology Enters the Twenty-first Century"), pp.9-14. Beijing: Kexue Chubanshe.

1998b (Co-authored with Zhang Changshou) "Looking for City Shang of the Shang Dynasty in Shangqiu", *Symbols* (Spring 1998): 1, 5-10. Cambridge, Mass.: Peabody Museum of Archaeology and Ethnology.

1998c "Siliu shijianzhong de Zhang Guangzhi: Taibei shaonian zhengzhifan 四六事件中的張光直: 臺北少年政治犯 (K.C. Chang in the midst of the April Sixth Incident: A youthful political prisoner in Taibei)", *Shijie zhoukan* 世界周刊, January 11-17, 1998, pp.22-27.

1998d *Fanshuren de gushi* 番薯人的故事 (Memoirs of a year of my youth). Taibei: Lianjing Chubanshe 聯經出版社. Excerpts published in *Renwu* 人物 (Beijing: Renwu Zazhishe) 1998.3: 20-30; 1998.4: 31-38; 1998.5: 56-63; 1998.6: 39-46; and

1998.7: 97-101. Beijing edition published in 1999 by Shenghuo, Dushu, Xinzhi Sanlian Shudian 生活, 讀書, 新知三聯書店.

1998e "Foreword" to *Guyuege cang tongbing cuizhen－tongjian pian －* (Masterpieces of Chinese bronze Weapons in the C.H. Wang Collection: Swords), by Wang Zhenhua [Wang Chen-hwa] 王振華, pp.10-11. Taibei: Guyuege 古越閣.

1998f "Ershi shiji houban de Zhongguo kaoguxue 二十世紀後半的中國考古學 (Chinese archaeology in the latter half of the Twentieth Century)", *Gujin lunheng* 古今論衡 1998.1: 38-43.

1998g "Shiyusuo, Li Ji xiansheng yu wo 史語所, 李濟先生與我 (The Institute of History and Philology, Professor Li Ji, and I), in *Xin xueshu zhi lu: Zhongyang Yanjiuyuan Lishi Yuyan Yanjiusuo qishi zhounian jinian wenji* 新學術之路: 中央研究院歷史語言研究所七十週年紀念文集, pp.971-974. Taibei: Zhongyang Yanjiuyuan Lishi Yuyan Yanjiusuo.

1998h "Xu 序 (Preface)", to *Kaogu suotan* 考古瑣談 (Archaeological chats), by Li Ji 李濟. pp.1-3. Wuhan: Hubei Jiaoyu Chubanshe 湖北教育出版社.

1998i "Xu 序 (Preface)", to *Renlei yu wenhua* 人類與文化 (Humankind and culture), *Gudai de Bashu* 古代的巴蜀 (The ancient history of Bashu/Sichuan), and *Nanfang wenming* 南方文明 (Southern civilization) by Tong Enzheng 童恩正 in "Tong Enzheng wenji 童恩正文集" series, Chongqing: Chongqing chubanshe 重慶出版社.

1999

1999a "China on the Eve of the Historical Period", in Michael Loewe and Edward Shaughnessy, *The Cambridge History of Ancient China: From the Origins of Civilization to 221 B.C.*, pp.37-73. Cambridge and New York: Cambridge University Press.

1999b "The search for Shang", *Archaeology*, March-April 1999: 66-67. New York.

1999c (Co-editor, with Xu Pingfang). *The Formation of Chinese Civilization*. New Haven and London: Yale University Press, forthcoming.

1999d "The rise of kings and the formation of ancient states", chapter 5 in Chang 1999c.

1999e (Co-author, with Xu Pingfang). "Conclusion: The formation of Chinese civilization and its significance in world history", chapter 9 in Chang 1999c.

1999f *Zhongguo qingtongshidai* 中國青銅時代 (The Bronze Age of China). Beijing: Shenghuo, Dushu, Xinzhi Sanlian Press. This book combines the contents of Chang 1982a and 1990a, but with the excision of two essays (1975a and 1983f), and the addition of two essays, "Shangcheng yu Shang wangchao de qiyuan ji qi zaoqi wenhua 商城與商王朝的起源及其早期文化 (The city of Shang and the origin of the royal Shang dynasty and their early culture)", (Chang 1995c) and "Shang ming shishi 商名試釋 (A tentative explanation of Shang names), and a new foreword, "Erban xu 二版序 (Foreword to the second printing).

1999g *Zhongguo kaoguxue lunwenji* 中國考古學論文集 (Collected Essays on Chinese Archaeology). Beijing: Shenghuo, Dushu, Xinzhi Sanlian Shudian 生活, 讀書, 新知三聯書店. Same contents as Chang 1995b, but with the excision of one essay ("Shangcheng yu Shang wangchao de qiyuan ji qi zaoqi wenhua 商城與商王朝的起源及其早期文化 [The origin and early culture of Shang cities and Shang kingship])", and the addition of translations of two essays, Chang 1975a and 1997b.

1999h "Ku Tong Enzheng xiansheng 哭童恩正先生 (Weeping for Tong Enzheng)", in Chang 1999i: 176-180.

1999i *Kaogu renleixue suibi* 考古學隨筆 (Notes on anthropological archaeology). Beijing: Shenghuo, Dushu, Xinzhi Sanlian Shudian 生活, 讀書, 新知三聯書店. Expanded version of Chang 1995a, with the addition of six essays (Chang 1988a, 1988b, 1995g, 1996a, 1997f, and 1999h).

2000

2000a *Qingtong huichen* 青銅揮塵, edited by Liu Shilin 劉士林. Shanghai: Shanghai Wenyi Chubanshe 上海文藝出版社.

2000b "Daoci 悼辭 (Necrology)", July 9, 1997, in Su Bai (editor), *Su Bingqi xiansheng jinianji* 蘇秉琦先生紀念集 Beijing: Kexue Chubanshe 科學出版社.

2001

2001a *Gudai Zhongguo Kaoguxue* 古代中國考古學, a Chinese translation by Yin Qun 印群 [pseud.] of Chang 1986k, *The Archaeology of Ancient China* (4th edition, 1986). Shenyang: Liaoning Jiaoyu Chubanshe 遼寧教育出版社.

2001b Preface to *Gudai Zhongguo kaoguxue* 古代中國考古學, in Chang 2001a.

2001c *Shang wenming* 商文明, being a translation by Zhang Liangren 張良仁, Yue Hongbin 岳紅彬, Ding Xiaolei 丁小雷, of Chang 1980a, *Shang Civilization (*New Haven and London: Yale University Press, 1980). Edited by Chen Xingcan 陳星燦. Shenyang: Liaoning Jiaoyu Chubanshe.

2001d *Meishu, shenhua, yu jisi* 美術神話與祭祀, being a translation by Guo Jing 郭淨 and edited by Chen Xingcan 陳星粲 of Chang 1983a, *Art, Myth, and Ritual: The Path to Political Authority in*

Ancient China (Cambridge: Harvard University Press, 1983). Shengyang: Liaoning Jiaoyu Chubanshe.

2001e *Kaoguxue－guanyu qi ruogan jiben gainian he lilun de zai sikao* 考古學－關於其若干基本概念和理論的再思考 (Archaeology － reflecting once again on several fundamental theories and conceptions), being a translation by Cao Bingwu 曹兵武 with editing by Chen Xingcan, of Chang 1967a, *Rethinking Archaeology*. Shenyang: Liaoning Jiaoyu Chubanshe.

2001f "Reflections on Chinese archaeology in the second half of the twentieth century", *Journal of East Asian Archaeology,* Vol. 3, No. 1-2: 5-13.

역자 후기

중국 문명은 어디서, 언제쯤, 어떻게 형성되었을까? 그리고 어떤 과정을 거쳐서 지금의 문명이 만들어졌을까? 소위 '문명'이라는 것은 무엇이며, '중국 문명'은 또 무엇을 지칭하는가?

이 모두는 중국 문명과 세계 문명사를 이해하는 데 필수적인 문제임은 물론, 또 인류 역사에서 오랫동안 중심 역할을 해 왔던 거대 문명국 중국의 곁에 자리한 우리나라 문명의 기원과 국가 형성 과정을 이해하는 데도 매우 중요한 문제일 것이다.

이러한 문제에서 매우 중요한 시각과 구체적 자료 및 훌륭한 내용을 제공하는 장광직 교수의 『중국 청동기 시대』(1983)를 번역하면서, 이 책에 관한 몇 가지를 간단히 소개하고자 한다.

(1) 저자

장광직(張光直, Kwang-chih Chang, 1931~2001)은 1931년 4월 15일 북경에서 태어나 2001년 미국 매사추세츠 주에서 생을 마친 현대 최고의 중국 고고학자이자 저명한 인류학자, 역사학자이다.

자신의 청년기까지의 삶을 직접 기술한 『대만 사람 이야기[蕃薯人的故事]』(1998)에 의하면, 장광직은 1931년 대만(臺灣)의 대북(臺北) 근교인 판교(板橋)에서 대만 신문학(新文學)의 대표자였던 장아군(張我軍, 원래 이름은 張淸榮)의 아들로 태어났다. 그의 아버지는 대만에서 1902년 태어났는데, 1924년 북경의 북경 사범대학으로 유학을 가게 되었고, 거기서 나심향(羅心鄕)을 만나 결혼하여 네 형제를 낳았으며, 장광직은 그 중 둘째였다.

이 때문에 장광직은 1937~1943년까지 북경 사범대학 부속 초등학교를, 1943~1946년까지 북경사범대학 부속 중학교에 다니게 되는데, 이들 학교는 당시 북경의 최고 학교의 하나였다. 1946년 12월 어머니와 한 해 먼저 대만으로 건너간 아버지를 따라 일본의 식민 통치에서 막 벗어난 대만으로 가게 된다. 대만에서는 최고의 고등학교인 건국(建國) 중학교에 전학을 하게 되는데, 저자의 기억에 의하면 처음에는 북경 사범대 부속 중학교와 정이 들어 떠나기가 매우 섭섭했다고 한다.

건국 중학교(지금의 고등학교) 2학년이던 1947년, 청나라 때부터 대만으로 건너온 원 거주민과 국민당 정부 간의 충돌로 3만 명의 사망자를 낸(공식적인 발표로는 800명) 근대 시기 대만의 최대 비극적 정치 사건인 "2·28사건"을 고등학생의 신분으로 경험하면서 사회 현실에 새로운 눈을 뜨게 된다. 또 당시 막 부임한 국어교사 나강(羅剛)(필명은 羅鐵鷹)의 영향을 받아 중국 고전에 새로운 시각을 가지고, 문예 활동과 연극 활동 등 다양한 서클 활동을 활발하게 전개하면서 중국문학가의 꿈을 키워갔다. 1948년 고등학교 3학년 때 『신생보』에 발표했던 생애 첫 작품 「노병의 불상[老兵的佛像]」은 물론 「박달나무 베면서[伐檀]」도 당시 나강 선생님의 도움이 컸다고 한다.

그러나 고등학교 3학년 2학기 졸업을 앞둔 채, 1949년 4월 6일 대만 대학생이 중심이 되어 일어났던 학생운동인 "4·6사건"에 이유도 없이 연루되어 어린 나이에 간첩 혐의를 덮어쓰고 구속되어 갖가지 고문과 함께 몇 개월간의 감옥 생활까지 하게 되었다. 물론 석방되고서 2년이 지난 1952년 8월 무혐의 처분을 받았다.

그러나 "4·6사건"은 1950년대 대만에서 일어났던 백색테러의 전초였음은 분명했다. 이렇게 불안한 정치적 상황 속에서도 1950년 9월 대만대학 고고인류학과에 진학하여 인류학을 전공하였으며, 1954년 동대학을 졸업하였고, 이후 미국으로 건너가 1961년 하버드대학에서 철학박사를 취득하였다. 1961~1973년까지 예일대학 인류학과의 강사, 조교수, 부교수, 교수, 학과장 등을 역임하였고, 1977년부터 하버드대학 인류학과에서 재직했다. 1974년 대만 중앙연구원의 원사(院士), 1979년 미국 국가과학원의 원사(院士), 1980년 미국 문리과학원의 원사(院士) 등으로 피선되었다. 1987년 홍콩 중문(中文)대학에서 사회과학 명예 박사학위를 받았으며, 대만 중앙연구원 부원장을 역임했다.

장광직은 주로 고고인류학에서 뛰어난 성과를 보였으며, 미국에서 재직하는 50여 년 동안 줄곧 고고학 이론과 중국고고학 연구와 교학 등에 종사하여 국제적 명성을 얻었다. 장광직의 현대 고고학적 방법과 통계수치는 중국 상고시대의 역사와 문화연구에 깊이 있는 연구를 이끌어 내었으며, 평생 20여 종의 저서와 수백 편의 논문을 발표했다(상세한 내용은 이 책의 부록 "장광직 저술 목록"을 참조). 그중에서도 『중국 고대 고고학』(*Archaeology of Ancient China*)은 서방 세계에 중국 상고시대의 역사와 문화를 소개한 가장 중요한 저작이자 중국 고고학의 교과서로 평가되고 있다.

그뿐만 아니라 그는 1969년과 1972년에는 대만으로 귀국하여 "대만 선사 역사 연구"와 "대만성 탁수계(濁水溪)와 대두계(大肚溪) 유역 자연사와 문화사의 학제간 연구" 등에 관한 대형 프로젝트를 수행함으로써 대만 고대역사 문화의 새로운 발굴에 크게 공헌했으며, 대만 고고학과 인류학의 연구 발전에 큰 영향을 끼쳤다.

장광직의 학술적 성취는 크게 두 가지로 요약되는 것으로 알려졌다. 하나는 거주[聚落] 고고학(settlement archaeology)을 창시하여, 1970년대에 이에 관한 연구를 성행시켰다는 점이다. 다른 하나는 당대 문화

인류학 및 고고학의 이론 및 방법을 중국고고학에 응용시켰다는 점인
데, 이에 관한 대표작으로 『중국 고대 고고학』(The Archaeology of
Ancient China) (1986년 중국어로 번역됨)은 지금까지도 중국고고학에
관한 가장 광범위하고 깊이 있게 논의한 대표작으로 평가되고 있다.
　이외에도 학계에 영향을 끼친 주요 저작은 다음과 같다.

　　　『중국 고대 고고학』(The Archaeology of Ancient China)(1963, 2002, 4개
　　　　　국 언어로 출간)
　　　『고고학을 다시 생각하며』(Rethinking Archaeology)(1967, 2002, 5개국
　　　　　언어로 출간)
　　　『거주 고고학』(Settlement Archaeology)(1968)
　　　『봉비두(鳳鼻頭), 대분갱(大坌坑), 그리고 대만의 선사 시대 역사』
　　　　　(Fengpitou, Tapenkeng, and the Prehistory of Taiwan)(1969)
　　　『고고학에서의 거주 형태』(Settlement Patterns in Archaeology)(1972,
　　　　　1973)
　　　『상주 청동기와 명문의 종합적 연구[商周靑銅器與銘文的綜合硏究]』
　　　　　(1973)
　　　『초기 중국 문명: 고고학적 투시』(Early Chinese Civilization:
　　　　　Anthropological Perspectives)(1976, 1978)
　　　『중국문화에서의 음식: 고고학과 역사학적 투시』(Food in Chinese
　　　　　Culture: Anthropological and Historical Perspectives)(1977, 1997)
　　　『대만성 탁수계와 대두계 유역 고고조사 보고서[臺灣省濁水溪與大肚
　　　　　溪流域考古調査報告]』(1977, 1992)
　　　『상대 문명』(Shang Civilization)(1980, 2002, 4개국 언어로 출간)
　　　『한대 문명』(Han Civilization)(1982)
　　　『예술, 신화, 제의: 고대 중국에서 정치권력을 획득하는 방법』(Art,
　　　　　Myth, and Ritual: the Path to Political Authority in Ancient
　　　　　China)(1983, 2002, 4개국 언어로 출간)

『중국 청동기 시대[中國靑銅時代]』(1983, 1999, 중국어와 일본어로 출간)
『상대 고고학 연구: 상대 문명 국제학술대회 논문 모음집』(*Studies of Shang Archaeology: selected papers from the International Conference on Shang Civilization by International Conference on Shang Civilization*)(1986)
『고고학 특강 6제[考古學專題六講]』(1986, 2010)
『중국 청동기 시대[中國靑銅時代]』(제2집)(1990, 중국어와 일본어로 출간)
『중국 고고학 논문집(中國考古學論文集)』(1995, 1999)
『대만 사람 이야기[蕃薯人的故事]』(1998)
『중국 문명의 형성: 고고학적 투시』(*The formation of Chinese Civilization: an Archaeological Perspective*)(2002, 2005)

이 중 『상 문명』(윤내현 역, 민음사, 1989)과 『신화 미술 제사』(이철 역, 동문선, 1990)은 한국어로도 번역 출판되었다.

(2) 『중국 청동기 시대』(1983)의 구성 및 특징

『중국 청동기 시대』로 이름 붙여진 장광직의 저서는 1983년 출판된 것(대만 聯經出版公司)과 1990년 출판된 것(제2집, 三聯書店)의 두 종이 있다. 전자는 1962년부터 1981년까지 발표된 중국 청동기와 청동문화에 관한 13편의 논문을 모은 것으로, 중국의 가장 대표적 문화시기인 청동기 시대의 여러 주제에 관한 독창적이고 전문적인 논의를 담았으며, 후자는 1983년 저술 이후의 「초기 중국의 '도시' 개념」 등 대표 논문 9편을 담았다. 한국어 번역본의 저본으로 한국연구재단(KRF)에서 동서양 명저 번역 과제로 지정한 1983년 대만 연경(聯經)출판공사 본에 수록된 13편의 구체적 목록은 다음과 같다.

순서	제 목
제1장	중국 청동기 시대
제2장	하·상·주(夏商周) 삼대(三代)의 고고학으로로부터 삼대의 관계와 중국 고대국가의 형성을 논함
제3장	은상(殷商) 문명 기원 연구의 결정적 문제
제4장	은상(殷商) 관계의 재검토
제5장	중국 고고학상의 거주[聚落] 유형─청동기 시대의 한 예
제6장	경제학 혹은 생태학 연구로서의 고대 무역
제7장	상나라 왕의 묘호(廟號)에 대한 새로운 고찰
제8장	왕해(王亥)와 이윤(伊尹)의 제삿날에 대해
제9장	은나라 예제(殷禮)에 보이는 이분(二分) 현상
제10장	고대 중국의 음식과 식기
제11장	상주(商周) 신화의 분류
제12장	상주(周神) 신화와 미술에 보이는 사람과 동물 관계의 변천
제13장	상주(商周) 청동기의 동물 무늬

  이 책은 저자의 서문에서도 밝혔듯이, "중국 청동기 시대의 문화와 사회에 관한 몇 가지 주요한 특징과 전체적인 논의를 위해" 저술되었다. 위의 목록에서 볼 수 있듯, 세계 문명사에서 독특한 위치를 갖는 (1) 중국의 청동기 시대에 관한 개괄, 청동기 시대에 속하는 주요 왕조인 (2) 하·상·주의 삼대의 관계를 통해 본 중국의 고대 국가의 형성, (3)~(4) 은상 문명의 기원 연구와 은상 관계사, (5) 자신이 창시했던 이론인 거주 고고학(settlement archaeology)에 근거한 중국 고고학의 해석, (6) 고대 무역 연구의 성질 등을 논의했으며, 상나라 제도 연구에서 핵심적인 문제인 (7) 상나라 왕의 묘호, (8) 이를 통해본 은상의 왕제, 동작빈(董作賓, 1995~1963)의 '새로운 갑골 시기구분'에서 중요한 이론적 토대가 되었던 (9) 은나라 예제의 이분 현상 등에 대해서도 깊이 있게 파헤쳤다. 나아가 중국의 청동기를 '신화, 미술, 제사, 문자'와 함께

권력 장악을 위한 중요한 수단으로 보고, 이들과 관련된 (13) 청동기 동물 문양, (12) 청동기 문양에 보이는 사람과 동물의 관계, (11) 고대 중국의 신화 등에 대해서도 논의했는데, 이러한 견해는 탁월한 해석으로 평가되고 있다.

이 13편을 주제별로 다시 개괄하면, 첫째 개론(제1장), 둘째 하·상·주 문명의 기원과 상관 문제(제2~6장), 셋째 은나라 왕위의 이분 계승제(제7~9장), 넷째 상주 신화와 청동기 무늬의 상징(제11~13장) 등으로 나눌 수 있을 것이다. 이처럼 13편 논문 모두가 중국의 청동기 시대에 해당하는 하·상·주의 사회, 문화, 제도, 관계사 등을 이해하는 데 핵심적인 글들로, 재미 중국학자로서 중국 고고학의 실제와 서구의 이론을 결합해 중국의 '청동기 시대'의 특징을 밝힌, 중국 고대사를 이해하는 데 빠질 수 없는 매우 중요한 저작이다.

(3) 『중국 청동기 시대』(1983)의 학술적 가치

『중국 청동기 시대』의 학술적 가치는 크지만, 가장 중요한 것을 다음과 같이 소개할 수 있을 것이다.

1. 중국 문명 기원의 다원론

중국 문명의 기원에 관해서는 그간 여러 다양한 논의가 있었다. 예컨대 중국 문명의 서양 전래설, 중국 본토 기원설, 절충설 등이 그 예가 될 것이다. 서양 전래설은 라코페리(Terrien de Lacouperrie, 1845~1894)에서 시작되었다 할 수 있는데, 1985년 중국 민족의 시조인 황제가 바빌론에서 왔다고 주장했으며, 1920년대에는 안데르센(J. G. Andersson, 1874~1960)이 하남성과 감숙성의 채색 토기를 연구하면서 이들이 중앙아시아와 동유럽의 채색토기와 유사함을 지적했으며, 비숍

(毕士博, C. Bishop)도 신석기 시대의 채색 토기, 흑도 문화, 은주 시기의 문명 등에 논하면서 근동이나 인도 등에서 왔음을 주장한 바 있다.

그러나 그로부터 얼마 지나지 않아 산동성 성자애(城子崖) 용산 문화와 하남성 안양의 은허(殷墟) 등지의 발굴을 통해 이러한 문화 유적이 중국 전통의 고유문화임이 밝혀졌으며, 이에 근거해 중국 독자 기원설 등이 나오기 시작했다. 이후 1930~1940년대에는 이 둘을 절충하여 중국에서 기원했으나 선사시대에 이미 서양 문명의 영향을 받았다는 절충설이 나오기도 했는데, 일본 고고학의 아버지라 불리는 하마다 코사쿠(濱田耕作, 1881~1938)가 이 설을 견지했다(『동아시아 문명의 기원[東亞文明の起源]』, 1930).

신중국이 성립한 1950년대 이후 하내(夏鼐), 안지민(安志敏), 진성찬(陳星燦), 추형(鄒衡), 채봉서(蔡鳳書), 이선등(李先登), 정광(鄭光), 동은정(童恩正), 이학근(李學勤) 등 중국 학자들이 본격적으로 중국문명 기원 연구를 하기 시작하면서 서양 전래설이나 절충설 등이 비판을 받기 시작했다. 특히 이제(李濟)는 일찍이 1930년대에 은허의 연구를 통해 적어도 복골, 잠사, 은나라의 장식기술 등은 분명한 중국 기원의 본토의 것이라고 주장하여, 중국 문명의 본토 기원설의 시초를 마련했다. 1970년대에 이르러 이러한 주장은 중국에서 크게 유행하여 하병체(何炳棣) 등은 중국 문명이 본토에서 기원하였을 뿐 아니라 동방문명의 요람임을 주장하기도 했다.

그러나 중국 문명이 본토 지역에서 기원했다 하더라도, 또 이후 문명의 교류 과정에서 타 문명의 우수한 요소를 받아들여 융합과정을 거쳤다 하더라도, 이러한 문제가 그리 간단한 것만은 아니다.

중국 지역에 한정한다 하더라도 광대한 중국 지역에서 어떤 한 지역에서 일어난 문명이 다른 지역으로 퍼져 나갔는가, 아니면 여러 지역에서 동시 다발적으로 기원한 문명이 교류와 융합을 거치면서 지금의 문명이 되었는가 하는 문제 등이 남아 있기 때문이다.

이러한 문제는 중국 문화 기원 일원론이냐 다원론이냐의 문제로 논의될 수 있을 것이다. 이와 관련하여 저자 자신은 『중국 고대 고고학』의 초판부터 제3판까지 줄곧 견지해왔던 중국 문명 기원 일원론, 즉 황하 유역의 앙소 문화와 용산 문화가 중국 문명의 요람이고 이들이 다른 지역으로 퍼져 나가 지금의 중국 문명이 되었다는 주장이다. 그러나 제4판(1986)에서는 이러한 이론을 수정하여 중국 문명 기원 다원론을 주장했다. 즉 기원전 5000년경에는 동북 요하 유역의 홍산 문화, 황화강 중류의 앙소 문화, 산동 반도의 대문구 문화, 장강 중류 지역의 대계(大溪) 문화, 장강 하류 지역의 마가빈(馬家濱) 문화와 하모도(河姆渡) 문화, 대만의 봉비두(鳳鼻頭) 문화, 동남 해안 지역의 대분갱(大坌坑) 문화 등이 독자적으로 발생하였다가, 기원전 4000년경이 되면 서로 교류와 융합을 통해 요하(遼河) 유역의 홍산권, 황하 유역의 화북권, 장강 유역의 화남권 등의 더 큰 문명을 형성하게 되었으며, 국가로 발전할 즈음에는 황하 강 유역의 하·상·주 문명이 중심 문명으로 기능을 하였고, 남방의 초나라 지역, 북방의 연나라 지역 등도 더 오랜 시간 동안 독자적인 문명을 유지했다.

이러한 중국 문명의 다원 기원설은 소병기(蘇秉琦, 1909~1997)도 제기하여, 1981년 중국 고고학 문화의 '구역 유형설'을 주창하여, 연산(燕山) 남북 장성(長城) 지역을 중심으로 한 '북방', 산동성을 중심으로 한 '동방', 관중(關中)(즉 섬서성)과 산서성 남부와 하남성 서부를 중심으로 한 '중원', 태호를 둘러싼 지역을 중심으로 한 '동남부', 동정호를 둘러싼 지역을 중심으로 한 '서남부', 파양호와 주강 삼각주로 이어지는 '남방' 등 6개 지구로 나눌 수 있다고 했다(『중국 문명 기원 신탐』,

708

35~37쪽).

이러한 주장은 사실 1930년대에 임혜상(林惠祥)이 중국 문명은 화하 문명이 기초가 되고 다른 주변 문화 즉 여묘(黎苗), 동이(東夷), 형만(荊蠻), 백월(百越), 산적(山狄), 저강(氐羌) 문화 등이 융합하여 형성되었다는 주장을 비롯해, 이제(李濟)가 주장했던 은허 문화 내원의 복잡성, 즉 은허의 문자와 농업 및 채색 토기는 서방, 복골과 거북점과 잠사업 및 일부 도기예술과 조각 기술은 본토, 물소와 쌀과 일부 예술은 남방적인 것이며, 이들이 서로 융합한 결과라는 견해 등에서 그 근원을 찾을 수 있을 것이다.

2. 국가의 출현과 하·상·주의 관계

중국의 문명은 발전 단계를 어떻게 나눌 것인가? 모르간(Augustus de Morgan, 1806~1871)은 '고대 사회'를 야만(savagery)과 반개화(barbarism)와 문명(civilization)의 세 단계로 나누었지만, 장광직은 **유단**(遊團, bands), **부락**(部落, tribes), **부족 연맹체**(酋邦, chiefdoms), **국가**(國家, states)의 네 단계로 나누고, 문명의 형성 조건을 중국의 경우 문자, 주조 기술, 청동기, 도시 등의 구비로 보았다.

그러면 중국에서는 언제쯤 국가의 단계에 진입하였을까? 이러한 문명 발전 단계에 의하면, 중국 고대 고고학은 자료가 상대적으로 풍부한 황하 강 유역에 한정해 볼 경우, ①배리강(裴李崗)과 노관대(老官臺) 유적으로 대표되는 기원전 7000~5000년경의 초기 신석기 문화, ② 기원전 5000~3000년경의 앙소 문화, ③기원전 3000~2200년경의 용산 문화, ④기원전 2200~1500년경의 이리두 문화, ⑤기원전 1500~110년경의 은상 이리강과 은허시기 문화 등 5시기로 나눌 수 있다. 이들 지역에서 문명의 발전 단계를 가늠할 수 있는 생산도구, 수공업 분화, 금속 기술, 재부의 분배, 건축 규모, 방어성 성곽, 전쟁과 제도상의 폭력성, 제사 도구로서의 미술품, 문자 등 9가지 기준을 동원해 보았을 때, ①~②단계에서는 자급자족의 농업 단계에 놓여 있었고 수공업은 아직 전문적으로 분리되지 않았으며, 재부의 분배도 분명하게 이루어지지 않았고, 진정한 문자도 출현하지 않았던 것으로 보인다. ③단계에서는 계급의 분화가 이루어지기 시작했으며 수공업의 전문화와 복골과 제사에 필요한 도기 제작이 이루어졌으나, 궁전 건축이나 청동기나 문자 등은 아직 출현하지 않았다. 그러나 ④에서 ⑤단계에 이르면 궁전 건축, 대규모의 전쟁, 의생과 순장의 사용, 청동 예기의 제작 등이 이루어졌다. 이렇게 볼 때, ③의 용산 문화 시대는 적어도 초급 단계의 문명사회로, ④의 이리두와 ⑤의 은상 문화는 고급 단계의 문명사회에 속한다고 볼 수 있으며, ④~⑤의 단계에서 국가가 출현한 것으로 볼 수 있을 것이다.

국가의 완전한 출현 단계로 보이는 하·상·주의 경우, 하·상·주는 하나라가 망하고 상나라가 생기며, 상나라가 망하고 주나라가 생겨나 계승한 것이 아니라 하·상·주가 거의 동일 시기에 황하 강을 중심으로 지역적으로 달리 존재했던 세 가지 문명이라 할 수 있다. 이는 이전의 단선식 계승관계를 주장했던 하·상·주 관계사를 벗어나 동시에 "평행적으로 존재하여 함께 발전해 왔다"라는 주장이라는 점에서 주목할 만하다.

즉 산서성 서남부와 하남성 서부 지역에 하나라, 하남성 동부와 산동성 서부 지역에 상나라, 섬서성 지역에 주나라가 함께 존재했으며, 우리가 하나라라고 부르는 시기는 하 민족이 가장 강성했고 그 문명이 가장 대표적이며, 상나라나 주나라도 마찬가지라고 주장했다. 이렇게 본다면 황하 강을 중심으로 섬서성 부근의 서쪽이 주(周) 민족, 산서성 남부와 하남성 서부가 하(夏) 민족, 하남성 동쪽과 산동성 서쪽이 상(商) 민족의 주요 근거지였으며, 상 민족은 해안 지역의 동이족과 근원적으로 밀접한 관계를 맺고 있다.

나아가 하나라 문화의 탐색과 함께 초기 상나라 문명의 연원에 대한 연구는 삼대 고고학에서 매우 중요한 주제이다. 이리두(二里頭) 문화를 초기 상나라 문화로 볼 것인가 하나라 후기 문화 유적으로 볼 것인가 하는 문제에서, 저자는 이리두 문화의 존재 지역인 섬서성 서남부와 하남성 서부 지역은 하나라의 활동 지역이므로 하나라 문화로 보아야 하며, 이리두 유형의 말기 혹은 정주의 상나라 성[商城] 초기의 시작이 비로소 은상 문화의 시작으로 보아야 할 것이라고 했다. 그리고 이런 은상 문화의 시작은 여전히 하남성 동부와 산동성 서부 지역이 분명하며, 앞으로 고고학적 발굴이 이루어질 것이지만 황하 강의 범람으로 말미암아 많은 자료들이 소실되었거나 지하 깊숙이 파묻혀 있을 것으로 추정했다.

3. 초기 상나라의 연원과 동이(東夷) 문화

도대체 은상 문명의 기원은 동방일까 아니면 서방일까? 아니면 동방과 서방에서 다 근원 하여 합쳐져 만들어진 것일까? 저자는 이 문제를 "은상 문명 기원 연구의 현 단계에서의 가장 결정적인 문제라고 부른다"라고 하면서 매우 중요한 문제로 다루고 있는데, 초기 상나라 문명의 연원, 상나라와 동이족과 연계되어 있다는 주장은 우리의 상고사 연구와도 밀접하게 관련되어 있다는 점에서 특히 주목할 만하다.

사실 상나라의 문화가 동방의 동이족 문화에서 기원했다는 주장은 오래된 전통으로 서중서(徐中舒, 1898~1991), 이제(李濟, 1896~1979), 당

란(唐蘭, 1901~1979), 진몽가(陳夢家, 1911~1966), 부사년(傅斯年, 1986~
1950) 등이 일찍부터 주장해 왔던 바이다. 주지하다시피, 서중서는 은
허의 소둔 문화의 내원을 당연히 동이에서 찾아야 한다고 생각하며,
환(環) 발해만 일대가 아마도 중국 문화의 요람이었을 것으로 생각한
다고 했다. 이제도 성자애(城子崖)의 발굴 보고에서 점복용 뼈가 중국
초기 문자의 발전과 밀접한 관계가 있다고 하면서 "중국 최초의 역사
시기문화를 구성하는 가장 중요한 성분은 분명히 동방 ‒ 춘추전국 시
기의 제로(齊魯) 국경 ‒ 에서 발전했을 것이다."라고 했다.

　이러한 연구에 기초하여 저자도 "고고학적으로 볼 때, 한편으로 은
상 문명은 매우 기본적인 몇몇 현상에서 산서성 남부와 하남성 서부의
상나라 초기(이리두 유형)로 거슬러 올라갈 수 있으며, 심지어 더욱 진
일보하여 하남 용산 문화까지 거슬러 올라갈 수도 있다. 다른 한편으
로 은상 문명 중의 매우 중요한 몇몇 성분(절대 대부분은 통치 계급의
종교, 의식 생활, 예술 등과 관계되었다)은 동방에서 근원 했음이 매우
분명하다. 특히 후자에 관한 사실은 은나라 사람들이 동방에서 기원했
다는 것과 은상의 도읍이 모두 동방에 있었다는 이전의 학설(앞서 인
용한 당란의 논문 등)에 대해 다시 새로운 흥미를 느끼게 한다."라고
하여 상나라 초기 문화의 동이 문화 기원설에 대한 그의 견해를 분명
하게 했다.

　이후 중국의 동방 문화와 서방 문화를 옥기와 청동기 문화로 구분하
기도 하는 등, 중국 문화의 동서 지역적 구분에 다양한 연구가 진행되
고 있다는 점은 고무적이다. 앞으로도 이러한 인식에 근거한 실증적
연구가 깊이 있게 이루어져 동이 문화에 대한 실체가 규명되고 우리의
상고사 연구와도 연계될 수 있길 기대하며, 이 연구에서 『동이문화통
고(東夷文化通考)』(張福祥, 상해고적출판사, 2008) 등은 큰 참고 자료

712

가 될 것이다.

4. 고대 중국의 왕위 계승제와 '을정제(乙丁制)'

1963년에 발표되어 이 책의 제7장으로 수록된 「은나라 왕의 묘호에 관한 새로운 고찰」은 은나라 사회의 친속 종족제도를 고찰한 중요한 논문이자 저자의 대표적인 성과로 평가받고 있다. 그는 상나라 왕이 사용한 묘호의 성질을 분석하여 그들의 묘호가 규칙성을 가지고 출현함을 발견하여 이전의 생일설, 사일설(死日說), 복선설(卜選說), 순서설 등의 허구성을 지적하면서 새로운 가설을 제시했다.

그는 상나라 임금이 사용한 묘호를 자세히 분석하면 '을' 그룹(갑·을·무·기), '정' 그룹(병·정·임·계)과 나머지 제3그룹 혹은 중립파(경·신)의 셋으로 구분되는데, 이러한 상나라 왕의 묘호는 생일에 의한 것이 아니라 살아 있을 때와 죽은 후 소속된 사회적 집단에 대한 호칭의 일종이라고 했다. 그리고 상나라 왕실은 두 개의 큰 그룹으로 나뉘었고, 이 두 그룹(즉 '갑' 그룹과 '을' 그룹)은 돌아가면서 집정을 하였는데, 이러한 제도를 '을정제(乙丁制)'라고 불렀다. 이러한 제도에 의하면, 왕위에 올랐던 왕들이 한 세대를 걸러 동일한 속성을 가지는데, 다시 말해 형제(兄弟·형과 동생)와 조손(祖孫·할아비와 손자)은 같은 그룹에 속하고, 부자(父子·아비와 아들)는 다른 그룹에 속한다는 것이다.

상나라 왕의 묘호가 그들이 속했던 그룹을 대표하며, 이를 통해 당시의 결혼 제도와 두 그룹이 대를 바꾸어 가면서 집정하는 윤번 집정제의 특징은 물론 이들과 주나라의 소목(昭穆) 제도나 종법(宗法) 제도 등의 계통성을 밝혔다. 이는 소목과 종법제도를 "주나라 사람들의 발명품"이라고 간주했던 왕국유(王國維, 1877~1927)의 주장을 뒤집은 것으로, 주나라의 고유한 제도가 아니라 중국의 청동기 시대 즉 하·상·주 삼대의 대부분을 지배했던 중심 제도였다고 주장하였다.

이 논문이 발표되고 나서 사회적 반향이 대단했으며, 여러 반론도 제기되었다. 이 때문에 저자는 10여년 후 다시 「왕해(王亥)와 이윤(伊尹)의 제삿날에 관한 논의와 은상(殷商)의 왕제(王制)를 다시 논함」을 통해 여러 증거를 다시 보태었고, 이러한 가설이 사실임을 재차 주장했다.

이후의 여러 논문에서 이러한 이분 현상은 돌아가면서 집정하는 이원 집정제 뿐 아니라 은허의 서북강(西北岡)에서 발견된 상나라 왕 무덤의 동서 구분 배치, 동작빈에 의해 제기되었던 상 왕실의 예제에 보이는 신파(혁신파)와 구파(보수파)의 문제, 나아가 은나라 청동기 무늬 양식에 존재하는 이분적 경향 등으로 확대하여 논의하였으며, 이러한 이분 현상은 은나라 사람들의 관념상의 이원 현상이자 심지어 고대 중국인의 일반적인 이원적 개념과 분명히 상당한 관계를 맺고 있어, 당시의 정치, 문화, 예술 전반에 보편적으로 나타나는 현상임을 주장했다.

이러한 갖가지 이분 현상 역시 저자의 말처럼 "중국 고대 문화연구의 중요한 문제"임이 분명하며, 역자의 추론이긴 하지만 갑골문의 대정(對貞) 형식, 즉 긍정과 부정 형식으로 물어보는 것 또 한 이와 관련 있을 것으로 추정된다.

5. 청동기-권력의 장악 수단

인류 문명은 구석기와 신석기를 지나 청동기 시대를 거쳐 철기 시대로 진입하였다. 고대 중국도 철기 시대를 경험하였지만,『중국 청동기 시대』라는 이 책의 제목에서 보듯, 저자는 청동기가 고대 중국 문명을 대표하는 가장 중요한 특징이라고 보았다.

중국의 청동기 시대는 화려하기 그지없다. 예컨대 상나라 후기 때 만들어진 「사모무정(司母戊鼎)」이라는 청동 솥은 무려 832.84kg이나 된다. 실제 기물의 중량만 그러니, 이를 만드는 데 드는 순수 구리[銅]만 족히 1.2t은 있어야 했을 것이다. 최고 질 좋은 구리의 원석이라고 해도 순 함량이 5%를 넘지 않으니, 이 기물을 만들려면 최소 60t의 원석이 필요했을 것이다. 약 3천3백 년 전의 고대사회에서 이러한 엄청난 양의 원석을 녹이고 동시에 쇳물을 만들어 솥 하나를 만들려면 얼마나 많은 공력과 비용이 필요했을지, 그리고 해결해야 할 기술적 수준도 보통이 아니었을 것이다.

상나라와 주나라는 이러한 청동 제기를 수도 없이 만들어냈다. 지금까지 발견된 명문을 가진 주나라 이전의 청동기만 해도 무려 2만여 점이 넘는 것으로 알려졌다. 왜 이런 엄청난 공력을 들이고 비용을 써 가며 청동 솥을 제작했던 것일까? 저자의 인식에 의하면, 중국의 청동기 시대는 중국 역사에서 매우 특징적인 중요한 시기이며, 다른 세계의 청동기 시대와는 달리 청동으로 도구를 만들어 내부의 생산력을 높이고 무기를 만들어 외부의 재화를 획득하는 데 쓴 것이 아니라, 신을 모시는 제기를 만드는 데 우선하여 사용했다. 청동으로 만든 화려한 각종의 제기는 통치자의 권위로 기능을 하여 정치권력의 하나가 되었고, 권력을 장악하는 상징물로, 권력에 의해 내외부의 재부를 획득하는 도구의 하나로 역할 했다고 한다.

그렇다. 고대의 신화나 미술이나 제사나 문자가 다 그러했듯, 중세의 엄청난 규모의 성당과 상상을 뛰어넘는 고대 중국의 청동 제기는 모두 권력을 장악하기 위한 수단이었던 것이다. 즉 그들이 독점한 청동기의 화려함과 장중함으로부터 신과 교통하는 권위를 부여받고, 이를 통해 획득한 신성성을 통해 지상의 권력과 부와 명예를 장악했던 것이었다.

청동기 연구는 한나라 때부터 시작될 정도로 오랜 역사를 갖고 있다. 특히 송나라 때에는 시대의 유행이 되어 수준 높은 연구가 이루어져 오늘날 연구의 기본 틀을 마련했다. 청나라 때에는 고증학의 유행으로 고대 한자에 대한 관심이 높아지면서 청동기에 새겨진 금문(金文) 연구가 또 다른 차원에서 연구되었으며, 1899년 갑골문이 출토되면서 다시 한 번 주목을 받아 "고문자학"이라는 범주에서 더 깊이 연구되었다.

그러나 그간의 연구는 청동기의 문자 자료인 금문 연구가 주 관심사였으며, 청동기에 주조된 무늬나 청동기 그 자체가 갖는 문명사적 연구는 드물었다. 그런 의미에서 이 책은 청동기에 주조된 갖가지 무늬가 갖는 미술사적 의미는 물론 인류학적 의미까지 규명함으로써 청동기 연구의 새로운 영역을 개척하고 청동기를 보는 새로운 시각을 제공했다 할 것이다. 특히 청동기에 반영된 신화·미술·제사·문자 등을 권력 획득과 연계시키고, 이를 통해 이루어낸 왕권 강화, 지배 체제 확립, 부의 축적 등은 중국 문명의 커다란 특징으로 볼 수 있으며, 이에 대한 관련 연구도 지속하길 희망한다.

(4) 감사의 말씀

한자학을 전공한 역자는 대만에서 석사 공부를 하던 1984년 이 책을 처음 접했다. 너무나 새로운 시각, 철저한 논리적 기술, 풍부한 논증 자료 등이 단번에 역자의 마음을 사로잡을 만했다. 그러나 저자가 고등학생의 어린 나이로 직접 경험한 국민당의 집권 야욕으로 이루어진 피비린내 나는 "2·28 사건"과 공안 사건인 "4·6사건" 등이 역자가 비슷한 나이에 경험한 유신 시절의 공포 정치나 광주 민주화 운동과 다

716

름없었기에 더욱 애정을 느끼게 되었을지도 모르는 일이다. 또한, 그런 척박한 상황에서 대만대학을 마치고 미국 최고의 대학 하버드로 진학하여 세계적인 학자로 성장한 저자의 성공 역정도 내심 매우 부러웠을 것이다.

어쨌든 학문적 체계는 물론 인생 역정도 배우고 닮고 싶은 대학자였다. 번역을 한번 하고 싶었으나 워낙 내용이 깊고 분석적이어서 쉽게 이해되지 않았고, 또 워낙 대가의 전문적 저작이라 쉽게 마음을 내지 못했었다.

그런데 2011년 한국연구재단의 동서양 명저 번역 과제로 지정 공고가 되었고 30년 전의 추억도 있고 해서 아무 생각 없이 번역하고 싶다는 욕심 하나만으로 공모에 응했는데, 뜻하지 않게 번역자로 선정되었다. 기쁜 마음도 컸지만, 또 한편으로는 이 분야의 더 훌륭한 전공자들께 기회를 뺏어 죄송하고 송구한 마음이 가득하다. 모르는 게 가득한데, 나 하나 욕심만으로 시작한 일이라, 번역을 그르치지나 않았는지, 저자의 위대한 학문 세계에 손상을 드리지는 않았는지, 번역이 마무리된 지금 기쁨보다는 걱정과 두려움이 앞선다. 정성을 다한다고 했지만, 잘못 이해한 곳도 많으리라 생각한다. 독자 제현의 준엄한 비판과 질정을 기다린다.

이 책이 나오기까지 여러 사람의 도움이 컸다. 특히 심사 과정에서 정말 세세하고 꼼꼼하게 정성을 다해 지적하고 교정해 주신 익명의 심사자님께 진심으로 감사드리며, 역자가 놓친 부분은 물론 역자의 습관이 되어버린 오류까지 다 잡아 주신 것에 이 자리를 빌어 진심으로 감사드린다. 또 연구기회를 준 한국연구재단(NRF)과 학고방의 하운근 대표님, 까다로운 편집을 잘 마무리해 주신 김지학 팀장과 박은주 차장께도 경의와 더 없는 감사의 말씀을 드린다. 학고방은 23년 전, 역자의 생애 첫 번역서인 『언어지리유형학』이 나왔던 출판사이기도 하여 더욱 감회가 새롭다.

2013년 9월
도고재(渡古齋) 주인 하영삼 씀

찾아보기

722

저 자

장광직(張光直, Kwang-chih Chang, 1931~2001)

현대 최고의 중국 고고학자이자 저명한 인류학자, 역사학자이다. 1946년 북경사범대 부속중학교, 1954년 대만대학 고고인류학과를 졸업하였고, 1961년 하버드대학 철학박사를 취득하였다. 이후 1961~1973년까지 예일대학 인류학과 교수를 역임하였고, 1977년부터 하버드대학 인류학과에서 재직했다. 또 대만 중앙연구원, 미국 국가과학원 등의 원사(院士)로 피선되었으며, 홍콩 중문(中文)대학 명예 박사학위를 받았고, 대만 중앙연구원 부원장을 역임했다.

고고인류학 영역에서 뛰어난 성과를 보여 10여 종의 저서와 100여 편의 논문을 발표했다(이 책의 부록 참조). 그중에서도 중국 고대 고고학(*The Archaeology of Ancient China*), 상 문명(*Shang Civilization*), 신화 미술 제사(*Art, Myth, and Ritual*), 중국 청동기 시대[中國銅時代] 등이 대표작으로 꼽힌다.

옮긴이

하영삼(河永三, 1962~)

경남 의령 출생으로, 경성대학교 중문과 교수, 한국한자연구소 소장, 한국중국언어학회 부회장, 세계한자학회(WACCS) 상임이사로 있다. 한자학이 주 전공이며, 한자에 반영된 문화 특징을 연구하고 있다. 1983년 부산대학교 중문과를 졸업하고, 1987년과 1994년 대만 政治大學에서 석사와 박사 학위를 취득했다.

『한자와 에크리튀르』, 『한자의 세계: 기원에서 미래까지』, 『한자야 미안해』(부수편, 어휘편), 『연상 한자』, 『第五游整理與研究』(상해인민출판사) 등의 저서와 『갑골학 일백 년』, 『한어문자학사』, 『한자 왕국』, 『언어와 문화』, 『언어지리유형학』, 『洙泗考信錄』(공역), 『釋名』, 『觀堂集林』 등의 역서가 있으며, "역외한자연구총서–한국편"(6책, 상해인민출판사)을 주편하였다.

한 국 연 구 재 단
학술명저번역총서
[동 양 편]   605

중국 청동기 시대 下

1판 1쇄 발행 2013년 9월 25일
1판 2쇄 인쇄 2017년 7월 17일
1판 2쇄 발행 2017년 7월 31일

저   자 ㅣ 정 광 직
역   자 ㅣ 하 영 삼
펴 낸 이 ㅣ 하 운 근
펴 낸 곳 ㅣ 學古房

주   소 ㅣ 경기도 고양시 덕양구 통일로 140 삼송테크노밸리 A동 B224
전   화 ㅣ (02)353-9908 편집부 (02)356-9903
팩   스 ㅣ (02)6959-8234
홈페이지 ㅣ http://hakgobang.co.kr
전자우편 ㅣ hakgobang@naver.com, hakgobang@chol.com
등록번호 ㅣ 제311-1994-000001호

ISBN   978-89-6071-335-2   94910
          978-89-6071-287-4   (세트)

값 : 30,000원

■ 이 저서는 2011년 정부(교육과학기술부)의 재원으로 한국연구재단의 지원을 받아 수행된 연
  구임(NRF-2011-421-A00054)
  This work was supported by National Research Foundation of Korea Grant funded by
  the Korean Government (NRF-2011-421-A00054).

이 도서의 국립중앙도서관 출판시도서목록(CIP)은 서지정보유통지원시스템 홈페이지
(http://seoji.nl.go.kr)와 국가자료공동목록시스템(http://www.nl.go.kr/kolisnet)에서 이용하
실 수 있습니다.(CIP제어번호: CIP2013017392)

■ 파본은 교환해 드립니다.